John Knox

Sobre predestinação

John Knox

Sobre predestinação

Traduzido por
João Costa

Copyright © 2021 por Vida Melhor Editora
Todos os direitos desta publicação são reservados por Vida Melhor Editora Ltda.

Os pontos de vista desta obra são de responsabilidade de seus autores e colaboradores diretos, não refletindo necessariamente a posição da Thomas Nelson Brasil, da HarperCollins Christian Publishing ou de sua equipe editorial.

Publisher	Samuel Coto
Editor	André Lodos Tangerino
Produção editorial	João Guilherme Anjos
Preparação	Vitor Grando
Revisão	Ariel Nery e Gisele Múfalo
Diagramação	Aldair Dutra de Assis
Capa	Jonatas Belan

DADOS INTERNACIONAIS DE CATALOGAÇÃO NA PUBLICAÇÃO (CIP)
(BENITEZ CATALOGAÇÃO ASS. EDITORIAL, MS, BRASIL)

K78s Knox, John, 1514-1572
1.ed.   Sobre predestinação / John Knox; tradução de João Ricardo Costa. – 1.ed. – Rio de Janeiro: Thomas Nelson Brasil, 2021.
        480 p.; 13,5 x 20,8 cm.

Título original: On predestination.

Bibliografia.

ISBN: 978-65-56892-35-1

1. Deus (Cristianismo) – Estudo e ensino. 2. Fé. 3. Predestinação – Aspectos religiosos. 4. Teologia cristã. 5. Vida cristã. I. Costa, João Ricardo. II. Título.

06-2021/43   CDD 234.9

Índice para catálogo sistemático:
1. Predestinação: Cristianismo   234.9

Aline Graziele Benitez – Bibliotecária – CRB-1/3129

Thomas Nelson Brasil é uma marca licenciada à Vida Melhor Editora LTDA.
Todos os direitos reservados. Vida Melhor Editora LTDA.
Rua da Quitanda, 86, sala 601A — Centro
Rio de Janeiro, RJ — CEP 20091-005
Tel.: (21) 3175-1030
www.thomasnelson.com.br

Sumário

Apresentação de João Guilherme Anjos ▪ 7
Prefácio de Paulo Won ▪ 11
Prefácio do autor ▪ 19

Sobre predestinação: Uma resposta ao grande número de cavilações blasfemas escritas por um anabatista e adversário da divina predestinação eterna – John Knox ▪ 29

Apresentação

John Knox foi um servo de Deus que teve participação importante em um dos períodos de maior mudança na história da igreja. Nascido em 1514, viveu todas as intensas reviravoltas políticas e religiosas do século XVI. Natural de Haddington, cidade próxima a Edimburgo, ele esteve diretamente envolvido na reforma escocesa, um movimento geograficamente localizado, mas inserido no contexto mais amplo da reforma protestante iniciada por Martinho Lutero, que atingiu o continente europeu como um todo.

Ele também foi o fundador da Igreja Presbiteriana da Escócia. Por isso, é considerado o fundador do presbiterianismo no mundo. Todos os presbiterianos, inclusive no Brasil, são devedores do legado de John Knox. Foi a partir dele que movimentos importantes aconteceram, nos sentidos político, teológico e missionário, entre tantas outras frentes em que ele atuou. Apesar de sua debilidade física e sua baixa estatura, Knox foi um gigante de muita força espiritual, capacitado pelo Espírito Santo a enfrentar adversidades das mais terríveis, como perseguição e exílio.

Segundo Douglas Bond, temos muito a aprender com a poderosa fraqueza de John Knox. A descrição de Knox como alguém fisicamente fraco faz lembrar o relato de Paulo em 2Coríntios 12:10, de modo que Paulo e John Knox se encontram ao demonstrar que

Deus usa "pessoas simples, frágeis e pequenas, fortalecendo-as pelo poder de Cristo".[1]

Não bastasse a efervescência político-social causada em terra britânica pela reforma inglesa iniciada com Henrique VIII, que também aconteceu na esteira do movimento capitaneado por Martinho Lutero, John Knox teve de enfrentar oposição política na própria Escócia por parte de Maria I da Escócia, prima da Maria I da Inglaterra, esta, uma governante tão cruel que ficou marcada na história pela alcunha "Maria Sanguinária". No esforço de reverter o processo reformador iniciado por seu pai, Maria I da Inglaterra perseguiu e matou centenas de pessoas. É possível que John Knox tenha sido um dos perseguidos. Fugindo da perseguição, ele foi para Genebra em 1554. Após um breve período em Frankfurt e uma passagem de volta na Escócia, Knox voltou para Genebra em setembro de 1556. Lá permaneceu até janeiro de 1559. Durante o tempo em que esteve naquela cidade, John Knox viveu na companhia de João Calvino, por quem foi amplamente influenciado em questões teológicas, eclesiásticas e políticas.

Este livro que você tem em mãos foi originalmente impresso em Genebra e publicado pela primeira vez em 1560. Portanto, não é descabido supor que Knox o escreveu enquanto esteve naquela cidade aprendendo com João Calvino.

Apesar de ser equivocado o entendimento de que calvinismo é relacionado apenas à soteriologia, não se pode negar que a predestinação é um tema central para os calvinistas. Ela surge como consequência da doutrina da soberania divina e é responsável por impulsionar a perseverança dos santos. Desde muito cedo, a predestinação foi um tema importante para os reformadores, surgindo diferenças e debates entre eles. Sabemos que desde 1525, por exemplo, Lutero e Erasmo de Roterdã divergiam sobre esse tema.

Seria anacrônico falarmos em arminianismo na época da publicação deste livro, pois Jacó Armínio estava apenas nascendo, e seus seguidores mais relevantes, conhecidos como remonstrantes, só teriam proeminência no século seguinte. Mas as discussões que hoje dividem arminianos e calvinistas já estavam presentes. Nesta

---

[1] BOND, Douglas. A poderosa fraqueza de John Knox – um perfil de homens piedosos. São José dos Campos: Fiel, 2011, l. 210 (Kindle).

obra, John Knox empreende esforços para defender a doutrina calvinista da predestinação demonstrando sua fundamentação bíblica, rebatendo um tratado anabatista inglês ao qual não temos mais acesso, mas que circulou na Inglaterra e na Escócia por volta do ano 1557.

A despeito de não termos acesso à obra original, hoje podemos saber muito de seu conteúdo pela forma com que Knox a rebateu, expondo muitos dos argumentos de quem ele chama de *Adversário*, para depois respondê-los com um linguagem incisiva, podendo parecer até agressiva às vezes. O estilo de escrita pode parecer confuso e prolixo para o leitor do século XXI, mas vale o esforço para ler um texto mais intrincado, escrito há tantos anos, pelo valor dos ensinamentos que serão aprendidos com a leitura.

Logo no título da publicação original, Knox já demonstra com que tom pretende abordar o tema. Como é característico da época, o título é um verdadeiro resumo do livro: *Uma resposta a um grande número de cavilações blasfêmas escritas por um anabatista, adversário da predestinação eterna de Deus. E confutadas por John Knox, ministro da Palavra de Deus na Escócia. Onde o autor revelou a astúcia e falsidade daquela seita; que o piedoso, conhecendo o erro, possa ser confirmado na verdade pela compreensível Palavra de Deus.*

Porém, o que de maior valor resta para nós hoje é a própria argumentação de John Knox em favor da doutrina da predestinação. Salta aos olhos o vigor com que ele defende o tema, preocupado com rigor argumentativo e fundamentação bíblica. É difícil que a leitura seja concluída sem concordar com John Knox, e é impossível que o leitor termine sem concordar que John Knox foi um gigante.

Pela força da fraqueza de John Knox, um homem de baixa estatura física, mas gigante espiritual e intelectualmente, somos encorajados a amarmos mais a Deus e sua soberania, a estudarmos mais sua Palavra e a nos empenharmos no labor teológico pela alegria de nos debruçarmos sobre os maravilhosos mistérios divinos que nos são revelados em amor e graça.

Aproveite a leitura deste livro tão importante do século XVI, que ainda era inédito no Brasil (mais um passo importante da Thomas Nelson Brasil na publicação de clássicos da literatura cristã que ainda não estavam disponíveis no vernáculo), não apenas pelo prazer de fazer uma boa leitura e ser acrescentado em conhecimento, mas pela responsabilidade que nos é confiada de conhecermos mais de Deus e de sua Palavra, honrando a seriedade do labor teológico legada por John Knox.

Boa leitura!

■ João Guilherm e Anjos

Prefácio

> *Deus escolheu em Cristo, para a glória eterna, os homens que são predestinados para a vida; para o louvor da sua gloriosa graça ele os escolheu de sua mera e livre graça e amor, e não por previsão de fé, ou de boas obras e perseverança nelas, ou de qualquer outra coisa na criatura que a isso o movesse como condição ou causa.*
> – Confissão de Fé de Westminster 3.5

O que move o nosso tempo também era o que movia o século XVI: *disputa*. Aquele século foi o tempo em que a grande Igreja Católica Romana experimentou um movimento de contraposição que resultou na Reforma Protestante, cujo pontapé formal inicial foi dado por Martinho Lutero (1483-1546) em 1517. Entenda a palavra *disputa* como uma contraposição de ideias, como se, em flancos opostos, dois grupos se enfrentassem usando argumentos baseados, muitas vezes, em uma mesma Palavra de Deus. Por natureza, as *disputas* ocorridas a partir da Reforma foram eminentemente teológicas – mas com profundas marcas na vida prática da igreja –, o que produziu uma rica e farta literatura que sobrevive até hoje. As discussões desse tempo, mesmo as mais sistematizadas, como as *Institutas* de Calvino, não foram produzidas para alimentar o banco de dados para a produção de teses acadêmicas, mas sim para equipar e edificar a igreja protestante nascente.

Observamos o mesmo tipo de *disputa* neste início do século XXI. Entretanto, essa *disputa* ganhou contornos distintos daqueles ocorridos na época da primeira geração de reformadores. Em primeiro lugar, é possível observar o acesso a grandes debates teológicos não apenas de eminentes teólogos ou pessoas da academia, mas também de "pessoas comuns da igreja", e, por vezes, até mesmo de fora dela. Isso é o que se chama de "democratização" do acesso à informação. Se você está dentro do ambiente das redes sociais, com certeza já assistiu a alguma disputa teológica, ou até mesmo já participou de algum embate. Uma postagem original pode ser respondida por diversas outras pessoas, criando uma teia de argumentos que, se não forem acompanhados com cuidado, se perdem e viram peças desconexas a povoar as *timelines* das pessoas. Talvez essa forma de *disputa* com a qual estamos acostumados, no olhar dos reformadores daquela época, seria um tanto estranha, mas não exatamente nova. O que os reformadores fizeram melhor foi participar de *disputas*, discussões de ideias, debate de posições.

Em segundo lugar, os tratados teológicos advindos dessa *disputa* tinham como alvo básico edificar, de forma prática e pastoral, a igreja da época. Hoje, ao participarmos das intermináveis correntes de discussões nas redes sociais com temáticas teológicas, fica quase que impossível discernir se o que move todas as paixões é, de fato, a mesma preocupação dos reformadores iniciais, no sentido de ensinar e promover o melhor entendimento e aplicação das Sagradas Escrituras. Não que não houvesse briga de ego no século XVI, mas, até onde podemos saber, a preocupação e o foco principais não eram dessa natureza.

Durante meus anos de estudo na Escócia, na capital Edimburgo, tive a oportunidade de me deparar com a figura história de John Knox (1514-1572) várias vezes. Sua estátua de bronze com o braço direito estendido me dava boas-vindas diárias ao New College (Universidade de Edimburgo), base dos meus estudos de mestrado. Semanalmente, assentava-me nos bancos de St. Giles, igreja onde Knox pregava frequentemente e, por vezes, passava sobre o seu túmulo, a vaga de estacionamento 23, na área externa desta mesma igreja. Aliás, Knox é presença constante em minha vida, pois sou membro de uma igreja federada à Igreja Presbiteriana do Brasil, que o tem como o seu "patriarca".

Apesar de ser historicamente importante, culturalmente presente e uma figura representativa da Escócia, ele não goza, em seu país de origem, do mesmo prestígio dispensado dentro dos círculos evangélicos, particularmente reformados. Foi um homem de igreja local, mas com intensa participação na vida pública conturbada de seu tempo; foi um homem de oração intensa, mas também um afiado "provocador" de seus adversários.[1] Muitos conhecem a figura histórica de John Knox apenas como aquele de quem a rainha Maria I da Escócia (1542-1587) tinha pavor. Segundo uma história apócrifa, a rainha teria dito: "Eu temo mais as orações de John Knox do que os exércitos de 10 mil homens contra nós". Entretanto, o que poucas pessoas sabem, até pela escassez de literatura, é que Knox, além de hábil pregador, foi um teólogo importante de seu tempo. Aliás, por que não classificá-lo como *teólogo público*, denominação hodierna, que se aplica muito bem ao ministério de Knox? Afinal, por meio de seu ministério, ele foi engajado na sociedade de seu tempo.

A presente obra, *Sobre predestinação*, traduzida e publicada de forma pioneira pela Thomas Nelson Brasil, é um diálogo por meio do qual o pregador escocês interage com um anabatista, contrário radicalmente à doutrina da predestinação, doutrina tão cara dentro da tradição teológica de Knox, que o liga diretamente a João Calvino (1509-1564), cuja voz é constante dentro de sua obra. É notável que Knox tenha escrito esta obra dentro de todo o contexto da Reforma, quando Lutero, Calvino e companhia estavam em plena atividade a se contrapor ao catolicismo romano. Trata-se de uma obra teológica com o objetivo de refutar as doutrinas heréticas sintetizadas na obra *The Confutation of the Errors of the Careless by Necessity* (1557-1559), provavelmente escrita por Robert Cooche (também Couche, Cooke ou Cowche). Infelizmente, não temos o original desta obra, mas tratava-se uma crítica à teologia da predestinação de John Careless.[2] Em termos sintéticos, o grande "problema" levantado contra a doutrina da predestinação estava no fato de que Deus, sendo amor, não poderia predestinar alguns à salvação e outros à perdição. A dupla predestinação é colocada, portanto, no foco da controvérsia

---

[1] Sugiro a leitura da biografia básica: LUZ, Waldyr Carvalho. *John Knox: o patriarca do presbiterianismo* São Paulo: Cultura Cristã, 2015.
[2] PARK, Jae-Eun. John Knox's Doutrine of Predestination and Its Practical Application fot His Ecclesiology. PRJ , v. 5, n. 2, p. 69-70, 2013.

e é baseado nesse argumento que, ponto a ponto, Knox responde aos seus adversários.

Ler *Sobre predestinação*, de John Knox, nos torna observadores de uma *disputa*, de um debate, que por um lado mantém a rica forma de apresentação de ideias e retórica, típicas do momento histórico dentro do qual foi escrito, mas também nos faz termos simpatia pela maneira pela qual Knox nomeia seu "adversário". Por vezes, as palavras ásperas e os qualificativos *não polidos* do grande pregador escocês soam estranhos aos nossos ouvidos batizados com o *politicamente correto*. Mas a *disputa* envolve não apenas trocas de informações e discussões abstratas, mas também as emoções e os sentimentos que a crença nas ideias produz nas pessoas. O mais importante está na preocupação não apenas com os termos da *disputa*, mas, sobretudo, nos ecos da discussão nos corações dos cristãos comuns.

O leitor deve estar se perguntando: afinal, qual a importância da boa e velha *disputa* entre a doutrina da predestinação e a posição contrária? Essa pergunta continua fazendo sentido no mundo moderno, porque ainda hoje, em nossas disputas virtuais nas mídias sociais, esse tema é frequentemente abordado de forma apaixonante, sem, porém, ter um desfecho. Embora não exista uma equivalência direta entre a *disputa* na qual Knox se envolveu e os embates que vemos hoje de calvinistas *vs*. arminianos, tendo em vista que Knox antecede o próprio Armínio em termos cronológicos, a disputa acerca da predestinação, presente ainda hoje, depois de meio milênio, é algo tão antigo quanto o próprio Agostinho (354-430), cuja tradição soteriológica evidentemente é um dos alicerces de Knox em sua retórica. Um ponto importante a ser salientado é que a utilização de termos como soberania, predestinação, providência, eleição e preordenação se revela como importante diferencial da tradição calvinista, que os distingue de outros cristãos evangélicos e que foram desenvolvidos por muitos outros pensadores além dos mais conhecidos.[3]

A forma brilhante como Knox estabelece suas respostas contra os anabatistas está no profundo conhecimento acerca dos atributos

---

[3] LUCAS, Sean Michael. *O cristão presbiteriano: convicções, práticas e histórias*. São Paulo: Cultura Cristã, 2011, p. 37.

divinos, comunicáveis e incomunicáveis, bem como na crença firme no decreto divino. Fica claro, no decorrer da obra, que Knox defende a simultaneidade eterna e concorrente desses atributos e que a vontade oculta estabelecida em Deus é executada particularmente aos seres humanos na predestinação, tanto a positiva com vista à salvação (eleição), como também a negativa (para a reprovação). Negar a predestinação com base simplesmente na ideia de um Deus que ama e seria incapaz de "destruir" o ímpio de forma predeterminada seria, como foi expresso em *The Confutation*, um absurdo e uma contradição de ideias.

Ademais, a onipotência e a consciência de Deus, e consequentemente a sua soberania, levam, de acordo com Knox, à conclusão mais clara que seu decreto deve ser necessariamente no sentido de salvar, por misericórdia, a alguns dentre todos que, por justa causa, estão condenados à destruição. Nesse sentido, seria também um absurdo pressupor que a doutrina da predestinação implicaria numa responsabilização direta de Deus com relação ao mal, uma vez que, no entendimento errôneo dos adversários de Knox, o mal foi também decretado, e consequentemente, criado por Deus. Diante desses questionamentos, a posição de Knox é firme: a despeito da injustiça do ser humano, Deus permanece sempre justo. O mal, ainda que não tenha sido criado por Deus, foi por ele permitido, e isso faz parte do seu decreto, ou de sua vontade oculta. Não somente isso, esse mal é responsabilidade única e exclusiva de cada ser humano que pecou e que foi destituído da presença de Deus. Por fim, esse mal, ainda que permitido, é também utilizado para que Deus seja glorificado em todo o seu esplendor. Knox conclui: "à medida que Deus, deliberada e conscientemente, permitiu que o homem caísse, a causa pode ser secreta e oculta, mas injusta não pode ser".[4]

Outro ponto combatido por Knox é a ideia de que a doutrina da predestinação concede um salvo-conduto implícito de libertinagem ao ser humano. Posto que alguém tem a consciência de ser eleito, e que essa eleição é irrevogável, teria sinal verde para viver de forma autônoma e desobediente aos preceitos divinos. Segundo Knox, a maior evidência da eleição positiva é, de fato, uma vida totalmente obediente e submissa à Palavra de Deus: "acrescentei

---
[4] *Sobre predestinação*, p. 178.

essas últimas partes (a saber, a vocação, a justificação pela fé e seu efeito) para os que pensam em como somos suficientemente predestinados, não importa quão perversamente vivemos. Consistentemente afirmamos o exato oposto, ou seja, ninguém que vive perversamente pode ter certeza de que é predestinado para a vida eterna".[5] A libertinagem, nesse sentido, seria justamente a evidência do ímpio que, naturalmente, é deixado por Deus em seus pecados e iniquidades.

John Knox não está sozinho em sua disputa. Em toda a obra, ouvimos ecos de outros gigantes. Ao seu lado estão, no passado, Agostinho, Aquino, Lutero, Calvino. Bem depois de Knox, outros continuariam a usar suas mesmas ideias: Bavinck, Berkhof, Horton, entre outros. *Sobre predestinação* não é uma obra de teologia sistemática, tal qual temos à disposição hoje. Trata-se, sim, da apresentação de como uma doutrina tão cara dentro da tradição reformada pode ser, por um lado, tão mal compreendida pelos seus adversários, e por outro, tão ricamente explorada e exposta para a edificação prática e real da igreja. Dentro da minha tradição, o presbiterianismo, ler *Sobre predestinação* faz com que muita coisa posteriormente sintetizada nos *Padrões de Westminster* ganhe vida. Por um lado, os reformados podem conhecer melhor sua herança histórica bebendo diretamente da fonte do pai do presbiterianismo. Por outro, todos aqueles que divergem das ideias de decreto divino e predestinação podem conhecer melhor os argumentos do início da Reforma Protestante, que, em suma, não diferem muito do que sustenta o calvinismo hoje. Eis o ponto final: existem disputas clássicas. Por clássico, refiro-me ao seu caráter atemporal. E a obra que o leitor tem em suas mãos é, facilmente, enquadrável nessa categoria.

Sem dúvida, como toda *disputa*, é possível que os *anabatistas* adversários de Knox tenham saído feridos, por vezes ofendidos, com a forma de o reformador escocês expor suas ideias. A minha expectativa sincera é que eu e você possamos sair também profundamente feridos e desafiados a, em primeiro lugar, produzirmos boas discussões teológicas com o objetivo de abençoar nossa igreja e, por fim, sermos humilhados pela soberania de Deus, aquele que continua a preservar o papel de ator principal no seu grande teatro da glória de

---
[5] *Sobre predestinação*, p. 34.

Deus, nessa peça cósmica que ele mesmo escreveu para a sua própria glória. Boa leitura!

Pentecostes de 2021

■ PAULO WON

Mestre em Divindade pelo Seminário Teológico Servo de Cristo

Mestre em Teologia pela Universidade de Edimburgo (Escócia)

Pastor auxiliar na Igreja Presbiteriana de Cuiabá, MT

Professor no Seminário Teológico Servo de Cristo e outras instituições teológicas do país

Coordenador da *Escola Didaskalia*.

Criador do Podcast *Com Texto* e de conteúdos em vídeo no YouTube

Prefácio do autor

Queridos irmãos, entre as múltiplas bênçãos com que Deus abençoou seus filhos eleitos (aos quais antes do princípio dos tempos ele predestinou para a vida em Cristo Jesus), não é menor a que ele nos anunciou claramente, como diversas pessoas serão o efeito e a operação de sua Palavra, tão frequentemente como é oferecida ao mundo. Ou seja, como ele mesmo foi designado por seu Pai celestial[1] e anunciado pelos profetas, como a rocha de ofensa, a pedra de tropeço e uma armadilha para as duas casas de Israel, ainda assim ele deveria ser para outros o santuário de honra, a rocha do refúgio e o autor da liberdade. Assim, eu afirmo que sua Palavra verdadeiramente pregada deve ser para alguns tolice e cheiro de morte,[2] enquanto para outros deve ser o doce aroma da vida, a sabedoria e o poder de Deus, isso para a salvação, para todos aqueles que creem.

Neste momento, não pretendo argumentar sobre como e por que a Palavra eterna de Deus, que por si só é sempre uma, operou de forma tão diversa no coração daqueles a quem ela é oferecida. Mas, em poucas palavras, meu único objetivo é nos admoestar (a quem agradou a Deus, por sua livre misericórdia, revelando mais plenamente os mistérios de nossa redenção do que ele havia revelado às muitas eras antes de nós) para que não consideremos que seja uma bênção pequena e comum de Deus termos não só a verdade dele,

---
[1] 2Coríntios 2:18.
[2] 2Coríntios 1:16; 1Coríntios 1:28.

mas também o efeito e a operação dela, confirmada por experiências em todas as eras. Tão grande e infinito é esse benefício de Deus que, com razão, é impossível dimensionar quando sua verdade é oferecida ao mundo. Mas tais são tanto a estupidez do homem quanto sua extrema ingratidão, que ele não reconhecerá a resplandecente[3] face da verdade. A ingratidão dos judeus é um testemunho suficiente para nós. Por muito tempo eles procuraram o Messias e Salvador prometidos, no entanto, quando ele veio com sinais maravilhosos e obras sobrenaturais, eles apenas não o reconheceram, mas também rejeitando-o e negando-o veementemente,[4] eles o penduraram entre dois ladrões em uma cruz. A causa disso, em parte, sabemos ser a liberdade carnal pela qual eles continuamente ansiavam e sua opinião preconcebida a respeito da glória mundana; porque Cristo Jesus parecia não satisfazer a fantasia e a expectativa deles, portanto eles o rejeitaram desdenhosamente, e com ele rejeitaram toda a misericórdia de Deus que lhes foi oferecida.

Que exemplo temível, queridos irmãos, deve ser observado por nós. Pois, por natureza, é evidente que não somos melhores do que eles eram. E, no que tange à aliança e à comunhão com Deus, cuja prerrogativa por muito tempo os abençoou, seremos muito inferiores a eles. Em comparação com essa aliança estabelecida com Abraão, é pouco o tempo em que os gentios são reconhecidos como povo de Deus e amada esposa de Cristo Jesus. Sim, Paulo não teme chamar os judeus de ramos naturais, e nós de ramos de uma oliveira brava. Portanto, se o desprezo deles foi tão punido que a cegueira ainda permanece sobre eles, o que devemos temer? Eles, sem considerar o ofício de Cristo, e a causa de sua vinda, ficaram ofendidos com sua presença e doutrina. E algum homem pensa que estamos livres dos mesmos perigos? Poucos serão os que, em seus lábios, não louvam a verdade e todo homem que se apega a deleitar-se da liberdade, mas tais se comparam um ao outro nesta vida, de modo que ambos são desprezados e colocados em dúvida quando são oferecidos mais claramente ao mundo.

Falando sobre esse assunto de maneira um pouco mais clara: algo (como suponho) confessado por muitos é que depois da escuridão a

---
[3]João 1:5.
[4]Mateus 27:38; Atos 2:23.

luz apareceu, mas, infelizmente, os vícios que abundavam em todas as posses e condições das pessoas, a terrível crueldade que tem sido usada contra os santos de Deus e as horríveis blasfêmias que foram e são diariamente vomitadas contra Cristo Jesus e sua eterna verdade cederam (e com justiça podem ceder) ao imprudente espectador de tal confusão, levando-o a preferir as trevas da superstição que antes reinavam, à luz da salvação, que Deus, de sua grande misericórdia, tem agora nos últimos anos oferecido novamente ao mundo ingrato. Pois que homem natural pode pensar que a justiça da fé, pregada de maneira clara e verdadeira, poderia dar a ocasião ao pecado? Que a graça e a misericórdia oferecidas poderiam inflamar o coração dos homens com raiva e crueldade? E que a glória de Deus declarada poderia fazer com que os homens vomitassem com desprezo seu veneno e blasfêmias contra aquele que os criou? O homem natural (eu afirmo) não consegue entender como esses inconvenientes poderiam seguir a Palavra de Deus e, portanto, muitos desdenham, um grande número de pessoas a nega e poucos se voltam com reverência e a aceitam. Mas, como no solene julgamento, deve se considerar o que é a vida comum quando o próprio Cristo Jesus, pregando e trabalhando, chamava os homens ao arrependimento, qual foi o tratamento de seus queridos servos, a quem ele enviou para pregar as boas-novas de sua morte e ressurreição; que horríveis seitas se seguiram e, diariamente, surgiram após a proclamação daquela alegre expiação feita entre Deus e o homem por Cristo Jesus, por sua morte, ressurreição e ascensão: como afirmei observar de modo diligente, esses pontos anteriores não só têm material suficiente para glorificar a Deus por suas graças oferecidas (para que as vidas dos homens não sejam jamais tão corrompidas e a confusão em relação a isso nunca tão temerosa), mas também terão a mais firme razão para manter e se apegar à verdade, cuja força e efeito eles percebem ter sido sempre a mesma desde o princípio. Os causadores desses tropeços,[5] sem dúvida, sustentam os ais pronunciados contra eles por Cristo Jesus. No entanto, os filhos de Deus devem entender a necessidade de que cada tropeço aconteça para que os eleitos sejam julgados primeiro[6] e depois sejam participantes da bênção pronunciada

---

[5]Mateus 18:7.
[6]1Coríntios 11:19.

por nosso Mestre nessas palavras: Bem-aventurado aquele que não achar em mim motivo de tropeço.

A causa dessas minhas palavras anteriores é que, como satanás, desde o princípio, se declarou inimigo da livre graça e do amor imerecido de Deus, então, nesses últimos e mais corrompidos dias, ele se enfureceu contra essa doutrina, que atribui todo louvor e glória de nossa redenção ao amor eterno e à graça imerecida de Deus somente. Pelo que satanás primeiro desviou a humanidade da obediência de Deus,[7] assim testemunha a Escritura. Ou seja, ao derramar em seus corações aquele veneno de que Deus não os amava, afirmando que, pela transgressão do mandamento de Deus, eles poderiam alcançar a felicidade e a alegria, para que ele os fizesse buscar a vida onde Deus havia declarado a morte.

Essa mesma prática foi usada por satanás, desde o princípio, para infectar a igreja com todo tipo de heresia; como é atestado claramente nos escritos de Moisés, dos profetas, dos apóstolos e dos piedosos na igreja primitiva. Mas, infelizmente, o diabo nunca atraiu a humanidade a tal blasfêmia como hoje em dia, em que não poucos se tornam tão atrevidos, tão insolentes e tão irreverentes, e eles não temem afirmar abertamente que Deus é injusto, se ele em seu eterno conselho elegeu mais um tipo de homem do que outro para a vida eterna em Cristo Jesus, nosso Senhor; coisa que nos últimos dias chegou ao nosso conhecimento de forma mais clara do que poderíamos suspeitar, e que, às vistas de um livro, o mais detestável e blasfemo, contendo (como é intitulado, *The Confutation of the Errors of the Careless by Necessity*) esse nome odioso, eles oprimem todos aqueles que ensinam, ou ainda creem, na doutrina da eterna predestinação de Deus. Tal livro, escrito em língua inglesa, contém também as mentiras e as blasfêmias imaginadas por Sebastian Castalio e submetidas à acusação do servo mais fiel de Deus, João Calvino, como também as razões ocultas de Pighius, Sadoleto e Georgius Siculus, papistas nocivos, inimigos declarados das misericórdias gratuitas de Deus. A injúria desprezível de tal livro e as notórias blasfêmias nele contidas, juntamente com os pedidos sinceros de alguns irmãos piedosos, levaram-me a preparar uma resposta a ele.[8] Eu não duvido que

---
[7] Efésios 2:8.
[8] A causa da escrita desta obra.

outros poderiam ter feito isso com maior destreza, mas com reverência e temor ponho o talento que me foi confiado sobre a mesa do Senhor, em prol da sua Igreja como a sua sabedoria divina designou. Mas, a fim de que não pensem alguns que minha obra possa ser mais benéfica em alguma outra atividade, convém admoestar todos os irmãos e caridosamente exigir deles não estimar que o assunto seja de pouca gravidade e importância. Pois, vendo que a livre graça de Deus é abertamente contestada e recusada com desdém, julgo que é dever de todo homem que busca pela vida eterna confessar a Cristo Jesus, cuja glória é por esses blasfemadores suprimida com toda a força de seu ser. Alguns pensam que, pelo fato de a razão do homem não poder alcançar o entendimento, como Deus seria justo criando em seu conselho essa diversidade da humanidade, que, portanto, melhor seria manter o silêncio em todos esses mistérios do que perturbar os cérebros e mentes de homens com rebuscadas disputas. Reconheço de bom grado que todo rebusque deve ser evitado e que, com grande sobriedade, devemos contemplar e vislumbrar esse mistério incompreensível de nossa redenção. No entanto, digo que a doutrina da eterna predestinação de Deus é tão necessária para a Igreja de Deus que, sem ela, a fé não pode ser ensinada verdadeiramente nem se estabelecer corretamente: o homem não pode jamais ser levado à verdadeira humilhação e conhecimento de si mesmo, também não pode ser arrebatado pela admiração da bondade eterna de Deus e, assim, movido a louvá-lo como digno. Portanto, não temenos afirmar que é tão necessário que a verdadeira fé seja estabelecida em nossos corações, que sejamos levados à humildade sem limites e que sejamos movidos a louvá-lo por sua livre graça recebida. Tão necessária também é a doutrina da eterna predestinação de Deus. Primeiro, não há maneira mais apropriada de edificar e estabelecer a fé, então ouvimos e cremos de forma indubitável que nossa eleição (que o Espírito de Deus sela em nossos corações) não consiste em nós mesmos, mas na eterna e imutável aprovação de Deus: em tal firmeza que não pode ser derrubada, nem pelas tempestades furiosas do mundo, nem pelos ataques de satanás, nem tampouco pela oscilação e fraqueza da nossa própria carne. Então nossa salvação só é garantida quando encontramos a sua causa no seio e no conselho de Deus.[9] Pois assim, pela fé, discernimos a vida e a paz manifestadas em Cristo

---
[9] Romanos 5:1

Jesus, que, pela direção e orientação da mesma fé, buscamos além: a saber, pela fonte de que a vida procede.[10] Em Cristo Jesus, no tempo presente, encontramos liberdade e vida, ele se tornou para nós da parte de Deus sabedoria e retidão, santificação e redenção. Nas promessas de seu Evangelho, é fundamentada a estabilidade da nossa salvação.

Mas ainda temos uma alegria que supera isso imensamente. Embora pudéssemos ouvir que as misericórdias e as graças de Deus[11] foram oferecidas a todos os homens, e também pudéssemos sentir que nossos corações foram levados a crer, a menos que a própria causa de nossa fé seja conhecida, nossa alegria e conforto não podem ser completos. Se pensarmos que cremos e aceitamos a Cristo Jesus pregado, porque nossa inteligência é melhor que a de outros e porque temos uma inclinação melhor e somos de natureza mais tratável que os homens comuns, satanás (eu afirmo) pode facilmente derrubar todo o consolo construído em um terreno muito frágil. Isso porque o coração do homem é vaidoso e inescrutável, também os que hoje em dia são tratáveis e obedientes, tendo também algum zelo pela piedade, sim, e também pela compreensão e sentimento das misericórdias de Deus, eu afirmo que tais, em breve, em alguns casos, se tornarão teimosos, desobedientes em assuntos de grande importância, tentados com luxúria e, por fim, podem ser deixados tão estéreis que, ao contrário, tremerão à vista dos juízos de Deus, para que possam se regozijar com a adoção gratuita de seus filhos. Portanto (eu afirmo), a não ser que nosso consolo esteja baseado naquele fundamento que não pode jamais ser abalado, ele não é perfeito. E esse fundamento é: quando entendemos que cremos em Cristo Jesus no presente, porque fomos ordenados antes do início de todos os tempos a crer nele:[12] como nele fomos eleitos para a sociedade da vida eterna, então nossa fé está firmemente fundamentada, visto que os dons e o chamado de Deus são irrevogáveis.[13] E é fiel aquele que nos chamou.[14] Sua infinita bondade, que o levou a nos amar em outro que não em nós mesmos, ou seja, em Cristo Jesus, de acordo com sua livre benevolência, proposto nele mesmo, é para nós uma

---

[10] João 14:6; 1Coríntios 1:30.
[11] Romanos 1:26.
[12] Romanos 8:29.
[13] Efésios 1:14; 2Tessalonicenses 2:13; 2Pedro 1:2,20.
[14] Romanos 11:29.

torre de refúgio, que satanás não é capaz de derrubar, nem os portões do inferno nunca prevalecerão contra ela. Pois, a despeito do quão mutáveis sejamos, Deus é estável e imutável em seus conselhos; sim, qualquer que seja a nossa fraqueza, debilidade, displicência não há nada em nós (mesmo quando estamos em nosso próprio julgamento mais destituídos do Espírito de Deus) que ele não tenha visto antes de sermos formados no ventre, e antes do princípio de todos os tempos, porque tudo está presente com ele. Tais imperfeições, enfermidades e embotamentos, como não impediram sua misericórdia de nos eleger em Cristo Jesus, também não podem forçá-lo agora a nos recusar. Dessa fonte brota esta nossa alegria, que com o apóstolo tenhamos a ousadia de clamar: "Quem nos separará do amor de Deus que está em Cristo Jesus?"[15] Por ver que o Pai nos deu uma herança peculiar ao seu único Filho, sendo tão poderoso, que de suas mãos ninguém é capaz de nos apartar, que perigo pode ser tão grande? Que pecado é tão grave ou desespero tão profundo é capaz de nos devorar? Pois vendo que é o próprio Deus que nos absolverá de toda iniquidade: e vendo que Cristo Jesus, seu Filho, nos permitirá pertencer ao seu corpo, quem é que se atreve a nos condenar? O consolo acerca disso ninguém sente, exceto os filhos escolhidos de Deus, isso no dia em que a justiça do homem falha, e a batalha de sua consciência é mais grave e temerosa. Portanto, como a fé brota da eleição, também é estabelecida somente pelo verdadeiro conhecimento dessa doutrina, que hoje é mais furiosamente contestada por aqueles que não a entendem.

Dessa mesma doutrina flui a própria essência da verdadeira humilhação. Enquanto consideramos a condição daqueles a quem a natureza igualou, de ser tão diversa uma da outra, isso é impossível a não ser que os filhos de Deus em seus próprios corações sejam infalivelmente humilhados. Pois, para onde quer que eles dirijam os olhos, devem contemplar exemplos medonhos de cegueira e de cada iniquidade que todos os homens devem justificadamente odiar, mas, quando se consideram ter recebido a luz no meio de tais trevas, e estão santificados no meio de uma geração tão perversa, de que fonte eles podem dizer que isso procede? Quem iluminou os olhos deles enquanto os outros permanecem na cegueira? Quem controla suas

---
[15] Romanos 8.

afeições enquanto outros as seguem à perdição? Se eles dizem ser a natureza, sua própria consciência os convencerá, pois a natureza nos fez todos iguais. Por natureza, somos filhos da ira, como os outros também: Efésios 2. Se dizem ser a educação, racionalidade ou seu próprio estudo, a experiência comum demonstrará sua vaidade. Pois quantos foram alimentados na virtude e ainda assim se tornaram os mais imundos na vida?[16] E, ao contrário, quantos permaneceram por muito tempo sem toda a educação virtuosa e, no final, alcançaram o favor de Deus?[17] Portanto, dizemos que aqueles que atribuem qualquer coisa a si mesmos na graça de sua eleição não aprenderam a dar a Deus a honra que lhe pertence, porque não confessam livremente o que os diferencia de outros. É universalmente entendida como uma sentença das mais verdadeiras: como a humildade é a mãe de todas as virtudes, também é a raiz de toda a piedade. Mas como é possível que o homem seja humilhado, posto que não pode suportar ouvir sobre a miséria de outrora na qual ele nasceu? Nem os meios pelos quais ele foi liberto? Se um mendigo promovido a grandes honrarias pela generosidade de um rei deve ser lembrado de sua condição anterior, como declaração de sua gratidão, ele deveria receber a ordem de reverenciar o embaixador ou herdeiro que assim lhe dissesse: "Lembre-se e traga à sua mente o quão desgraçado, pobre e miserável tu foste outrora e louve a bondade do rei, por cujas misericórdia e gentileza agora vives nesta propriedade honrosa". Se esse mendigo (eu afirmo) reclamasse de sua pobreza lhe ser tão frequentemente lembrada, quem diria que ele estava humilhado, ou ainda agradecido ao rei? Não se pode dizer mais que aquele que não pode suportar a menção à eterna eleição de Deus (pela qual somente o eleito é exaltado à dignidade em Cristo Jesus) seja humilde na presença de Deus, ou ainda grato pelos infinitos benefícios que excedem todas as medidas, isto é, que sejamos eleitos em Cristo Jesus para a vida eterna e que Deus, de acordo com a aprovação de seu eterno conselho, fez separação entre os que caíram em igual perdição, no que diz respeito às transgressões e pecados cometidos.

Aos desejosos que este artigo seja enterrado em silêncio, como também homens ensinem e creiam que a graça da eleição de Deus

---

[16] Cam, Ismael, Esaú, Absalão, Aitofel e Judas.
[17] Os ninivitas, Manassés, Paulo, Madalena e o ladrão.

é comum a todos, mas que um a recebe e outro não, procedem da obediência ou desobediência do homem, enganam a si mesmos e são ingratos e insolentes a Deus. Pois enquanto eles não perceberem que a verdadeira fé e salvação (como no discurso será declarado com mais clareza) brotam da eleição e são dom de Deus, e não vêm de nós mesmos, continuam enganados e permanecem em erro. E o que pode ser mais hostil à livre graça de Deus[18] do que afirmar que ele não dá mais a um que a outro? Vendo que toda a Escritura ensina de maneira objetiva que não temos nada que não tenhamos recebido da livre graça e mera misericórdia, não de nossas obras, nem de qualquer coisa em nós, para que ninguém se glorie (Ef 2:28). Assim, que os ímpios se enfureçam o quanto quiserem, não teremos vergonha de sempre confessar que apenas a graça faz distinção entre nós e o restante do mundo.

Além disso, não tememos afirmar: aqueles que não sentem esse consolo interiormente em suas consciências nunca podem ser gratos a Deus, nem ainda dispostos a estar sujeitos a seu conselho eterno, que é a única causa pela qual esses homens iníquos de forma mais irreverente causam tumulto e furor contra a doutrina que eles não entendem. Queridos irmãos, estejamos certos de que nenhuma outra doutrina estabelece a fé nem faz o homem humilde e agradecido a Deus, finalmente, que nenhuma outra doutrina faz o homem cuidadoso em obedecer a Deus de acordo com seu mandamento, mas somente essa doutrina que despe o homem de todo poder e virtude, que nenhuma parte de sua salvação consista em si mesmo, com a finalidade de que todo o louvor de nossa redenção possa ser referido somente a Cristo Jesus, a quem o Pai, com muito amor, entregou à morte[19] para a libertação de seu corpo, que é a Igreja, para a qual ele foi designado o cabeça, antes do princípio de todos os tempos. A ele, portanto, com o Pai e o Espírito Santo, seja todo louvor e glória para todo o sempre. Que assim seja.

---

[18] Efésios 2:8.
[19] 1Coríntios 1:30; 1João 4:10; Efésios 1:22.

1ª Parte

***O primeiro erro de* Careless by Necessity**

RESPOSTA

Nós não somos ignorantes, ainda que tentem nos acusar, afirmando sermos descuidados e ser errada a nossa doutrina, neste momento, eu deixo de falar, porque depois teremos ocasião para tratarmos sobre esse assunto. Somente neste momento eu pergunto: com que juízo você pode nos oprimir com o odioso nome de necessidade estoica, que, com tanta frequência, da maneira mais insolente, você lança sobre nós, nesta sua obra ímpia e confusa, visto que nenhum homem abomina mais essa opinião diabólica e nome profano do que nós? É fácil persuadi-lo, como suponho, que não desviamos do juízo do reverendo servo de Cristo Jesus, João Calvino (a quem, zombando e dispensando o uso de termos, chamam nosso Deus). Portanto, a partir de agora, silenciar suas línguas venenosas e tornar sua insolência mais evidente àqueles cujos olhos satanás não cegou com orgulho e malícia, como em nós é evidente: recitarei fielmente suas palavras e sentenças, assim escritas em suas *Institutas cristãs*.[1]

Aqueles (disse ele) que estudam para fazer soar odiosa essa doutrina, a saber, a eterna providência e predestinação de Deus, falsamente caluniam. Este é o paradoxo, isto é, a opinião duvidosa e obtusa dos estoicos, que afirmaram que todas as coisas aconteceram e vieram a cabo por fatalidade ou mera necessidade. Isso também foi contestado por Agostinho. No que nos cabe, não debatemos de boa vontade nem combatemos por palavras; no entanto, de forma

---
[1] Capítulo 14, seção 40.

alguma admitimos nem recebemos o termo que os estoicos usaram em latim, chamado *Fatum*.

Além disso, são essas aquelas palavras profanas e inúteis, as quais Paulo deseja que evitemos e também pelo ódio a ela nossos inimigos acusam a verdade de Deus. No tocante à opinião, nós somos falsa e maliciosamente associados a ela, pois não imaginamos uma necessidade que esteja contida na natureza por uma perpétua conjunção de causas naturais, como fizeram os estoicos, mas afirmamos e declaramos que Deus é Senhor, moderador e governador de todas as coisas; a quem afirmamos ter determinado desde o início, de acordo com a sua sabedoria o que ele faria. Agora dizemos que ele executa de acordo com seu poder tudo o que ele determinou.

Do que concluímos, que não apenas o céu, a terra e as criaturas irracionais, mas também os conselhos e a vontade dos homens são governados por sua providência: de modo que eles tendem e são levados ao desígnio que ele propôs. Ele segue adiante, respondendo à objeção que pode ser feita, dizendo: Então, não há nada que é feito por destino e por acaso? Eu respondo: Isso foi bem e divinamente escrito por Basílio, chamado Grande. Que sorte e acaso são as palavras dos pagãos, das quais o significado não deveria de modo algum entrar no coração dos fiéis. Pois, se toda a prosperidade for a bênção de Deus e as adversidades a sua maldição, não resta lugar para a sorte naquilo que ocorre aos homens. E, mais além, ao final desta seção, ele traz à tona o intento de Agostinho a respeito da sorte, da qual podemos, depois, falar um pouco. Essa frase é suficiente para condenar você e seu mestre por inveja maliciosa e acusações injustas, pois aqui não apenas João Calvino, mas todos nós com ele, abominamos o termo *Fatum*, chamado Destino, mas também aquela opinião diabólica que os estoicos mantinham. Quando considero qual deve ser a causa pela qual tão maliciosamente estamos associados, àquilo a que tão claramente nos opomos por palavra e escrita, sou levado a suspeitar que você também não entende a natureza do termo que nos impõe, ou então você tem algum outro interesse do que parece à primeira vista.

Afirmamos claramente que a opinião dos estoicos é condenável e falsa, pois eles colocaram tal poder nas estrelas e em suas posições, que era impossível (afirmaram eles) mudar ou evitar aquilo que por sua constelação e influência foi designado a acontecer. Tanto que eles sustentaram que o próprio Júpiter (a quem chamavam de Deus grande e supremo) não poderia alterar nem interromper a operação das estrelas e dos efeitos que deveriam seguir, afirmando que as mudanças dos reinos, as honras de alguns homens, o desânimo de outros e, finalmente, que tanto o vício quanto a virtude estavam todos sob o poder das estrelas. Contra essa opinião nociva, Agostinho discorda de forma sábia e contundente em diversos trechos,[2] mas principalmente no quinto livro de sua obra intitulada A *cidade de Deus*, afirmando que somente pela providência de Deus os reinos são erigidos, mantidos e transformados, como também que as estrelas não têm poder nem para inclinarem os homens à virtude e nem ao vício e que essas blasfêmias devem ser repelidas dos ouvidos de todos os homens. Tais sentenças, por concordarem perfeitamente com as infalíveis Palavras de Deus, aceitamos com reverência e cremos constantemente: E então, por que vocês nos acusam de maneira despudorada daquilo que nunca pensamos, os sábios devem se perguntar. Vocês afirmam que extraíram a palavra da necessidade estoica, mas ainda assim declaram a mesma coisa que eles afirmaram. Eu respondo: Se você não consegue distinguir entre a onipotente, mais perfeita, mais justa e imutável vontade de Deus e a oposição das estrelas, chamadas constelação, você tem tirado mal proveito, não apenas da escola de Deus, mas também dessas artes, em que alguns de vocês parecem outros. Afirmamos que, necessariamente, Faraó, depois de muitas pragas sofridas, deveria se afogar com seu grande exército? Que Nabucodonosor deveria ser transformado em um animal bruto? Que Ciro deveria primeiro destruir Babilônia e depois proclamar a liberdade ao povo de Deus (após seu longo e doloroso cativeiro)? Por que a influência das estrelas os levou a esse fim? Ou não afirmamos constantemente que o eterno conselho de Deus, seu decreto imutável e a sua santíssima vontade (que é ela, somente, a regra mais perfeita de toda justiça e equidade) fizeram com que todas essas coisas ocorressem pelos meios que ele havia apontado e por seus profetas anunciado? Mas aqui você se agita e esbraveja em sua fúria contumaz: "o que é isso

---

[2]Capítulos 1-5.

a não ser necessidade estoica, fazer da vontade de Deus a única causa de todas as coisas, sejam elas boas ou más?" Quão tolo e ignorante você é, se você não consegue distinguir entre a vontade de Deus e a necessidade que os estoicos sustentaram, que eu já abordei. E quão maliciosamente você nos imputa palavras e frases, das quais nunca poderá nos convencer, será demonstrado em breve (se Deus quiser). Mas, com isso, percebo onde os sapatos lhe apertam.

Assim, se a vontade de Deus, seus conselhos, sua providência e decreto governam as ações da vida dos homens, anteveja e tema que seu livre-arbítrio seja posto em cativeiro, e dessa forma não consiga chegar primeiro à perfeição dos anjos e, no decorrer do tempo, à justiça de Cristo, por meio de seu livre-arbítrio. Se eu desconfio de você por engano e assim errei em meu julgamento, suas próprias palavras serão testemunhas. Por ver que provamos de forma clara que, da maneira mais injusta e maliciosa, você nos acusa e nos calunia com a vã opinião dos estoicos, procederei àquilo que você chama de nosso primeiro erro, depois que (para melhor instrução do leitor simples) eu declarar o que entendemos por presciência, providência e predestinação, tais termos os escandalizam de tal maneira que nem sequer conseguem ouvi-los.

PRESCIÊNCIA

Quando atribuímos presciência a Deus, entendemos que todas as coisas sempre existiram e permanecem perpetuamente presentes diante de seus olhos, de modo que, para seu eterno conhecimento, nada é passado, nada está por vir, mas todas as coisas estão presentes e, por isso, são reais e não são imaginações dissimuladas, ou formas e figuras, de onde outras coisas incontáveis procedem (como Platão ensina, da forma e do exemplo de um homem são formados muitos milhares de homens). Mas dizemos que todas as coisas estão tão presentes diante de Deus, que ele as contempla e as vislumbra em sua veracidade e perfeição. E, portanto, é verdade que os profetas costumam falar de coisas que ainda estão por vir com tanta certeza como se já tivessem sido realizadas. E essa presciência de Deus afirmamos ser estendida a todas as esferas universais do mundo, sim, também a toda criatura em particular.

PROVIDÊNCIA

Chamamos de providência de Deus aquele reino soberano e domínio supremo que Deus sempre mantém ao governar todas as coisas contidas no céu e na terra. Esses dois (isto é, a presciência e providência) nós atribuímos a Deus, como o apóstolo não temenos afirmar, que nele temos nosso ser, movimento e vida. Não temenos afirmar que o caminho do homem não está em seu próprio poder,[3] mas que seus passos são dirigidos pelo eterno: que os pardais (que parecem mais sujeitos à sorte)[4] seguem de tal modo a sua providência que um pardal não cai no chão sem nosso Pai celestial permitir. Assim, não conferimos a Deus apenas a presciência por meio de uma visão indolente e uma providência por um movimento geral de suas criaturas[5] (como não apenas alguns filósofos, mas também o que se deseja em nossos dias), mas atribuímos a ele[6] tal conhecimento e providência que são estendidos a todas suas criaturas, nas quais ele trabalhou de tal modo que de boa vontade tendem e se inclinam ao fim para o qual são designados por ele. Recebem consolo os filhos de Deus com fervorosas meditações, que neste tempo não sofrerão. Mas para terminar com uma palavra: Ai, a qual miséria somos expostos, se formos convencidos de que satanás e os iníquos podem ou poderiam fazer qualquer coisa que não tivesse sido ordenada por Deus? Que os piedosos considerem.

PREDESTINAÇÃO

De predestinação, que agora é abordada, chamamos o decreto eterno e imutável de Deus, pelo qual ele determinou consigo mesmo o que terá de ser feito a todo homem. Pois ele não criou tudo (como será provado a seguir) para ser de uma condição. Ou, se quisermos uma definição de predestinação mais ampla, dizemos que esse é o propósito mais sábio e mais justo de Deus, pelo qual, antes de todos os tempos, ele decretou chamar aqueles que ele amou em Cristo, para o conhecimento de si mesmo e de seu filho Jesus Cristo, a fim de que possam ter a certeza da adoção pela justificação da fé, que,

---

[3] João 10.
[4] Provérbios 20.
[5] Provérbios 16.
[6] Mateus 10:29.

operando neles por caridade, faz com que suas obras brilhem diante dos homens para a glória de seu Pai, e eles (feitos conforme à imagem do Filho de Deus) possam finalmente receber a glória que está preparada para os vasos de misericórdia. Acrescentei essas últimas partes (a saber, a vocação, a justificação pela fé e o efeito dela) para os que pensam em como somos suficientemente predestinados, não importa quão perversamente vivemos. Consistentemente afirmamos o exato oposto, ou seja, ninguém que vive perversamente pode ter a certeza de que é predestinado para a vida eterna. Sim, ainda que homem e anjo testemunhem a favor dele, ainda assim sua própria consciência o condena, até o momento em que, sinceramente, ele se afasta de suas conversações perversas. Achei apropriado explicar esses termos no início, com o objetivo de que o leitor possa entender melhor o que queremos e que não tenhamos necessidade de repeti-los. Agora, àquilo que vocês chamam de primeiro erro.

2ª Parte

O ADVERSÁRIO

Deus não criou todos os homens para serem salvos por qualquer meio, mas, antes da fundação do mundo, ele escolheu um certo número para a salvação, que é apenas um pequeno rebanho, e o restante, que é inumerável, ele reprovou e ordenou à condenação porque assim o agradou.

RESPOSTA

Eles não são apenas mentirosos de renome e chamados de falsas testemunhas, que afirmam ousada e claramente uma mentira em expressas e claras palavras, mas também, ao recitar pensamentos de outros homens, mudam seu significado alterando-as e acrescentando mais do que falam ou diminuindo o que pode explicar as coisas que permaneceram obscuras ou que mais claramente pode expressar os pensamentos dos pregadores. E você é culpado de todos esses três vícios nessa sua primeira acusação ou testemunho contra nós, pois você alterou completamente nossas palavras. A elas você adicionou e delas diminuiu o que você acha que pode prejudicar e tornar odiosa a nossa causa. Portanto, eu afirmo, vocês são mentirosos detestáveis e acusadores maliciosos. Como prova, apelo aos nossos escritos, sejam eles em latim, francês, italiano ou inglês (esse assunto está escrito em muitas línguas). Se algum de vocês puder apresentar nossas proposições em qualquer uma delas nesta sua forma e contendo suas palavras inteiras, estou disposto (seja por palavra ou por escrito) a reconhecer que lhes ofendi muito chamando-os de detestáveis mentirosos. Mas se você não for capaz de mostrar essas palavras usadas por nós (vocês não serão tão claros), seu mestre Castalio e vocês dois estão longe dessa perfeição (para não falar mais de forma mais amarga) que fingem. Pois vocês são manifestamente mentirosos: e de quem são chamados filhos, não há como ignorar, acusando os homens do que eles nunca quiseram dizer. Assim formou Castalio sua primeira acusação falsa contra o mestre Calvino: *Deus criou à perdição a maior parte do mundo, pelo puro e simples prazer de sua própria vontade*. E é o mesmo que você afirma em outras palavras remendadas de forma mais descarada: então você e ele acrescentam às nossas palavras a sua própria intenção maliciosa. Estas frases: *Deus criou a maior parte do mundo, que é uma multidão inumerável, para perdição, apenas porque isso lhe agradava*, você rouba nossas palavras e suprime o que quer que acrescentemos quando mencionamos a predestinação de Deus, a saber, que ele criou todas as coisas para sua própria glória.

Embora a causa de Deus seja incompreensível, secreta e oculta de nós, quando da mesma massa ele ordenou alguns vasos para honra e outros para destruição, ainda assim é justíssima, santíssima e reverendíssima. Agora, para a declaração posterior, tanto de nossa intenção quanto de sua malícia descarada, recitarei algumas frases do mestre Calvino, como faz aquele homem piedoso e erudito, Teodoro Beza, contra a ardilosa conjectura do seu mestre Castalio. Eu afirmo (diz João Calvino) com Agostinho que, sem dúvida, Deus criou quem ele sabia que estava destinado à perdição, e isso foi feito porque assim ele queria. Ele queria isso, então não cabe a nós, que não conseguimos compreender, perguntar: tampouco é conveniente que a vontade de Deus venha a ser decidida por nós. Da qual, sempre que é mencionada, é como o supremo e mais alto estado de justiça. Além disso, afirmamos o que as Escrituras mostraram claramente, a saber, que Deus de uma vez, por seu conselho eterno e imutável, ordenou quem em algum momento ele levaria para a salvação e também quem condenaria à destruição.[1] Afirmamos aqueles a quem ele julga dignos de participação na salvação, para serem adotados e escolhidos por sua livre misericórdia, independentemente de sua própria dignidade. Mas a quem ele dá condenação, ao mesmo tempo cerrou as entradas à vida por seu julgamento inescrutável, e ainda por esse julgamento

---

[1] *Institutas*. Capítulo 14, parte 5.

que nem pode ser reprovado. Em outra obra:[2] Se não temos vergonha (ele afirmou) do Evangelho, cabe a nós confessar o que nele é notoriamente ensinado, isto é, que Deus de sua eterna aprovação, de quem dependia de nenhum outro, tem destinado para a salvação a quem agradou, o restante sendo rejeitado. E àqueles a quem ele honrou com sua livre adoção, ele iluminou por seu Espírito, para que eles possam receber a vida oferecida em Cristo; outros, por sua própria vontade, permanecem infiéis, que, sendo destituídos da luz da fé, continuam nas trevas. Também aquilo que Agostinho escreveu: Assim é a vontade de Deus, a mais elevada regra de justiça, que tudo o que ele quiser, na medida em que ele quiser, deve ser considerado justo.[3] Portanto, quando a pergunta é: por que Deus fez isso? Ela deve ser respondida: porque assim ele quis. Mas, se você segue perguntando: por que ele quis isso? Você busca algo maior e mais elevado que a vontade de Deus, que não pode ser descoberta. E depois, ele afirma: Devemos sempre retornar à aprovação de sua vontade, a causa do qual está oculta dentro de si.

Mas, para tornar essa matéria mais evidente, acrescentarei uma ou duas passagens e porei um fim a essa sua acusação forjada neste tempo. Em seu livro no qual escreve sobre a eterna predestinação de Deus, ele diz: Embora Deus antes da deserção de Adão tenha determinado, por causas ocultas para nós, o que ele deveria fazer, ainda nas Escrituras não lemos nada a ser condenado nele, exceto o pecado. E, assim, ele tinha justas causas (mas ocultas a nós) ao rejeitar parte dos homens, pois ele não odeia nem amaldiçoa no homem senão aquilo que é contrário à sua justiça. Também escrevendo sobre Isaías, capítulo 23, sobre essas palavras: "O Senhor dos Exércitos decretou profanar o orgulho de todos os nobres etc.", ele diz: Vamos aprender sobre esta passagem, que a providência de Deus deve ser considerada por nós, para que a ele possamos dar a glória e o louvor da sua onipotência, pois a sabedoria e a justiça de Deus devem estar unidas ao seu poder. Portanto, assim como as Escrituras nos ensinam que Deus, por sua sabedoria, faz isso ou aquilo, assim elas nos ensinam um certo fim por qual razão ele faz isso ou aquilo.

---

[2] De æterna Dei prædestinatio.
[3] *Institutas*. Capítulo 14, parte 14.

Isso porque a imaginação do poder absoluto de Deus, que os escolásticos inventaram, é uma blasfêmia execrável, pois é como se eles dissessem que Deus era um tirano que ordenava coisas a serem feitas, não de acordo com a equidade, mas de acordo com seu apetite desordenado. De tais blasfêmias, as escolas estão repletas, elas não diferem dos pagãos, os quais afirmavam que Deus zombava ou escarnecia dos assuntos dos homens. Mas na escola de Cristo somos ensinados que a justiça de Deus resplandece em suas obras, sejam elas quais forem, para que a boca de todos os homens seja calada e a glória seja dada somente a ele.

Portanto, o profeta ensina justamente as causas dessa destruição (referindo-se à destruição de Tiro), para que não pensemos que Deus faz alguma coisa sem razão. Os de Tiro eram ambiciosos, orgulhosos, avarentos, lascivos e dissolutos.

Até o mais simples pode agora considerar e entender qual era sua malícia e intenção diabólica, ao remendar essa sua primeira acusação? Não o zelo da glória de Deus, como você finge falsamente, mas o ódio que você concebeu contra aqueles que buscaram sua salvação. Pois, se você quisesse simplesmente dizer qualquer coisa, não deveria ter acrescentado aquilo que nunca poderá mostrar em nossos escritos, tampouco pode corretamente provar que o tenhamos dito ao argumentar com qualquer um de vocês.

Nós, instruídos assim pelas Escrituras e com reverência, afirmamos que Deus por causas justas, embora desconhecidas e ocultas para nós, rejeitou uma parte dos homens. Mas você, sem mencionar nenhuma causa, afirma que sustentamos que: Ele criou a maior parte do mundo (que é inumerável) para nenhum outro fim senão a perdição. Nisso repousa descaradamente a sua malícia que ultrapassa qualquer medida, pois nem definimos precipitadamente o número de um nem do outro, embora as Escrituras em diversas passagens afirmem que os rebanhos de Cristo são os pequenos rebanhos, são poucos os que encontram o caminho que leva à vida. Não obstante (eu digo), não pronunciamos de maneira ousada, se os números serão maiores, mas com toda sobriedade exortamos as pessoas confiadas à nossa liderança a não seguir a multidão à iniquidade. Pois se o fizerem, não há multidão que possa prevalecer contra Deus. E assim, para nós, nesse sentido, você é muito prejudicial. Mas, ainda assim, na segunda parte, sua malícia é mais manifesta, pois você impõe como nossa a afirmação de que o fim da criação dos infames não era nada além da sua perdição eterna. Daquela calúnia, o mestre Calvino claramente nos inocenta com estas palavras: "Todos devem saber", ele afirmou,[4] "o que Salomão diz: 'que Deus criou tudo para si e até os ímpios para o dia do mal'".

Dessa maneira, considere e observe que nós (instruídos pelo Espírito Santo) primeiro afirmamos que a causa e o fim para os quais os infames foram criados não foi, nem é, sua única perdição (como você nos atribui), mas que a glória de Deus apareça e resplandeça em todas as suas obras. Segundo, ensinamos que a perdição deles depende tanto da predestinação de Deus, que a justa causa e a substância da perdição são encontradas em si mesmas e que, embora o decreto e o conselho de Deus sejam incompreensíveis ao entendimento humano, ainda assim é justíssimo e santíssimo. Portanto, com a maior clareza e brevidade possível, eu tenho exposto em que pontos vocês são mentirosos maliciosos, o que você acrescentou de ódio às nossas palavras e o que você supõe para que a equidade de nossa causa não apareça aos homens. Deus conceda a você (de acordo com sua aprovação) maior modéstia para escrever e mais humildade para refletir sobre esses mistérios elevados, que superam em muito o alcance da capacidade humana. Mas agora prossigo ao prefácio de sua refutação, que começa assim.

---

[4]*Institutas*. Capítulo 14, parte 17.

3ª Parte

O ADVERSÁRIO

A refutação do primeiro erro

Para provar isso, eles não conseguem apresentar mais nenhum testemunho claro da Palavra. Pois não existe tal dizer na sagrada Escritura, qual seja: que Deus reprova o homem antes do mundo. Mas as sentenças que eles citam são exageradas e forjadas, são contrárias ao significado do Espírito Santo, como, querendo Deus, logo ficará claro. E onde as Escrituras não servem, eles remendam sua narrativa com uma argumentação irracional, pois toda intenção deles é contrária à reta razão.

RESPOSTA

De fato, se tudo que você amontoou em sua acusação injusta fosse verdade, eu, de minha parte, não teria vergonha de confessar que mais foi afirmado do que as Escrituras claramente ensinam, mas os acréscimos abordados anteriormente, sendo removidos e acrescentados àquilo que você omitiu por malícia. Espero que nossa proposição seja tão clara e simples que ao homem razoável (se for piedoso) não faltarão boas razões, nem as claras Escrituras para confirmá-las, embora você seja ousado em afirmar que não temos base nas Escrituras nem boas argumentações, e que toda a nossa intenção é contrária à verdadeira razão. Mas agora vamos formar nossas próprias proposições.

Deus, em seu conselho eterno e imutável, uma vez designou e decretou quem ele levaria para a salvação e a quem também deixaria em ruínas e perdição. Aqueles a quem ele elegeu para a salvação, ele recebeu de misericórdia gratuita, sem qualquer consideração aos seus próprios méritos ou dignidades, mas por amor imerecido os deu ao seu único Filho para ser sua herança. Eles a quem ele chama no devido tempo, e como ovelhas obedecem à sua voz, alcançando a alegria daquele Reino que foi preparado para eles antes que as fundações do mundo fossem lançadas. Mas àqueles a quem ele decretou deixar em perdição, está fechada a entrada na vida... Ou eles são deixados continuamente corrompidos em sua cegueira, ou então, se a graça é oferecida, por eles é atacada e obstinadamente recusada; ou, se parece ter sido recebida, isso permanece apenas por um tempo e assim eles voltam à sua cegueira, natureza distorcida e infidelidade, na qual finalmente acabam perecendo.

Porque toda a controvérsia permanece nisso. Se Deus escolheu alguém para a vida eterna antes do início de todos os tempos, deixando outros em sua justa perdição ou não, meu objetivo é primeiro pelas Escrituras mais claras provar a afirmativa, depois, observando as mesmas e outras Escrituras que pela graça de Deus serão citadas, o mais claramente possível mostrar a você que absurdo horrível inevitavelmente segue de seu erro, no qual afirmam: que Deus não escolheu nenhum homem mais do que outro para que, tendo sido removida a sua cegueira, vocês possam ou se voltarem com toda humildade para o eterno Filho do Deus eterno, contra quem vocês se armam, ou então para que sua condenação seja mais sombria e justa por sua recusa da luz oferecida. Que Deus escolheu antes da fundação do mundo, testemunhou o apóstolo, dizendo: Bendito seja o Deus e Pai de nosso Senhor Jesus Cristo, o qual nos abençoou com todas as bênçãos espirituais nos lugares celestiais em Cristo; conforme ele nos escolheu nele antes da fundação do mundo, para que sejamos santos e inculpáveis diante dele por amor.[1] Aqui o apóstolo, em palavras claras, afirma que Deus escolheu um certo número (porque ele não fala ao mundo inteiro, como você de forma ignorante ou maliciosa alega, mas à sua amada congregação de Éfeso, que com toda a obediência tinha recebido a palavra de vida oferecida e com muita paciência continuou nela, mesmo após a partida de seu apóstolo, mesmo após seus grilhões

---
[1] Efésios 1.

e prisão). Assim, digo, o apóstolo afirma que Deus escolheu e isso antes que a fundação do mundo fosse lançada, de modo que temos, assim, demonstrada a eleição de Deus antes de todo o princípio. Aqui posso citar muitas passagens, mas, em nome da brevidade, dou-me por satisfeito com apenas essa.

Ele realizou isso em seu conselho eterno e imutável, sem levar em consideração os nossos méritos ou obras (que você acredita serem causas da eleição de Deus), testemunha o mesmo apóstolo, procedendo como segue: nos predestinou para filhos de adoção por Jesus Cristo, para si mesmo, segundo a aprovação da sua vontade, para louvor da glória da sua graça, pela qual nos fez aceitáveis a si no Amado. Em quem temos a redenção, e pelo seu sangue o perdão dos pecados, segundo a abundância da sua graça, da qual ele derramou sobre nós em toda a sabedoria e prudência, tendo feito conhecido entre nós o mistério da sua vontade, segundo sua aprovação, que propusera em si mesmo, e na dispensação da plenitude dos tempos, ele restaurasse todas as coisas em Cristo, tanto as que estão no céu como as que estão na terra. Em quem também obtemos herança, havendo sido predestinados conforme o propósito daquele cujo poder faz todas as coisas, segundo o decreto da sua vontade, com o fim de sermos para louvor da sua glória. Aqui, o Espírito Santo, por um propósito definido, prevendo a ingratidão do homem, usa não só palavras mais apropriadas, mas também as mais veementes, e muitas vezes repete a mesma coisa, para derrotar todo orgulho e arrogância do homem, presumindo arrogar qualquer coisa a si mesmo na questão de sua salvação. Ele, primeiro, diz: "Deus predestinou".

Para que ninguém pense, como você, seguindo os papistas, agora afirmam a blasfêmia de que ele o fez em relação aos nossos valores, obras ou fé; em uma frase, ele rejeita tudo o que está sem Cristo Jesus e sem ele mesmo, dizendo: e nos predestinou para filhos de adoção por Jesus Cristo, para si mesmo, segundo a aprovação da sua vontade. Se Cristo Jesus, ou ainda se Deus Pai, seu conselho eterno, seu decreto e seu propósito são diferentes de nossa dignidade, nossa fé, nossa qualidade ou nossas boas obras, que nem por elas, nem em relação a nenhuma delas, fomos escolhidos para a vida. Pois ele afirma claramente que, por Cristo em si mesmo, de acordo com sua aprovação, que ele propusera em si mesmo, fomos adotados para ser filhos, e isso de acordo com o propósito e o decreto de sua vontade.

Aqui você tem as mesmas palavras que nós usamos. Pois aqui estão elas: "O propósito de sua aprovação, que ele propôs em si mesmo predestinar e adotar-nos como filhos", cujas palavras expressam de maneira mais viva o que afirmamos. Mas ainda assim, por acaso, falta a prova dessa parte, que Deus em seus conselhos imutáveis já escolheu. Depois, percebo que isso lhe ofende muito, confio em quem não rejeita o testemunho de Tiago, pois vocês têm muito o que aprender com suas palavras. E ele disse que toda boa dádiva e todo dom perfeito vêm do alto, e descem do Pai das luzes, em quem não há mudança, nem sombra de variação. De sua própria vontade, gerou-nos pela palavra da verdade.[2] Se com Deus, como ele afirma, não há variabilidade, então seu conselho deve ser imutável. Se nele não houver agora trevas e luz, como Ele habita na luz que é inacessível, assim todas as coisas estão e sempre estiverem presentes à sua vista, então, em seu eterno conselho, não cai a ignorância nem o arrependimento, e o que ele uma vez decretou, ele cumprirá fielmente para louvor de sua própria glória. Mas se você não aceitar minhas razões, devo lhe trazer a clareza das Escrituras: que Deus escolheu antes da fundação do mundo, ele predestinou, designou e decretou nos adotar como filhos, já está provado. O profeta Isaías, do capítulo 40 até o fim de sua profecia, trata principalmente desses dois argumentos: por um lado, para confortar a Igreja aflita e dispersa (que foi então oprimida e depois levada cativa à Babilônia). Por outro lado, ameaça também com a justa vingança contra os que desprezaram a graça oferecida, como também o inimigo cruel. O estado da Igreja era tal que todas as esperanças de liberdade, redenção e consolo foram tiradas deles.

Eles eram como carniças, enterrados em desespero, contra os quais o profeta luta continuamente, chamando-os da contemplação das misérias presentes e da vista de tais impedimentos que lhes parecia impedir a liberdade, a promessa infalível de Deus e seus conselhos, que ele afirma serem constantes, e o seu amor, que é imutável. Por isso, frequentemente ele repete: "Sou eu, o Eterno, que criou os céus;[3] e lançou os fundamentos da terra. Sou eu, sou eu

---
[2]Tiago 2.
[3]Isaías 44.

que o farei, por amor do meu próprio nome. Estabelecerei a palavra de meu servo (ele se refere a Isaías e a seus outros profetas, que em seu nome prometeram libertação ao povo) e realizarei o conselho de meus mensageiros. Eu digo a Jerusalém, sê habitada, e aos muros de Sião, edificai-vos."

Então é por essas e muitas outras passagens que o profeta trabalhou arduamente para erguer o povo da cova do desespero na qual eles cairiam em virtude de sua calamidade gritante e seu longo cativeiro; e para que pudesse persuadi-los com mais eficácia, leva-os ao pacto feito com Abraão, à lembrança de sua maravilhosa libertação de Egito, e à clemência de Deus que seus pais haviam encontrado em todo momento. Mas todo o seu trabalho teria sido em vão se o conselho, o decreto e o propósito de Deus fossem mutáveis, pois facilmente eles poderiam objetar: de que nos serve a promessa feita a Abraão, ou a bondade de Deus que nossos antepassados experimentaram? Nós recusamos a Deus, e por isso ele nos recusou e nos rejeitou? Ele quebrou sua aliança e pacto conosco, mas contra todas essas vozes mais profundas e contra o seu erro blasfemo, que afirmam que o conselho e o propósito de Deus mudam como o homem, o profeta confronta e prevalece, dizendo: "Pois os meus pensamentos não são os pensamentos de vocês, nem os seus caminhos são os meus caminhos, declara o Senhor. Assim como os céus são mais altos do que a terra, também os meus caminhos são mais altos do que os seus caminhos e os meus pensamentos mais altos do que os seus pensamentos. [...] assim também ocorre com a palavra que sai da minha boca: Ela não voltará para mim vazia, mas fará o que desejo (observe e dê glória a Deus) e atingirá o propósito para o qual a enviei."[4]

Eu não duvido que o leitor piedoso perceba claramente qual seja a intenção do profeta ao repreender a vaidade dos judeus, acreditando que os conselhos, aliança e amor de Deus estavam sujeitos a tanta mutabilidade da mesma forma como eles mesmos estavam. Mas o profeta faz tanta diferença entre um e outro, assim como entre o céu e terra, e afirma ainda que, como o orvalho e a chuva não caem em vão, assim a palavra que Deus fala (que é de mais excelência do que todas as criaturas) não falhará em produzir o seu efeito, mas ele fará a vontade de Deus e prosperará como ele ordenou, isso porque

---
[4]Isaías 55.

é Deus que falou aquilo que foi proposto em seu conselho eterno e imutável antes de todos os tempos. Sobre essa base e fundamento (ou seja, sobre o imutável amor e conselho de Deus), o profeta edifica a salvação e a libertação da igreja, pois com mais clareza ele fala com estas palavras: "Pois isso será para mim como as águas de Noé: pois como eu jurei que as águas de Noé nunca mais tornariam a cobrir a terra, assim eu juro. De modo que agora jurei não ficar irado contra você, nem tornar a repreendê-la. Mesmo que os montes se retirem e as colinas sejam removidas, a minha misericórdia não se afastará de você, e a minha aliança de paz não será removida", diz o Senhor, que se compadece de você.[5]

Apenas uma passagem é suficiente para provar tudo o que afirmamos: que o conselho, o amor e a bondade de Deus para com a sua igreja são imutáveis. O exemplo e similaridade que ele estabelece são muito claros e evidentes. As águas nunca transbordaram universalmente à terra, desde os dias de Noé, com quem ele fez sua aliança em contrário, e não menos iniquidade (na verdade, ainda maior) tem dominado em todas as épocas desde então. Qual é, então, a causa de que a vingança semelhante ou maior não seja tomada? Sem dúvida, a certeza de sua promessa que fez à sua Igreja em Cristo Jesus, seu único bem-amado. As montanhas que vemos em todas as tormentas e tempestades mantêm seu lugar, elas não se esvaem, nem ainda são abaladas pela veemência dos ventos. Mas, se o fizerem, diz o Eterno, minha bondade não te deixará (ó, misericórdia sem medida!), nem a aliança da minha paz tremerá nem vacilará.

Assim, suponho que o leitor piedoso perceba e veja que não nos falta base na Escritura (como afirmam) para provar que o amor e o conselho de Deus a seus eleitos são estáveis, isso porque está fundamentado em si e não em nós, como (para sua condenação, se continuar sem se arrepender) imagina falsamente. Mas, para que não se queixe de que essas passagens não são suficientemente claras, trarei mais uma e assim terminarei esta parte: "Escutem, ó casa de Jacó e todo o remanescente da casa de Israel, vocês que eu carrego desde o ventre materno e que levo nos braços desde o nascimento. Até a velhice de vocês eu serei o mesmo e ainda quando tiverem cabelos brancos eu os carregarei. Eu os fiz e eu os levarei; eu os carregarei e

---
[5]Isaías 54.

os salvarei."⁶ Que palavras podem ser mais veementes e mais claras para provar que o amor de Deus nunca pode mudar de seus eleitos? Essa é sua conclusão que ele reuniu das partes anteriores, dizendo: Eu susterei e salvarei. E por quê? Porque eu lhe gerei. Essa é uma boa razão pela qual Deus libertará, por ele ter gerado? A despeito de como entendem os anabatistas, pareceu bom ao Espírito Santo.

Também Davi e Jó, com a mesma lembrança, consolaram-se em suas maiores tribulações. Davi diz: "Contudo, tu és quem me fizeste nascer; e me preservaste, estando eu ainda ao seio de minha mãe. A ti me entreguei desde o meu nascimento; desde o ventre de minha mãe, tu és o meu Deus."⁷ Nessas palavras, Davi se armou contra as tentações horríveis que o assaltaram naquelas terríveis perseguições que ele suportou sob Saul. Que o salmo não seja interpretado como se Davi não tivesse parte em Cristo e sua paixão, sendo que, para seu próprio julgamento e também para o julgamento de todos os homens, quando ele pareceria estar oprimido, ele reuniu novas forças e consolo pelas dádivas de Deus, que havia recebido de antemão.

Assim ele conclui aqui: tu que és o autor da minha vida, o que me nutriste e preservaste mesmo no meio das trevas, continuarás sendo o meu Deus e ainda assim me libertarás. Qual é o motivo dessa conclusão? O próprio Davi o expressa dizendo: "Teu amor, Senhor, permanece para sempre; não abandonarás as obras das tuas mãos!"⁸ Em tais palavras Davi, em meio aos problemas, é elevado à contemplação da natureza de Deus, que, assim como escolheu por sua livre misericórdia, e concede seus dons a seus filhos antes que eles pudessem merecê-los ou ainda conhecê-los, assim ele continua o mesmo constantemente até o fim, até os membros do corpo de Cristo. E somente sobre esse mesmo fundamento se apoiou a fé de Jó, em sua mais extrema angústia, pois com essas palavras ele se queixava para Deus: "As tuas mãos me fizeram e me formaram e irás agora destruir-me? Lembra-te de que me moldaste como o barro, e agora me farás voltar ao pó? Acaso não me despejaste como leite e não me coalhaste como queijo? Não me vestiste de pele e carne e não me juntaste com ossos e tendões? Deste-me vida e foste bondoso para comigo, e na tua providência cuidaste do meu espírito. Mas algo escondeste em

---
⁶Isaías 46.
⁷Salmos 22.
⁸Salmos 138.

teu coração, e bem sei que és tu."[9] Aqui está claro que Jó luta contra o desespero, que o atacou com veemência por causa de sua dor intolerável. Assim, em sua batalha, ele aprende o seguinte: "Deus começou a me mostrar misericórdia, o que em muitas coisas eu senti e eu ainda dependo e me apego a elas; portanto, meu Deus não pode desprezar as obras de suas mãos". E assim sucede nesta disputa, até que ele chega a esta conclusão, que Deus depois aprovou: "Eu sei", diz Jó, "que meu redentor vive, a quem eu verei; sim, meus olhos o verão e a nenhum outro". Em que fundamento (digo eu) essa fé de Jó se manteve? Sem dúvida no seguinte: que o conselho de Deus é estável e seu amor é imutável em relação àqueles que ele tomou em sua guarda.

Dessa maneira, se você duvidar que isso seja compilação nossa e não a clara afirmação do Espírito Santo, compare nossa proposição com as palavras anteriores de Isaías e deixe que elas a julguem. E se, ainda assim, fosse reclamar que não apresentamos nenhuma passagem clara das Escrituras afirmando que o conselho de Deus é imutável, então ouça o que o mesmo profeta diz: "Desde o início", diz ele, "faço conhecido o fim, e do início, as coisas que não ocorrerão". Digo: "Meu desígnio é estável e o que eu quero, eu faço."[10] Considere e veja que o profeta afirma o conselho de Deus como estável, aliás, tão imutável que nem a tirania dos inimigos, nem os antigos pecados do povo, nem sua presente ingratidão, impedem Deus de mostrar sua misericórdia: porque sua infinita bondade encontrava um caminho, até mesmo no meio da morte, para manifestar sua própria glória. Os que não estiverem inteiramente cegos por malícia, tendo alguma familiaridade com as Escrituras de Deus, podem facilmente perceber que eu não deturpei nenhuma parte da intenção do profeta. Pois continuamente ele diz uma coisa aos seus ouvidos, qual seja: que Deus mostrará misericórdia, libertará e será o Salvador deles por causa de seu nome, por sua promessa feita a Abraão e para a sua própria glória. Mas agora, brevemente, vamos ouvir dois ou três textos do Novo Testamento ditos com o mesmo propósito e então vamos pôr um fim nessa parte. Nosso Mestre Jesus Cristo afirma claramente que todos os que o Pai lhe deu viriam a ele, declarando que, quem quer que venha, ele não o lançaria fora, mas lhe dará ressurreição e vida. Pois

---
[9] Jó 10.
[10] Isaías 46.

essa é a vontade do Pai que me enviou, que eu não perca nenhum dos que o Pai me enviou, mas que eu os ressuscite nos últimos dias: pois essa é a vontade daquele que me enviou, que todos os que veem o Filho e acreditam nele tenham vida eterna.[11]

Dessas palavras de nosso Mestre, é evidente: em primeiro lugar, que o Pai deu alguns ao Filho Cristo Jesus, sim, e que alguns não lhe são dados também. Mas depois disso. E, em segundo lugar, que é necessário que eles venham até ele, pois assim afirma: "Todos os que meu Pai me deu virão a mim". Ele não deixa dúvidas, mas afirma claramente que eles virão. Em terceiro lugar, o fim e o fruto da vinda são expressos: que eles obtenham a vida eterna. Que para eles o Pai dá e o Filho recebe é tão certo que o próprio Jesus Cristo declara: de suas mãos ninguém é capaz de afastá-los. É claro que o desígnio de Deus é estável, e seu amor imutável em relação aos seus eleitos, porque põe ao lado todas as outras condições. Cristo afirma que a vida eterna pertence aos que são dados por Deus e recebidos por ele em proteção e cuidado, dizendo ele mais claramente em sua oração solene.[12] Após disso, por diversas maneiras ele consolou o coração entristecido de seus discípulos, deu conforto a toda a igreja, afirmando que ele não orou apenas pelos que estavam presentes com ele, mas também por todos os que viriam a crer, por sua pregação, nele. Ele acrescentou essas palavras para o nosso consolo singular: "Dei-lhes a glória que me deste, para que eles sejam um, assim como nós somos um: eu neles e tu em mim. Que eles sejam levados à plena unidade, para que o mundo saiba que tu me enviaste e os amaste como igualmente me amaste." Ó, que nossos corações possam, sem contradição, acolher essas palavras, pois então, com humildade, devemos nos prostrar diante de nosso Deus e com lágrimas sinceras agradecer por sua misericórdia.

A partir disso, três coisas nessas palavras devem ser observadas: a primeira é que a mesma glória que Deus o Pai deu a seu Filho, ele deu a quem crê nele. Não que Cristo Jesus tivesse então toda a glória como homem (pois ainda não havia vencido a morte) nem que seus eleitos, a qualquer momento nesta vida, possam alcançar o mesmo gozo, mas que um estava tão assegurado no imutável desígnio de

---
[11] João 6.
[12] João 17.

Deus quanto o outro. Pois, como o cabeça venceria a amarga morte e assim triunfaria sobre seu autor, satanás, então também, no tempo designado, seus membros venceriam. Como ele mais adiante expressa, dizendo: Pai, quero que os que me deste estejam comigo onde eu estou e vejam a minha glória. A segunda é que tão estreita e íntima é a conjunção e a união entre Cristo Jesus e seus membros que eles devem ser um e não podem jamais ser separados. Pois assim Cristo orou, dizendo: Para que todos possam ser um, como nós somos um, sendo eu neles e tu em mim, para que sejam aperfeiçoados em um. Que a conjunção seja diligentemente definida, pois muito serve para nosso conforto. Como a divindade está inseparavelmente unida à humanidade em Cristo Jesus, nosso Senhor, também aquele que é a Divindade não poderia nem pode deixar a humanidade a qualquer momento, não importando quão amargas pareçam as tempestades.

Assim, Jesus Cristo não pode deixar sua querida esposa a Igreja, nem mesmo nenhum membro dela. Por isso, ele inclui sob a palavra geral *todos*, a fim de abarcar qualquer circunstância, mesmo que tenha acontecido algo horrível na vida deles. E embora isso pareça estranho, também uma doutrina que parece dar liberdade ao pecado, os filhos de Deus não podem ser privados de sua comida, por haver os cães que dela abusam. Mas a respeito disso (querendo Deus) falaremos depois. A terceira coisa a ser notada é que o amor de Deus por seus eleitos, dados a Cristo, é imutável. Pois Cristo o compara com o amor pelo qual seu Pai o ama. Não que eu queira que me entendam como se eu colocasse qualquer homem em igual dignidade e glória com Cristo Jesus no tocante ao seu ofício. Não, isso deve ser reservado total e exclusivamente a ele, que é o único Amado, em quem todos os demais são amados: a ele que é o Cabeça, o único que dá vida ao corpo; e a ele que é o príncipe soberano, diante de quem todo joelho se dobrará.

No entanto, quero dizer que, assim como o amor de Deus, o Pai sempre foi constante em relação ao seu querido Filho, também o é em relação aos membros do seu corpo, ainda mesmo quando são ignorantes e seus inimigos, como o apóstolo testemunha, dizendo: Deus demonstra seu amor por nós, pelo fato de Cristo ter morrido em nosso favor quando ainda éramos pecadores. Muito mais agora sendo justificados por seu sangue, seremos salvos da ira de Deus. Pois se quando éramos inimigos de Deus fomos reconciliados com ele mediante a morte de seu Filho, quanto mais agora, tendo sido reconciliados, seremos salvos por sua vida.[13] Para alguns, essas palavras podem parecer contrárias ao nosso propósito, pois mencionam uma reconciliação que não é feita, mas em que há inimizade e dissensão. Mas, se consideradas corretamente, elas provam evidentemente o que afirmamos, isto é, que Deus amou os membros do corpo de Cristo, mesmo quando eram ignorantes, como também indignos e inimigos. Pois esta é sua primeira proposição: que, sendo justificados pela fé, tenhamos paz com Deus por nosso Senhor Jesus Cristo. Quando ele menciona a paz, ele nos lembra a dissensão e a guerra que havia entre a justiça de Deus e nossos pecados. Essa inimizade (diz ele) é retirada, e nós conseguimos a paz. E, para que esse consolo não se dissipe subitamente ou que os homens não o considerem profundamente, ele nos leva ao amor eterno de Deus, afirmando que Deus nos amou quando éramos fracos. Devemos observar que o apóstolo não fala universalmente de todos os homens, mas daqueles que foram e seriam justificados pela fé, e tiveram o amor de Deus derramado em seus corações pelo Espírito Santo que lhes foi dado. Para eles, diz: "Se Deus nos amou quando éramos fracos e seus inimigos, muito mais ele nos amaria quando nos reconciliamos e começamos, pela fé, a chamá-lo de pai." O apóstolo afirma que nossa reconciliação procedeu do amor de Deus, coisa que João faz de forma mais clara com estas palavras: "Foi assim que Deus manifestou o seu amor entre nós: enviou o seu Filho Unigênito ao mundo, para que pudéssemos viver por meio dele. Nisto consiste o amor: não em que nós tenhamos amado a Deus, mas em que ele nos amou e enviou seu Filho como propiciação pelos nossos pecados."[14] De modo que ambos os apóstolos, em palavras claras, falam o que antes eu afirmei, a saber, que Deus amou os membros de Cristo Jesus, mesmo quando eles eram inimigos, tocando também seus conhecimentos e apreensões, assim como a corrupção de sua natureza, que não era regenerada. E assim concluo, como antes, que o amor de Deus por seus eleitos é estável e imutável, pois é algo que não começa no tempo, nem depende de nosso valor ou dignidade; o que é contrário àquilo que eu entendo que você sustenta e afirma.

---
[13]Romanos 6.
[14]1João 4.

Até agora, creio que provamos suficientemente que, pela clareza das Escrituras e não por razões absurdas (como o autor do seu livro nos acusa), Deus tem seus eleitos, que em Cristo Jesus ele escolheu e pelo seu decreto designou lhes dar vida. Esse propósito, conselho e amor de Deus é seguro, estável e imutável. Agora resta provar que Deus rejeitou alguns, apontando os absurdos que se seguem da sua doutrina e, assim, não serei obrigado no discurso a gastar tempo e esforço para refutar seu erro.

Que Deus tenha reprovado alguém, parece-lhe horrível. Sim, e você afirma que Deus é mais cruel do que qualquer animal selvagem, se assim ele o fez. Assim você escreve em seu livro da seguinte forma.

4ª Parte

O ADVERSÁRIO

Deus deu a todas as suas criaturas sensíveis uma inclinação natural a amar os nascidos deles, então Deus também ama o seu nascido, como ele diz: "Acaso faço dar à luz e não darei à luz eu também?" Da mesma forma, Deus fará outro amar os seus filhos e ele não amar os que dele nasceram? O homem é nascido e filho de Deus, criado à sua própria imagem e semelhança (como diz o profeta), sendo assim não temos todos o mesmo Pai? Não fomos todos criados pelo mesmo Deus?[1] E Paulo disse: "Somos descendência de Deus."[2] Portanto, Deus ama seu próprio nascido, que é o homem.

Então ele não reprovou e rejeitou o homem antes que o homem existisse, pois isso seria uma prova de que ele odiava e abominava seus próprios nascidos mais do que todos os outros. Agora, não há animal selvagem, muito menos qualquer homem, que traria um nascido seu à destruição. Quanto menos então se torna a bondade de Deus ao produzir e trazer à vida, como a sua própria imagem e semelhança, para a confusão perpétua?

RESPOSTA

Quão arrogante, descarado e blasfemo você se declara (falo com você e seus companheiros que coletaram essas blasfêmias), logo ficará claro depois que eu, pela graça de Deus, com simples perspicuidade declarar a verdade.

---
[1] Zacarias 3.
[2] Atos 17.

É verdade que, para o homem natural, nada parece mais absurdo nem mais repugnante à boa razão (como os homens a denominam) que todos dependam da vontade e determinação de Deus, pois assim pensam que Deus não pode evitar a suspeita de injustiça. Sim, dizem eles, ele não pode ser inocentado nem liberto da malícia e da crueldade. Mas esses, voltando-se ao seu próprio interior, não conseguem considerar a sua própria condição, sua ignorância e a distância de sua inferioridade aos anjos em justiça e conhecimento; aos seus santos anjos (digo eu), que são os mais obedientes e estão continuamente diante de sua face e, ainda assim, cobrem seus rostos com muita reverência não se atrevem nem contemplam precipitadamente o brilho de sua glória. Se considerarmos ainda que, como em Deus, sua sabedoria, seu poder, seus bens e misericórdia são infinitos, também o são seus juízos e justiça (justíssimos em si mesmos) incompreensíveis à debilidade de nosso entendimento. Pois, assim como sua sabedoria e poder superam em muito tudo o que podemos imaginar, o mesmo acontece com as profundezas de seus juízos e justiça (como afirma Davi e no livro de Jó é claramente descrito) capazes de engolir e confundir completamente todos os nossos sentidos. Ai de mim, cujo olho físico é tão débil e fraco que não consegue contemplar diretamente o sol, que é uma criatura visível, pois seria cegado e ofuscado... Devo, então (digo eu) voltar os olhos da minha mente (corrompida pelo pecado) para medir e compreender o brilho de sua justiça, que habita na luz inacessível? Se o homem pudesse impor ou prescrever a Deus uma lei e uma medida de sabedoria, poder, misericórdia e bondade, de modo que nenhuma delas fosse diferente no eterno Deus Pai, então o homem poderia entender e aprovar: então eles poderiam ter alguma audiência a qual trazer sua justiça (que não é menos infinita e incompreensível que os outros) sob a censura e o exame de seu juízo e razão. Mas que presunção arrogante e tola é essa que o homem que mal conhece o que está em seu próprio coração, sem qualquer reverência, entrar para julgar os mistérios secretos, o pleno conhecimento que habita somente em Deus Pai? Que de maneira insolente ele pronunciará: isso não pode ser justo, porque não vemos nem entendemos a causa da justiça.

Que Deus nos conceda maior humildade, mais reverência e temor (que retamente é chamado o começo da sabedoria), para que com tanta precipitação e orgulho não presumamos condenar o que não entendemos. A fim de que não façamos o contrário e aquela maldição pronunciada por Isaías caia sobre nós, onde ele diz: "Ai daquele que contende com seu Criador, o vaso com o oleiro. Acaso o barro pode dizer ao oleiro: O que você está fazendo? Será que a obra que você faz pode dizer: Ele não tem mãos? Ai daquele que diz a seu pai: O que você gerou?"[3]

Isso eu julguei conveniente admoestar brevemente o piedoso leitor antes de entrar em franca batalha com o adversário. Além disso, como não errei neste artigo de propósito e malícia, mas antes por ignorância e simplicidade, não se ofenda, como se eu os tivesse golpeado ou se, a qualquer tempo, tratarei do escritor ou colecionador insolente deste livro (cuja natureza é mais bem conhecida para mim do que para muitos deles), de acordo com sua petulância maliciosa. Vamos agora em breve ao assunto.

A proposição e conclusão deste escritor são ambas uma só, a saber: Deus não rejeitou nem reprovou ninguém. Suas razões e argumentos (como o leitor pode perceber) são que isso seria contra a natureza de Deus, o que ele prova assim: Deus faz com que outros possam gerar, portanto, ele gera. E, assim, constroem seu argumento a partir dessa comparação: Deus faz com que os animais amem sua descendência, dessa maneira, ele ama seus nascidos, mas todos os homens são nascidos de Deus, pois Deus é o Pai de Adão, de quem todos os homens são nascidos. Se ele ama, então não reprova ninguém, pois isso demonstraria que ele odeia e detesta e seria mais cruel que um animal selvagem.

Esses são os seus argumentos (boca blasfema), em resposta a isso, se eu exceder a modéstia, que o piedoso considere suas horríveis blasfêmias intoleráveis. E, primeiro, convoco os céus e a terra, as criaturas insensíveis e o julgamento de homens razoáveis para testemunhar comigo o quanto bestiais são suas conjecturas acerca do eterno Deus Pai, quando dizes: *Deus deve amar os que dele nasceram, porque ele deu uma inclinação natural a todos os animais para amarem suas crias.* Se a sua argumentação for boa, Deus deve esquecer alguns de seus nascidos na juventude e rejeitar todo o cuidado com eles. Pois essa mesma natureza Deus dá a algumas

---

[3]Isaías 45.

almas, como o livro de Jó testemunha nessas palavras (referindo-se à avestruz): ela deixa os ovos na terra e deixa que a areia os aqueça, esquecida de que um pé poderá esmagá-los, que algum animal selvagem poderá quebrá-los. Ela trata mal os seus filhotes como se não fossem dela, e não se importa que tenha trabalhado em vão. Isso porque Deus não lhe deu sabedoria nem parcela alguma de bom senso.[4] Se o seu argumento é bom, Deus deve amar suas criaturas, porque ele faz com que todos os outros animais amem suas crias. Então, eu digo: também deve seguir, Deus esquecerá e tratará duramente alguns, por tal natureza e inclinação ele deu a algumas de suas criaturas, como está claramente provado. Eu me refiro (dirão os que afirmam tal coisa) apenas ao amor, mas a Escritura (que, por ignorância ou maldade, você corrompe) declara o contrário, porque você fará Deus dar à luz, e ele faz com que outros deem à luz. Eu digo que vocês pervertem essas Escrituras como fazem com tudo o mais. Pois o que o profeta de Deus aplica à milagrosa restauração da igreja, que à época era mais aflita, isso você alega fazer Deus ter afeições, tais como animais brutos. Para que nem você e nenhum outro tenha ocasião de relatar que o acuso injustamente, recitarei palavras do profeta na íntegra, que assim fala: "Antes de entrar em trabalho de parto, ela dá à luz; antes de lhe sobrevirem as dores, ela ganha um menino. Quem já ouviu uma coisa dessas? Quem já viu tais coisas? Pode uma nação nascer num só dia, ou, pode-se dar à luz um povo num instante? Pois Sião ainda estava em trabalho de parto e deu à luz seus filhos."[5] Ele acrescenta a causa dessa multiplicação e alegria sobrenaturais, dizendo: "Acaso faço chegar a hora do parto e não faço nascer?, diz o Senhor. Acaso fecho o ventre, sendo que eu faço dar à luz?, pergunta o seu Deus." São mais do que cegos os que não veem que Deus, nessas palavras, não respeita a inclinação natural dos animais, tampouco qualquer amor comum que ele produz em suas criaturas, mas o amor incompreensível e imutável que ele produz em sua Igreja: a multiplicação, a alegria e a felicidade, que ele de uma vez só produzirá de tal maneira que seus eleitos jamais se lembrarão, para seu sofrimento, que outrora suportaram aflição e dor.

---

[4] Jó 39.
[5] Isaías 66.

Que o leitor imparcial compare essa interpretação com as palavras claras do profeta: e que você julgue quão irreverentemente abusa das confortantes palavras do Espírito Santo para demonstrar seu erro. Mas compreendo que você não entendeu do amor e de afeição: porventura você se tornou tão orgulhoso e descarado que se atreve sujeitar Deus às leis e limites da natureza? Falando mais claramente, eu pergunto se você negará que o amor de Deus é perfeito a não ser que ele faça à maneira dos homens aquilo que os animais naturalmente fazem aos seus nascidos Em segundo lugar, se a tua terra imunda ousa acusar Deus em sua presença com crueldade, como agora o faz na sua raiva cega, se ele tiver criado todos os homens em igual estado, condição e dignidade. Em terceiro lugar, se você estiver no juízo e acusá-lo de injustiça se ele tiver exercido misericórdia com quem lhe aprouver, também endurecido e insensível quem lhe aprouver.

Por isso, em cada um desses pontos, eu vou provar claramente que Deus o fez: primeiro, que ele não faz com os seus queridos filhos, na nossa opinião, o que os animais naturalmente fazem aos seus nascidos, isso eu acredito que você prontamente admitirá. Pois o tigre, o urso, o leão e outros tratam de modo tão tenro seus filhos que, mesmo contra a força do homem (se ele fosse tão valente), lutarão em defesa de seus filhotes. Contudo vemos que Deus geralmente permite que seus filhos mais queridos sofram as vontades cruéis dos homens mais perversos, que por um tempo ele parece ter esquecido deles e ter desviado o rosto deles. Portanto, pensemos que o amor de Deus não é perfeito, que seu poder é diminuído ou que sua boa vontade para com seus filhos tenha mudado? Que Deus não permita. *Mas isso (você afirma) não nos ofende, mas que Deus reprovasse qualquer homem que ele tenha criado à sua própria imagem e semelhança, isso não podemos aceitar, pois repugna ao seu amor e justiça.*[6] Da sua primeira argumentação, da qual você tirou da natureza, suponho que tenhamos obtido que Deus não está vinculado em todas as coisas a seguir o amor natural de suas criaturas. Pois ele frequentemente permite (e eu creio que você não dirá que ele é forçado a fazê-lo) que seus filhos mais queridos sejam sujeitos à crueldade,

---

[6] O argumento dos anabatistas.

o que nenhum animal voluntariamente fará. Agora, vamos avaliar sua segunda argumentação. O homem (diz o seu livro) *é o nascido e filho de Deus, criado à sua própria imagem e semelhança* (como diz o profeta): *Portanto Deus ama seu próprio nascido, que é o homem.* Então, ele não reprovou nem rejeitou o homem antes que o homem existisse, pois isso seria uma prova de que ele odeia e detesta. Omitindo a sua ignorância, pela qual se aplica a todos os homens aquelas promessas que o profeta Malaquias[7] dirigiu ao povo de Deus. Que seja concedido a você que, como todos os homens foram criados em Adão, Deus é, de certa forma, o pai deles. Pai: do que conclui que Deus ama todos, você diz. Se você entende e afirma que Deus igualmente ama a todos porque todos foram criados por ele, a experiência comum e a diversidade dos dons de Deus reprovarão sua vaidade, pois vemos que a uns são concedidos maiores dons do que a outros, em alguns vemos virtudes e a outros não é dado nada além da iniquidade. Se você diz: ele os amou pelo que lhes deu sua graça e, quando rejeitaram, daí ele passou a odiá-los, você não provou nada do seu intento e, além disso, a clareza das Escrituras refuta esse seu erro. E primeiro, eu digo: antes que você possa provar que sua conclusão é apropriada, você deve provar que todos os homens permaneceram, permanecem e nascem na mesma perfeição em que Adão foi criado. Pois isso não significa que Deus ainda ame todos os homens porque ele amava Adão, criado à sua própria imagem e semelhança. A razão disso é que Adão caiu dessa imagem, tornou-se rebelde, desobediente e escravo do diabo, e na mesma condenação envolveu toda a sua posteridade, de modo que a partir de Adão não podemos reivindicar nada além de pecado, ira, morte e ódio. Como o apóstolo afirmou: *por natureza éramos todos filhos da ira.*

    Se você alegar que o apóstolo fala naquela passagem de como homem está corrompido em Adão e assim justamente desprovido do favor de Deus, então questiono se o homem ainda está em Adão. Que, se você admitir, o Espírito Santo o convencerá de uma mentira. Pois pela boca do apóstolo ele afirmou, *por um homem entrou o pecado no mundo e por meio do pecado a morte veio sobre todos os homens,* de modo que no primeiro homem Adão (que caiu de sua

---
[7]Malaquias 2.

pureza) não temos nem amor, nem justiça, nem vida, mas o contrário, a saber, ódio, pecado e morte. Mas Deus, como escolheu seus eleitos antes do princípio do tempo em Cristo Jesus, seu Filho, assim ele colocou esses dons somente no segundo Adão, para que de sua plenitude todos possamos receber graça sobre graça. E assim você pode facilmente entender o quanto são vãos os argumentos que você considerava mais fortes.

Isso porque o seu primeiro argumento, extraído da natureza e da inclinação natural, não prova nada, porque Deus, que é sempre livre, não pode estar sujeito às leis da natureza; embora, por nossas fraquezas, ele eventualmente use comparações retiradas da natureza. O seu segundo argumento é igualmente vão, visto que nem o próprio Adão se manteve em sua perfeição, tampouco a sua descendência que, sendo filha de Adão, é nascida nessa condição e dignidade. Porém, pelo contrário, devemos recusar carne e sangue, a natureza e nosso primeiro Adão, para que sejamos participantes da vida. Isso basta para refutar ambas suas razões irracionais. No entanto, a partir de agora, você não terá ocasião de reclamar de obscuridade, ainda que cedamos em qualquer parte. Primeiro pretendo tão somente apresentar o que ensinamos e acreditamos, e depois, pela graça de Deus, evidentemente provar o que apresentarmos.

Você faz o amor de Deus comum a todos os homens, o que constantemente negamos e dizemos que, antes de todo o início, Deus amou seus eleitos em Cristo Jesus, seu Filho, e desde a mesma eternidade ele reprovou outros, tanto que pelas mais causas justas, no tempo designado para seu julgamento, ele condenará aos tormentos e ao fogo inextinguível. Aqui você se enfurece e esbraveja, aqui você grita, blasfema e diz que afirmamos o que não pode ser provado pelas Escrituras de Deus. Quão segura é a prova da parte anterior. Que o leitor imparcial julgue pelo que já foi falado. Vamos agora ao segundo. E para que você não pense que eu dependo mais de argumentos e da razão do que das Escrituras, começarei com as Escrituras e deixarei que os argumentos e a razão sirvam apenas como servos, que não conduzirão, mas obedecerão às Escrituras pronunciadas pela voz de Deus. Depois disso, pela rebelião, o homem foi despojado de todas as graças e tomaram lugar e posse nos corações dessas duas miseráveis criaturas, quais sejam Adão e da mulher: Deus pronunciou esta sentença contra a serpente: "Por teres feito isso, maldita serás entre todos os animais da terra. Porei inimizade entre ti e a mulher, entre a sua descendência e o descendente dela; este te ferirá a cabeça, e tu lhe ferirá o calcanhar".[8] Como suponho, nenhum homem será tão insolente a ponto de negar que essa seja a voz de Deus, pronunciando e prometendo que ele estabelecerá e colocará inimizade onde não havia, Pois satanás obteve tal vitória e assim derrotou tanto a mulher quanto Adão, de modo que eles jamais poderiam ter rechaçado essa servidão por si mesmos. E, portanto, ele revela as entranhas de sua misericórdia e comunica a eles aquele desígnio que estava oculto em si mesmo desde o princípio. Se você questiona: *como pode ser provado que esse foi o seu eterno desígnio?* Eu respondo: Porque aquele em quem não há mudança nem variabilidade já o pronunciou e se essa razão é suficiente ou não para responder à sua objeção, consideraremos depois.

Assim, agora apenas resta a ser observado se era a vontade de Deus ou não fazer distinção entre um homem e outro. É claro que, diante de sua face, no tocante ao primeiro nascimento, há apenas um amontoado ou massa (como Paulo o descreve) e ainda assim são duas sementes destinadas a germinar, que são as duas igrejas: eleitos contidos sob a semente da mulher e a igreja reprovada ou maligna compreendida sob o nome da semente da serpente. À primeira, é prometida a vitória; a outra é denunciada pela irrevogável sentença de Deus, o esmagar da cabeça, que é destruição e confusão. Penso que você não dirá que ele foi controlado por qualquer força exterior, como falamos, visto que ele é o Eterno que não muda, o Senhor que subsiste sobre todas as criaturas, que pode fazer e faz o que quer no céu e na terra. Então, por necessidade, segue-se que essa batalha é designada por sua vontade. E isso as palavras claramente apoiam. Pois ele não diz: eu sei que haverá inimizade ou eu suportarei e permitirei (como você costuma interpretar essas passagens) que haja inimizade. Mas ele claramente diz: porei inimizade entre ti e a mulher, entre a sua descendência e o descendente dela, declarando assim que, como ele era a força, o poder e o condutor da semente da mulher, ele certamente daria vitória a ela.

---
[8]Gênesis 3.

Tal coisa Agostinho observou diligentemente, e piedosamente advertiu, afirmando que nossa condição em Cristo Jesus[9] está agora melhor e mais certado que antes era a condição de Adão por seu livre-arbítrio. Pois ele não tinha outra força senão aquilo que poderia ser e foi vencido, mas temos a força que é invencível, porque é o poder do Eterno. Essa única passagem, digo eu, prova claramente que Deus deliberadamente faz distinção entre um homem e outro, designando um à vitória e à vida; e outro à outra sujeição e morte. Mas ainda assim você responde: não é possível provar que isso seja o desígnio eterno de Deus, pois é pronunciado em relação à fé, às obras e à obediência de um; e em relação à infidelidade, vida cruel e desobediência do outro. Sua objeção (que agora trato para depois não ser importunado) tem duas partes: o primeiro tratarei agora, já o outro deixarei para oportunidade mais adequada. No momento em que vocês alegam ser impossível provar que isso tenha sido o desígnio eterno de Deus, porque foi pronunciado no tempo, sua argumentação soa (e é) ainda mais do que tola. Pois quem é que contra a clara Escritura de Deus afirmará essa razão? O Reino dos céus será dado no fim do mundo aos eleitos de Deus, portanto, não lhes foi preparado antes do princípio. A voz clara de Cristo não condena essa vã razão? Ou, se eu dissesse que a morte de Cristo foi quatro mil anos após o princípio, o Cordeiro não foi morto desde o princípio, isso não seria tolo e contrário às Escrituras? Mas a argumentação contrária não é mais certa, mais verdadeira e forte? No tempo, Deus se pronunciou e sua sentença, uma vez pronunciada, mais resolutamente é executada. Portanto, esse foi seu conselho eterno e imutável, visto que nossa eleição foi proposta e decretada no eterno desígnio de Deus antes do início de todos os tempos e de era em era o vemos revelado aos filhos escolhidos. Portanto, enganou-se o apóstolo, ou melhor, o Espírito Santo, que afirma que fomos eleitos, como já foi provado, em Cristo Jesus antes de todos os tempos? Ainda assim, nesse assunto, a sentença pela qual a batalha veio pela primeira vez ao conhecimento do homem era temporal, mas a estabilidade e a continuidade dela prova claramente que era e é o propósito eterno e o desígnio de Deus.

---

[9]*De bono perseverant.*

No entanto, indo mais profundamente ao assunto: era o propósito e o desígnio eternos de Deus criar o mundo e, assim, criar o homem à sua própria imagem e semelhança? Suponho que todo homem razoável o admitirá. Então pergunto: se Deus era ignorante, o que deveria acontecer com toda a humanidade antes que qualquer criação viesse a existir? Afirmar isso é negar seu eterno conhecimento, sabedoria e divindade. Ele sabia e previa o seu fim e ainda assim ele o criou. Então, se não era seu desígnio eterno, que, para sua glória, essa diferença e diversidade estivesse na humanidade, que era apenas uma massa informe, por que ele não lhe deu tal força que não pudesse ser superada? Nada aliviará nem ajudará você a mudar em relação aos papistas, alegando que Deus lhe deu livre-arbítrio e graças abundantes, pelas quais ele poderia ter resistido e vencido todos os ataques e tentações, se ele quisesse, o que não negamos e ainda perguntamos: por que Deus não lhe deu a vontade de resistir? Ou por que ele não reprimiu satanás, para que ele não o tentasse? Eu creio que você não concordará com os maniqueístas, que afirmam haver um poder maior que o do bom Deus, e que esse poder iníquo superou por um tempo o poder e destruiu o desígnio do bom Deus, que era Criador e amante da humanidade. Pois isso seria claramente uma negação da onipotência de nosso Deus. Se você diz (como depois escreveu) que Deus apenas permitiu e tolerou sua queda, nada disse a esse propósito, pois ainda questiono se ele sofreu voluntária ou involuntariamente. Se você disser voluntariamente, ficará preso na armadilha que pretendia evitar. Se você diz que foi contra seu propósito e vontade, então cai nessa horrível blasfêmia dos maniqueístas, negando o poder onipotente de Deus. E se ainda assim você quiser se esquivar, imaginando Deus olhando e contemplando o fim dessa questão e, ainda, não querendo nem um, nem outro, então você cairá na blasfêmia de Epicuro, o qual, embora não tenha ousado negar a Deus claramente, afirmou que ele não considerava as obras dos homens, mas ocupava ociosamente os céus. Mas até que ponto isso repugna nossa fé, afirmando que Deus é onipotente, não apenas porque ele pode fazer todas as coisas, mas também porque criou luz e trevas, bem e mal e finalmente fez todas as coisas de acordo com o propósito de sua aprovação. Que seja assim: julgado pelos mal versados nas Escrituras. E assim, eu afirmo, que a Queda do homem e a diferença que chegou ao nosso conhecimento por ela não foi menos determinada no eterno desígnio de Deus do que sua Criação.

Assim, nessa sentença, é ainda mais evidentemente percebido. Pois se Deus não tivesse se proposto a estabelecer essa inimizade e a fazer uma diferença perpétua, por que ele não restaurou totalmente o homem novamente à honra, à pureza e à inocência? Por que ele não obstou a fonte do pecado em nosso primeiro pai? Por que ele tolerou a propagação do dessa primeira corrupção sobre sua posteridade? Foi porque ele não tinha poder? Ou foi porque preferiu, como o apóstolo nos ensina, colocar todos na incredulidade para que pudesse ter misericórdia de todos? Que ele pudesse mostrar misericórdia a quem ele quisesse e endurecer também a quem ele quisesse? Se essas coisas o desagradam, lembre-se, em primeiro lugar, que são as vozes do Espírito Santo; em segundo lugar, lembre-se da condição da humanidade, ou seja, que você e nós (em comparação com essa soberania majestosa) não passamos de vermes rastejando aqui na terra e, portanto, não podemos subir aos céus e lá argumentar ou suplicar ao Todo-poderoso. Lembre-se, digo eu, dessa pergunta do apóstolo, chamando o homem à consideração de si mesmo da mesma maneira, dizendo: "Ó homem, quem és tu para contrariares a Deus?" Isto é, discutir ou argumentar com ele? Essa sentença, digo eu, deve nos humilhar e nos fazer tremer com a lembrança de seus julgamentos, do que amaldiçoar com arrogância o que não conseguimos compreender. Mas vamos seguir desenvolvendo esse assunto, a fim de que possamos observar se essa tem sido e é a vontade constante de Deus e plenamente declarada por sua palavra que essa diferença seja mantida em todas as eras.

Nenhuma outra diferença foi feita do que essa geral, até os dias de Abraão e então uma diferença mais especial e clara foi feita. Pois aquilo que antes era comum à descendência da mulher foi pela clara voz de Deus designado a Abraão e à sua descendência, com estas palavras: e em ti serão benditas todas as nações da terra, eu te abençoarei e multiplicarei, abençoarei os que o abençoarem, e amaldiçoarei os que o amaldiçoarem. Com essas palavras, a batalha é tão bem estabelecida quanto à bênção. Pois, como todas as nações foram declaradas benditas em sua descendência (o que o apóstolo interpreta como Cristo), assim também se pronuncia que haverá alguns que amaldiçoarão e, portanto, serão amaldiçoados por Deus. Sim, é dito claramente que por quatrocentos anos sua semente e posteridade seriam maltratadas em um país estranho, porém o povo a quem eles servirão eu julgarei, diz o Senhor. Assim, temos novamente a diferença claramente confirmada pela voz de Deus.

No entanto, Deus vai mais além, na descendência de Abraão ele faz diferença. Porque em Isaque, diz ele, será chamada a tua descendência. Por cuja voz ele excluiu tanto Ismael quanto o restante de seus filhos carnais dessa honra, afirmando que de nenhum deles viria a bênção, mas apenas de Isaque, que era filho da promessa (e não apenas da natureza). Mas essa diferença foi evidentemente declarada nos dois filhos de Isaque, ainda no seio de sua mãe, antes que eles praticassem o bem ou o mal, como afirmou o apóstolo. Foi dito pela voz de Deus: o mais velho servirá o mais jovem. Por cuja voz de Deus revelou, e Isaque e Rebeca entenderam claramente, qual foi a causa da batalha que a mãe sentiu em seu seio e no seu ventre, qual seja: que, por causa do seu ventre, dois povos e nações surgiriam, e não poderiam ser de igual honra e dignidade.[10] A um ele tinha determinado em seu eterno conselho eleger como o seu povo peculiar, o outro, rejeitar e deixá-lo na corrupção comum às outras nações: como o passar do tempo deixou muito claro. Os edomitas, descendentes de Esaú, foram excluídos do corpo da Igreja e tornaram-se inimigos manifestos da posteridade de Jacó, porque seu pai era sujeito a Jacó e foi declarado seu servo. Aqueles que entendem isso apenas como um posto de serviço corporal e riquezas e dignidades mundanas demonstram sua própria ignorância, corrompendo o sentido do Espírito Santo. Pois Paulo, em Romanos 9, depois de ter afirmado que a promessa e eleição de Deus eram certas (embora muitas das sementes carnais tivessem recusado o Cristo pregado), ele traz essa frase anterior para remover toda calúnia, dizendo: "Nem todos são filhos, porque são a semente de Abraão, ou seja, aqueles que são filhos da carne não são, portanto, filhos de Deus; mas aqueles que são filhos da promessa são acolhidos por semente". E para provar o que ele afirmou antes, ou seja, que nem todos vindos de Israel eram israelitas, acrescentou essas palavras.

---

[10] Essa é a razão pela qual quase todos os profetas declaram a ira de Deus contra Esaú e Edom. Salmos 137; Isaías 34; Jeremias 49; Obadias 1.

Não apenas isso, mas também quando Rebeca concebeu um deles, enquanto os filhos não haviam nascido, embora não tivessem feito nem o bem nem o mal (para que o propósito de Deus se cumprisse de acordo com a eleição, não pelas obras, mas por aquele que chamou), foi-lhe dito: o mais velho servirá o mais jovem. Quem quer que não seja cego pode facilmente perceber que o apóstolo procura outro fim além da dignidade mundana. Em vista disso, seu propósito não era discutir e argumentar quem deveria ser rico neste mundo e quem deveria ser pobre ou quem deveria ser o senhor temporal e quem deveria ser o servo, mas sim declarar a quem pertencia essa bênção declarada a Abraão e a quem não pertencia. De modo que as palavras do Espírito Santo por Paulo são um comentário das palavras ditas a Rebeca. E eu duvido que não tenha sido assim que ela entendeu essas palavras, ou seja, que aquela promessa que parecia ser comum a toda a semente de Isaque (da qual foi falada):[11] em Isaque será chamada a tua semente, agora foi restringida e apropriada a um único cabeça e ao povo dele descendente, isto é, a Jacó, que depois recebeu o nome de Israel. De modo que os dois povos nem tinham reputação, tampouco tinham boas obras a Igreja e o povo escolhido de Deus, mas um foi escolhido e o outro foi rejeitado. Um pela graça foi honrado por aquele que o chamou com o nome e privilégio de sua Igreja. O outro foi excluído como estranho. Sobre um restou a bênção da qual o outro foi privado. Dessa maneira, digo eu, Isaque, Rebeca, e mesmo Jacó e Esaú, no devido tempo, entenderam esse oráculo de Deus.

Mas, ainda assim, porque essa passagem anterior do apóstolo é mal-entendida por muitos e por alguns maliciosamente despojada do simples significado do Espírito Santo: com o mínimo de palavras simples que eu puder, pretendo demonstrar quão apropriada e adequadamente o apóstolo usa o testemunho e as palavras de Moisés. Cristo sendo pregado aos judeus, que eram reputados o povo escolhido de Deus, a quem e por cujo consolo e libertação o Messias foi especialmente prometido. A maior parte dos judeus permaneceu infiel, rejeitou o Salvador que foi enviado, blasfemou contra ele e perseguiu cruelmente a ele e a seus membros. Isso não poderia ter ocorrido sem grandes ofensas e difamações por parte de muitos milhares de judeus e gentios. Os judeus, cheios de orgulho

---

[11] Romanos 9.

por serem o povo mais privilegiado, porque a eles foi dada a Lei, as promessas e os oráculos, gabavam-se e vangloriavam-se de que Deus não podia rejeitá-los, a menos que fosse mentiroso. Pois ele tinha feito uma promessa a Abraão e sua descendência. De igual forma, os gentios podem estar perturbados com as mesmas cogitações, pois eles poderiam pensar: se Deus recusou seu próprio povo, de quem cuidou por tantos anos, que segurança podemos esperar se recebermos esse Cristo pregado? Contra esses dois tipos de homens, o apóstolo confronta de forma mais valente, e a Escritura claramente afirma, para a refutação de um e o consolo do outro. Primeiro, contra o judeu, ele argumenta que, embora sejam israelitas segundo a carne, pode ser que não sejam realmente israelitas de Deus, nem teria Deus qualquer dívida com eles apesar de descenderem de Abraão. A razão é que Deus não fez nenhuma promessa a toda a semente de Abraão, mas a uma parte dela, isto é, a Isaque. E se eles dissessem: mas nós somos de Isaque?

Admitindo isso, eles provam, no entanto, que Deus não escolheu toda a semente de Isaque, mas no ventre da mãe (como é dito), por seu próprio decreto, ele fez a distinção. E se eles ainda disserem: ó, mas nós somos de Jacó, ele então prova sua primeira proposição, afirmando que, embora fossem de Jacó, ainda assim não eram todo o povo eleito de Deus. Pois que prerrogativa (ele diria) Jacó pode ter acima de seu pai Isaque, ou qual prerrogativa Isaque pode ter sobre Abraão? Abraão, que muitos anos fielmente obedeceu a Deus, não pôde alcançar que toda a sua posteridade (não Ismael, por quem ele orava) fosse contada como sua descendência. Isaque também não conseguiu isso, mas Deus designou e escolheu quem lhe agradava. E Jacó terá maior prerrogativa do que os dois? Aquele que pela graça foi preferido ao seu irmão, quando nenhum havia feito o bem, nem o outro feito o mal, concederá esse privilégio a toda sua posteridade, que sem exceção será o povo escolhido de Deus? Não (concluirá o apóstolo), mas agora Deus, após a revelação de seu querido filho, Jesus Cristo, faz a mesma diferença na posteridade de Jacó que às vezes ele fazia na semente de Abraão e Isaque. Isto é, ele escolhe quem lhe agrada e rejeita aqueles em quem não se apraz. Isso não apenas entre os judeus, mas também entre os gentios, também para tornar conhecidas as riquezas de sua glória para os vasos de misericórdia que ele preparou para a glória, a quem ele chamou, até nós, não apenas dos judeus, mas também dos gentios (como disse o profeta Oseias): e assim, até o final do capítulo, ele estabelece a fé dos gentios e os consola, afirmando que sua vocação e eleição foram anunciadas por Moisés e pelos profetas. Sendo assim, não foi algo que aconteceu por acaso, mas foi designado no eterno conselho de Deus e, portanto, em sua conclusão, ele os assegura que os que creem em Cristo Jesus nunca serão confundidos.

Logo, de maneira simples, mas verdadeira (não duvido), expliquei a intenção do apóstolo na passagem anterior, que é a eleição de Deus. Ela não depende do homem, de sua vontade, propósito, prazer ou dignidade, mas, como é livre, precedendo da graça, assim é estável no imutável desígnio de Deus e é revelada aos eleitos de Deus quando ele considera mais conveniente. Mas, por causa disso, depois de falarmos mais, agora voltamos ao nosso objetivo anterior. Desde o início, ouvimos que Deus faz a diferença: primeiro, por essa divisão geral, separando e pondo à parte a semente da mulher da semente da serpente. Depois de chamar Abraão (negligenciando, assim, o restante do mundo inteiro), na semente de Abraão, ele faz clara distinção, excluindo Ismael, para que ele não fosse herdeiro de Isaque, mas mais especialmente no ventre de Rebecca, fazendo a diferença entre os dois filhos e sua posteridade. Essa diferença continuou até os dias de Cristo Jesus, em tal firmeza e estabilidade que nem os pecados dos patriarcas, a crueldade arguta do Faraó, a desobediência e rancor do povo, sua apostasia e deserção de Deus, por manifesta idolatria e, por fim nem sua longa escravidão e cativeiro, alteram ou mudam esse conselho de Deus: que o mais velho sirva o mais jovem. E que o Messias venha da tribo de Judá e da linhagem de Davi surgisse alguém para se sentar em seu trono para sempre. Essa diferença, que Deus por sua própria voz estabeleceu antes da vinda de seu querido Filho, Cristo Jesus, nosso Mestre (e este encarnado), confirma e ratifica. Pois ele afirma claramente: ele não foi enviado senão às ovelhas perdidas de Israel e que não era bom pegar o pão das crianças e entregá-lo aos cães. Pelas duas frases, ele faz uma diferença expressa entre as ovelhas e os bodes, como também entre as crianças e os cães.

Dessa maneira, ele não teme dizer diante daqueles que se vangloriavam de serem filhos de Abraão: vocês não são de Deus, pois se fossem de Deus, vocês me amariam. [...] Vocês pertencem ao pai de vocês, o diabo, e querem realizar o desejo dele.[12] Como essa sentença é temerosa, pode parecer ser muito ousada, pois eles poderiam ter contestado, como o fizeram: não são suas criaturas feitas à sua própria imagem? Não somos a semente de Abraão? Não temos a marca da circuncisão? Não estamos reunidos em Jerusalém e não frequentamos o templo? Sim, certamente, mas nenhuma dessas coisas os fez serem de Deus, de tal sorte que Cristo negou que eles fossem dele. Todas essas três coisas os infames podem ter em comum com os eleitos. Mas Cristo negou que eles fossem de Deus, ou seja, que fossem os filhos e vasos de sua misericórdia, eleitos em seu eterno desígnio; nascidos dele pelo Espírito de regeneração, pelo qual tendo sua teimosia cega removida e tendo sido feitos obedientes, tivessem a confiança de chamá-lo de Pai. Nesse sentido, Cristo negou que eles fossem de Deus. Se alguém pensa que suas iniquidades e recusa voluntária da graça oferecida foram a causa de não serem de Deus, erra. Como eu não desculpo a rebelião manifesta, nem nego que seja uma causa justíssima de sua condenação, assim nego categoricamente que seus pecados presentes tenham sido a única ou mesmo causa principal de sua reprovação. Pois o próprio Cristo não teme apontar outra causa, dizendo: Portanto, vocês não ouvem, porque não são de Deus. Se eles tivessem ouvido, ou seja, tivessem recebido e amado a Jesus Cristo e sua doutrina, seus pecados teriam sido purificados e sua cegueira removida. Mas eles não puderam recebê-lo. E por quê? Porque eles não são de Deus.

Mas, quanto à objeção de que a presciência das boas obras ou da rebelião por vir seria a causa pela qual Deus elege ou rejeita, responderemos (se Deus quiser) depois. Agora, apenas tenciono seguir aquilo a que me propus: que é o próprio Jesus Cristo a fazer uma diferença clara e manifesta entre um tipo de homem e outro. Quantas vezes ele afirma que suas ovelhas ouvem sua voz, ele as conhece e elas o conhecem? Quantas vezes ele afirma ser do agrado do Pai dar o Reino ao pequeno rebanho? Quantas vezes ele afirma que muitos são chamados e poucos escolhidos e que há alguns a quem Cristo Jesus nunca conheceu, nem mesmo quando fizeram grandes milagres? Em todas essas passagens, assim como em muitas outras, é evidente que Cristo faz diferença entre um e outro, mas vou tratar

---

[12] João 8.

de uma passagem mais notável que todas as outras e pôr um fim a esse assunto. Cristo Jesus, em sua oração mais solene e mais consoladora (depois de outras coisas), diz: "Eu revelei teu nome àqueles que do mundo me deste. Eles eram teus; tu os deste a mim, e eles têm guardado a tua palavra". E logo depois: "Eu rogo por eles. Não estou rogando pelo mundo, mas por aqueles que me deste, pois são teus."[13] Se não houvesse em todas as Escrituras nenhuma outra passagem para provar que, no eterno conselho de Deus, há uma diferença de um tipo de homem em relação a outro, essa única seria suficiente. Pois primeiro, ele menciona os homens dados a ele pelo Pai, que foram (como ele antes afirmou) escolhidos do mundo. E por que eles foram dados a Cristo? Ele respondeu: porque eles eram do Pai, e como eles pertenciam a Deus mais do que outros é antes dito. Ele ainda declara o que lhes havia feito, o que eles também fizeram e o que ele fez e faria por eles até o fim. Ele lhes abriu o nome (isto é, a misericórdia, bondade, verdade constante e perfeita justiça) de seu Pai celestial e a doutrina eles haviam recebido e guardado, por serem o fundamento designado para produzir frutos em abundância. Ele orou por eles para que fossem santificados e confirmados na verdade. A virtude dessa oração é perpétua, e em todas as eras obtém misericórdia na presença do trono de seu pai para os seus eleitos. E para que não restem dúvidas de que essas graças seriam comuns a todo o mundo, em palavras claras e expressas, ele afirma: que ele orou não pelo mundo, mas por aqueles (diz ele) que me foram dados. Se alguém negar que aqui seja feita uma diferença clara entre um tipo de homem e outro, orarei a Deus para abrir seus olhos, para que ele (se for do agrado de Deus) possa ver a luz que brilha tão intensamente. Outras passagens para esse presente assunto eu omiti. Pois, por esses precedentes, suponho que seja evidente que no eterno desígnio de Deus havia uma diferença entre a humanidade ainda antes da criação, a qual por sua própria voz nos é mais claramente declarada no tempo.

Agora, à objeção que Pighius, aquele papista nocivo e perverso (e todos vocês após ele) faz, a saber, é que Deus predestinou de acordo com as obras e a fé, as quais ele previa que haveria no homem. Eu poderia objetar o contrário, que, se a predestinação procede do

---
[13]João 17.

propósito e da vontade de Deus (como o apóstolo afirma), então o propósito e a vontade de Deus sendo eternos não podem ser movidos por nossas obras ou pela fé que são temporais. E que, se o propósito de Deus é estável e seguro, não pode ser nossas obras, sendo inseguras, a sua causa. Mas, para evitar a prolixidade e o enfado, provarei com claras passagens das Escrituras que, pela graça gratuita, Deus elegeu, e por pura misericórdia ele chama, assim como por sua pura bondade, sem qualquer consideração por nossa dignidade (quanto a qualquer causa que primeiro o teria movido), ele realiza a obra de nossa salvação.

Logo, para provar isso, tomemos Abraão e sua posteridade como exemplo. É claro que ele e sua descendência foram preferidos a todas as nações da terra, a bênção foi instituída para surgir deles, a promessa da terra de Canaã foi feita a eles e assim foram exaltados à honra e dignidade do povo peculiar de Deus. Mas vamos considerar qual a fé ou a obediência que Deus encontrou neles poderia tê-lo levado, assim, a preferir eles a outras nações. Vamos ouvir Moisés: "O Senhor, o seu Deus, os escolheu dentre todos os povos da face da terra para ser o seu povo, o seu tesouro pessoal. O Senhor não se afeiçoou a vocês nem os escolheu por serem mais numerosos do que os outros povos, pois vocês eram o menor de todos os povos. Mas foi porque o Senhor os amou e por causa do juramento que fez aos seus antepassados."[14] E depois segue: "Não digas no teu coração, o meu poder, a minha força e a minha mão me prepararam esta abundância; e não penses no teu coração: é por minha justiça que o Senhor me trouxe a esta terra."[15] Nessas passagens, é evidente que Moisés não dá espaço a nenhuma causa, seja da eleição de Deus, seja ainda da realização de sua promessa no homem, mas a estabeleceu completamente no amor livre e na aprovação de Deus. Josué fez o mesmo em sua última e mais veemente exortação ao seu povo um pouco antes de sua morte,[16] na qual ele afirma claramente que Abraão e seu pai eram idólatras antes de serem chamados por Deus. Em tal passagem, Ezequiel, o profeta, declara mais claramente, repreendendo a ingrata deserção dos judeus de Deus, que por misericórdia lhes dera vida, honra e dignidade, sendo eles de todos os outros os

---
[14]Deuteronômio 7.
[15]Deuteronômio 8.
[16]Josué 24.

mais indignos. Ele faz uma afirmação: "Assim diz o Soberano Senhor a Jerusalém: 'Sua habitação e seus parentes são de Canaã; seu pai era um amorreu e sua mãe uma hitita. Seu nascimento foi assim: no que dia que você nasceu, o seu cordão umbilical não foi cortado, você não foi lavada com água para que ficasse limpa, não foi esfregada com sal nem enrolada em panos'."[17] Dessa maneira, o profeta quis dizer que tudo era imperfeito, tudo era imundo, tudo era corrupto e fétido em relação à sua natureza. Ele prossegue: "Ninguém olhou para você com piedade nem teve suficiente compaixão para fazer nenhuma dessas coisas por você. Ao contrário, você foi jogada fora, em campo aberto, pois, no dia em que nasceu, foi desprezada. "Então, passando por perto, vi você se esperneando em seu sangue, e, enquanto você jazia ali em seu sangue, eu lhe disse: Viva!" E assim ele prosseguiu, declarando como Deus os multiplicava, lhes dava beleza, força, honra e dignidade. Essas três passagens testemunham claramente a perfeição que Deus encontrou nesse povo, a quem ele preferiu a todos os outros, e que a obediência lhe rendeu após a vocação de Abraão, toda a história testemunha. Pois perfeição e obediência não foram encontradas no próprio Abraão, nem mesmo em Moisés nem em Aarão, mas pelo contrário, a desobediência de todos é apontada para o mesmo fim que Moisés falou antes, a fim de que ninguém se glorie na justiça precedente ou sucedente porque Deus escolheu e elegeu esse povo.

Então como Deus escolherá por aquilo que o Espírito Santo claramente nega estar em qualquer homem descendente da semente corrupta de Adão? Pois Isaías afirma claramente que toda a nossa justiça é como trapo de imundice. Se nossa justiça é corrompida, como afirma o profeta, e Deus nos predestinou por nossa justiça, o que se segue senão que Deus nos predestinou por aquilo que era imundo e imperfeito? Mas Deus proíbe que tais cogitações ocorram em nossos corações. Deus nos escolheu em seu propósito eterno para que sua glória se manifeste em nós. Ele fez isso em Cristo Jesus, em quem somente está a nossa perfeição plena (como antes dissemos).

Mas vamos ouvir alguns testemunhos do Novo Testamento. Paulo, ao seu discípulo Timóteo, diz: "Portanto, não se envergonhe de testemunhar do Senhor, nem de mim, que sou prisioneiro dele, mas

---
[17]Ezequiel 16.

suporte comigo os sofrimentos pelo evangelho, segundo o poder de Deus, que nos salvou e nos chamou com uma santa vocação, não em virtude das nossas obras, mas por causa da sua própria determinação e graça. Esta graça nos foi dada em Cristo Jesus desde os tempos eternos, sendo agora revelada pela manifestação de nosso Salvador, Cristo Jesus".[18] Aqui está claro que não somos nem chamados nem salvos pelas obras, muito menos podemos ser predestinado por elas ou em relação a elas. É verdade que Deus preparou boas obras, para que andássemos nelas, mas também é verdade que primeiro a árvore precisa ser boa antes de dar bons frutos e que a árvore só pode ser boa pela mão do jardineiro que a plantou. Para usar aqui as claras palavras de Paulo, ele testemunha que somos eleitos em Cristo, para que sejamos santos e sem mácula. Agora, vendo que boas obras brotam da eleição, como alguém pode ser tão tolo a ponto de afirmar que elas são a causa da eleição? A corrente de água que flui da fonte pode ser a causa da fonte original? Eu acredito que nenhum homem irá defender ou afirmar isso. É assim mesmo, nesse caso, pois a fé e uma vida piedosa que se seguem da nossa vocação não são as suas causas.

Portanto, o apóstolo, para derrotar todo orgulho, pergunta: "O que tens tu, ó homem, que não tenhas recebido? E se o recebeste, por que te orgulhas, como se não tivesses recebido?"[19] O apóstolo, nessa passagem, não fala de uma ou duas graças, mas de tudo o que é necessário para a salvação, afirmando ter recebido e de livre graça, como ele testemunha de forma mais clara e dizendo: "De graça sois salvos, pela fé, e isso não vem de vós; é dom de Deus, e não de obras, para que ninguém se glorie." Ora, se um homem não tem senão o que recebe da graça, do dom gratuito, do favor e da misericórdia, que orgulho odioso e horrível ingratidão é essa que o homem imagina que, por sua fé e por suas obras, Deus o elegeu e predestinou a essa dignidade? Se mesmo dois ou três mendigos, escolhidos dentre muitos, fossem promovidos à honra pela misericórdia generosa de um príncipe, depois disso se gabassem e, se vangloriassem de que seus bons préstimos foram a causa pela qual o príncipe os escolhe, não desprezaria todo sábio a sua vaidade? De fato, não poderia o príncipe

---
[18] 2Timóteo 1.
[19] 1Coríntios 4.

despojá-los por sua arrogante ingratidão? O príncipe não poderia tê-los deixado em seu estado miserável? E o que então aconteceria com seus préstimos? Não é assim com o homem, perdido em Adão? Sua queda, na presciência e propósito de Deus, foi antes de sua criação, cuja massa ou ajuntamento, Deus, por sua livre graça, escolheu e predestinou os vasos de sua misericórdia preparados para a glória, para que fossem santos (como já foi dito).

Assim, deveriam esses que encontraram misericórdia para fazer boas obras se gabar como se as obras fossem sua causa? De maneira nenhuma. Pois se a posteridade de Adão não obteve a herança da terra de Canaã por qualquer justiça que nela havia, sim, se Deus não os escolheu para a felicidade temporal nem eterna, mas apenas por amor e livre graça, como Moisés testemunha, como pensaríamos que a herança eterna, ou a eleição de Deus para a alegria e a vida eterna, depende de qualquer qualidade dentro de nós? É de se admirar que o apóstolo Paulo, tratando desse assunto da livre eleição de Deus, seria ignorante dessa causa, se ela fosse suficiente. Pois, dessa maneira, em poucas palavras, ele poderia ter silenciado muitos cães que (como os homens fazem agora) ladravam contra essa doutrina. Pois, se ele tivesse dito: "Deus escolheu antes de todos os tempos, para a participação da vida, um determinado número, porque previu que eles seriam fiéis, obedientes aos seus mandamentos e santos no viver; e por outro lado, ele rejeitou e reprovou os outros, porque anteviu que eles seriam infiéis, desobedientes e impuros na vida". Isso, se essas causas fossem suficientes, seriam uma doutrina razoável. Mas o apóstolo não alegou tal coisa, ele primeiro humilhou o orgulho do homem (como já abordamos) e daí em diante avança nesta exclamação: "Ó, a altura das riquezas da sabedoria e do conhecimento de Deus, quão incompreensíveis são seus julgamentos e quão insondáveis são os seus caminhos?" Essa exclamação teria sido em vão, se as obras ou a fé prevista tivessem sido a causa da eleição de Deus.

Santo Agostinho zomba da opinião crítica dos homens, e em seus dias começaram a entender mais profundamente do que o Espírito Santo, falando por meio do apóstolo. Dessa forma, não tememos afirmar que os homens, que hoje atribuem a eleição ou predestinação a qualquer virtude ou qualidade dentro do homem, declaram e defendem (para seu grande perigo) aquilo que ninguém, revestido pelo Espírito de Deus, nos deixou escrito nas Sagradas Escrituras, ainda que qualquer um dos escolhidos admita em sua maior glória. Que todas as Escrituras sejam lidas e diligentemente expostas, e nenhuma sentença (entendida corretamente) seja encontrada, também afirme que Deus nos escolheu em relação a nossas obras ou porque ele previu que seríamos fiéis, santos e justos.

Mas, pelo contrário, encontramos muitas passagens (sim, tantas quantas tratam desse assunto) que afirmam claramente que somos escolhidos livremente, de acordo com o propósito de sua aprovação e isso em Cristo Jesus. E qual será a confissão de todo o corpo reunido quando receberem a glória prometida? Isso é expresso nessas palavras dos vinte e quatro anciãos que, lançando suas coroas diante daquele que está assentado no trono, dizem:[20] "Tu, Senhor e Deus nosso, és digno de receber a glória, a honra e o poder, porque criaste todas as coisas e por tua vontade elas existem e foram criadas." E depois se prostram diante do Cordeiro e cantam uma nova canção, dizendo: "Tu és digno de pegar o livro e de abrir os seus selos, pois foste morto, e nos redimiu para Deus por teu sangue e nos fizeste para nosso Deus reis e sacerdotes e reinaremos sobre a terra". Nenhuma menção é feita aqui a qualquer dignidade do homem; a Criação é dada a Deus e que todas as coisas estão naquele estado perfeito, no qual o escolhido possuirá, são atribuídas à sua vontade. À morte do Cordeiro é atribuída como a causa da redenção, sim, daquela grande dignidade à qual eles são promovidos.

Estou completamente convencido de que, se alguma causa da eleição de Deus e dos frutos procedentes dela estavam ou poderiam estar no homem, o Espírito Santo, que é autor de toda a justiça, não teria defraudado o homem de qualquer coisa que de direito lhe pertencesse. Mas ao observar que em parte alguma o Espírito Santo atribui a salvação do homem aos seus próprios méritos ou dignidade, não temo afirmar que essa opinião pestilenta é uma instigação de satanás, trabalhando de todos os modos para obscurecer a glória de Cristo Jesus e manter o homem em cativeiro, a quem ele infectou com aquele primeiro veneno que ele o fez beber, dizendo: "Sereis como deuses".

Em vista disso, portanto, até então com simplicidade clara (como agradou a Deus me ministrar por ora), eu provei que a eleição de

---
[20] Apocalipse 4:5.

Deus é eterna, estável e que ele fez distinção entre um tipo de homem e outro, cuja diferença, embora tenha chegado ao conhecimento do homem no tempo, ainda assim estava no propósito e no desígnio de Deus antes de todos os tempos, não menos do que estava sua criação. E por último, que a eleição de Deus não depende nem de nossas obras nem de nossa fé, mas procede de sua eterna sabedoria, misericórdia e bondade, e, portanto, é imutável e constante.

Agora, concisamente, examinarei (querendo Deus) as razões do seu livro, observando, por um lado, as imperfeições dele e, por outro, a sua ignorância, ou mesmo malícia em corromper as Escrituras.

5ª Parte

O ADVERSÁRIO

Para provar bem essa semelhança e mostrar quanto o amor dele por seus filhos excede o amor de todas as criaturas em relação aos seus nascidos, ele diz: Será que uma mãe pode esquecer do seu bebê que ainda mama e não ter compaixão do filho que gerou? Embora ela possa se esquecer, eu não me esquecerei de você![1] Aqui, ele fala não apenas aos eleitos (como alguns dizem), mas também àqueles que o abandonaram e o desprezam, como em: Ai dos filhos desobedientes (diz o Senhor) que executam planos que não são meus, fazem acordo sem minha aprovação.[2] Aqui, ele chama os ímpios, que amontoam pecado sobre pecado e foram desobedientes, seus filhos. Cristo diz: Se vocês, apesar de serem maus, sabem dar boas coisas aos seus filhos, quanto mais o vosso Pai celeste?[3]

Da mesma maneira eu posso argumentar com você (*Careless by necessity*), se nenhum de vocês, embora sejamos maus, geraria um filho à miséria, quanto menos Deus, que é perfeitamente bom, gerar e criar o homem à sua própria imagem, a dores perpétuas? Assim sendo podemos ver o quanto essa opinião perversa é contrária à natureza e razão; e que é contrária à Palavra, se Deus quiser, eu provarei. Se Deus ordenou que a maior parte do mundo fosse condenada, então sua ira seria maior que sua misericórdia. Mas a Escritura testemunha: "Sua misericórdia está sobre todas as suas obras; que Deus é tardio para se irar e pronto para exercer misericórdia, de

---
[1] Isaías 49.
[2] Isaías 30.
[3] Mateus 7.

modo que sua ira se estende apenas à terceira e quarta geração, mas sua misericórdia a mil gerações."[4] Assim, então, diz ele: "Por um breve instante eu a abandonei, mas com profunda compaixão eu a trarei de volta. Quando eu estava irado eu escondi meu rosto de vós por breve tempo, mas com bondade eterna eu lhes perdoei."[5] E diz Davi: "Pois a sua ira só dura um instante, mas o seu favor dura a vida toda; o choro pode persistir uma noite, mas de manhã irrompe a alegria".[6] E assim Moisés o chamou: "Deus compassivo e misericordioso, paciente, cheio de amor e de fidelidade, que mantém o seu amor a milhares." Por essas passagens e muitas outras, é evidente que a misericórdia de Deus é maior que a sua ira, ao contrário do que dizem.

RESPOSTA

Quão blasfemas são suas comparações, pode-se perceber, isso se a malícia não tiver cegado completamente, pois já provei que Deus não está vinculado às leis e aos limites da natureza; e quão vergonhosamente você abusa das Escrituras que usa, poucas palavras deixarão claro. Você nega que Deus fale aos seus eleitos na passagem de Isaías, o profeta, mas a todos os homens em geral e mesmo aos que o abandonaram, como supõe provar pelas palavras do mesmo profeta, você dita anteriormente em seu capítulo trinta. Primeiro, digo que essas duas passagens não concordam mais, que aquelas palavras de Cristo proferidas após a ressurreição: "Vai ter com os meus irmãos e dize-lhes: Subo para meu Pai e vosso Pai, para meu Deus e vosso Deus"; e aqueles que ele falou antes de sua morte contra Cafarnaum, Betsaida e Corazim ou a Jerusalém, contra quem ele pronunciou aflição e maldição, porque eles não sabiam o tempo de sua visita.

Naquela passagem, Deus fala a Sião, que há muito estava perdida, e ao seu povo, há muito oprimido. E para que o leitor possa entender melhor quão enganosamente você se retira e rouba as palavras que explicam toda a questão, apresentarei as palavras dos profetas: "Gritem de alegria, ó céus, regozije-se, ó terra; irrompam em canção, ó montes! Pois o Senhor consola o seu povo e terá compaixão de seus afligidos. Sião, porém, disse: O Senhor me

---

[4]Salmos 114.
[5]Isaías 51.
[6]Salmos 29.

abandonou, o Senhor me desamparou. Pode uma mãe se esquecer do seu bebê que ainda mama e não ter compaixão do filho que gerou? Embora ela possa se esquecer, eu não me esquecerei de você! Veja, eu gravei você nas palmas das minhas mãos; seus muros estão sempre diante de mim."[7]

Então se essas palavras confortáveis foram ditas em geral a todos os homens, como você afirma, que os homens imparciais avaliem.

Se todos os homens fossem Sião, que, por muito tempo, ficou desolado; se todos fossem seu povo, que, por muito tempo, foi oprimido no cativeiro da Babilônia: se todos reclamaram, achando que Deus havia esquecido de sua aliança e promessa, que, por misericórdia, fez com eles; e, finalmente, se todos têm essa promessa, de que a libertação deles está unida ao poder infinito de Deus, então sua aplicação deve ser aprovada.

Mas se Deus fez uma diferença clara entre Israel e todas as nações da terra, se ele escolheu sua habitação em Sião e se ele manterá a promessa com os aflitos por causa de seu próprio nome, que jamais serão tão indignos quanto você que dá a honra e prerrogativa dos filhos e herdeiros a estranhos e bastardos. As palavras que você usou do capítulo trinta de nada servem ao seu propósito, pois embora ele fale àqueles que eram desobedientes, sim, que eram traidores traiçoeiros, mas tinham o nome, o título, mesmo a honra e a dignidade do povo de Deus, entre eles estavam alguns dos filhos escolhidos de Deus, cujo consolo, depois de longa aflição sofrida na Babilônia, foram proferidas aquelas palavras. E, assim, a não ser que você possa provar que o povo de Israel e a cidade de Jerusalém não tinham maior prerrogativa, mesmo no tempo de sua maior cegueira e ingratidão (antes da vinda de Cristo Jesus encarnado) do que tiveram outras nações, você não conclui nada.

No entanto, é de se admirar que você não consiga fazer diferença entre os tempos nos quais foram proferidas uma das palavras e as outras. A aflição foi pronunciada (você acrescenta um "ai" que não está no texto) contra eles quando declinaram de Deus, quando seguiram seus próprios desígnios, não conseguindo tolerar a exortação dos profetas, mas a consoladora promessa de libertação foi feita depois que a vingança foi lançada sobre os orgulhosos desprezadores

---

[7] Isaías 49.

e depois disso todo o corpo foi atormentado por grande opressão e longa prisão. Você não pensa que pode haver grande alteração nesse povo no espaço de cem anos? Esse foi o tempo entre os dias do profeta e os dias de seu último cativeiro sob Nabucodonosor, e somente após esse tempo ocorreu a lembrança da anterior promessa de Deus. Não poderia uma ser proferida em relação àqueles que deveriam ser punidos (sim, que eles sejam os infames) e o outra ao povo de Deus, a quem, por sua própria santidade, prometera libertação? Você acha que, porque o mesmo profeta fala ambas as frases, elas pertencem a um mesmo estado e condição das pessoas? Eu provei o contrário pelas palavras claras de Cristo. Pois sua boca pronunciou destruição contra Jerusalém e, ainda assim, propaga as boas-novas de sua ressurreição a seus discípulos, com o mais singular conforto, que Deus permaneceu para eles, Deus e Pai. E o mesmo acontece com o profeta Isaías, porque numa passagem ele fala dos desprezadores obstinados, mas na outra fala aos filhos aflitos. Rogo que você considere as Escrituras de Deus com maior reverência. As palavras de Cristo você também falsifica,[8] pois ele não fala de nenhum amor comum que tenha a todos os homens, mas declara que nosso Pai celestial dá boas coisas, ou, como Lucas afirma,[9] dá o Espírito Santo a quem pede. Você deve provar primeiro que todos pedem na fé e de acordo com sua vontade (que são as prerrogativas peculiares dos filhos de Deus), antes que as palavras de Cristo possam servir para a sua multidão em geral, ainda que você possa provar que Deus ama todos os homens da mesma forma.

Você tem o prazer de argumentar conosco, a quem chama de "descuidado pela necessidade". Não retribuirei ofensa com ofensa, mas oro a Deus para que você (o escritor desse livro) passe a mostrar maior diligência em piedade do que até então apresentou onde quer que você tenha assombrado. Não devemos sujeitar Deus às nossas afeições corruptas, mas com reverência e temor deixamos à sua sabedoria divina a ordem de suas criaturas. Nem você ainda pode provar que, por palavra ou por escrito, afirmamos que o fim principal da Criação do homem foi a dor perpétua. Mas afirmamos, como antes declaramos, que Deus para si mesmo e para manifestação de

---
[8]Mateus 7.
[9]Lucas 11.

sua própria glória, criou todas as coisas. Mas disso devemos depois falar mais amplamente.

A conclusão que você coleta da natureza é que Deus não criou ninguém para a miséria nem a dor. Pois isso, seu mestre Castalio não temeu afirmar blasfemamente, dizendo: Se ele assim o fez, é mais cruel que qualquer lobo. Que o céu e terra vinguem essa blasfêmia. Aquele homem, que aqui sofre miséria e muita calamidade, sim, mesmo ele, que também deve ser condenado ao fogo inextinguível, é criado por Deus, ou (como você afirma) é o nascido de Deus, suponho que vocês não negarão. E que ele sofre todas as misérias pelos justos julgamentos de Deus e por sua vontade expressa em sua palavra, a Escritura presta testemunho. Porque Deus diz à mulher: "Com sofrimento você dará à luz filhos"; ao homem: "Com o suor do seu rosto você comerá o seu pão"; como também: "Maldita é a terra por tua causa."[10] O que (e em muitas outras passagens) testemunham claramente que Deus infligiu dor sobre o homem que ele criou. Você responde que isso fez Deus pelo pecado do homem, confesso, mas ainda assim seu pé cai rápido na armadilha. Pois, depois do pecado, o homem não deixou de ser a criatura e (como você o chamará) o nascido de Deus. Se Deus está sujeito à lei da natureza (como já dissemos e, agora repetimos para que sua vaidade e ignorância fiquem mais claras), de modo que ele é obrigado a fazer o mesmo aos seus nascidos que a natureza nos leva a fazer aos nossos filhos, pergunto: por que Deus permitiu o homem criado à sua imagem cair no pecado? Certamente, nenhum pai natural, intencional e voluntariamente permitirá que seus filhos caiam em um buraco ou masmorra à destruição. E, em segundo lugar, pergunto: por que Deus (que é onipotente, com toda a sabedoria e bondade) não forneceu outro remédio para o homem em vez de pela morte vencer tantas misérias? Terceiro: se Deus quisesse que ninguém fosse levado à miséria, por que ele não purificou inteiramente a natureza de Adão? Por que ele não estancou esse veneno e corrupção em nosso primeiro pai? Por que ele permitiu que infectasse toda a sua posteridade? Não há truque que possa servi-lo aqui. Pois, se você diz, Deus foi provocado pelos pecados da posteridade, que ele previa estar neles, e assim eu respondo: que ele não previu nada que seu poder eterno e infinito não pudesse

---

[10]Gênesis 3.

ter removido e remediado, se assim aprouvesse à sua santa sabedoria. Pois então, como agora, ele era o Deus que sozinho pode fazer o que quiser no céu e na terra. Além disso, eu digo que a fonte sendo fechada, o fluxo do pecado pela propagação natural deveria ter cessado. Pela permissão de Deus, depois responderemos.

Para pôr fim a esse assunto: se você não considerar mais nada na grande variedade das obras de Deus, a não ser a miséria do sofredor e do pecado (que não negamos ser a causa dela), não terá mais proveito na escola de Cristo que então tiveram os discípulos, quando vendo aquele que nasceu cego, eles fizeram esta pergunta: "Mestre, quem pecou: este homem ou seus pais, para que ele nascesse cego?"[11] Eles não viram nenhuma outra causa de sua miséria que não o pecado. E para eles era estranho que alguém pudesse pecar tão gravemente antes de nascer, que, pelo mesmo, fosse punido com cegueira perpétua durante sua vida e sofresse tanta miséria pelas ofensas de seus pais, isso lhes parecia repugnar à justiça de Deus e à sentença que antes ele pronunciara pelos profetas Ezequiel, afirmando: "Que o filho não deve sofrer a iniquidade do pai". Mas Cristo Jesus, ao corrigir o erro deles, dá-lhes uma proveitosa lição, se você a receber, afirmando: Nem ele nem seus pais pecaram para que ele nascesse assim, mas isto aconteceu para que a obra de Deus se manifestasse na vida dele. Se a glória de Deus é declarada e manifesta pelas misérias que algumas criaturas sofrem, você ousa acusar Deus de crueldade? Considere sua arrogante tolice e se arrependa de suas blasfêmias antes da manifestação da vingança.

Depois de concluir, como você pensa que nossa opinião é inútil, por argumentos extraídos da natureza, você faz uma ousada promessa de prová-lo pela clareza das Escrituras. No entanto, seu primeiro ponto se dá por uma argumentação que não está bem fundamentada nessas Escrituras que você usa. Assim você escreve: "Se Deus ordenou a maior parte do mundo para perdição, então a sua ira foi maior do que a sua misericórdia; mas as Escrituras testemunham que sua misericórdia está sobre todas as suas criaturas. Logo (você conclui), ele não criou a maior parte do mundo à perdição." Para provar que a misericórdia de Deus é maior que a sua ira, você recorre às palavras de Davi, em Salmos 30 e 145, Isaías 54 e do próprio Deus

---

[11] João 9.

proclamando seu próprio nome a Moisés. Sendo que essas palavras não são as de Moisés (como você alega), mas foram ditas pelo próprio Deus aos ouvidos de Moisés.

Ao maior, eu já respondi antes: você falsamente nos acusa de afirmar que Deus ordenou a maior parte do mundo à perdição, pois não presumimos definir quantos ele salvará e quantos ele condenará com justiça, mas com reverência, referimos julgamento àquele que é o Criador universal, cuja bondade e sabedoria é tal que ele não pode fazer nada a não ser sabiamente e cuja justiça é tão perfeita que suas obras são isentas do julgamento de todas as criaturas. Mas a segunda parte, afirmando que se Deus condenar mais do que ele salvará, que sua ira é maior que sua misericórdia, é tão irreverente, tão arrogante e blasfema que é difícil pensar que mesmo o diabo poderia imaginar uma blasfêmia mais manifesta. Quem entregou a balança em tuas mãos (falo com o escritor mais blasfemo) para ponderar e pesar a misericórdia e a ira de Deus, segundo o teu julgamento corrupto? Se você reivindicar a ajuda dessas Escrituras anteriores, elas não provam mais o que você pretende do que se você afirmasse que Deus salvará o diabo, dado que sua misericórdia está sobre todas as suas criaturas. Não negamos que os homens mais iníquos são participantes da misericórdia de Deus na felicidade temporal (sim, e muito acima de seus filhos escolhidos); que ele faz seu sol brilhar sobre o bem e o mal; que, com longanimidade, ele os chama ao arrependimento e adiou sua mais justa condenação. Mas o que você concluirá disso? Que Deus ordenou mais à salvação do que à perdição? Ou, do contrário, sua ira é maior que sua misericórdia? Boca blasfema. Quem te ensinou a designar uma lei para Deus? Chegará o dia, se rapidamente não se arrependerem, em que sentirás que o castigo é devido àqueles que sujeitam o Deus eterno e seus julgamentos incompreensíveis à servidão de sua razão corrompida.

Mas volto àqueles a quem instruo de bom grado e a eles digo: que as palavras de Davi e de Isaías falam dessa rica e inestimável misericórdia que Deus deposita nos seus filhos escolhidos, a quem, embora Deus às vezes mostra-se severo e irado, ainda assim tolera por longo tempo, visto que sua misericórdia é eterna e sua bondade infinita, pela qual ele casou seus filhos escolhidos consigo para sempre. Se essas palavras são ditas apenas aos eleitos ou se são geralmente ditas a todos, que o Espírito Santo decida a controvérsia. Depois disso, Davi afirmou[12] que Deus é generoso, misericordioso, paciente e de grande bondade, também que ele é bom para todos e que sua misericórdia está sobre todas as suas obras, assim como os olhos de todas as criaturas olham para ele e ele é justo em todas as suas obras.

Isto posto, por essas palavras, ele louva a bondade, a misericórdia e a providência de Deus no regimento e governo de sua Criação universal. A bondade e a misericórdia abundam tanto que as inúmeras iniquidades da humanidade e sua detestável ingratidão não são capazes de impedir sua bondade de lhes alcançar. Após misericórdias comuns (digo eu) das quais os infames são frequentemente participantes, ele abre o tesouro de suas riquezas que são guardadas em Cristo Jesus para seus eleitos, dizendo: O Senhor está perto de todos os que o invocam, de todos os que o invocam com sinceridade. Realiza os desejos daqueles que o temem; ouve-os gritar por socorro e os salva. O Senhor cuida de todos os que o amam, mas a todos os ímpios destruirá. Aqueles que voluntariamente não se deleitam na cegueira podem ver claramente que o Espírito Santo faz uma clara diferença entre as graças e misericórdias que são comuns a todos, e a misericórdia soberana que é imutavelmente reservada aos seus filhos escolhidos. Além disso, que o próprio Senhor destruirá os ímpios, embora sua misericórdia esteja sobre todas as suas obras.

Assim, a misericórdia pela qual Deus decretou reunir sua Igreja é eterna, e não é comum aos infames, mas é própria apenas ao rebanho de Cristo Jesus. As palavras de Deus ditas a Moisés não servem mais ao seu propósito do que as outras.[13] Pois Deus, em sua Lei, testemunha expressamente a quem é que ele mostrará misericórdia, ou seja, àqueles que o amam e guardam seus mandamentos, como também contra quem ele punirá a iniquidade até a terceira e quarta geração: sobre aqueles (diz ele) que me odeiam. Se disto concluir, que sua misericórdia para com todos é maior do que a sua ira, você está enganado. Porque você confunde aqueles a quem Deus separou e dividiu, ele promete misericórdia à milésima geração daqueles que o amam e ameaça punir a iniquidade dos pais, à terceira e quarta geração daqueles que o odeiam.

---
[12]Salmos 145.
[13]Êxodo 20.

Então não se pode concluir outra coisa além de que a misericórdia de Deus é maior em relação àqueles que o amam do que sua ira contra aqueles que o odeiam. E até aqui vamos admitir com você, mas se você permanecer no seu erro, concluindo, como claramente o faz neste livro, que a ira de Deus deve ser maior que a misericórdia dele, a não ser que ele salve mais do que os que serão condenados (como algumas de suas seitas têm afirmado recentemente), não tememos afirmar que sua blasfêmia é intolerável. Ou se você pensa (como alguns alegam sobre Orígenes) que, porque a misericórdia de Deus é infinita e estendida a todas as suas obras, que os infames não podem deixar de obter misericórdia, a simples Escritura o convenceu. Pois afirma que a ira de Deus permanece sobre os infiéis, a fim de que o fogo não se apague e o verme não morra. Se você entender que os eleitos não têm nada que não tenham recebido por misericórdia e que o castigo dos infames é por demais merecido, você não deve medir a misericórdia de Deus e a sua ira pela multidão nem pelo número. Mas você deve considerar que, onde ninguém é digno da misericórdia de Deus por seus próprios méritos, ainda assim ela permanece desde o início, e continuará até o fim, sempre se estendendo aos filhos de Deus que estão na miséria. Portanto, essa misericórdia deve superar em muito toda ira e julgamento. Pois se a ira de Deus uma vez acender contra o pecado, ela deveria consumir e devorar tudo, mas a misericórdia prevaleceu e livrou aqueles que justamente poderiam ter sido condenados. E, nesse sentido, dizemos que a misericórdia de Deus supera em muito seus julgamentos. Essa interpretação, se você não admitir, você vai argumentar com Deus e impugná-lo se conseguir com Escrituras claras. Agora vamos ao restante.

6ª Parte

O ADVERSÁRIO

De todos os tipos de seitas de homens, julguei que eles eram os mais odiados, chamados ateus, ou seja, aqueles que negam que há um Deus. Mas agora acho que esses homens descuidados devem ser muito mais abominados. Minha razão é que: porque são mais injuriosos a Deus do que aos ateus, pois aquele que acredita que um homem não exista é menos injurioso do que aquele que o chama de cruel, tirano e injusto, de modo que são menos injuriosos a Deus aqueles que não acreditam que ele exista do que aqueles que dizem que ele é impiedoso, cruel e opressor. Agora, que maior crueldade, tirania e opressão poderiam existir do que criar a maior parte do mundo à condenação eterna, de tal modo que não haja maneira pela qual possam escapar e evitar o decreto e sentença cruel contra eles.

Dessa maneira, acompanhando o filósofo Platão, que julgou indigno de viver e participar de qualquer riqueza comum aqueles que falavam mal de Deus, quais deveriam ser nossos julgamentos àqueles homens que têm uma opinião tão perversa de Deus? Qualquer que seja o nosso julgamento sobre eles, e qualquer que seja o que eles mereçam, trabalhemos mais para conquistá-los do que para perdê-los. Mas assim como o que toca o piche corre o risco de ser contaminado, assim devemos andar cautelosamente com tais homens, para que não sejamos contaminados e infectados por eles. Especialmente, vendo que, hoje em dia, essa horrível doutrina é tão preocupante como a doença de um câncer, que infecta de um membro a outro, até que ocupe todo o corpo sem que seja cortado, mesmo assim, esse erro já infectou um por um. Que o Senhor lhes conceda o verdadeiro significado e entendimento de sua Palavra, por meio do qual eles podem ser curados e a doença arrancada, e assim o membro seja salvo.

RESPOSTA

Porque, em todo esse seu longo discurso, você demonstra mais sua malícia (que concebeu injustamente contra nós), seja opugnando nossa crença, ou ainda promovendo sua falsa opinião, não vou gastar tempo para retribuir seu despeito. Somente isso eu oferecerei em nome de todos os meus irmãos, que, se você puder, na presença de um juiz e magistrado legítimo, nos convencer evidentemente de que ou falamos mal de Deus, seja por nossos escritos, pregações ou raciocínio, se puder provar justamente que nossa opinião é má de sua eterna majestade, poder, sabedoria e bondade, então não recusaremos sofrer o castigo que você, pela autoridade de Platão, nos julga dignos. Sim, ainda nos oferecemos voluntariamente para suportar a própria morte que Deus, por sua Lei,[1] designou para todos os blasfemadores, desde que você se não se recuse a sofrer a mesma penalidade se nos acusar falsamente. Qual é o seu estudo para nos vencer e se nossa doutrina é um horrível erro ou não, agora não discuto. Assim você argumenta.

---

[1] Deuteronômio 19.

7ª Parte

O ADVERSÁRIO

Deus criou o homem como uma coisa muito boa e você ousa dizer que Deus ordenou uma coisa muito boa para a destruição? Então Deus se deleita com a destruição daquilo que é muito bom. O homem, em sua Criação, era uma criatura justa e inocente, pois, antes da transgressão, não havia mal nem em Adão nem em nós. E você acha que Deus ordenou suas criaturas justas e inocentes para a condenação? Que tirania e injustiça maiores o homem mais perverso do mundo, sim, até o próprio diabo, pode cometer do que condenar a pessoa inocente e justa? Por meio disso, podemos ver que esses homens descuidados são mais abomináveis que os ateus, que acreditam que não há Deus. Mas esses afirmam que Deus é tão ruim quanto o diabo, sim, e pior, pois, como o diabo pode apenas tentar um homem à morte, mas ele não pode obrigar ninguém a cair em condenação. Deus pode não apenas tentar, mas também compelir, por seu decreto eterno, a maior parte do mundo à condenação. E o fez (como se costuma dizer), de modo necessário, e somente porque foi seu prazer e vontade. Então Deus deve ser pior que o diabo. Pois o diabo apenas tentou os homens a cair, mas Deus os compeliu a cair por seu decreto imutável. Ó, blasfêmia horrível.

RESPOSTA

Visto que antes, de maneira clara e simples, declarei nossa opinião sobre a eleição eterna de Deus e da sua justa reprovação em todos esses seus desprezíveis argumentos, apenas mostrarei sua malícia, ignorância e vaidade orgulhosa. Este é o seu argumento: Deus criou o homem como uma coisa muito boa, portanto ele não o ordenou à destruição. Sua argumentação é: pois é contrário à sua justiça ordenar uma coisa boa para a destruição. Eu respondo: se você puder provar que o homem permaneceu na mesma bondade, perfeição e inocência (ele e sua posteridade, a que você tanto louva) na qual ele foi criado, então admitirei que seu argumento é bom. Mas, se o homem (embora ele tenha sido criado como bom) ainda assim voluntariamente se fez mal, como pode ser contrário à justiça de Deus designar punição à transgressão, na qual ele não apenas previu por uma especulação ociosa, ou ainda tolerou e permitiu contra sua vontade onipotente, mas em seu conselho eterno, para a manifestação de sua própria glória, o decretara.

Contra o qual, apesar de você gritar horríveis blasfêmias até que seu cérebro caia, ainda temos Moisés, Êxodo 9, Isaías 6, Salomão e Paulo para nos absolver de sua sentença cruel. Pois eles afirmam que Deus criou todas as coisas para sua própria glória e até os ímpios para o dia da destruição; que ele levantou Faraó para que seu poder fosse exposto nele; que cega os olhos e endurece o coração de alguns para que eles não possam ouvir nem ver, a fim de que se convertam; que Deus preparou tanto vasos de misericórdia quanto vasos de ira. Tais passagens, embora algumas delas não pareçam pertencer à criação, se forem justamente consideradas, parecerá evidentemente que a dureza do coração dos homens, sua cegueira e malícia obstinada não são apenas punições do pecado, mas também são efeitos de reprovação, como fé, obediência e outras virtudes, são os dons de Deus dados em Cristo Jesus àqueles a quem ele elegeu nele. Mas, ainda assim, à nossa argumentação, que assim você amplia: pensa que Deus ordenou as suas criaturas justas e inocentes à condenação? Que tirania e injustiça maiores o homem mais iníquo da terra, mesmo o próprio diabo, pode fazer que condenar uma pessoa justa e inocente?

Eu respondo (como antes) que seu argumento não vale nada, pois você conclui mais do que poderá provar a partir de suas duas proposições anteriores, que são as seguintes: Deus criou o homem como uma coisa muito boa. Isso é verdade. Que Deus reprovou o homem e condenará aquele a quem ele criou como algo bom, eu concordo também. Portanto, ele condenou a coisa boa que ele criou ou a coisa que é muito boa: eu nego a conclusão. Pois, antes da condenação, houve uma mudança no homem, de modo que ele de muito bom se tornou extremamente mal e, assim, os justos julgamentos de Deus não encontraram nada além do que é mau para condenar. Você forma sua argumentação como se Deus tivesse criado o homem bom de tal maneira que ele posteriormente não poderia se tornar mau. Essa última parte é falsa e assim você se engana. Se você não pode observar as justas causas pelas quais Deus poderia criar uma coisa boa de modo que posteriormente se tornasse extremamente má, isso é culpa da sua própria cegueira. Então deseje que Deus reprima sua presunção e orgulho que, contra o eterno Filho de Deus, você concebeu, e assim seus olhos serão iluminados, e você verá, primeiro, por que o Criador é infinitamente bom, fazendo com que as criaturas em sua criação original fossem boas. Sendo assim, não duvido que o diabo tenha sido criado como bom, mas ele não permaneceu na verdade. E, secundariamente, como os justos juízos de Deus deviam brilhar na condenação dos infames, tanto quanto a sua infinita misericórdia deveria ser louvada nos vasos de honra, cabia a um e ao outro ser inocente e bom em sua criação. Pois, se o original tivesse sido ruim, Deus não poderia com justiça ter condenado posteriormente aquilo que ele não fez melhor.

Mas, assim, devemos admitir que era bom que o homem (ainda que voluntariamente corrompesse a si mesmo) abrisse caminho para a execução mais justa do eterno conselho de Deus. E, por fim, para que o propósito eterno de Deus possa, no tempo, ser informado ao homem, a saber, que Deus concederia maior generosidade, mostraria maior amor e misericórdia na redenção do homem justamente condenado, do que fez em sua criação. Do nada ele o criou (pois sua substância corporal era constituída de pó) (que em tempos não existia) à sua própria imagem e semelhança, e a ele deu o domínio sobre todas as criaturas. Tudo isso foi testemunho de um amor verdadeiro. Mas se comparados com o amor que em Cristo Jesus recebemos e por livre graça, eles não são nada. Pois o que é o domínio das criaturas terrenas em comparação a reinarmos com Cristo Jesus para sempre? Quais foram os prazeres e frutos do Paraíso em comparação às alegrias celestiais que Paulo afirma não poderem penetrar no coração do homem? Se o homem tivesse permanecido perpetuamente em Adão, o amor de Deus não nos teria sido maravilhosamente anunciado, também não haveria espaço concedido à sua livre graça e misericórdia que recebemos em Cristo Jesus, pois a misericórdia considera adequadamente a miséria. Mas o principal consolo dos filhos de Deus é que, tendo caído em Adão, também foram transferidos em outro, que está em Cristo Jesus, a quem eles são entregues e que (como provamos anteriormente) os recebeu da mão de seu Pai, para que ele dê vida eterna a tantos quantos o Pai lhe deu. Se você (digo eu) não pode acolher essas razões sobre por que convém ao homem ser criado bom e depois cair no pecado e na miséria, culpe a si mesmo, brade contra Deus, pois ele não estará sujeito às suas razões e juízos. Suas horríveis blasfêmias contra Deus e sua infeliz acusação contra nós, neste momento, vou omitir. E quão descaradamente você passa do propósito da reprovação de Deus para a execução de seu julgamento, será tratado na análise desta sua argumentação.

8ª Parte

O ADVERSÁRIO

A Escritura testemunha que caímos em Adão. Pois a condenação veio de um pecado para condenação. Assim estávamos todos antes em Adão, pois ninguém cai senão aquele que está em pé. Se tivéssemos permanecido em pé, então todos seriam predestinados à vida. Pois, como nossa Queda é à condenação e à morte, assim é nosso permanecer em pé à salvação e à vida. Para confirmar isso, temos muitos testemunhos na Palavra, provando que somos eleitos, escolhidos e predestinados para a vida antes da Queda, mas nenhum prova que qualquer homem seja contestado, rejeitado, condenado e reprovado antes do pecado, pelo qual a morte entrou no mundo. Paulo, para os efésios, diz: Deus nos escolheu nele antes da fundação do mundo, e de antemão nos ordenou nele para sermos herdeiros perante ele, e assim nos predestinou.[1] Oro para que você me mostre qualquer testemunho das Escrituras que demonstre tão manifestamente que Deus reprovou qualquer um antes da fundação do mundo. Deus não faz acepção de pessoas, pois ele chama o mundo desde o nascer do sol até o pôr do sol.[2] Ele fez tanto os pequenos quanto os grandes, cuidou de ambos, pois eles são inteiramente obra de suas mãos. E Esdras diz que não era da vontade de Deus que o homem tornasse em nada, mas ele preparou vida para eles.[3] O Espírito Santo diz: Deus não fez a morte, nem tem prazer na destruição dos vivos, pois ele criou todas as coisas para que pudessem existir, sim, todas as pessoas da terra

---
[1] Efésios 1.
[2] Salmos 113.
[3] Possível referência a um apócrifo que recebe o nome do escriba judeu, tendo em vista não haver ideia similar no texto canônico. [N. E.]

ele fez para que elas tivessem saúde e que não houvesse destruição nelas e que o reino do inferno não reinasse sobre a terra. O que pode ser dito de maneira mais clara e direta contra esse erro? Em outra passagem, o Espírito Santo fala. Deus criou o homem para não ser destruído e, novamente,[4] ordenou o homem para que ordenasse o mundo de acordo com a justiça e equidade, executasse o julgamento com um coração verdadeiro.[5] Deus ordena a governar o mundo de acordo com a justiça que ele reprovou? Colhe o homem, como diz Cristo, uvas de um espinheiro ou figos de ervas daninhas? De forma semelhante, toda árvore boa dá frutos bons, mas a árvore ruim dá frutos ruins. Mas uma árvore corrupta produz frutos maus, a árvore boa não pode dar frutos ruins, nem a árvore ruim pode dar frutos bons.[6] [7]Ou faz a árvore boa e o fruto bom, ou a árvore má e o fruto mau. Ou admitir que o homem, em sua Criação, seja justo e bom. Então acredito que você detestará dizer que Deus, antes dos fundamentos do mundo, reprovou sua criatura boa e correta, ou então admitir que, em sua Criação, era uma criatura má e injusta. Poderia, então, o julgamento justo provir de uma árvore tão injusta? Além disso, se o homem, em sua Criação, era uma coisa má, então ele não era a criatura de Deus. Pois Deus viu tudo o que havia feito, e era tudo muito bom. Se o homem em sua Criação, ou antes, foi reprovado e ordenado até a morte, o homem foi culpado antes da transgressão, pois Deus não condenou ninguém a não ser os culpados. Se ele foi culpado antes de sua transgressão, então ele era um pecador, sendo ainda inocente e antes de consentir ou cometer pecado. E, consequentemente, desse erro, posso inferir muitos mais absurdos que ofendem os ouvidos de qualquer homem fiel.

RESPOSTA

Como nenhum homem de íntegro juízo jamais negou que em Adão caímos, não creio que você e sua seita se separaram, nunca houve ninguém que afirmasse que em Adão estávamos predestinados à vida eterna. É verdade que estávamos em Adão, criados em sua linhagem,

---

[4]Sabedoria 2.
[5]Sabedoria 9.
[6]Mateus 7.
[7]Mateus 12.

mas suponho que você não afirmará que os filhos tinham maior privilégio do que o pai. Adão não resistiu, mas estando sujeito à lei, a transgressão o fez devedor à morte. Para falar de maneira mais clara, Adão não resistiu de modo que poderia cair (e caiu), como o ocorrido comprovou; e seus filhos não foram eleitos nele para que não pudessem cair? Assim você parece concluir. Pois você argumenta: se tivéssemos permanecido em pé, então seríamos todos predestinados à vida; assim como nossa Queda é à condenação e à morte, assim é nosso permanecer em pé à salvação e à vida. Certamente essas razões me parecem incrivelmente estranhas, principalmente a que você apresenta do cair e permanecer em pé: pois tem em si mesma clara contradição, pois se caímos em Adão para a morte, como agora podemos permanecer nele para a vida? Se você tivesse dito que, como nossa queda foi para condenação e morte, assim nosso permanecer em pé teria sido para salvação e vida, você poderia ter tido alguma razão. Porque o seu erro permanece apenas nisto: você não considera que Adão não foi criado para permanecer para sempre em si mesmo e muito menos sua posteridade nele. Mas quando você diz que, assim como nossa queda é para a morte, assim é o nosso permanecer em pé à vida, você claramente fala o que quer que ache, tanto em Adão quanto em nós mesmos, caímos e permanecemos. Mas isso é totalmente abominável, pois não temos admitir claramente que não temos nenhuma garantia seja de permanecer em pé, seja ainda da vida, mas somente em Cristo Jesus, em quem estamos enxertados, e sem o qual não podemos fazer nada. Em poucas palavras, para repetir a resposta de sua objeção anterior, em Adão ninguém agiu em contrário do que ele fez, mas ele permaneceu em pé com possibilidade de cair, e isso até a morte.

Portanto, em Adão, ninguém permaneceu à vida. O senso comum do homem aprovará a primeira parte desse meu argumento, pois quem pode pensar que qualquer descendente de Adão por seus meios poderia ter maior liberdade do que ele próprio tinha? E o evento e o que se seguiu dele declaram a veracidade da segunda parte. Pois não somente sobre Adão, diz o apóstolo, veio a morte, mas mesmo dele desceu a morte a todos. Como então alguém poderia permanecer nele para a vida? Que os homens razoáveis considerem.

Para provar que todos foram predestinados e escolhidos em Adão antes que as fundações do mundo fossem lançadas, você apresenta o testemunho de Paulo, escrito no primeiro capítulo aos Efésios, que já tratamos anteriormente, e, portanto, aqui só vou deixar clara a sua falsidade. É de se admirar a sua absoluta falta de vergonha. O Espírito Santo afirma claramente que fomos eleitos e escolhidos em Cristo Jesus antes que as fundações do mundo tivessem sido lançadas, então você afirma que essa eleição foi feita em Adão. Se você objetar dizendo que não especificou Adão, eu respondo que dá no mesmo, pois de seus argumentos anteriores pode-se facilmente entender a quem você se refere. Quando você raciocina assim: todos nós permanecemos em Adão, portanto, éramos todos predestinados para a vida, quem é que não percebe claramente que você entende que fomos todos predestinados à vida em Adão? No mais, você não disse nada para provar o seu propósito. Afirmamos que fomos eleitos antes da fundação do mundo, mas a controvérsia permanece: em quem? Afirmamos e acreditamos firmemente que, em Cristo Jesus, o eterno Filho do eterno Pai, fomos eleitos antes de todos os tempos. Você não pode suportar isso e, dessa forma, busca todos os meios de obscurecer a glória daquele a quem o Pai deu todo o poder no céu e na terra. Às vezes você diz (como declarei agora) que essa eleição foi feita em Adão. Mas, embora isso não lhe sirva, você muda novamente, alegando que o apóstolo fala aqui de uma eleição geral do mundo todo, e não de uma determinada eleição que deveria permanecer para sempre. Assim, se desviando de um perigo, você cai em outro, como depois de examinarmos que sua vã argumentação mais evidente aparecerá.

Você insiste que mostremos algum testemunho das Escrituras de que Deus reprovou alguém antes da fundação do mundo. Se aprouver a Deus lhe dar o espírito de sabedoria e revelação pelo conhecimento dele mesmo, para que os olhos de sua mente sejam iluminados e para que você saiba qual é a esperança para a qual ele te chamou, sendo rica a glória dessa herança que ele preparou para os seus santos, não necessitará de passagem mais clara nem mais evidente do que essa mesma, a qual da forma mais ignorante, ou mesmo maliciosa, você abusa. Pois se há qualquer diferença entre os santos, os fiéis, que são abençoados com todas as bênçãos espirituais, entre aqueles (digo eu) que foram eleitos em Cristo Jesus antes de todos os tempos que, no tempo, são chamados e, pelo poder do Espírito Santo, obedecem a quem o chamou e assim são tornados cidadãos com os santos e família de Deus à medida que são construídos sobre o fundamento dos profetas e apóstolos, se houver alguma diferença (eu digo), entre esses e aqueles em quem o príncipe deste mundo opera toda imundície e rebelião, que ele mantém cativo ao seu prazer e não conseguem se arrepender de suas vidas detestáveis, por isso são considerados estrangeiros da comunidade de Israel.

Além disso, se você crer em Cristo Jesus, afirmando e se regozijando, agradou ao Pai esconder os segredos de seu Reino dos sábios e cultos e revelar aos pequenos e isso porque era de sua aprovação.[8] Você admitirá que essas Escrituras são suficientemente claras para provar que, assim como alguns foram eleitos antes que as fundações do mundo fossem lançadas, assim também outros foram reprovados como o fim de ambos testemunha. Mas como você luta contra esse argumento, ouviremos depois. Quão claramente eu provei que alguns são eleitos e outros reprovados, leia antes e julgue com imparcialidade.

Se você concluir que Deus não tem uma eleição determinada, nem que ele tenha reprovado qualquer um, porque ele não faz acepção de pessoas e chama o mundo desde o nascer do sol até o pôr do sol, porque ele fez tanto o pequeno quanto o grande, e cuida (como você alega falsamente) de ambos igualmente, sua afirmação pode muito bem ser ousada, mas acho que sua provação será caluniadora. Mas, primeiro, devo objetar contra você assim como a uma falsa testemunha, pois você afirma mais de Eliú do que ele afirma no livro de Jó. Ele não diz que Deus se importa com todos de igual maneira, mas diz que seus olhos estão sobre os caminhos do homem e que ele vê todos os seus passos. E que nem você nem ninguém tenha ocasião de reclamar de mim que injustamente o acuso de falsificar o texto claro, recitarei tanto o propósito quanto às palavras de Jó, em disputa veemente contra seus três amigos, que constantemente afirmavam que Deus, provocado por seus pecados, havia lançado sobre ele aquelas súbitas e estranhas pragas. Jó, digo, ao rebater essa acusação e refutar suas argumentações, entrou nos segredos dos juízes inescrutáveis de Deus mais do que qualquer outra criatura e, assim, pareceu acusar Deus de injustiça ao defender sua própria inocência. Por quais razões Eliú, ofendido, depois que os outros três foram calados, tomando

---

[8] Mateus 11.

para si o ônus de acusar Jó, afirma que a sabedoria, o poder, a justiça e os juízos de Deus eram incompreensíveis e que Deus não poderia fazer nada injustamente, não importa como isso parecesse ao juízo dos homens. Entre outras coisas ele fez uma indagação: será que alguém diria a um rei: 'Você não vale nada!'? Ou diria aos príncipes: 'Seus perversos!'? Quanto menos dirá isso àquele que não privilegia os príncipes e não favorece o rico em prejuízo do pobre, porque todos são obra de suas mãos. De repente, morrem. No meio da noite, as pessoas são abaladas e passam, e os poderosos são levados por uma força invisível. Os olhos de Deus estão sobre os caminhos do homem e veem todos os seus passos.[9]

Assim, observei parcialmente, ninguém deve pensar que essas palavras pareçam favorecer o seu erro e parcialmente que a sua mentira ao deturpar essas passagens possa aparecer mais manifestamente. A ignorância das línguas pode ser parte da causa, mas em alguns de vocês posso provar evidentemente que a malícia cega o entendimento e lhes compele a falar e escrever contra o seu entendimento. Que Deus toque seus corações com verdadeiro arrependimento e dê a você seu Espírito Santo com maior reverência ao lidar com suas Escrituras. Contudo, partindo das Escrituras, segundo você,[10] Deus não faz acepção de pessoas e, portanto, você conclui, ele não fez nenhuma eleição. Sua conclusão é falsa e meu argumento é que a livre eleição de Deus depende não dos homens, mas de sua própria promessa e boa vontade.

No entanto, para deixar esse assunto mais claro, vou apresentar uma réplica diretamente contra o seu argumento. Deus não faz acepção de pessoas, mas entre os homens se encontra grande diversidade tanto na virtude quanto no vício. Portanto, deve haver alguma causa de onde essa diversidade procede. Da primeira parte, eu sei que você não duvida, e a segunda parte é confirmada pela experiência comum e por claras passagens das Escrituras. Pois quão diversas são as inclinações dos homens, ninguém pode ser ignorante, a não ser aqueles que não as observam. Os que atribuem a causa dessa diversidade às estrelas e à influência dos planetas são mais que tolos. A instrução e a formação, de certa forma, curvam a natureza nesse

---
[9] Jó 34:18-21.
[10] Atos 10.

caso, mas nenhuma das duas é a causa dessa diversidade. Quantos foram nutridos juntos em virtude e, ainda assim, caíram nos vícios mais horríveis, e neles pereceram? E contrariamente, quantos foram criados perversamente e ainda por graça alcançaram um comportamento santo? Se a causa dessa diversidade, eu digo, for investigada e procurada, não será encontrada na natureza. Pois por ela fomos e somos nascidos filhos da ira; se na instrução e formação, vemos com que frequência isso falha. A causa disso por necessidade não pode estar no homem.

Dessa maneira, para tornar essa questão ainda mais clara com um exemplo: Paulo pregou que Jesus Cristo era o único Salvador do mundo, entre judeus e gentios, então para alguns, sua pregação era o sabor da vida, já para outros, o sabor da morte. De onde vem essa diversidade? Pela obediência, vontade e fé de um (você diz) e a partir da desobediência obstinada e a infidelidade do outro. Você diz algo, mas não tudo, pois é verdade que fé e vontade obediente são aquilo que chamamos de *causam propinquam*, que é a causa mais imediata à nossa compreensão. Mas qual é a causa da vontade obediente de um e da vontade obstinada de outros? Que um crê e o outro blasfema? Não importa como você mude, o Espírito Santo, em muitas passagens, afirma claramente que a causa não está na natureza, nem ainda precede do homem, nem de seu livre-arbítrio, mas é a livre graça daquele que chama, e Cristo Jesus testemunha. Ninguém pode vir a mim se meu Pai não o trouxer: ninguém pode ver o Reino de Deus, a menos que ele seja nascido de novo; não do sangue, nem da vontade da carne, nem da vontade do homem, mas de Deus, que toca e abre o coração de tantos quantos ele ordenou à vida, para anunciar e acreditar nas coisas que sejam verdadeiramente pregadas, como aqueles que são as ovelhas de Cristo Jesus, que ouvem a sua voz e o sabem. Essas e muitas outras passagens afirmam claramente qual é a causa e o porquê de alguns crerem e outros não, a saber, que alguns são nascidos de Deus e outros são deixados na natureza, alguns são ovelhas e outros são bodes. Os corações de alguns são tocados e abertos pelo dedo e Espírito de Deus, como foi dito a Pedro: não foram carne e sangue que te revelaram isso, mas meu Pai, que está nos céus; os corações dos outros são deixados em sua própria cegueira e dureza. Se você pergunta como pode, então, Deus não fazer acepção de pessoas, e respondo:

se você entendesse corretamente o que significa acepção de pessoas, não deveria duvidar nesse assunto.

Acepção de pessoas é quando uma pessoa indigna é preferida a uma digna, seja pelo afeto corrupto daqueles que a preferem, ou ainda por alguma qualidade ou beleza externa que aparece no homem. Como se para o cargo de rei ou de bispos alguém fosse eleito não por santidade, conhecimento e sabedoria, nem ainda por espírito de governo, mas por ser rico, de sangue nobre com pompa e circunstância e pessoas com dons muito mais excelentes fossem desprezadas. Isso que é acepção de pessoas. Como Samuel, vendo Eliabe e considerando sua beleza e estatura, pronuncia ousadamente em seu próprio coração: "Com certeza este aqui é o que o Senhor quer ungir."[111] Essa acepção de pessoas não está em Deus, pois ele não olha para sangue, riquezas, nobreza, virtude, força, nem beleza temporal em sua eleição eterna, mas apenas para sua própria boa vontade e propósito eterno, pelos quais ele nos elegeu em Cristo Jesus. Se você considerar profundamente essa mesma passagem, verá que nenhuma outra em todas as Escrituras de Deus refuta mais o seu erro do que ela. Pois, como Deus não leva em consideração a pessoa do homem, assim ele não considera nada do que está ou pode estar no homem como a principal causa de sua eleição. O que Deus pode prever, considerar ou saber estar no homem que seja bom e que não brote de sua misericórdia e bondade? Como está escrito: não somos autossuficientes a ponto de pensarmos que haja algo de bom em nós, mas nossa suficiência é de Deus, que trabalha em nós o querer e o realizar. Então, se toda a virtude que existe em nós é obra de Deus, pode a obra que se segue ser a causa do propósito eterno de Deus? Se a causa e os efeitos precedentes dela são coisas diferentes, então nossas virtudes e frutos não são a causa da eleição de Deus, mas são o efeito e o fruto que dela procedem e frutificam, como o apóstolo testemunha, dizendo: Deus nos escolheu para sermos santos e sem culpa. E Jesus Cristo disse: "Vocês não me escolheram, mas eu os escolhi para irem e darem fruto" (João 15:16).

Sou obrigado a repetir isso frequentemente, porque você errou vergonhosamente, arrogando para si mesmo aquilo que é exclusivo

---
[111] 1Samuel 16.

da misericórdia e graça gratuita de Deus. Se você entende essa passagem das Escrituras, na qual afirma que Deus não faz acepção de pessoas, como o seu livro testemunha, a saber, que Deus se importa igualmente com todos e ele não ama mais um que o outro, exceto por sua obediência, toda a Escritura de Deus testemunha contra você. O amor de Deus não foi maior para Abraão e sua posteridade do que foi para o restante das nações? Moisés e Davi testemunham o contrário, dizendo: ele não fez isso a nenhuma nação, e seus juízos ele não lhes mostrou, somente vocês ele escolheu de todas as nações e povos para que fossem, sobre a face da terra, um povo peculiar para ele.[12] E qual foi a causa dessa dignidade e prerrogativa deles, que já apontamos, a saber, nenhuma virtude, nenhuma obediência, nenhuma boa qualidade que neles houvesse, mas somente seu amor livre, sua livre graça e misericórdia imerecida, conforme ele claramente o afirma? Terei misericórdia de quem eu tiver misericórdia, para Paulo, isso não depende do desejo ou do esforço humano, mas da misericórdia de Deus que ele concede a quem lhe aprouver.[13]

Assim, eu digo, você não pode concluir com justiça, nem com razão, que Deus não escolheu nem reprovou nenhum homem, porque não faz acepção de pessoas. Pois como eu disse antes, sua eleição eterna não dependia nem do homem, nem ainda de qualquer coisa que esteja dentro do homem, mas é determinada em si mesmo e estabelecida em Cristo Jesus, em quem somos eleitos. Em nós mesmos não havia nem mesmo poderia haver qualquer dignidade que pudesse merecer ou ter direito a tanta honra e dignidade.

Assim, Deus não considera os homens, suas virtudes ou qualidades em sua eleição, mas encontrando todos iguais na Criação e na corrupção faz diferença entre eles de acordo com seu eterno desígnio, considerando Cristo Jesus e não seus méritos. Que os arrogantes e impiedosos esbravejem contra isso, eu não duvido, mas os filhos de Deus recebem disso o mais singular consolo, pois é a principal causa pela qual, sem todo tremor e temor, eles se põem diante de sua majestade e, agradecendo por esses inestimáveis benefícios, almejam de sua misericórdia uma pureza de vida enquanto se tornam seus filhos.

---
[12]Deuteronômio 7.
[13]Romanos 9.

Às passagens, que você cita do livro de Sabedoria, e de Esdras (seu quarto livro), responderei brevemente. Ainda que você por dez mil vezes os adorne e decore com o título do Espírito Santo, eu não lhes darei crédito. Não que eu negue que haja coisas nelas contidas proveitosas à edificação, mas se daí você quiser, em qualquer passagem escrita nesses livros, extrair uma doutrina contrária ao restante das Escrituras canônicas, responderei, com os escritores antigos, que eles não foram escritos para que sobre eles nossa fé fosse estabelecida. Que sirvam, se assim lhe agradar, à exortação, mas para confirmação de qualquer doutrina eles nunca me servirão. Tampouco digo que acredito que qualquer dessas passagens (se entendidas corretamente) servem de auxílio ao seu propósito, mas que, pela graça de Deus, darei sempre essa reverência à verdade de Deus, para que as vozes dos homens não sejam comparadas a ela.

Parece muito suspeito que alguns homens atualmente queiram atribuí-los ao Espírito Santo, coisa que os próprios autores atribuíram apenas à sua própria diligência e dedicação, também foram obrigados a pedir perdão aos leitores por não terem alcançado nem mesmo o domínio da língua na qual escreveram. O Espírito Santo, eu te pergunto, cujo poder solta as línguas dos mudos, suplicou dessa maneira aos homens e pediu perdão por sua imperfeição? Pense e não impute nada ao Espírito Santo que emane a majestade de Deus.

Mas, para que não se queixem de que suas Escrituras ainda não foram resolvidas, eu darei uma resposta geral a todas, que é a seguinte: que nem o livro da Sabedoria, nem o Eclesiástico, nem Esdras, nesses textos que você alega, tratam de qualquer coisa relacionada à eleição ou reprovação.[14] Mas os escritores, em todos os lugares que vocês citam, estudam para corrigir os modos corruptos de suas eras e calar as línguas perversas de muitos, dos quais alguns acusavam Deus como o autor do pecado, que entrou pela malícia do diabo, que corrompeu a boa criatura de Deus, criou à sua própria imagem para governar em equidade e justiça. Quem não percebe senão que esse escritor, quem quer que fosse, restringe-se aos limites do entendimento dos homens, trabalhando para convencer a consciência deles, que maliciosamente imputava a Deus aquilo que ele não fez neles? Mas que eles, por seu próprio livre-arbítrio,

---

[14] Leia o prólogo do Eclesiástico e o final do último capítulo de 2Macabeus.

seguiram e obedeceram a iniquidade e, portanto, deviam sofrer sua justa condenação? Se essa minha interpretação de suas intenções é verdadeira, testemunhem suas próprias palavras, pois assim está escrito.

Pensando de modo errado, os maus dizem para si mesmos: "A nossa vida é curta e cheia de tristezas. Quando chega o fim, não há forma de escapar; nunca se soube que alguém tenha sido libertado do mundo dos mortos. Pois todos nós nascemos por acaso e daqui a pouco seremos como se nunca tivéssemos existido. A nossa respiração é como fumaça em nossas narinas etc. No decorrer do tempo, nosso nome se apagará e nenhum homem lembrará de nossas obras. Portanto, vamos usar a prosperidade presente. Vamos explorar as pessoas pobres e corretas, não vamos ter pena das viúvas nem vamos respeitar os cabelos brancos dos velhos. Que a força do nosso poder seja a lei da justiça".[15] Até então ele acusou sua tirania aberta, e concluiu estas coisas: "Deste modo, raciocinam os maus, mas eles estão enganados; estão cegos por causa da sua maldade e não conhecem os mistérios de Deus." Eu imagino que não tenham observado esse texto, nem esperaram pela recompensa da santidade. Pois Deus criou o ser humano para a imortalidade (aqui eu observo sua falsidade, pois você escreve que Deus criou o homem para ser preservado) e o fez à sua própria semelhança. Agora que o leitor imparcial julgue, se foi você ou eu que chegou mais perto da intenção do escritor. Você, digo eu, afirma que ele nega que Deus elegeu ou reprovou qualquer homem; ou eu, nego que isso seja parte de sua intenção, mas digo que ele reprova a blasfêmia maliciosa e a manifesta impiedade.

O argumento que você amealhou do nono capítulo do mesmo livro[16] e que pareceria confirmar pelas palavras de Cristo, proferidas no sétimo capítulo de Mateus, não tem força maior que o anterior, pois o escritor não define o que Deus determinou em seus conselhos secretos e eternos, mas o que ele expressamente confiou à responsabilidade do homem por sua lei e por seu Espírito Santo falando em seus profetas. Isso ele mesmo testemunha claramente. Depois que ele pediu sabedoria para julgar com retidão o povo confiado à sua responsabilidade, ele fala assim: "Que homem é aquele que conhece

---
[15]Sabedoria 2.
[16]Sabedoria.

o desígnio de Deus? Ou que possa compreender em sua mente o que Deus desejaria? As cogitações dos homens mortais são horrendas e nossas opiniões são enganosas etc. Dificilmente, por conjectura, podemos alcançar as coisas que estão na terra e com esforço encontramos aquelas coisas que estão entre nossas mãos. Mas quem examinará as coisas que estão nos céus? E quem conhece o seu conselho, a não ser aquele a quem dás sabedoria e, dos lugares mais altos, enviará o seu Espírito Santo? Pois, assim, os caminhos daqueles que habitam na Terra foram dirigidos, e eles aprenderam as coisas que agradaram a ti."

Clame agora, como lhe agrada, porque o homem foi feito senhor das criaturas da terra (essa é a verdade do texto), para governar o mundo em santidade, que, portanto, não havia homem reprovado, o escritor responderá por si mesmo, afirmará que ele não busca o que Deus determinou em seu eterno conselho e o que será de todo homem (pois isso ele admite ser incompreensível), mas ele declara o que Deus ordena em sua lei e o que ele expressou por seus santos profetas. Ao que, se o homem é considerado desobediente, não há desculpa (visto que a vontade de Deus é manifestamente declarada), como Moisés diz nestas palavras: "As coisas encobertas pertencem ao Senhor, ao nosso Deus, mas as reveladas pertencem a nós e aos nossos filhos para sempre, para que sigamos todas as palavras desta lei."[17]

Seus argumentos, os quais você considera fortíssimos, reunidos dessas palavras em Mateus 7 e 12, são muito fracos e inúteis. Pois, assim como não negamos que o homem foi criado justo, também afirmamos resolutamente que na justiça ele não permaneceu, mas se tornou totalmente injusto. Portanto, Deus não condenou o homem antes que ele fosse culpado, como você falsamente conclui de nossa doutrina. É de se admirar que você não veja graus e justas causas que surgem entre o propósito da reprovação e a justa condenação do homem. Este é o seu argumento: Deus designou rejeitar o homem antes de ele ser criado, logo, ele o condenou antes de ser criminoso ou culpado. Seu consequente é falso, pois nenhuma parte dos juízos de Deus foi executada antes que o homem pecasse, pois a graça foi oferecida a Adão após sua Queda. Caim foi admoestado e repreendido por sua crueldade, sua posteridade e descendência haviam se

---
[17] Deuteronômio 29.

enfurecido e, finalmente, toda a carne corrompeu seus caminhos, antes que a vingança de Deus e os seus mais justos juízos fossem derramados e executados contra o mundo rebelde e ingrato. Se você conseguir provar que a sentença de morte foi executada sobre Adão antes que ele transgredisse ou que Caim foi amaldiçoado pela boca de Deus antes de ele ter assassinado, então o seu argumento tem alguma pertinência.

No entanto, se as justas causas de condenação são encontradas no homem, e encontradas no homem de modo que Deus não pode ser acusado, então você deveria ter vergonha de nos acusar com o que vocês inferem tolamente. E ainda você entenderá que, como o apóstolo coloca certos níveis e causas que são perceptíveis a nós, entre a eleição eterna dos filhos de Deus e sua glorificação, assim também colocamos os graus e causas contrários, entre a reprovação e a justa condenação de Deus dos maus. Pois, como aqueles que Deus escolheu antes de todos os tempos, ele chamou no tempo, e isso designou a Cristo Jesus, seu Filho. Quem assim ele chamou, ele justifica cada vez mais, até que a carne e suas afeições corruptas sejam mortificadas, elas alcançam a sua glória. Assim, de modo contrário, são os infames, ou deixados completamente na cegueira, sem jamais serem chamados à luz e ao conhecimento da livre misericórdia de Deus, ou se eles são chamados, ou a condenam, ou subitamente caem dela, permanecendo em sua corrupção, ainda acumulam pecado sobre pecado, até que, finalmente, sua medida estando completa, Deus executa o seu justo juízo contra sua contínua rebeldia. Agora, infira, da nossa doutrina, quantos absurdos lhe aprouver. Pode continuar.

9ª Parte

O ADVERSÁRIO

Você diz que Deus reprovou e ordenou o homem à condenação a maior parte do mundo, antes que as fundações do mundo tivessem sido lançadas. Ainda na Criação Deus fez todos os homens à sua imagem, bons e justos, como testemunha a Escritura: pois como todos fomos criados em um homem, ou seja, Adão, assim todos fomos criados em um estado, isto é, segundo a imagem de Deus para a vida. Então, se sua opinião é verdadeira, a ordenança de Deus em sua eleição no mundo não está de acordo com sua ordenança na Criação. E o Espírito Santo diz: "Se reconstruo o que destruí, provo que sou transgressor."[1] Se Deus criou o homem à sua própria imagem para a vida, a quem antes da Criação ele reprovou e rejeitou, assim ele não se declara inconstante e transgressor? Aqui não há como você escapar com sua solução vazia, em que diz que "antes do mundo, Deus não ordenou todos, mas alguns à condenação, pois em nossa criação todos fomos ordenados à vida, pois tanto quanto todos fomos criados segundo a imagem de Deus, da ordenança de Deus em nossa eleição antes do mundo", o apóstolo escreve assim: "Somos abençoados com todas as bênçãos espirituais nas regiões celestiais em Cristo. Porque Deus nos escolheu nele antes da Criação do mundo, para que andássemos nelas."

Aqui aprendemos que a ordenança de Deus, em sua eleição antes do mundo, e também sua ordenança na Criação, é sempre uma. Pois, como somos escolhidos em Cristo Jesus, também somos criados em Cristo Jesus; e como somos escolhidos para sermos santos

---
[1] Gálatas 2.

e irrepreensíveis, também somos criados para boas obras. Portanto, a ordenança de Deus em sua santa eleição e poderosa Criação é uma e de igual força e segurança. Além disso, vendo que somos (como diz o apóstolo) eleitos e criados em Cristo Jesus e, assim como não há condenação para os que estão em Cristo Jesus, também não haverá condenação nem na eleição nem na Criação.

RESPOSTA

Como as suas mentiras forjadas e a inutilidade de suas razões já foram expostas, não incomodarei o leitor repetindo-as, como também abordarei o restante desses argumentos da forma mais sucinta possível.

Você argumenta que todos fomos criados em um homem, isto é, em Adão, e fomos criados em um estado etc. Se você entende que todos fomos criados em um estado, ou seja, naquele estado que logo seria alterado, porque Deus assim havia determinado em seu eterno conselho que, pela queda de um, suas infinitas misericórdias em relação aos escolhidos e severo julgamento em relação aos vasos da ira, aparecendo no tempo designado por sua sabedoria, eu não discutirei com você. Ainda que, de fato, naquela mesma massa houvesse ao mesmo tempo vasos de misericórdia e vasos de ira. Mas porque vocês abrem suas mentes na parte contrária, dizendo: fomos criados em Adão, à imagem de Deus para a vida, então sou totalmente obrigado a discordar de você e não temo afirmar que, porque ninguém permaneceu até o fim nessa imagem, mas todos caíram até a morte em Adão, de modo que, nem em Adão, nem ainda nessa imagem que Adão tinha, ninguém foi criado para a vida, mas só em Cristo Jesus foram todos os predestinados escolhidos à vida eterna,[2] mesmo antes que Adão fosse criado, como o apóstolo claramente testemunha.

Por nossa opinião, você tenta provar que a ordenança de Deus, em sua eleição antes do mundo, não está conforme à sua ordenança na Criação, consequentemente Deus seria um transgressor e infiel. Dessa forma, você se demonstra não somente ignorante, inútil e tolo, mas também irreverente e blasfemo contra a majestade de Deus. Pois nós despojamos de sua divindade, fazendo-o mudar seu desígnio,

---
[2]Efésios 1.

propósito e ordenança, mesmo que as criaturas mudem. Pelo contrário, trabalhamos para explicar, não para nos esquivar da violência de seus dardos, por uma solução vazia (como argumentais), mas pelas claras Escrituras afirmamos abertamente: que assim como nosso Deus é eterno, incompreensível e imutável, seus conselhos são constantes, sujeitos a nenhuma variação, nem mudança; constante, digo eu, no próprio Deus, a despeito de como as coisas mudam à nossa compreensão. E, portanto, dizemos que nem em sua eleição antes do mundo, nem na Criação do homem à sua própria imagem e semelhança, foi seu eterno conselho, propósito ou ordenança que toda a posteridade de Adão fosse salva.

Assim você não consegue provar que Deus destruiu tudo o que ele havia edificado. Apesar de notar uma coisa a propósito, Paulo não teria sido tão corajoso a ponto de achar que derrotou a Deus, porque ele não acusou Deus de inconstância, nem o considerou um transgressor, embora tenha construído as cerimônias sob a lei e as destruído novamente. Para nosso propósito: Deus, digo eu, não destruiu nada que ele houvesse edificado. É verdade que o homem destruiu a imagem que Deus havia construído, mas aquele edifício de Deus era apenas temporal e por apenas um tempo porém a perfeita construção de sua Igreja estava em Cristo Jesus, edificada antes que as fundações do mundo fossem lançadas, as quais Deus nunca destruiu nem destruirá, mas consumará a obra em louvor ao seu santo nome. A ele seja a glória.

Em todo o seu raciocínio sobre as palavras do apóstolo você errou neste ponto, como já observei, no qual trata como comum a todos aquilo que o Espírito Santo trata como peculiar aos eleitos de Deus. Pois, primeiro, você deve provar que todos são santos por vocação, são abençoados com bênção espiritual e têm obedecido, e que todos são edificados sobre o fundamento dos profetas e apóstolos, antes que você possa provar que todos foram eleitos e predestinados em Cristo Jesus antes de todos os tempos. O fato de termos sido criados em Cristo Jesus para boas obras não deve ser referido (como você pensa) à Criação comum de todos os homens em Adão, mas à nova e espiritual regeneração que os filhos de Deus têm em Cristo Jesus. Pelo que Davi orou, dizendo: "Cria em mim, ó Deus, um coração puro" o que não é menos Criação de Deus do que foi a primeira criação do homem. Pois, como o homem, em sua Criação, nem operou, tampouco poderia merecer ser criado de maneira tão honrosa quanto ele foi, mas experimentou o poder de Deus operar como aprouve à sua sabedoria realizar. Assim, na nossa nova criação às boas obras, a única graça e poder de Deus opera não apenas o começo, mas também traz à perfeição, de modo que tudo o que é bom, santo ou justo em nós é criação de Deus, não nossas obras. Que Deus abra seus olhos, para que você veja que nem em Adão, nem ainda em nós mesmos, fomos criados para boas obras, mas somente em Cristo Jesus. Então, penso, você não se gabará tanto de seu livre-arbítrio.

Seu último argumento é um claro paralogismo, sofístico e falso, pois se sustenta em quatro termos, contra o uso de todo raciocínio bom e sólido. Pois assim você procede, dizendo: nós somos eleitos e criados em Cristo Jesus, e vendo que não há condenação para os que estão em Cristo Jesus, então não há condenação nem na eleição nem na Criação. Aqui estão claramente quatro termos. Pois, no seu principal, que é a primeira parte de seu argumento, você não diz que fomos eleitos e criados em nossa eleição e em nossa Criação, mas fomos eleitos e criados em Cristo Jesus. A segunda proposição é veríssima, na qual não há condenação para os que estão em Cristo Jesus, para os que não andam segundo a carne. Mas o que você pode concluir disso? Que nenhuma condenação está na eleição nem na Criação? Eu digo que sua conclusão é falsa e inútil, pois vocês mudam seus termos, colocando na última parte duas palavras: eleição e Criação, nas quais deveriam ter citado estas palavras: Cristo Jesus. Pois assim você pode prosseguir: fomos eleitos e criados para boas obras em Cristo Jesus; mas para eles, diz o apóstolo, que estão em Cristo Jesus não há condenação. Portanto, para os que são eleitos e criados novamente em Cristo Jesus, não há condenação. Esse argumento é formal e verdadeiro. Contudo, omitindo sua tolice, que sou obrigado a demonstrar com maior frequência do que eu gostaria, sigo com as suas palavras.

10ª Parte

O ADVERSÁRIO

Se Deus reprovou os homens antes da fundação do mundo, então Deus reprovou o homem antes que este transgredisse. E se Deus reprovou e condenou o homem antes que ele transgredisse, então a morte é a recompensa da ordenança de Deus antes do mundo e não a recompensa do pecado. Mas o apóstolo nos ensina que, pelo pecado, a morte entrou no mundo e que ela é a recompensa do pecado. Eu pergunto: acaso a lei de Deus ou a lei do homem condena alguém antes que tenha transgredido? Estou certo de que você não é capaz de provar que seja assim, então você deveria ter vergonha de acusar Deus de um juízo tão injusto. Antes, Deus não perdoa a ofensa já cometida? Que seja o seu Deus o que condena os inocentes antes que tenham transgredido, mas será o meu Deus o que perdoa a transgressão já cometida, que, mesmo na sua ira, pensa na misericórdia. E assim, com Jó, concluirei: "O grande Deus não rejeita homem algum."

RESPOSTA

Quão ignorante e descaradamente você confunde o eterno propósito da reprovação de Deus com a justa execução de seus juízos, eu já apontei anteriormente, e, portanto, aqui basta admoestar o leitor que, você injustamente nos acusa ao dizer: afirmamos e ensinamos que Deus amaldiçoou o homem antes que ele transgredisse. Isso você nunca poderá mostrar em nenhuma de nossas obras, pois, constantemente, em palavras e escritos, afirmamos que o homem voluntariamente caiu de Deus e se fez escravo de satanás antes que a morte lhe fosse infligida.

Desse modo, não tratamos a morte como recompensa da ordenança de Deus, nem lhe imputamos julgamento injusto, mas dizemos com o apóstolo: a morte é a recompensa do pecado e nosso Deus é justo em todas as suas obras, por isso tenha vergonha e se arrependa de sua manifesta mentira. Que Deus perdoa o pecado cometido, e se lembra da misericórdia, mesmo quando ele parece, para seu desprazer, punir sua Igreja, com ações de graças e alegria, nós reconhecemos. Mas você conclui (como diz com Jó) que o grande Deus não rejeita ninguém. Não podemos deixar de admoestar você e os leitores, que, quer por ignorância quer por maldade, corrompem e pervertem a intenção do falante naquela passagem: Eliú não diz, como você alega, que o grande Deus não rejeita nenhum homem, mas diz: "Deus é poderoso, mas não despreza os homens; é poderoso e firme em seu propósito. Não poupa a vida dos ímpios, mas garante os direitos dos aflitos."[1]

Nesse sentido, seu mestre Castalio, que apesar de agir com grande liberdade na tradução, onde qualquer coisa parece servir para seu propósito, é mais prudente e mais fiel do que você, pois assim ele traduz aquela passagem: "Embora Deus seja excelente, sim, excelente e forte em coragem, ainda assim ele não é tão dissoluto a ponto de guardar os ímpios ou negar o juízo aos pobres". Embora eu diga que aqui há uma liberdade maior do que eu gostaria que um tradutor fiel usasse, ainda assim ele não corrompeu tanto o sentido como você fez. Eliú, argumentando contra Jó, afirma: "Que, embora o poder de Deus seja infinito, ainda assim suas obras não podem ser injustas, mas são executadas em toda perfeição da justiça." Tantas vezes (como somos tolos e cegos) não compreendemos nem percebemos logo de cara as suas causas, mas Deus dá diariamente manifestações de sua justiça, à medida que preserva e, às vezes, exalta os virtuosos que antes eram afligidos, e despoja de honras os ímpios e os cruéis opressores. Julgue você mesmo o que isso serve ao seu propósito.

---

[1] Jó 36.

11ª Parte

O ADVERSÁRIO

Alguns outros admitem que o pecado foi uma causa pela qual o homem é reprovado e, assim, afirmam, que a ordenança absoluta de Deus também é a causa. Essa afirmação é autocontraditória, pois se é a ordenança absoluta de Deus, não é em consideração a qualquer outra coisa, mas, como dizem, porque o agradava. Se eles quisessem dizer que a ordenança de Deus é a causa pela qual os pecadores sofrem a morte, ou que Deus ordenou que os pecadores por seu pecado sofressem a morte, eu poderia concordar com eles, mas isso era contrário ao que eles disseram, que Deus ordenou absolutamente algum homem antes que existisse, sim, antes do mundo, à morte, porque assim o agradava. Se a morte é a recompensa do pecado, então ela não vem pela ordenança absoluta de Deus. E se eu admito que tanto a ordenança absoluta de Deus quanto o pecado são as causas da condenação segundo o seu sentido, veja bem que inconveniência se segue.

Primeiro, você deve me admitir que a ordenança de Deus é a causa mais importante e principal (pois não pode ser inferior a nenhuma outra causa). Em segundo lugar, você admitirá que a primeira ou principal causa, chamada *causa causae*, e a segunda e inferior é chamada *causa causata*. Portanto, para concluir, a ordenança de Deus, que é *causa causae*, será a causa do pecado, que é *causa causata*. Como num exemplo familiar, o calor do sol e o orvalho fazem com que o solo seja frutífero e Deus também é a causa disso, pois ele faz o solo estéril frutífero. Mas, como Deus é a principal e primeira causa, ele também deve ser a causa dela, que é a segunda causa.

Assim, está claramente provado que, se a ordenança de Deus fosse a causa da reprovação, então a ordenança de Deus também seria a causa do pecado e Deus seria o autor do mal, contrariando toda a Escritura, contrariando a opinião de todos os homens piedosos e contrariando a nossa fé. Mas, se Deus quiser, pretendo responder longamente a essa opinião perversa na refutação do terceiro erro, então não falarei mais sobre isso aqui.

RESPOSTA

Nenhuma outra resposta precisa ser dada a essas injustíssimas acusações além das que já demos. Pois nem falamos nem escrevemos de maneira tão irreverente, nem entendemos nem afirmamos que a ordenança absoluta de Deus é a principal causa de reprovação, de pecado e de condenação, mas simplesmente ensinamos que Deus, em seu eterno desígnio, para manifestação de sua própria glória, de uma única massa escolheu vasos de honra que antes de todos os tempos deu Cristo Jesus, para que eles nele recebessem vida. Da mesma massa ele deixou outros naquela corrupção na qual eles cairiam e assim estavam preparados para a destruição. A causa pela qual ele foi eleito nós admitimos e reconhecemos não estar no homem, mas na livre graça e misericórdia, mostradas e livremente dadas a nós em Cristo Jesus, que exclusivamente é designado como cabeça para dar vida ao corpo. A razão pela qual os outros foram rejeitados, afirmamos que a causa é a mais justa, mas ainda assim ocultada e escondida de nós, reservada em sua eterna sabedoria para ser revelada na gloriosa vinda do Senhor Jesus. Nós repetimos isso (compelidos por suas acusações blasfemas) com mais frequência do que gostaríamos, para que homens imparciais possam ver que doutrina é essa que você contesta com tanta malícia.

 Qualquer que seja a forma que você junte a ordenança absoluta de Deus ao pecado, nós temos feito separação entre o propósito e o conselho eterno de Deus (pois nesse assunto não usamos a expressão ordenança absoluta) e o pecado do homem, no qual afirmamos claramente que, quando o homem pecou, não observou a vontade de Deus, o desígnio de Deus, nem seu propósito eterno, porém consentiu completamente com a vontade do diabo, que manifestamente contrariou a vontade revelada de Deus. Portanto, afirmamos que nem o propósito nem o conselho de Deus foram causa do pecado, mas dizemos com o apóstolo que, por um homem, o pecado entrou no mundo. A causa do qual foi a malícia do diabo e o livre consentimento do homem à rebelião, cuja vontade não foi forçada, nem por qualquer violência do propósito de Deus foi compelida a consentir, mas por seu livre-arbítrio e decisão deliberada, abandonou Deus e juntou-se ao diabo. Convença-nos agora (se puder) de que fazemos da ordenança absoluta de Deus (tal modo de falar, afirmo que detestamos) a principal causa do pecado.

Embora você seja sutil, acrescentando seus termos lógicos *causa causae* e *causa causata*, ainda assim a sua comparação que você usa para demonstrar o seu propósito deixa claro que você não aprendeu ou que esqueceu o ponto principal do raciocínio correto, que todos os homens razoáveis reconhecem, que é distinguir corretamente. Pois se você não conseguir distinguir entre a vontade de Deus, operando todas as coisas para a sua própria glória, e a operação das criaturas, sejam o sol, a lua, as estrelas, chuva ou orvalho, que nada podem fazer senão como Deus ordenou, eu não seguirei você como um deus.

Não dizemos que a ordenança de Deus é a causa da reprovação, mas afirmamos que as justas causas da reprovação estão ocultas no eterno desígnio de Deus e são conhecidas apenas por sua sabedoria divina. Mas as causas do pecado, da morte e da condenação, são evidentes e manifestamente declaradas a nós nas Escrituras, perpassando pelo livre-arbítrio do homem consentindo com o persuasivo engodo do diabo, o pecado voluntário e rebelião voluntária, pela qual entrou a morte neste mundo, o desprezo pelas graças e as misericórdias de Deus oferecidas, com a acumulação de pecado sobre pecado, até que a condenação veio justamente. Essas causas de pecado, morte e condenação nos são claramente apontadas nas Sagradas Escrituras de Deus. Mas porque agradou a Deus mostrar misericórdia a alguns e negar o mesmo a outros, sendo os juízos de Deus de tamanha profundida, não discutimos com ele, mas com toda humildade agradecemos a sua majestade a graça e a misericórdia, de que não duvidamos, mas por livre graça recebemos, em Cristo Jesus, nosso único Cabeça.

Quando você ainda nos acusa de fazermos Deus autor do mal, tenho esperanças de convencer suas línguas mentirosas de sua maliciosa mentira. Agora, às suas palavras.

12ª Parte

O ADVERSÁRIO

O Senhor argumenta com os israelitas desobedientes que o abandonaram, dizendo: "Ó meu povo, o que eu fiz contra ti, ou onde te machuquei, dê-me resposta?" Se os israelitas tivessem sido tão bem instruídos quanto você, eles poderiam ter respondido: "Senhor, tu nos ordenaste por meio de teu decreto imutável que nos afastássemos de ti, de modo que por necessidade devemos perecer; nisso nos feriste com uma ferida incurável."

RESPOSTA

Por mais que sejamos instruídos, se você não se arrepender logo de seu irreverente escárnio e zombaria da eterna predestinação de Deus, aprenderá por experiência própria que o imutável decreto de Deus é justíssimo, pelo qual o fogo que nunca se apaga é preparado para o diabo e seus anjos e para todos que não temem sua majestade divina e com sobriedade não contemplam seus juízos incompreensíveis. E, assim, deixo que sua arrogância blasfema seja reprimida pelo poder daquele de cujos juízos você zomba.

13ª Parte

O ADVERSÁRIO

Agora, pretendo, com a ajuda de Deus, responder aos argumentos que aqueles que estão emaranhados nesse erro usam como prova, expondo a vaidade deles, causando mais discórdia do que edificação. Respondendo a eles da forma que parecer mais sólida, reunindo de certas passagens das Escrituras pelas quais pode-se imaginar que eles tenham sido enganados, pedindo ao leitor gentil que considere o assunto com imparcial equilíbrio e primeiro ouça antes de recusar e, se Deus quiser, não se arrependerá de seu trabalho. Mas, uma vez que o autor e os mantenedores desse erro costumam mencionar a eleição, pela qual ocultariam seus absurdos, declararei primeiro como a eleição é realizada nas Escrituras de três maneiras: em termos gerais, de forma especial e de forma ainda mais especial.

Primeiro, somos todos eleitos e criados em Cristo Jesus, como Paulo testemunha aos efésios, no primeiro e segundo capítulos. De acordo com essa eleição, ele iluminou todos os que vieram ao mundo e chamou todos os homens ao arrependimento,[1] grandes e pequenos, ricos e pobres, judeus e gentios, homens e mulheres, de todas as posses, sem deferência a qualquer pessoa. E todos que têm sede, ele chama para se achegarem à água da vida.

Em segundo lugar, ele ordena que os que vieram no primeiro chamado renunciem a pai e mãe, esposa e filhos, e a todas as outras coisas terrenas, também a si mesmos. Essa é a segunda eleição, de onde se desviou uma multidão inumerável, que não abandonou tais coisas a não ser por suas próprias concupiscências. Daqui se desviou Caim,

---

[1] Isaías 50.

com os gigantes monstruosos, tiranos cruéis e hipócritas sangrentos e todos os perseguidores que derramaram sangue inocente. Daqui se desviou Epicuro com seu amor pelos prazeres, entre os quais o rico glutão que desprezava Lázaro. Daqui se desviou Sardanápalo, acompanhado de Vênus e todos os que se afogaram nas concupiscências da carne, entre eles Herodias. Daqui se desviou Creso, junto a muitas pessoas ricas, entre elas o jovem rico de quem lemos no Evangelho, que com um semblante triste se afastou de Cristo. Daqui se afastou Tarquínio, o soberbo, com os que se destacam com a pompa e a glória deste mundo, entre os quais Herodes, sobre quem lemos nos Atos dos Apóstolos, que por seu orgulho ele foi atingido por Deus e comido por vermes. Daqui se desviou Demétrio, artífice de prata, que não abandonará seu lucro imundo. Entre os quais os senhores da jovem possuída com um espírito que profetizou. Daqui se desviou todo um bando de estoicos, com o seu destino desleixado, e isso por necessidade. Entre eles estão todos os que defendem que, por pura necessidade, um pequeno número deve ser salvo e por mera necessidade todos os demais devem ser condenados. Aqueles que permanecem nessa segunda eleição e chamado, Cristo ordena que tomem sua cruz e o sigam e assim continuem até o fim. Esta é a terceira e última eleição, da qual diz o Senhor: eu te escolhi no fogo da tribulação.[2] Aqui os setenta discípulos partiram, pois eles não puderam aceitar esse duro discurso. Aqui Judas se rasteja. Os que permanecem sofrem grandes ataques, tanto que, às vezes, fogem de seus inimigos (como fizeram os apóstolos quando Cristo foi preso), ali soldados dignos cambaleiam, tropeçam e caem, como Pedro, quando negou seu Mestre, jurando não o conhecer. E Tomé não conseguia, de maneira alguma, crer que Cristo havia ressuscitado e obtido a vitória.

No entanto, aqueles que, à voz de seu capitão, se levantam, se voltam e lutam de forma legítima, até o fim, estão especialmente acima de todos os outros chamados eleitos e escolhidos, porque eles, continuando até o fim, obtêm aquilo por meio do que são escolhidos e seguem o Cordeiro, para onde quer que ele vá. Coisa difícil é que qualquer desses seja enganado e caia, visto que primeiramente são iluminados do alto, e abandonaram tudo, até a si mesmos e se submeteram totalmente ao governo de seu Senhor e capitão Cristo. Eles

---

[2] Isaías 48.

vencem diariamente seus inimigos de tal forma que a guerra agora se tornou fácil. E na esperança eles têm de subjugar, com a ajuda e conselho de seu Senhor, todos os seus inimigos. Sua alegria e consolo são tão grandes que consideram todo o prazer terreno (que deveria atraí-los de volta) como inúteis, tolos, desagradáveis e animalescos. Feliz é aquele que entende que isso é verdade não apenas pela especulação, mas também pela experiência. Esses três tipos de eleição são claramente estabelecidos na história de Gideão, que, se devidamente entendida, confirmam ao mundo.

RESPOSTA

Antes de começar a refutar nossos argumentos, como você ousadamente promete, você afirma que a eleição é entendida nas Escrituras de três maneiras: em termos gerais, de forma especial e de forma ainda mais especial. Essa divisão, e suas respectivas provas, é tão tola, tão falsa e tão longe do propósito que, a menos que você tivesse ocasião de caluniar, eu não gastaria sequer uma hora respondendo, visto que passei a maior parte do seu livro sem responder. Pois eu já deixei claro que as palavras de Paulo[3] de nada servem à sua eleição geral na confirmação de sua oitava razão.

Dessa maneira, dou-lhe licença para provar por testemunho claro de qualquer passagem das Escrituras que Deus elege à vida eterna com a mesma frequência que ordena o homem a rejeitá-lo; ou então, como ele dá graça complementar aos que ele chamou ao conhecimento de si mesmo e de seu amado unigênito Jesus Cristo. Que existe uma vocação geral, pela qual o mundo, de alguma maneira, é chamado ao conhecimento de Deus, e uma vocação determinada, que pertence apenas aos filhos de Deus, eu encontro nas Escrituras. Mas que há eleição para a vida eterna, a não ser aquela que está e estava em Cristo Jesus,[4] no eterno desígnio de Deus antes da fundação do mundo, tenho certeza de que nem a Escritura afirma, nem há como inferir isso de qualquer de suas passagens. Confessamos que a verdadeira luz (que é Cristo Jesus) ilumina todos os homens que entram neste mundo, mas não é o que você conclui disso.

---

[3]Efésios 1.
[4]João 1.

Portanto, você diz, todos nele são eleitos para a vida eterna. Eu nego sua inferência e afirmo que, embora o homem seja dotado da luz da razão e do entendimento, que sem dúvida procedem de Cristo e não apenas da natureza, ainda assim não significa consequentemente que todo homem dotado de razão seja eleito em Cristo para a vida eterna. Se você perguntar: de que lhes servem, então, a iluminação e o esclarecimento? O apóstolo te responde:[5] para que sejam indesculpáveis; agora, se tal razão não te satisfaz, discuta com o Espírito Santo. Se você conseguir provar que todos os chamados se arrependem sinceramente e que todos a quem as águas da vida são oferecidas estão sedentos, você disse algo que pode provar uma eleição geral. Mas se for evidente que um grande número se levanta contra a verdade, nem se arrependem da iniquidade que ela reprova. E que mais são os que ouve parecem não ter qualquer sede de justiça ou bebem do lamaçal fedorento da doutrina humana do que aqueles que receberão aquelas puras águas da vida que Cristo Jesus dá à sua Igreja, então seu argumento cairá por terra.[6] E é de se admirar que, nas palavras do profeta, e nas palavras de nosso Mestre Jesus Cristo, você não veja que uma clara diferença é traçada, pois o profeta não chama a todos indistintamente a beber dessas águas, mas aqueles que têm sede. E Cristo restringe sua abrangência àqueles oprimidos pelo pecado. A esses, ele admite a chamar ao arrependimento, mas aos justos e sãos, ele afirma não ter sido enviado.

Então, mais uma vez, eu afirmo que as Escrituras de Deus só fazem menção a uma eleição à vida eterna. Não ignoro que Saul foi eleito rei de Israel e Judas também para o cargo de apóstolo, mas se você conseguir convencer que ambos foram eleitos à vida eterna em Cristo Jesus, antes que eles transgredissem (pois assim você afirma), remeto-o à sua prova. Não temo provar que Judas é chamado diabo pela própria verdade,[7] muito antes que o Espírito Santo mencionasse que ele entrou em seu coração para fazê-lo trair seu mestre.

Ao amontoar seus exemplos e histórias, que você apresenta para sua eleição especial (como a denomina), você parece mais interessado em renovar sua memória do que provar substancialmente seu

---

[5]Romanos 1.
[6]Isaías 55.
[7]João 6.

propósito. Pois um homem argumenta contra você que as ovelhas de Cristo, que pelo propósito eterno de Deus são especialmente eleitas para a vida, ouvem sua voz e com reverência a conhecem e a obedecem. Mas esses, que você repete, ouviram a voz (como alega), mas nem a conheceram nem a obedeceram, logo, não eram as ovelhas eleitas e especialmente escolhidas. Se assim digo que qualquer homem deve raciocinar, prepare-se para sua resposta. Além disso, como você pode provar que Sardanápalo, Creso e Tarquínio, o orgulhoso, podem ser colocados nesta categoria dos seus especialmente eleitos, não vejo qualquer bom motivo. A menos que a calamidade e a justa vingança de Deus tenham seguido sua insolência, sua vida imunda e orgulho, não vejo nessas histórias nenhuma mensagem especial enviada a eles por Deus. Mas isso você pode entender por alguma revelação secreta, que recebeu em sua perfeição.

Que você nos coloque com todo o bando de estoicos, com seu destino desleixado, e isso por necessidade, que, como você diz, ultrapassa todos os ilusionistas. Embora não tenhamos medo da força de sua sentença, devemos recorrer a um juiz mais justo e imparcial, que é o Senhor Jesus, a quem todo juízo é dado. Enquanto isso, precisamos pedir que os imparciais julguem entre nós e você, se somos nós ou vocês os desleixados nisso que vocês chamam zombeteiramente de destino e necessidade estoica, e nós chamamos de eleição eterna e propósito imutável de Deus. Afirmamos que a eleição de Deus em Cristo Jesus é tão certa que contra a fé dos eleitos de Deus as portas do inferno não prevalecerão no final,[8] que nem a vida nem a morte, nem as coisas presentes nem futuras, nos separam do amor de Deus, que está em Cristo Jesus.[9] Que esse fundamento é estável, o Senhor conhece os seus e, portanto, todo aquele que invoca o nome do Senhor se afastará da iniquidade, pois não somos chamados à impureza, mas à santificação e piedade, pelo poder desse Espírito, que ressuscitou da morte Jesus, o grande pastor de nossas almas, que o Espírito Santo livremente pela fé (que também é um dom de Deus) faz governar e reinar em nossos corações, que embora a carne milite contra o espírito, ainda temos a certeza da vitória unicamente pelo poder daquele que venceu o mundo. Essa é a nossa doutrina, fé e profissão.

---

[8]Mateus 16.
[9]Romanos 8.

Mas você afirma, escrevendo claramente, que ninguém é eleito em Cristo à vida eterna de modo que não possa cair, tornar-se um infame e, por fim, ser condenado, e que, por outro lado, ninguém é reprovado no propósito eterno de Deus, de modo que não possa tornar-se eleito e, assim, ser salvo. Que em Deus não há eleição nem reprovação, mas de acordo com a disposição do homem de modo que quando os homens têm boas inclinações e disposições piedosas, Deus os elege e escreve seus nomes no Livro da Vida, mas quando eles mudam e se voltam para a iniquidade, ele os reprova, apagando seus nomes do Livro da Vida.

Que agora todas as criaturas julguem entre nós e vocês, qual dos dois são desleixados e superam os prestidigitadores em astúcia. Do terceiro tipo de eleição, que você chama de mais especial, como você consegue provar que os setenta discípulos se afastaram de Cristo de tal maneira que não havia diferença entre eles e o caminho de Judas (como você denomina sua horrível traição), julguem vocês mesmos. No sexto capítulo de João, lemos que muitos de seus discípulos o deixaram e, se afastando dele, não caminharam mais com ele.[10] Mas se esses foram todos os setenta que ele enviou para pregar, ou outros que por algum tempo o seguiram, isso não está claro. O texto também não diz que todos os seus discípulos deixaram de segui-lo, mas muitos foram embora. Além disso, parece-me um juízo muito precipitado dizer que nenhum dos que se apartaram de Cristo, em algum momento de sua vida, antes de sua morte na cruz, retornaram posteriormente a ele, mas que todos permaneceram na condenação de Judas. Pois constato que todos os seus apóstolos fugiram e o abandonaram e ainda assim sabemos que eles foram chamados novamente. Também constatamos que foram dois dos discípulos a quem Cristo, aparecendo entre Jerusalém e Emaús, primeiro instruiu e depois se revelou a eles. Eu observo isso para que possa ser mais cauteloso ao analisar esses assuntos.

No final desta parte, assim você escreve (daqueles que você diz que se submeteram completamente ao governo de seu Senhor e capitão): eles vencem diariamente seus inimigos de tal forma que a guerra agora se tornou fácil. E na esperança que eles têm de subjugar, com

---
[10] João 6.

a ajuda e conselho de seu Senhor, todos os seus inimigos, sua alegria e consolo é tão grande que consideram todo o prazer terreno como inútil.

Essas palavras aumentam em mim a suspeita que antes eu note, a saber, que você vai muito além nesse assunto do que seus rudes estudantes entendem à primeira vista. Cada um de vocês se tornará Cristo, tão perfeitos e puros que, mesmo nesta vida não terão qualquer inimigo a ser superado a não ser a morte. Que essa é a opinião de seus maiores líderes, sou capaz de provar com suficientes testemunhos, pelos seus próprios escritos. Mas mesmo Paulo, quando estava prestes a ser oferecido como sacrifício pelo testemunho de Cristo, não se envergonhou em dizer quão distante estava dessa perfeição. De modo que, depois de ter afirmado que toda justiça que ele havia procurado na lei havia se tornado como esterco para ele para que ele pudesse ganhar a Cristo e ser encontrado nele, não tendo sua própria justiça que procede da lei, mas aquela que procede de Cristo Jesus, escreveu aos filipenses assim: "Não que eu já tenha obtido tudo isso" (pelo que ele quer dizer a justiça pela qual esperava) "ou tenha sido aperfeiçoado, mas prossigo para alcançá-lo, pois para isso também fui alcançado por Cristo Jesus. Irmãos, não penso que eu mesmo já o tenha alcançado, mas uma coisa faço: esquecendo-me das coisas que ficaram para trás e avançando para as que estão adiante".[11]

Aqui o apóstolo, que havia lutado um tanto mais do que alguns que agora podem se gabar de uma batalha fácil, admitiu que ainda não era perfeito, nem que já tivesse atingido aquele estado, isto é, a ressurreição dos mortos, pela qual diariamente ele batalhava. O outro veneno que observei nas suas outras palavras e que, portanto, por dever de consciência devo advertir meus irmãos, é: vocês são soberbos desprezadores da livre graça de Deus oferecida ao homem em Cristo Jesus. Pois com os pelagianos e papistas, vocês se tornaram mestres do livre-arbítrio e defensores de sua própria justiça. A frieza com que você fala de Cristo Jesus e de seu poder é testemunhada com essas suas palavras. "Eles estão na esperança", você diz, "de subjugar seus inimigos com a ajuda e o conselho de seu Senhor", você se tornou tão forte e sua guerra tão fácil que o conselho do seu capitão é suficiente para você vencer seus inimigos? Subitamente,

---
[11]Filipenses 3.

vocês se arrependeram de ter confessado que a ajuda de seu Senhor era necessária. Portanto, para mitigar e atenuar isso, vocês imediatamente adicionaram "pelo conselho do seu Senhor". É isto que peço a vocês que, sem fingimento, confessem que sem Cristo nada podem fazer, que vocês não conseguem ter nem sequer um bom pensamento? Que é ele que começa e realiza a obra de nossa salvação até o fim? Que Deus de sua grande misericórdia e por amor a Jesus, seu filho, preserve sua Igreja do seu veneno pestilento. O que você quer dizer com a história de Gideão, em que (vocês dizem) se devidamente entendida, seus três tipos de eleição são claramente estabelecidos, eu não vou adivinhar porque você mesmo não expressa. A cópia que chegou às minhas mãos estava incompleta naquela passagem, pois após aquelas palavras estava escrito apenas: "confirmado ao mundo". E, como não pretendo alterar nada em suas palavras, deixo que elas sejam corrigidas por vocês mesmos, e que expliquem melhor sua intenção posteriormente, se assim vos aprouver. Assim, você continua dizendo.

14ª Parte

O ADVERSÁRIO

O primeiro argumento daqueles que abusam da santa predestinação de Deus é facilmente resolvido. O argumento deles é o seguinte: onde quer que haja eleição, também há reprovação do mesmo tipo. Se Deus elegeu alguns homens antes da fundação do mundo, então ele reprovou outros antes do mundo. A primeira parte desse argumento é falsa: "que onde quer que haja eleição, também há reprovação do mesmo tipo". Pois a eleição de Deus antes do mundo não considerou a sua reprovação contrária antes do mundo. Sim, não existe essa palavra ou frase em toda a Escritura, mas a eleição de Deus antes do mundo é geral a todos os homens, pois seu chamado é geral sem acepção de pessoas. Isso já está devidamente provado, mas alguns de vocês admitem que o chamado de Deus seja geral, mas não a sua eleição. Nisso você acusa Deus de hipocrisia, você o faria se parecer com um dissimulador como vocês são, cujas bocas prometem aquilo que não pretendem cumprir. Mas Deus é fiel e determinado a cumprir tudo o que promete, mesmo para aqueles que o rejeitam. E embora eles não alcancem a promessa por causa de sua descrença, ainda assim, em todo o tempo de seu chamado, eles estão na eleição geral, como aqueles a quem o rei convidou ao casamento. Apesar de não terem comparecido,[1] eles foram escolhidos para terem parte no casamento. E o servo a quem o seu senhor perdoou as dívidas foi escolhido, embora não tenha alcançado aquilo para o que foi escolhido, mas tornou-se um infame, abusando da bondade de seu mestre.

---
[1]Isaías 48.

Além disso, Deus não é nenhum hipócrita, que chama os homens externamente, perdoando dívidas apenas da boca para fora, mas do seu coração está disposto a dar a salvação a todos a quem ele oferece. E a causa pela qual perecem é sua obstinação à graça de Deus. Como diz o Senhor, a dura cerviz, o tendão de ferro e a testa de bronze, que desprezam a bondade de Deus, tornaram-se reprovados, porque (como diz João) eles amam as trevas mais que a luz. E como Esdras diz: "Eles não guardaram o que foi semeado neles",[2] de onde podemos deduzir que, na verdade, se tornam infames, porque rejeitam a graça oferecida e enxertada neles, não porque foram rejeitados. Não obstante, pode-se dizer devidamente de ambos que: "se me abandonaram, eu também os abandonarei", diz o Senhor. E novamente diz o Espírito Santo: "Isso não vem a vós, porque esquecestes o Senhor teu Deus". O que passar disso é falso. Onde quer que haja eleição, também há reprovação do mesmo tipo,[3] pode ser facilmente provado pelo inconveniente que daí advém. Cristo é o eleito e escolhido de Deus, como se diz em:[4] "Eis aqui o meu servo, a quem sustenho; o meu escolhido, em quem a minha alma se agrada. Pus sobre ele o meu Espírito, e ele promulgará o direito para os gentios". E em outra passagem: "Tu és a minha testemunha", diz o Senhor, "e o meu servo, a quem eu escolhi". Você dirá, então, que haverá mais Cristos a serem reprovados? Ou essa afirmação "Onde quer que haja eleição, há também reprovação do mesmo tipo" é falsa, ou então deve haver mais Cristos. Isso é muito parecido com o que disse um judeu ao falar com um homem fiel, muito interessado com o domínio temporal e mundano e a honra do Messias, o cristão provou pela profecia de Daniel e pela profecia de Isaías que o Messias seria maltratado mesmo pelos judeus e morto como transgressor. Aqui, o judeu preferindo a desonestidade a aplicar e confessar a verdade, admitiu que, então, haveria dois messias, dos quais um seria desprezado e o outro exaltado. E se você estiver tão obstinado a ponto de preferir admitir mais Cristos (dos quais uns seriam escolhidos e outros reprovados) a se apartar do seu erro, então com toda certeza nenhum homem fiel deve argumentar com você.

---

[2] Esdras 9.
[3] Jeremias 2.
[4] Isaías 42 e 43.

RESPOSTA

É deveras fácil desmontar os argumentos que você nos atribui falsamente, seja acrescentando remendos que em nossos escritos não são encontrados, seja pervertendo tanto nossa intenção e até mesmo a intenção do Espírito Santo de tal modo que, se possível fosse, vocês obscureceriam o brilho do sol e tirariam das criaturas seu usufruto, a fim de que pudessem permanecer nas trevas. Portanto, não há como não reclamar de sua malícia diabólica, que faz com que você perverta e escreva palavras bem articuladas e argumentos piedosos e substancialmente produzidos.

Mostre, se puder, em qualquer um de nossos escritos, nos quais afirmamos que, onde quer que haja eleição, também haja reprovação do mesmo tipo. Mostre uma frase do mesmo tipo e admitirei que você leu mais do que eu sobre esse assunto, o que eu duvido muito. Mas para que o leitor simples possa entender como raciocinamos acerca da eleição e reprovação pelos efeitos contrários, não vou mencionar nossas razões mais recentemente desenvolvidas, mas aquelas há vinte anos escritas por aquele notável instrumento de Deus, João Calvino, que assim fala:[5] "Imagino", diz ele, "que Crisóstomo não tenha lembrado que é a eleição de Deus que faz diferença entre os homens. Tememos não afirmar aquilo que Paulo afirma com grande insistência, a saber, que somos todos depravados e entregues à malícia, mas com ele acrescentamos: 'Que, pela misericórdia de Deus, isso acontecerá para que não permaneçamos na maldade'". Portanto, visto que naturalmente todos nós laboramos com a mesma doença, só recebem saúde e correção aqueles a quem aprouve ao Senhor curar com seu toque, outros ignorados por seu justo juízo se definham em sua corrupção até serem consumidos.

Então não é de nenhum outro lugar que alguns continuam até o fim e outros caem na maldição já iniciada. Porque mesmo essa perseverança é um dom de Deus, que não é dado comumente a todos, mas é dado livremente a quem lhe apraz. Se procurarmos a causa da diferença pela qual alguns continuam constantemente e pela qual outros caem por instabilidade, nenhuma outra causa pode ser designada, mas o Deus eterno sustenta e fortalece por seu próprio poder para

---
[5]*Institutas*. Capítulo 2, parte 78.

que eles não pereçam, e aos outros ele não dá força, para que sejam registros e testemunhas da inconstância do homem etc. É assim que argumentamos pela diversidade que observamos nos homens, de modo que um tipo é eleito e o outro é reprovado, não como você imagina que façamos. Dizemos que a natureza nos fez iguais quanto à corrupção e ainda assim vemos uma grande diversidade entre os homens. Perguntamos: qual é a causa disso? Se você responder que é a educação, o que alguns filósofos dizem, a falsidade disso será provada, como já disse antes. Se você disser que é o livre-arbítrio do homem, nós prosseguimos, perguntando: quem dá a boa vontade? Se você alegar que é o próprio homem, as Escrituras provam que vocês são mentirosos, dizendo: é Deus quem opera o querer e o efetuar. Se admitimos que Deus (como não é possível negar) é o único autor de toda a bondade, perguntamos: por que ele concede a boa vontade a um e não a outro? Se você responder: "Porque um recebe a graça e o outro a rejeita", nada vai dizer de relevante. Por que ainda perguntamos: se Deus não pode (se assim for do agrado de sua eterna sabedoria) enquadrar e formar a vontade de um para maior obediência que a vontade do outro? Irrite-se e esbraveje o quanto quiserdes, mas isso você não pode negar a não ser que seja negador blasfemo de seu poder onipotente. Ora, dessa diversidade manifesta que vemos na humanidade, concluímos que Deus tem também seus eleitos, a quem ele chama de sua misericórdia, pela fé justifica, pelo seu Espírito Santo santifica e no conhecimento de si mesmo e de seu Filho Jesus preserva até o fim, e, no fim, ele os glorificará, como também, ele tem seus infames que, por justa causa, ele abandona para definhar em sua corrupção, passando de iniquidade em iniquidade, até chegarem à perdição, como aqueles que são vasos de ira preparados.

Se isso não é capaz de convencê-los, eu os envio a lutar com a sua própria sombra, pois nossas razões permanecem, como repeti brevemente, que você nunca poderá demover. É verdade que João Calvino escreve assim:[6] "*Inter electos et reprobos mutua est relatio*", isto é, entre os eleitos e os infames (diz ele) há uma mútua relação, isto é, um tem uma relação contrária ao outro, de modo que a eleição da qual o apóstolo fala não se sustenta, a menos que admitamos que Deus separou um tipo de homem a quem o agradava do

---

[6]*De eterna Dei predestinatio*.

outro tipo. Você não ouve menção nenhuma nessas palavras do seu remendo de que há reprovação do mesmo tipo, que eu sei que ou você ou então seu mestre Castalio forjou. Porque você não esqueceria do seu simples conto do judeu, você nega com petulância que a eleição de Deus considera sua reprovação contrária. Mas quando se trata da simples demonstração disso, é obrigado a tergiversar: "Não existe tal palavra ou frase nas Escrituras." Se tal raciocínio fosse apresentado a um homem razoável, penso que seria rejeitado com justiça. Pois, se este é um bom motivo "a eleição não considera a sua contrária reprovação, porque as palavras e as frases não estão nas Escrituras", também é este motivo: "Ló não pecou, cometendo incesto com suas filhas, pois em toda Escritura não existe nem essas palavras nem essas frases que, de forma clara, afirme que Ló pecou, cometendo incesto com suas filhas." Considere a vaidade de seus pensamentos e tenha vergonha.

Você não pode negar que a palavra "eleição" é lida nas Escrituras. Muitas vezes, eu afirmo, você não pode negar, a não ser que voluntariamente corrompa a intenção do Espírito Santo, que ela considera a reprovação contrária, o que é evidentíssimo nas frases que vocês descaradamente negam estar nas Escrituras. Como quando Paulo disse: Acaso Deus rejeitou o seu povo? De maneira nenhuma! Deus não rejeitou o seu povo, o qual de antemão conheceu.[7] Portanto, alegando ter sido assim nos dias de Elias, ele disse: "Mesmo naquele tempo havia um remanescente, uns poucos deixados de acordo com a eleição da graça, isto é, de acordo com a livre eleição e não segundo as obras. E depois, ele disse: "O que Israel buscava não o alcançou; mas os eleitos o alcançaram, e os outros foram endurecidos." Se essa frase não prova claramente que a eleição, nessa passagem, diz respeito a sua reprovação contrária, que o leitor imparcial julgue. A eleição (diz Paulo) os alcançou (compreendendo a iluminação que Deus prometeu), mas o restante foi endurecido. Se você não aceitar que esses endurecidos, a quem Deus justamente rejeitou, sejam chamados infames, procure uma palavra mais branda, pois devemos usar as que o Espírito Santo nos ensinou. Mas ainda mais uma ou outra frase: "Terei misericórdia (diz Deus a Moisés) de quem eu tiver misericórdia". Paulo teme não acrescentar o seu contrário, dizendo: "E a

---
[7]Romanos 11.

quem lhe apraz, endurece o coração." E novamente: "E se Deus, disposto a mostrar sua ira e tornar conhecido seu poder, suportou com longa paciência os vasos da ira preparados para a condenação, e para que ele pudesse declarar as riquezas de sua glória nos vasos de misericórdia que ele havia preparado para a glória." Se a misericórdia, a vida, os vasos da misericórdia e da glória são o contrário da severidade, da destruição, dos vasos da ira e da desonra, então não pode ser negado que a eleição (da qual todas essas graças anteriores fluem para eleitos) diz respeito ao oposto da reprovação.

Eu omito o restante das frases que são comuns nas Escrituras e faço clara diferença entre os eleitos e reprovados, porque antes eu já observei diversas delas e depois devo ser compelido a repeti-las. Que os leitores imparciais julguem, pela resposta à sua oitava razão irracional e sua 13ª vaidade, se foi provada suficientemente a sua eleição geral, especial e mais especial.

Daquela blasfêmia descarada da qual você maliciosamente nos acusa, que Deus no tempo devido faça cair sua vingança sobre sua cabeça, boca blasfema. Escrevo a você, cujas maneiras corrompidas, de forma secreta e amigável, eu repreendi, mas cuja malícia eu agora conheço. Não pode ser ingrato ao homem, a menos que você também cuspa o seu veneno contra a majestade de Deus? Mentiroso descarado, qual de nós prometeu a você ou a qualquer um de sua seita pestilenta o que ele não realizou? Examine sua consciência e negue se puder, que ainda mais lhe foi feito do que jamais foi prometido, sim, mesmo quando você merecia ter sido abominado por todos os homens honestos. No entanto, sem temor ou vergonha, nos culpa de acusarmos Deus de hipocrisia e de que ele seria um dissimulador como nós. Que o Senhor, pelo seu grande nome, purgue seu coração ou subitamente reprima esse veneno em você e nessa seita pestilenta, para sua própria glória e para o consolo de sua Igreja. Arrependa-se, arrependa-se (eu digo), ou logo sentirá o que é contristar e entristecer o Espírito de Deus, sendo que os instrumentos nos quais ele trabalha nunca são tão fracos.

Se, de todas as parábolas e comparações, você concluir de forma tão extensa como aqui, a saber, que porque em uma parábola é dito que um rei chamou muitos para o casamento, logo, Deus elegeu todos por sua eleição geral, então se seguirá que todos os senhores e mestres devem permitir e louvar seus mordomos e servos que os enganam, pois assim é afirmado em uma parábola[8] que um senhor fez ao seu mordomo. Se preferirmos crer em Cristo Jesus em vez de em você, concluiremos: "Muitos são chamados, mas poucos são escolhidos." É de se admirar que não consigam ver a diferença entre estas palavras: "O Rei chamou a muitos" e "Deus escolheu a todos". Tenho vergonha da tua ignorância. Da constante fidelidade de Deus, de suas promessas, das causas pelas quais os infames são cada vez mais endurecidos, já falamos um pouco e depois teremos ocasião de repeti-lo. Quando você parecia mais engenhoso e sutil, é aí que sua ignorância e vaidade ficam mais claras. Para provar um absurdo em nossa doutrina, você argumenta assim: "Se qualquer que seja a eleição, também haverá reprovação do mesmo tipo" (este último remendo é seu acréscimo malicioso, mas deixemo-lo como um testemunho de sua mentira); "se então", você diz, "Cristo é o eleito e escolhido de Deus (como as Escrituras afirmam que ele é), então segue-se o seguinte: que há mais Cristos, dos quais alguns devem ser reprovados", assim você traz a tola história do seu judeu.

Primeiro, respondo a você, de acordo com sua jovial disposição, que percebo tê-lo deixado incomodado ao escrever esta parte: que, se você conseguir fazer diferença entre eleição e eleito, então gostaria que fosse submetido novamente a algum rápido e severo pedagogo, que com bastões afiados faria você perceber que diferença há entre *agentem* e *patientem*. Certamente, sua irreverente zombaria desses mistérios secretos de nossa redenção e essas provocações jocosas e maliciosas, lançadas contra o eterno Filho de Deus e sua indubitável veracidade, não merecem outra resposta. Mas, em parte, para deixar sua ignorância aparecer e, em outra parte, para a instrução dos simples, me prepararei para responder com maior modéstia do que sua malícia merece. Eu já disse antes que esse trecho, do qual você infere seu absurdo, não é da nossa doutrina. Pois não escrevemos nem ainda ensinamos que onde quer que haja eleição, também deve haver reprovação do mesmo tipo. Mas simplesmente dizemos que a eleição considera sua reprovação contrária. Mas façamos alguma concessão para não sermos muito rigorosos. Suponha que tenhamos escrito isso, o que se seguiria disso? Que deve haver mais Cristos, dos quais alguns

---
[8]Lucas 16.

devem ser reprovados, respondo ao seu argumento assim. Você usa duas falácias, isto é, aparências falsas e enganosas de uma verdade, que são nada mais do que evidentes mentiras. Na primeira, você altera os termos, colocando eleitos e infames na premissa menor e na conclusão, ao passo que colocamos eleição e reprovação na premissa maior, o que não é lícito em um bom argumento. Pois dizemos (como você afirma): onde quer que haja eleição, também deve haver reprovação, você deduz que Cristo é o eleito de Deus, logo, deve haver mais cristãos, dos quais alguns devem ser reprovados. Quem não vê aqui a mudança dos termos? Deixe seu argumento proceder em ordem e conclua o que você quiser. Onde quer que haja eleição, também deve haver reprovação, e acrescente, se você quiser, "do mesmo tipo", mas Cristo é eleição (você deve assim proceder se guardar a forma de um bom argumento). Prove sua premissa menor e conclua o que quiser. Assim, seu sofisma vaidoso e tolo, me obriga a incomodar os símplices com os termos das artes, o que eu faço a contragosto.

A segunda falácia e engano reside na ambiguidade e no entendimento duvidoso deste remendo (que você forja ardilosamente) do mesmo tipo. Se o tivéssemos falado ou escrito, ainda assim nosso entendimento é muito diferente do que você imagina, isto é, não aplicamos essas palavras do mesmo tipo à particularidade das pessoas e de todo homem especial que é eleito, mas a toda a multidão, como somos ensinados por Paulo. Para esclarecer o assunto, me usarei como exemplo, pois eu não vou, nem ouso, zombar tão irreverentemente com a majestade do meu Deus e de seu querido Filho Cristo Jesus, como você o faz. Você argumenta contra nós, como se entendêssemos sua adição do mesmo tipo de cada pessoa particular uma parte assim: eu, John Knox, creio firmemente que, por misericórdia e livre graça, agradou a bondade de meu Deus me chamar, no tempo, a seu conhecimento e assim remover minha cegueira e incredulidade, para que em parte eu veja seu amor paternal por mim em Cristo Jesus, seu Filho, assim certamente creio que no mesmo Cristo Jesus, por livre graça, ele me elegeu e escolheu para a vida eterna antes que a fundação do mundo fosse lançada. Portanto, pelo seu entendimento, devo também acreditar que há outro John Knox do mesmo tipo, com a mesma substância, com as mesmas qualidades, propriedades e condições que tenho, que foi reprovado e, portanto, deve ser condenado.

Quem não vê aqui sua vaidade, sim, seu mais malicioso ardil, que trabalha para nos imputar aquilo que nunca entrou em nossos corações? Nós, com toda reverência e temor, cremos e ensinamos que Deus de uma massa, ou seja, de Adão, preparou alguns vasos de misericórdia, honra e glória, e outros preparou para a ira e a destruição. Para os vasos de sua misericórdia, em seu eterno conselho antes de todos os tempos, ele designou um Cabeça para governar e dar vida a seus eleitos, ou seja, Cristo Jesus, nosso Senhor, a quem ele no tempo seria feito como seus irmãos em todas as coisas, exceto o pecado. Em relação à sua natureza humana, é chamado seu servo, a semente justa de Davi e os eleitos, nos quais sua alma se compraz. Como eu disse, ele é designado como único cabeça para dar vida ao corpo, sem o qual não há eleição, salvação, nem vida para o homem, nem aos anjos. E assim, em relação à sua humanidade, da qual ele de forma alguma pode ser separado, ele é chamado de o eleito. Conclua agora, se puder, que deva haver mais Cristos, dos quais alguns devem ser reprovados. Farei uma conclusão mais certa do que você, que é a seguinte: Deus de uma massa elegeu alguns homens à vida em Cristo Jesus. Logo, restou da mesma massa outro tipo, sob outra cabeça, o diabo, que é o pai da mentira e de todos os que continuam em blasfêmia contra Deus. Infira agora os absurdos que puder.

15ª Parte

O ADVERSÁRIO

Outro argumento eles inferem da presciência de Deus, mas primeiro apresentarei um argumento deles a respeito da presciência de Deus. Então, se Deus quiser, eu lhes responderei o argumento. Paulo disse: "Pois aqueles que de antemão conheceu, também os predestinou para serem conformes à imagem de seu Filho, a fim de que ele seja o primogênito entre muitos irmãos".[1] Mas Deus conhecia todos os homens antes, portanto, ele ordenou a todos os homens antes que eles fossem irmãos de Cristo, como criados para ele. A primeira parte do meu argumento é a declaração de Paulo, enquanto a segunda você não pode negar, e a conclusão é formalmente inferida de ambas as partes. Trabalhe para responder meu argumento sem nenhuma ambiguidade, segundo a qual você possa satisfazer os outros ou abandone o erro que ele evidenciou.

RESPOSTA

Como você pediu que seu argumento fosse respondido, farei algum esforço: Deus permita que disso haja proveito. Seu argumento contém em si a falácia que é chamada de equivocação, visto que a palavra "conhecimento" ou a frase "a quem Deus conheceu", nas palavras de Paulo, que estão em sua premissa maior ou primeira proposição, não significam a mesma coisa que estas palavras: "mas Deus que conheceu a todos os homens de antemão", nas quais você coloca em sua premissa menor ou segunda proposição. Dessa forma, porque

---
[1] Romanos 8.

existem quatro termos, que nas escolas são chamados de *scopae dissolutae*, o argumento é enganoso e falso, embora a forma pareça boa. Embora, em sua própria consciência, você perceba que seu argumento foi resolvido total e corretamente, ainda assim, para que não você tenha oportunidade de ladrar novamente, nem que o simples leitor tenha de se esforçar para ler esses argumentos vãos sem quaisquer frutos, acrescentarei algo a mais e provarei claramente que minha resposta é boa. Na primeira proposição, na qual Paulo diz: "Aqueles que Deus de antemão conheceu, também os predestinou".[2] O sentido que o Espírito Santo atribui àquela presciência de Deus que se une ao seu amor eterno, que antes de todos os tempos ele deu aos seus eleitos, a partir das palavras de Cristo Jesus e das palavras do mesmo apóstolo em diversas passagens anteriores, é bastante claro.

Além do mais, com essa presciência que se une ao seu amor, pela qual seus eleitos foram designados para serem feitos conforme o seu cabeça, Jesus Cristo, Deus nunca previu Caim, Judas, nem outro infame como pertencente a ele. Não nego que, como todas as coisas sempre estiveram presentes diante dos olhos de sua majestade, ele também previu, anteviu e de antemão ordenou o fim de todas as criaturas, mas, por outro lado, digo, Deus conhece os seus eleitos, dos quais Paulo é o único que fala. Se é ofensivo afirmar que Deus nunca conheceu o infame como conheceu os seus eleitos, a minha certeza vem de Cristo Jesus, de suas próprias palavras claras, dizendo aos falsos profetas: "Eu nunca vos conheci; apartai-vos de mim vós, trabalhadores da iniquidade". Observe bem que Cristo afirma que nunca conheceu os falsos profetas, nem mesmo quando profetizaram, expulsaram demônios e fizeram muitas maravilhas em nome de Cristo. Se ele dissesse: "Eu não o conheço", você poderia ter distorcido isso com sua zombaria habitual, que isso foi por causa de seus pecados, cometidos posteriormente, mas ele não deixou dúvidas e disse: "Eu nunca te conheci",[3] e, portanto, não receio afirmar que Deus nunca conheceu Judas como ele conhecia Pedro. Considere e sede sóbrio. Assim, você segue em seu argumento e o afirma.

---

[2]Romanos 8.
[3]Mateus 7.

16ª Parte

O ADVERSÁRIO

O argumento deles a respeito da presciência de Deus é o seguinte: Deus sabe todas as coisas antes que elas sejam feitas. A previsão ou presciência de Deus é infalível, portanto, necessariamente, todas as coisas devem acontecer como acontecem. Se isso for admitido, aqueles que perecem, por necessidade perecem. Se for por necessidade, então é pela ordenança de Deus, porque assim ele quis e assim ele ordenou. Esse argumento parece provável à primeira vista. Mas peço que o leitor note primeiro como esses homens não distinguem entre a presciência de Deus e sua vontade. Pois eles supõem que tudo o que Deus prevê, ele também deseja, mas sua suposição é falsa, pois Deus prevê a morte do pecador e ainda assim ele não deseja a morte do pecador, mas sim que ele se arrependa e viva. Cristo previu a destruição de Jerusalém e ainda assim não a desejou, pois chorou e lamentou por ela. Deus previu a queda e a destruição final dos israelitas e ainda assim não a desejou. Como ele testemunha sobre si: "Por que deveriam morrer, ó nação de Israel? Pois não me agrada a morte de ninguém."[1]

RESPOSTA

O que ensinamos sobre a presciência de Deus, sua providência e predestinação e como essa sua vontade onipotente que, não tememos afirmar, torna todas as coisas necessárias, difere da necessidade estoica, da qual você nos acusa, o que já demonstramos. Portanto,

---
[1] Ezequiel 18.

remetemos o leitor à mesma passagem. Digo-lhe que se você imaginar em Deus uma presciência e previsão ociosa e separada de sua vontade, então cairá na blasfêmia de Epicuro: se você disser (como claramente o faz) que ele prevê coisas vindouras que ele não deseja, então você nega a onipotência de seu poder. Escolha qual você quiser, a verdade o convencerá. Para provar que ele prevê e conhece muitas coisas vindouras que ele não deseja, você cita a passagem de Ezequiel, na qual Deus afirma que Deus não deseja a morte de um pecador, o choro de Cristo em Jerusalém e a acusação de Deus contra a casa de Israel. Ao que respondo brevemente, desta vez, porque depois teremos de lidar com o mesmo assunto, simplesmente (isto é, que não tem mais consideração, mas apenas punição) Deus não quer a morte do pecador, nem a destruição de Jerusalém, nem da casa de Israel. Em relação à sua glória a ser exposta no justo castigo, sua veracidade e suas palavras são provadas sempre estáveis e constantes. Então Deus não deseja que a morte e a destruição venham sobre o desobediente contumaz, dessa forma não vejo implicar qualquer absurdo, nem a Escritura contestando. Mas depois, em resposta à distinção que você faz entre a vontade de Deus e sua permissão, proponho tratar dessa matéria mais extensamente. Você continua dizendo.

17ª Parte

O ADVERSÁRIO

Em segundo lugar, esses homens pensam que a presciência de Deus faz com que todas as coisas aconteçam por necessidade, o que também é falso. O conhecimento prévio das coisas passadas, das coisas presentes e das coisas que estão por vir dependem do que é conhecido e não do conhecimento. Assim como sei que Paulo, antes de ser chamado, era um perseguidor da Igreja de Cristo, sem que, no entanto, Paulo fosse um perseguidor porque eu sabia, mas eu sabia por qual motivo ele era um perseguidor. Eu sei que no mês de julho haverá colheita, mas não haverá colheita porque eu sei, mas eu sei por que haverá. Da mesma forma, Deus sabia que eu escreveria hoje, mas ainda assim ele não me compeliu a escrever, pois eu tinha liberdade de escrever ou não, não porque ele sabia que eu escreveria e por isso escrevi, mas porque eu escreveria, ele sabia que eu escreveria. Assim, você verá como erram os que afirmam que a presciência de Deus faz com que tudo aconteça por necessidade. Pois, como Deus previu que os homens farão o mal, assim também prevê que eles podem se abster de fazê-lo; e, como Deus prevê que os homens não farão bem, então prevê que não são compelidos a isso, mas poderão fazer o bem se desejarem.

Como, por exemplo, Cristo poderia ter obtido mais de doze legiões de anjos, e ainda assim Deus sabia que ele não os obteria. Também Deus sabia que Cristo não oraria por doze legiões de anjos e ainda assim ele poderia ter orado, como ele mesmo diz. Disto é notório, apesar da presciência de Deus, que as coisas podem acontecer de modo contrário ao que elas ocorrem. Portanto, segue-se que a presciência de Deus não causa necessidade. Pilatos tinha poder para crucificar a Cristo ou deixá-lo ir, o que Cristo não negou, mas afirmou, dizendo que ele tinha esse poder do alto. E, embora Pilatos não tenha libertado a Cristo, ele poderia tê-lo feito. Ananias vendeu suas posses, no entanto, ele podia não ter vendido, ele trouxe uma parte do valor aos apóstolos, que ele poderia ter retido para ele, como Pedro testemunha que o valor estava em seu próprio poder. Muitos exemplos podem ser apresentados, pelos quais deve estar claro que, apesar da presciência de Deus, coisas são feitas que poderiam não ser feitas e coisas que não são feitas poderiam ter sido feitas.

RESPOSTA

Embora você seja tão cego que não consegue distinguir entre a presciência, a vontade e o poder de Deus, que são todos perfeitos em si mesmo, como é a sua eterna divindade, assim como o conhecimento prévio, a vontade e o poder de homens ou criaturas, que são imperfeitos e fracos devido à corrupção do homem, não duvido que todos os homens razoáveis percebam sua vaidade, se atrevendo a ser tão arrogante a ponto de afirmar que, porque o seu conhecimento não seria a causa de Paulo ser um perseguidor, então a presciência de Deus, seu eterno propósito, conselho e vontade, que nunca separamos, não seria muito diferente do que o seu mero conhecimento.

Pela mesma razão, você pode concluir que Deus não trabalhou mais com Paulo na pregação aos gentios do que o seu conhecimento, pois a argumentação é igualmente forte. Mas ele próprio não será tão ingrato, mas admitirá que desde o ventre materno ele o separou e o chamou por sua graça, a fim de revelar seu filho Cristo Jesus por ele,[1] pelo que sem hipocrisia agradeceu à bondade de Deus,[2] tornando-o forte em Cristo Jesus para ser fiel nesse ofício e ministério. Não sou ignorante sobre as outras formas que Deus opera no coração dos seus eleitos, a obra da salvação deles e de outras maneiras nos infames, porque nos corações dos seus eleitos, efetivamente, e pelo poder do seu Espírito, ele trabalha neles as inclinações consoantes aos seus santos mandamentos, para que se esforcem e lutem contra sua corrupção natural. Mas, justamente, deixando os infames para si mesmos e para satanás, seu

---
[1] Gálatas 1.
[2] 1Timóteo 1.

pai, eles seguem de bom grado, sem qualquer violência ou compulsão da parte de Deus, a iniquidade e o pecado e finalmente, o caminho da perdição, aos quais naturalmente se inclinam.

Porém, se alguém afirmar que, portanto, a presciência de Deus apenas contempla ociosamente o que eles farão e que, em seu propósito eterno, conselho e vontade, ele deseja uma coisa e eles desejam outra, de modo que a vontade deles prevaleça contra a sua, ele não escapará do crime de blasfêmia horrível, como já disse antes. Então daqui em diante também tratarei mais extensamente. Do seu conhecimento do que acontecerá em julho e da sua liberdade de escrever, eu apenas respondo isto: embora Deus não o compeliu a escrever, a isso a sua perversa vontade estava inclinada, mas porque ele sabia e previu que era necessário que heresias surgissem para que os eleitos fossem provados. Isso não foi totalmente contra a vontade dele que você se manifestasse e que nós sofrêssemos pacientemente suas acusações injustas.

Sua luta e disputa com as palavras de nosso mestre Jesus Cristo a Pedro está tão longe do propósito do Espírito Santo que me sinto parcialmente envergonhado por você. Cristo, naquela passagem, afirma absolutamente que ele poderia orar por doze legiões de anjos, ainda que seu Pai pudesse entregá-los a ele para libertá-lo. Ou será que, na verdade, com esta interrogação "Você não acredita que eu possa orar ao meu pai?" ele repreende a ousada e tola tentativa de Pedro, que precipitadamente tentou defender com sua espada aquele a quem o Pai entregara nas mãos de seus inimigos, com o propósito determinado de morrer por nossos pecados? E assim ele concluiu contrário ao que você sugere: sendo impossível que ele orasse para que algum anjo o libertasse naquele momento, ou ainda que seu Pai enviasse qualquer anjo para esse fim. Pois o seu eterno e imutável conselho havia determinado de outra maneira, como ele claramente testemunha, dizendo: "Como então se cumpririam as Escrituras que dizem que as coisas deveriam acontecer desta forma?"

Nas palavras de Pilatos e na resposta de Cristo, você mostra a mesma ignorância de antes. Pois disso você conclui o que Pilatos poderia ter feito e ainda assim não fez. O objetivo de Cristo Jesus era reprovar a orgulhosa arrogância do homem vaidoso, que usurpou para si mesmo autoridade, rendendo a Deus nem honra nem glória. Mas se vangloriando de seu poder, ele considerou que tudo que lhe aprouvesse fazer era lícito. Contra tal orgulho e ingratidão injusta, Cristo nega absolutamente que ele tivesse algum poder sobre ele, exceto o que lhe fora dado do alto. Por tais palavras e sentenças, ele o fez pensar que ele prestaria contas do julgamento que pronunciasse não apenas ao imperador, mas ao Deus Soberano, o qual tendo nomeado e estabelecido autoridades, ele exigirá severamente de vocês uma prestação de contas do que fizerem, se em seu nome usarem de tirania ou pronunciarem falso julgamento. Esse, sim, não duvido ser o verdadeiro e simples significado do texto e não como vocês, de forma ignorante ou maliciosa, concluem, que Cristo afirmou que Pilatos tinha poder para não o julgar à crucificação, mas libertá-lo. Ademais, o Espírito Santo afirma o contrário, dizendo: "De fato, Herodes e Pôncio Pilatos reuniram-se com os gentios e com os povos de Israel nesta cidade, para conspirar contra o teu santo servo Jesus, a quem ungiste. Fizeram o que o teu poder e a tua vontade haviam decidido de antemão que acontecesse".[3] Agora, que o leitor imparcial julgue quais das nossas compilações e conclusões é mais fortemente provada. Você afirma que Pilatos tinha poder para não crucificar a Cristo, e eu digo que ele foi designado no conselho imutável de Deus para ser um dos instrumentos perversos pelo qual o filho de Deus sofreria inocentemente a morte da Cruz. Mas quão pouco isso alivia o pecado voluntário de Pilatos será explicado depois.

Mesmo tal liberdade e poder, como você tinha para escrever sobre essas blasfêmias anteriores e subsequentes, tinha Ananias sobre sua terra e o dinheiro recebido por ela. Pois, como você, tendo sido infectado por heresia, malícia e inveja, escreveu deliberadamente e cuspiu o seu veneno. Assim, sendo avarento e um hipócrita dissimulado, do livre consentimento do seu coração, reteve uma parte para si, oferecendo uma parte à Igreja de Deus,[4] afirmando ser a soma total e pensando ter obtido congratulação e louvor que os hipócritas não merecem. Mas qual era o propósito, o conselho e a vontade de Deus nisso, é evidente: que devemos odiar e evitar a hipocrisia e não devemos abusar da simplicidade de nossos irmãos, nem nos gabarmos disso diante dos homens, afirmando ser verdadeiro o que nossa própria consciência sabe ser falso. Mas agora vamos ao restante.

---
[3]Leia a oração dos apóstolos, Atos 4.
[4]Atos 5.

18ª Parte

O ADVERSÁRIO

Aqui acredito ser bom responder às objeções que eles inferem da negação de Pedro ao seu Mestre. Se essas coisas que Deus prevê que aconteceriam, dizem eles, podem deixar de ser feitas, então, apesar de Cristo ter previsto que Pedro o negaria, ele ainda poderia não tê-lo negado. Eu respondo que, apesar de Cristo ter previsto que Pedro o negaria, ainda assim Pedro não foi compelido a isso, mas poderia não ter negado a Cristo. Bem (dizem eles), então Cristo poderia ter sido um mentiroso, pois ele disse que Pedro o negaria. Eu respondo que, apesar de Cristo ter dito isso, ainda assim Pedro poderia não tê-lo negado e, mesmo assim, Cristo não seria nenhum mentiroso.

O mesmo exemplo temos no primeiro livro de Samuel: Davi pediu conselho ao Senhor, se Saul desceria a Queila. E o Senhor disse que ele desceria. Então Davi disse: "Os homens de Queila me entregarão, e os homens que estão comigo, nas mãos de Saul?". E o Senhor disse: "Eles o trairão". Então Davi e seus homens partiram de Queila, quando Saul soube disso, ele desistiu de sua empreitada e não desceu a Queila.[1] (1Samuel 23). Aqui vemos que nem a presciência de Deus, que também é conforme à sua fala, tampouco a sua profecia, tirou a liberdade de Saul, dos homens de Queila, nem de Davi e seus homens, nem Saul desceu a Queila, nem os homens de Queila traíram Davi, como o Senhor havia falado. E Davi teve liberdade com seus homens para evitar o perigo, apesar de Deus ter dito o que aconteceria. Então, todos eles tinham liberdade e, sim, mesmo depois de Deus ter declarado o que seria feito. De tal modo que seus atos foram claramente contrários à profecia de

[1] 1Samuel 23.

Deus. No entanto, Deus era verdadeiro, pois previu que, se Davi não saísse de Queila, usando a liberdade que Deus lhe dera, ele e seus homens seriam traídos nas mãos de Saul. Portanto, eu lhe pergunto se Pedro, da mesma forma, não poderia ter usado sua liberdade, evitando o pátio do sumo sacerdote e, dessa forma, jamais ter sido tentado a negar a Cristo? Sim, tenho certeza, assim como Davi evitou Queila.

RESPOSTA

Se você é capaz de provar que Davi se colocou em uma disputa acirrada contra Deus, como Pedro se colocou contra seu Mestre Jesus Cristo, que Davi afirmou o exato contrário ao que Deus havia pronunciado e que Deus havia designado o tempo certo em que Saul viria e que os homens de Queila o trairiam, então você poderia ter algum pretexto para comparar e igualar a negação de Pedro com a evasão de Davi. Mas se a negação de Pedro foi com uma dupla afirmação pronunciada pela boca de Cristo Jesus e se a sentença de Deus, tanto no tocante à vinda de Saul quanto à ingratidão dos homens de Queila, era condicional, você será de uma arrogância sem tamanho ao unir coisas tão diversas.

Dessa maneira, as palavras de Cristo a Pedro não foram ditas nem mencionadas sob nenhuma condição, mas foram pronunciadas da seguinte maneira: "Asseguro-lhe que ainda esta noite, antes que o galo cante, três vezes você me negará".[2] Tais palavras não dão qualquer liberdade ou poder para que Pedro decida por si próprio se essa sentença seria verdadeira. Mas as palavras e respostas ditas a Davi estavam de acordo com suas perguntas, delas a primeira foi: se aquele boato da vinda de Saul era verdadeiro, e, se os homens de Queila, a quem ele tinha demonstrado tanta gratidão anteriormente, se tornariam tão ingratos a ponto de o traírem nas mãos de Saul. E Deus respondeu que Saul desceria e que os cidadãos de Queila o trairiam. Mas acredito que você não será tão descarado a ponto de negar que ambas as afirmações foram feitas condicionalmente, para sanar as dúvidas de Davi e adverti-lo de que nem ele deveria assumir o risco da vinda de Saul, nem submeter a si e a seus homens de guerra à fidelidade daqueles que estavam em Queila. Julgue agora quão diferentes são as palavras ditas a Pedro e as ditas a Davi. Mas prossiga.

[2] Mateus 26; João 13.

19ª Parte

O ADVERSÁRIO

Mas agora voltemos ao nosso propósito. Se devo admitir que todas as coisas por mera necessidade devem acontecer de acordo com a presciência e previsão de Deus, então Adão tinha livre-arbítrio antes da transgressão, mas, por mera necessidade, ele transgrediu, pois Deus previu sua Queda. Então Cristo não tinha livre-arbítrio, pois Deus previu tudo o que Cristo faria, então o próprio Deus está vinculado e não tem liberdade para fazer nem deixar de fazer o que é necessário, porque ele prevê todas as suas próprias obras. É dessa maneira que você transforma um Deus sábio e santo. Deus nos salva de tais erros perigosos e horríveis e nos concede uma fé inabalável e perfeita para crer não apenas que ele é, mas também que ele é um Deus onipotente, o qual livremente em sua própria aprovação faz e pode fazer, ou deixar de fazer, tudo o que lhe agrada.

RESPOSTA

Antes de responder aos absurdos que você inferiu de nossa doutrina, devo, em poucas palavras, lembrá-lo de que de maneira tola você une o livre-arbítrio de Adão ao livre-arbítrio de Cristo Jesus e à liberdade de Deus. A vontade de Adão nunca foi suficientemente livre de modo a não cair (como aconteceu) na escravidão. Tal fraqueza você nunca poderá provar ter estado, a qualquer momento, na vontade de Cristo. Além disso, a vontade de Adão sempre esteve sob o império e a ameaça da lei, assim penso que você não colocar Deus a tal sujeição. Mas agora aos seus absurdos.

Se (você diz) eu devo admitir que todas as coisas devem acontecer por mera necessidade, de acordo com a presciência e a previsão de Deus, então Adão não tinha livre-arbítrio antes de sua transgressão. Sua ilação ou dedução é falsa, pois a presciência e a previsão de Deus não tiraram o livre-arbítrio de Adão, nem o obrigaram por qualquer violência, mas o usaram como um meio ordinário, pelo qual seu eterno conselho e propósito seriam realizados. Mas, para uma melhor compreensão, precisamos esclarecer e observar o que já abordamos e que prometemos tratar mais a fundo posteriormente, ou seja, que a presciência e previsão de Deus não devem ser separadas da sua vontade e do seu decreto. Pois o modo pelo que Deus prevê que as coisas aconteçam é segundo o que ele próprio, em seu eterno conselho, decretou. Pois, assim como competiu à sua sabedoria antever e prever todas as coisas que estão por vir, também competiu ao seu poder moderar e governar tudo de acordo com sua própria vontade.

Portanto, não significa que sua presciência, previsão, vontade ou poder tirem o livre-arbítrio de suas criaturas, mas com toda sabedoria e justiça (a despeito de quão contrário nos pareça), ele os usa da melhor maneira que aprouve à sua sabedoria realizar no tempo aquilo que antes de todos os tempos ele havia decretado. A esse propósito e fim, elas (quero dizer, as criaturas e suas vontades), qualquer que seja seu intento contrário, ou a ignorância com que o executam, elas o fazem voluntariamente, como se fosse um movimento natural, voluntariamente se inclinam e se curvam para esse fim ao qual elas foram criadas.

Para tornar o assunto mais claro, consideremos, como exemplo, a Criação e Queda de Adão, com as criaturas que lhe serviam. O fim principal para o qual Deus criou todas as coisas (de Salomão e Paulo, já dissemos)[1] é que sua própria glória seja manifesta; a glória, digo, das riquezas de sua misericórdia para com os vasos de misericórdia, a glória de sua justiça e mais justo juízo para com os vasos de ira. E que esse eterno conselho de Deus tivesse efeito como ele havia proposto, o homem foi criado reto, sábio, justo e bom, tendo livre-arbítrio, não sendo sujeito à escravidão do pecado nem de satanás, na primeira Criação. Mas, de repente, vem satanás, inimigo de Deus e do homem, sua boa criatura e primeiro derramou o veneno no

---

[1] Romanos 9; Provérbios 16.

coração da mulher, que depois derramou no coração de Adão, ao qual ambos, sem qualquer violência da parte de Deus, consentem voluntariamente, e, assim, conspirando com a serpente, acusam Deus de mentira, consentindo plenamente em reivindicar ou desafiar para si mesmos o poder da Divindade, em deliberada e intencionalmente (até onde neles se encontram) derrubar e depor Deus de seu trono eterno. Aqui vemos como as criaturas e suas vontades, sem compulsão, servem ao propósito e conselho de Deus. Pois satanás não foi enviado nem ordenado por Deus para tentar o homem, mas por malícia e ódio avidamente o fez deliberada e ambiciosamente. Sendo a vontade do homem livre anteriormente, não foi violentamente forçada por Deus a obedecer a satanás. Mas o homem de seu livre-arbítrio consentiu com satanás e conspirou contra Deus. No entanto, foi a Queda do homem não apenas prevista e conhecida por Deus, mas também de antemão decretada, para a manifestação de sua glória.

Vamos dar outro exemplo para que o assunto fique mais evidente. A morte de Cristo Jesus pela redenção do homem foi decretada no eterno desígnio de Deus antes de a fundação do mundo ser lançada, assim como fomos eleitos nele e como ele era o Cordeiro morto desde o princípio, cuja morte também foi decretada no mesmo conselho de Deus para que ocorresse no tempo designado. E isso o fez de modo tão certo que nem a malícia de nenhuma criatura poderia evitar o momento que Deus lhe havia designado, nem ainda nenhuma política ou acaso poderia impedi-la ou transferi-la para outro momento. Pois quantas vezes Cristo foi agredido antes, os evangelistas testemunham. Mas sua resposta sempre foi: "Minha hora ainda não chegou." E os impedimentos que ocorreram imediatamente antes de sua morte também são evidentes.

A festa da Páscoa era instantânea, a fama de Cristo era grande, o favor do povo era declarado publicamente e os conselhos dos sumos sacerdotes e senhores haviam decretado que, para evitar a insubordinação, sua morte deveria ser adiada até depois dessa festa. Mas tudo isso foi logo derrubado e Cristo sofreu exatamente no tempo designado, como ele havia falado anteriormente. Tratemos agora dos instrumentos que servem nesta questão e se eles foram compelidos por Deus ou não. Judas, sabemos, não era um dos menores, e o que o moveu, assim testemunha o Espírito Santo, foi sua avareza. Os escribas, fariseus, sacerdotes, anciãos e o povo consentem com

Judas, alguns por malícia e inveja, outros para satisfazer seus governantes, com o objetivo determinado de crucificar a Cristo. Pilatos, embora ele tenha se recusado por muito tempo e por diversos meios, procurava libertar a Cristo, ainda assim, no final, por medo de desagradar, não só os sacerdotes e o povo, mas também ao Imperador, voluntariamente, sem qualquer compulsão da parte de Deus, pronunciou uma injusta sentença de morte contra Cristo Jesus, que seus soldados também de bom grado executaram. Portanto, vemos que as criaturas e suas vontades, sem qualquer compulsão, servem ao conselho e ao propósito de Deus.

Aqui eu sei que você pensa que escrevo contra mim mesmo ou que concluo um grande absurdo. Se eu disser que Deus não fez nada além de prever essas coisas, permitindo (como você fala) que elas seguissem seu próprio curso, que ele não fez nada mais além de observar passivamente uma tragédia, então eu concordaria com você. E se eu disser (como de fato compreendo e afirmo) que o conselho e o propósito eterno de Deus o governaram em todas essas coisas, que, na verdade, elas serviram mais ao propósito de Deus e à sua justíssima vontade, do que serviram à satisfação de suas perversas vontades, então você acusará blasfêmia e dirá que eu livro o diabo, Adão e todos os ímpios, do pecado, dos quais faço Deus ser o autor. À primeira eu já respondi antes, que, como eu não separo a presciência de Deus do seu desígnio, assim afirmo que ele opera tudo em todas as coisas, de acordo com o propósito de sua mesma boa vontade e ainda que ele não usa de violência, nem compele suas criaturas, nem limita suas vontades por qualquer força externa, nem lhes tira suas vontades. Mas com toda a sabedoria e justiça, usou-os da forma mais apropriada para a manifestação de sua glória, sem que nenhuma violência tenha sido feita às suas vontades.

A violência é praticada à vontade de uma criatura, quando ela quer uma coisa, mas pela força, pela tirania ou por um poder maior, é compelida a fazer as coisas que não queria, como se uma mulher conhecida publicamente por ser honesta ou uma virgem casta fosse sequestrada por um homem perverso e imundo, que, com força (contrariando a clara vontade da mulher), a deflorasse e corrompesse. Isso é violência feita à vontade, e ela, por necessidade, foi obrigada a sofrer essa ignomínia e vergonha, que, no entanto, ela abominava. Dizemos que Deus fez (ou faz) tal violência a suas criaturas? Ele obrigou satanás a tentar a mulher quando sua vontade era contrária? A vontade de Adão resistiu à tentação da mulher e ele odiou e abominou comer desse fruto, de modo que Deus teve que obrigar sua vontade, mesmo sendo contrária, a comer do fruto e a desobedecer aos seus mandamentos? Ou ele não ouviu e obedeceu de bom grado a voz de sua esposa? Considere, peço-lhe, quão claramente distinguimos entre a violência, que você chama de mera necessidade e os conselhos secretos e propósito eterno de Deus. Mas, ainda assim, você esbraveja: Onde então o homem transgrediu? Quem pode resistir à vontade de Deus? Por que ele se queixa, visto que seu conselho e propósito, por tais meios, são cumpridos? Não compreende que esses foram os gritos furiosos daqueles a quem Paulo impôs silêncio, com esta frase: "Quem és tu, ó homem, para discutires com Deus?"[2]

Contudo, para que não se queixem (como é seu costume) de nossa obscuridade e fala misteriosa, eu vou apresentar, em uma ou duas palavras, por que as criaturas transgrediram, mesmo tendo servido de maneira mais eficaz ao propósito de Deus. Ou seja, por que eles não têm a glória de Deus em suas ações diante de seus olhos, nem ainda eles pretendem servir ou obedecer ao propósito e à vontade de Deus. Satanás, ao tentar o homem, não considerou promover a glória de Deus, enquanto o homem, ao obedecer à tentação, não observou o desígnio de Deus. Judas, Ananias, Pilatos, os soldados e todo o restante nem sequer passava pela cabeça deles a redenção do homem vir por meio de suas obras e desígnios perversos.

Assim, da justiça de Deus, todos eles foram considerados pecadores; sim, e alguns deles reprovados para sempre. Se as razões temáticas não o satisfizerem, ainda serão um testemunho de qual é a nossa doutrina e tenho confiança que trará razoável satisfação ao leitor piedoso e simples. Eu teria falado mais sobre o mesmo assunto e, assim, teria posto um ponto final nesse assunto. Mas porque depois, por causa de suas mais injustas acusações, serei obrigado a lidar com você novamente, vou aguardar a oportunidade. Agora, às suas razões: a vontade do homem permaneceu livre, apesar de Deus, em seu eterno conselho, ter decretado sua Queda, isso porque nenhuma violência, como antes dissemos, foi praticada contra ela. A vontade de

---
[2]Romanos 9.

nosso Mestre e Salvador Cristo Jesus, apesar do imutável decreto de sua morte, designada para ocorrer no tempo devido, era tão livre que, embora o poder da natureza pudesse ter lhe dado mais anos de vida, também que a sua natureza humana abominava a morte cruel e ignominiosa. Ainda assim, ele submeteu sua vontade e o poder da natureza à vontade de seu Pai celestial, como ele testemunha, dizendo: "Não seja como eu quero, Pai, mas faça-se a Tua vontade."[3]

É de se espantar que você não consiga perceber como a vontade de Deus pode permanecer em liberdade, a não ser que permaneça suspensa ou em dúvida, assim, diariamente e a cada hora, mude seu propósito e desígnio, conforme a ocasião oferecida pelos homens e por suas ações. Se isso é para tornar Deus vinculado e tirar dele a liberdade, afirmar que ele é infinito em sabedoria, infinito em bondade, infinito em justiça e infinito em poder, assim como ele mais constantemente, mais livremente, mais justamente e muito sabiamente, faça aquilo que em seu conselho eterno ele determinou. Se isso é para tirar de Deus a liberdade, a sabedoria e a liberdade, como você reclama, devo admitir que sou um transgressor. Mas se seus pensamentos e conclusões tolas de sua eterna divindade forem (como você deixa muito claro) tão profanas, carnais e perversas, enquanto continuarem nada, não conseguirão escapar da justa vingança de Deus. Arrependa-se antes que, em sua ira, ele impeça e manifeste sua justiça, de que tanto você se gaba, pois é uma blasfêmia manifesta contra seu querido filho, Jesus Cristo. Que Deus, o Pai de nosso Senhor Jesus Cristo, preserve o seu pequeno rebanho de seu veneno e heresias mais perigosos, como também cale sua boca blasfema, que assim se atreve a zombar de Deus, como se ele fosse um dos seus companheiros, dizendo: "Então ele é um Deus muito sábio e é um Deus vinculado a si mesmo etc."

---

[3]Lucas 22.

20ª Parte

O ADVERSÁRIO

O terceiro argumento inferido do que está escrito aos romanos, no nono capítulo: "Todavia, antes que os gêmeos nascessem ou fizessem qualquer coisa boa ou má – a fim de que o propósito de Deus conforme a eleição permanecesse, não por obras, mas por aquele que chama – foi dito a ela: "O mais velho servirá ao mais novo". Como está escrito: "Amei Jacó, mas rejeitei Esaú".[1] Para o verdadeiro entendimento dessa Escritura, precisamos primeiro saber que estas palavras "O mais velho servirá ao mais novo" não são ditas sobre Jacó e Esaú (pois, quanto à carne, Esaú nunca serviu a Jacó), mas são ditas de duas nações que viriam deles. Como o Senhor disse a Rebeca: "Não dois homens, mas duas nações estão no teu ventre". E essas palavras: "Antes que os filhos nascessem" não devem ser referidas à frase que se seguiu "Eu amei Jacó, mas odiei a Esaú". Porque nada disso foi falado antes de seus nascimentos (como podem claramente ver em Gênesis), mas isso foi falado muitos anos depois pelo profeta Malaquias, não de Jacó e Esaú, mas de duas nações, dos israelitas e edomitas, como expõe o profeta Malaquias.[2] Assim, é possível interpretar como sendo a Igreja Verdadeira e a Igreja Maligna.

Se isso tivesse sido dito antes de seus nascimentos, então o Senhor não teria dito: "Jacó amei e Esaú eu odiei" no tempo pretérito, mas "Jacó amarei e Esaú eu odiarei" no tempo futuro. Como na outra frase, ele disse: "o mais velho servirá o mais jovem" e não o mais "velho serviu ao mais jovem". Agora, o Senhor amou Jacó com

---
[1] Romanos 9.
[2] Malaquias 1.

sua bondade abundante e livre graça. Ele odiou Esaú por causa de sua maldade, porque o Senhor abomina todos os que praticam a iniquidade. Como diz Moisés: "Não é por tua justiça, ou por teu coração reto, que possuirás a terra deles, mas pela iniquidade dessas nações, o Senhor teu Deus os expulsará diante de ti, para cumprir a palavra que o Senhor teu Deus jurou a seus pais, Abraão, Isaque e Jacó. Aqui vemos como os israelitas recebem a terra da promessa, não por sua própria justiça, mas apenas pela bondade abundante de Deus. Mais uma vez, os cananeus são expulsos da mesma terra não porque agradasse a Deus ou que ele tivesse prazer com a Queda deles, mas pela abominação que cometeram contra Deus. De modo que Jacó é amado, pela graça e bondade de Deus, e que Esaú é odiado, por causa de seu próprio mal que assim merece, conforme a palavra do Senhor: "Tua destruição, ó Israel, é de ti mesmo, e tua saúde vem de mim."

RESPOSTA

Sua exposição fria e desagradável que você (seguindo a profana sutileza de Castalio) faz sobre as palavras do apóstolo, escritas no nono capítulo de Romanos, não é capaz de justificar seu erro, nem ainda de melhorar a doutrina que, do mesmo texto inferimos, é a seguinte: como Deus, por sua livre bênção, separou o povo de Israel de todas as nações da terra, assim sua eleição livre fez distinção entre os homens do mesmo povo, dos quais ele escolheu livremente alguns para a salvação e designou outros para condenação eterna.

Em segundo lugar, de sua eleição livre, não há outra causa nem fundamento senão sua mera bondade, como também sua misericórdia a qual, após a Queda de Adão, sem considerar suas obras, recebe e abraça quem lhe agrada. Em terceiro lugar, que Deus, em sua livre eleição, não está vinculado por nenhuma necessidade a oferecer o mesmo a todos indistintamente, mas, ao contrário, ele ignorou quem ele quis e recebeu quem ele quis. Essas proposições são tão evidentes nas palavras de Paulo que não há como distorcê-las com sua maliciosa e ignorante manipulação do texto, visto que em cada uma das frases de Paulo, ele ataca diretamente o seu erro. Pois onde ele diz: "Rebeca concebeu um, que é de nosso pai Isaque", ele afastou todas as causas acidentais, que surgem com o tempo, seja no pai ou na mãe. E nessas palavras: "quando as crianças ainda não haviam nascido e nem feito o bem nem o mal", ele afastou toda consideração por qualquer coisa que se poderia alegar estar nas crianças. Mas ele diz: "Para que o propósito de Deus possa cumprir de acordo com a eleição, não das obras, mas por aquele que chama etc.", então é claramente negado que o mérito, a dignidade ou as obras vindouras sejam causa da livre eleição de Deus. Pois, se ele quisesse convencer os homens a crerem que Deus elegeu alguns, considerando suas boas obras vindouras, e rejeitou outros por causa de suas más obras, nas quais ele previu que eles fariam, Paulo não teria insistido com tanta veemência com essas palavras e frases: "Para que o propósito de Deus possa se cumprir de acordo com a eleição, não de obras etc." Mas ele deveria simplesmente ter dito: "Deus escolheu alguns em relação às boas obras, nas quais ele previa que fariam, e que, portanto, ele primeiro recompensaria com a eleição e depois com seu Reino. Seguindo o caminho oposto a isso, vemos o apóstolo, tirando o homem completamente da contemplação de si mesmo para Deus, sua livre misericórdia, sua graça e propósito eternos e também aos seus profundos juízos. Não importa o malabarismo que você fizer, jamais será capaz de evitar a simplicidade do apóstolo.

Como você consegue negar que essas palavras: "O mais velho servirá ao mais novo" não são faladas de Jacó e Esaú, visto que o apóstolo, em palavras claras, afirma que isso foi falado e entendido dos dois filhos antes de nascerem? Ele não diz: "Antes que as duas nações nascessem", mas antes que os filhos nascessem. Seu argumento é que, em relação à carne, Esaú nunca serviu a Jacó. Eu respondo que Deus também não disse, ou seja, o mais velho servirá o mais jovem na carne, mas simplesmente pronunciou: "O mais velho servirá o mais jovem". Mas você declara qual é a sua compreensão de domínio e servidão, seja carne ou espírito.

Não era um tipo de servidão, eu lhe pergunto, ainda que na carne, que Esaú foi compelido a pedir por uma sopa de lentilhas a Jacó e por ela vender seu título de primogenitura? Não foi uma servidão que, com gritos uivantes e furiosos, ele foi compelido a implorar a bênção que Jacó havia conseguido e ainda assim não tenha conseguido? Seu coração não sentiu sujeição quando viu seu pai constantemente preferindo Jacó a ele, que de modo algum recuou ou rechaçou uma palavra? Não negamos que a diversidade também tenha sido estabelecida entre as duas nações, mas que as cabeças deveriam ser separadas, você nunca poderá provar. A batalha que começou no ventre materno foi estabelecida e confirmada pelo oráculo de Deus, a fim de continuar entre a posteridade desses dois cabeças. Será que Rebeca e Isaque, depois de ter visto que a providência e a vontade de Deus eram contrárias ao que ele havia pretendido, que era dar a bênção a Esaú, entenderam que Jacó não tinha parte nessa promessa no tocante à sua própria pessoa? As palavras de Isaque testemunham o contrário, pois ele diz: "Eu o estabeleci senhor sobre ti".[3] Pela mesma razão que você apresenta, posso provar que essas palavras não foram ditas em relação às suas posteridades, pois os edomitas não serviram aos israelitas na carne por mais tempo do que viveram Jacó e Esaú. O que começou apenas nos últimos dias de Davi e continuou até os dias de Jorão (filho de Josafá),[4] quando se afastaram dessa obediência, nem nunca mais foram trazidos à sujeição novamente. Mas os oráculos e promessas de Deus são em vão? Sim, eles não tiveram seu efeito tanto em um povo como no outro, mesmo quando um estava na mais miserável escravidão, primeiro no Egito e depois na Babilônia, e quando o outro gozava de plena felicidade a olhos humanos? No entanto, diante de Deus aquela sentença era verdadeira: "O mais velho servirá ao mais jovem". Pois ele considerava além do estado atual, como o apóstolo declara que todos os fiéis patriarcas tinham. Jacó não teria trocado o conforto que ele recebeu em sua primeira jornada da casa de seu pai por toda a alegria mundana que Esaú possuía. Pois, ao ver aquela escada que tocava a terra, Deus acima dela, sobre o qual os anjos subiam e desciam, e ao ouvir aquela voz alegre e consoladora: "Eu sou o Deus de Abraão, teu pai e de Isaque;[5] a terra sobre a qual tu dormes, eu te darei, e à tua descendência etc. E eis que estou contigo, e te guardarei onde quer que vás, e te trarei de novo a esta terra", ao ver e ouvir essas coisas, digo eu, Jacó entendeu que a bênção de Deus se estendia para além das coisas temporais, mesmo àquela união e conjunção que havia entre Deus e o homem naquela prometida semente abençoada, mais do que a posse da terra de Canaã. Pois nem Abraão, Isaque e Jacó possuíram em suas vidas, nem sua posteridade muitos anos depois, mas a alegria do

---

[3]Gênesis 27.
[4]2Reis 8.
[5]Gênesis 28.

outro todos os eleitos sentiram e viram e se alegraram, como Cristo Jesus testemunha de nosso pai Abraão.

Que estas palavras: "Amei Jacó, mas odiei a Esaú" não estão escritas em Gênesis, tampouco são ditas por Deus a Rebeca, nenhum de nós negamos. Mas aquilo que você deduziu, a saber, que eles não devem ser referidos a essa sentença, a qual Paulo falou: "Antes de os filhos nascerem e não tendo eles feito o bem ou o mal", isso procede de sua ignorância cega ou de sua malícia, que contra a livre graça de Deus você concebeu para estabelecer sua própria justiça.

É verdade que essas palavras foram ditas por Malaquias, o profeta, após a baixa do povo do cativeiro da Babilônia. Porém, quando consideramos minimamente o escopo e o propósito do profeta, então podemos primeiro considerar se ele entendeu o amor de Deus e seu ódio como pertencentes apenas a dois povos e não também aos dois líderes originais. Depois veremos se a intenção e as palavras claras de Paulo admitem sua interpretação ou não.

Pouco depois que o povo de Israel, isto é, as tribos de Judá, Benjamim e Levi, foram, pela obra milagrosa de Deus, após escravidão de setenta anos, postas em liberdade e trazidas novamente a Jerusalém, onde elas reedificaram o templo, consertaram os muros e começaram a se multiplicar e, assim, ganhar força dentro da cidade e da terra, elas caem em sua antiga natureza, ou seja, na ingratidão a Deus. O povo era indolente e os sacerdotes, que deveriam ter provocado o povo à lembrança desses grandes benefícios, tornaram-se iguais aos demais. O Senhor, portanto, levantou seu profeta Malaquias (que foi o último antes de Cristo) para repreender duramente e condenar abertamente essa horrível ingratidão daquela nação ingrata, que tão vergonhosamente havia esquecido aqueles tão grandes benefícios que recentemente haviam sido derramados sobre eles. E assim começa sua profecia: "Eu te amei", diz o Senhor, em tais palavras ele não fala de um amor comum que, ao preservar e sustentar todas as criaturas, é comum aos infames. Mas daquele amor pelo qual ele os santificará e os separará do restante das nações, para manifestar a sua glória. Mas porque eles (como fazem os ingratos) não consideraram que se mantinha o seu amor por eles mais do que pelos outros. Ele os conduz à fonte, fazendo-lhes a seguinte pergunta: "Não era Esaú irmão de Jacó (diz o Senhor) e, ainda assim, a Jacó amei e a Esaú odiei." E isso ele prova, não apenas pela diversidade dos dois países, que foram dados às suas posteridades, mas também pelo fato de que Deus se mostra continuamente amando Jacó e sua posteridade, libertando-os novamente após um longo cativeiro, como também declarando-se inimigo de Edom, cuja desolação ele nunca restauraria, mas destruiria aquilo que eles tentassem construir. Que o leitor piedoso julgue se a intenção do profeta era excluir Jacó em sua pessoa do amor de Deus e Esaú de seu ódio ou se não era para repreender a ingratidão do povo, que não considerou esse amor imerecido que Deus demonstrou ao patriarca deles, quando ele ainda estava no seio de sua mãe. Pois onde ele diz: "Esaú não era irmão de Jacó?", ele lhes lembraria que Jacó não tinha prerrogativa acima de Esaú, mas sim que ele lhe era inferior no que diz respeito à lei da natureza e, portanto, deveria estar sujeito a ele. Mas Deus de livre graça preferiu o mais jovem ao mais velho, amor esse que ele constantemente manteve à sua descendência.

Estou certo de que nenhum homem piedoso pode negar ser essa a intenção do profeta. É verdade que ele inclui ambos os povos: um que amava e outro que odiava. Mas qual é a razão de tê-los separado? Vendo que o início da distinção já aparece neles, o profeta diz claramente: "Amei a Jacó e odiei a Esaú". Agora, quanto à intenção do apóstolo, você diz que estas palavras "Antes que os filhos nascessem" não devem ser referidas à frase que se segue: "Amei a Jacó e odiei a Esaú." A causa que você acrescenta já expusemos anteriormente.

Eu respondo que os julgamentos mais justos de Deus são terríveis, e sua cegueira deve exortar todos os homens a se examinarem com que consciência tratam os mistérios secretos de Deus. Se a frase "Antes que os filhos nascessem" não deveriam ser referidas a estas palavras: "Eu amei Jacó e odiei Esaú", pergunto-lhe a que palavras devem ser referidas. O apóstolo falou então por mera especulação sem relação a nada que se seguia? Eu confio que você admitirá, tanto quanto Deus falou, ou seja, que antes de os filhos nascerem, Deus disse: "O mais velho servirá ao mais jovem". E então eu peço que você responda se acha que a preferência de Jacó por Esaú procedeu do amor ou do ódio. Ou se a sujeição de Esaú a seu irmão não era uma declaração do ódio de Deus. Se você negar, o profeta condenará, como já provamos que você não pode escapar com a solução a qual um escritor que defende o livre-arbítrio fornece, que é esta: ali se faz menção somente à bênção temporal e carnal, tratada sob o nome de amor; e da pobreza do solo estéril, tratada sob o nome de ódio. Tal solução é tão frágil que perece por si mesma. Pois eu não penso que algum homem seja tão cego que não veja a intenção do apóstolo se inclinando sobre a bênção espiritual, como fica evidente em toda a sua discussão. Mas admitamos que a bênção corporal (que não excluímos totalmente) esteja lá compreendida e, ainda assim, isso não serve de auxílio nem a ele nem você. Onde quer que esteja o amor estabelecido de Deus, há vida; onde quer que esteja o seu ódio estabelecido, há a morte. Mas sobre Jacó e sua descendência (espiritual, no caso) foi estabelecido o amor de Deus, como afirmou o profeta e mais claramente o nosso apóstolo.

Sobre Esaú e sobre a sua posteridade, foi estabelecido e confirmado o ódio, portanto, a respeito de Esaú e sua posteridade, foi estabelecida e confirmada a morte. Considere agora como as palavras do apóstolo: "O mais velho servirá ao mais jovem", juntou-se a esta frase: "Como está escrito: Jacó amei, mas Esaú odiei". Nessas palavras o Espírito Santo uniu as palavras do Profeta e as palavras de Deus ditas a Rebeca tornou uma a interpretação da outra. Pois onde Deus diz: "O mais velho servirá", assim expõe o profeta, Deus odiou Esaú. Onde ele pronuncia o domínio sobre o mais jovem, explica o profeta, dizendo: "Eu amei Jacó". E quando Deus diz amar a um e odiar o outro, declarando um como senhor e o outro como servo? Enquanto eles ainda estavam (diz ele) no ventre de sua mãe, e antes de terem feito o bem ou o mal. Negue agora, se você puder, que as palavras anteriores não devem ser referidas às subsequentes. Suas mentes maliciosas me obrigam a sempre repetir a mesma coisa.

Seu argumento sobre o pretérito e o futuro é tão tolo que não precisa ser refutado. Pois admitimos que Deus não falou essas palavras a Rebeca, mas que o profeta, como é declarado, as falou depois. Ele as envia ao antigo amor de Deus, que começou antes que o pai deles conhecesse ou servisse a Deus, no que deve ser observado que ele não menciona Abraão nem Isaque, mas Jacó e Jacó no ventre de sua mãe para derrubar esse orgulho que vocês, com os pelagianos e os papistas, conceberam de suas obras, as quais Deus preparou de antemão e previu que lhes seguiria. Mas o profeta de Deus atemorizou o coração duro daquele povo (que em nada mais eram tão perversos), que eles não alegaram haver uma causa em seu pai ou neles, pela qual eles seriam preferidos a outras nações, especialmente aos edomitas, que descendiam de Esaú em todas as coisas como Jacó, a não ser a graça de Deus.

Louvo a Deus que, até aqui, você confessará a verdade eterna de Deus, que não foi pela justiça deles que Israel recebeu a herança, mas apenas porque Deus amou livremente seus pais. Mas por que você se desvia tão repentinamente do propósito principal, deixando Esaú e sua posteridade, e começa a falar por que os cananeus foram expulsos, não vejo causa justa. Pois nem Moisés, no primeiro oráculo de Deus, nem o profeta Malaquias, ao explicá-lo, nem mesmo o nosso apóstolo, ao aplicar essas duas passagens à bênção espiritual, coloca a semente de Jacó contra os cananeus. Mas Jacó é posto contra Esaú e o povo descendente de um contra o povo que descende do outro. A pergunta que, com razão, poderia ser feita é: "que prerrogativa tem Jacó sobre Esaú?" Moisés, o profeta e o apóstolo, respondem, assegurando que nada, a não ser a graça, faz distinção entre eles, em quem a natureza em todas as coisas havia igualado. Pois ambos vieram de Abraão, ambos de um pai, ambos de uma mãe, ambos concebidos ao mesmo tempo, ambos criados sob um clima, região, influência das estrelas e ainda assim foi dito: "O mais velho servirá ao mais jovem."

Sabemos que os cananeus vieram de um pai amaldiçoado que, se Paulo o tivesse comparado com os israelitas, eles reclamariam de injustiça. E suas razões haviam sido facilmente dissolvidas, pois, se ele tivesse dito: "A eleição de Deus é livre e não considera nenhuma obra, e é trazida na eleita semente de Abraão e as sementes de Cam rejeitadas e amaldiçoadas, como prova dela, eles poderiam responder justa e prontamente que Cam zombou de seu pai e, portanto, ele e sua posteridade foram amaldiçoados, desse modo, Deus teve consideração pelas obras. Mas o apóstolo abordou de maneira mais cautelosa tal assunto tão sério e escolheu um exemplo em que a inteligência ou a razão do homem não consegue encontrar causa de desigualdade. Disso, pensei que era bom lembrar aos leitores, para que não imaginem que qualquer grande causa de reprovação foi encontrada em Esaú antes de ele nascer, assim como aconteceu em relação a Moisés e os cananeus. E assim percebo parcialmente o que você faz. Pois no final e depois de ter afirmado que os cananeus foram expulsos da terra por causa de sua iniquidade, você volta a Esaú (arrependendo-se, creio eu, de tão imprudentemente terem passado de uma linhagem para outra). E estas palavras "que Esaú é odiado", você afirma que vêm de sua própria malícia conforme as palavras do Senhor: Tua destruição, ó Israel, vem de ti mesmo e a tua saúde vem de mim. Em tal afirmação e pretensa prova dela, não encontro menos negligência em você do que já demonstrei e provei. Pois, você confundiu tão descaradamente a semente de Abraão, que pela boca de Deus foi abençoada, com a semente de Cam, que em palavras expressas foi amaldiçoada, da mesma forma aqui você confunde Israel, eleito de Deus para ser seu povo em Jacó, com Edom, rejeitada daquela honra em seu pai Esaú, antes que um fizesse o bem ou o outro fizesse o mal. As palavras do profeta, que você traz para provar que Esaú era odiado merecidamente por seu mal, não foram faladas a ele nem a sua posteridade, mas foram faladas àquelas pessoas a quem Deus preferiu a todas as nações da terra, a quem ele mostrou suas multiformes graças e a quem ele foi salvação e auxílio, mesmo na mais desesperadora calamidade. Mas então, por se afastarem dele e pela idolatria cometida, tornaram-se mais aflitos e miseráveis, diariamente tendendo a maior destruição. A esses, e não a Esaú, nem à sua posteridade, Deus disse: "Ó, Israel, você se destruiu", ou "Ó, Israelita, te destruíste", pois assim é o texto hebraico, "porque em mim está a tua saúde". Com essas palavras ele repreendeu o ressentimento e os murmúrios do povo, que em suas misérias acusou Deus de crueldade em vez de se arrependerem ou reconhecerem que seus pecados e idolatria eram a causa de sua ruína, como em Ezequiel também pode ser visto. A esses Deus diz: "Israel, tu estás na mais extrema miséria, a tua honra está deteriorada, e as glórias do passado tornaram-se ignomínia e vergonha. Qual é a causa? Ela não está em mim, pois, como sou eterno e imutável, assim não está minha mão encurtada neste dia, nem meu poder é menor do que quando eu te livrei da escravidão do Egito. Em mim está a tua saúde agora, como era então, se os teus pecados não fizessem separação entre ti e mim. É claro, primeiro, que aqui nenhuma menção é feita a Esaú nem a Edom, mas a Israel somente, segundo, que Deus não fala nada nessa passagem sobre por que ele primeiro elegeu Jacó e rejeitou Esaú, mas por que Israel, que por vezes foi honrado e temido por todas as nações, havia então se tornado mais miserável e aflito por todos os lados. A não ser que você possa provar que Esaú cometeu uma idolatria manifesta antes de ele ter nascido e antes que Jacó fosse preferido a ele, como

Israel fez antes que fosse destruída, você não prova nada da sua afirmação. Além disso, eu digo, que se Esaú foi odiado merecidamente pelo seu mal, então segue-se necessariamente que Jacó foi amado merecidamente por sua bondade, pelo argumento que se segue da natureza dos contrários.

Mas isso repugna[6] diretamente às palavras de Moisés e à interpretação de todos os profetas e à intenção e às fortes razões do apóstolo, que claramente negaram que a causa da livre-eleição de Deus tenha sido as obras passadas ou as que viriam. É verdade que somos eleitos em Cristo Jesus para sermos santos e andarmos nas boas obras que Deus preparou. Mas todo homem razoável sabe a diferença que existe entre a causa e o efeito. A eleição (na qual eu incluo a graça e o favor de Deus) é a fonte da qual brota a fé, e a fé é a mãe de todas as boas obras. Mas que tolice seria, portanto, argumentar: "Minhas obras são a causa da minha fé, e minha fé é a causa da minha eleição"? Assim, gentilmente, lembro-lhe de grande reverência e cautela interpretar e aplicar a sagrada Palavra de Deus. Assim você prossegue.

---

[6]*Quia contrariorum cadem est ratio.*

21ª Parte

O ADVERSÁRIO

Seu quarto argumento: "Não tem o oleiro direito sobre a massa, para do mesmo barro fazer um vaso para honra e outro para desonra?" Disso eles inferem que Deus ordenou e fez alguns para a salvação e alguns para destruição e condenação. Mas para o entendimento mais perfeito dessa passagem, antes de prosseguirmos, leia o capítulo 18 de Jeremias e você perceberá que o sentido é o seguinte: como o oleiro tem o barro nas mãos, assim Deus têm os homens em seu poder, como o oleiro quebra o vaso em que se encontra uma falha irremediável, Deus destrói o homem, em quem se encontra obstinada iniquidade que não pode ser corrigida. Não é o sentido dessa passagem que Deus, sem causa justa, faz qualquer homem para a destruição. Pois como o oleiro não faz nenhum vaso para se quebrar, ainda que ele possa fazê-lo, ele não perderá tanto o barro quanto o seu trabalho, apenas quebra os que não serão bons, não obstante ele os tenha feito bons.

Como todo bom artífice seu trabalho seria bom, assim Deus não criou homem nenhum para perdê-lo, mas apenas perdeu os que não serão bons, tendo sido criados para serem bons. Como diz o Senhor, plantei uma videira nobre e uma boa raiz, cuja semente é toda fiel. Como, então, te transformaste em uvas amargas, infrutíferas e estranhas?[1] Deus queria que todos os homens fossem bons, e que todos fossem salvos; porque ele é bom, e tudo o que ele faz é bom. Mas como o oleiro, da mesma massa, faz alguns vasos para servir à mesa, outros para a cozinha ou para o banheiro, assim Deus tem alguns

---
[1] Romanos 9.

homens no corpo de Cristo como olhos, ouvidos e mãos, como príncipes, profetas, apóstolos, alguns como pés, outros como partes íntimas, como trabalhadores e outros do tipo inferior, aos quais ele não concedeu tantos e tão excelentes dons. Ainda assim, você deve entender que não é a mesma coisa ser feito para ser quebrado e ser feito para usos desonrados. Todo vaso que é mau é quebrado, tenha ele sido feito para usos honrados ou desonrados, sim, ainda que tenham sido feitos de ouro, e como parece claramente em Jeremias, onde o Senhor diz assim: "Embora Jeconias, filho de Joaquim, rei de Judá, fosse o selo da minha mão direita, eu irei arrancá-lo: e daqui em diante, este homem, Jeconias, será como uma imagem roubada e rasgada em pedaços." Algum homem aponta algo para um uso mais honrado do que o seu selo? Ainda assim, se ele fracassar, será quebrado e destruído. Novamente, todo vaso bom, tenha ele sido feito para usos honrados ou desonrados, é guardado e não quebrado. Pergunte ao oleiro e ele lhe responderá que relutará muito ao quebrar qualquer vaso, mas, se houver chance de dar errado, ele demonstra seu poder quebrando-o. Pergunte ao lavrador, e ele responderá que ele não plantou fruteira para ser estéril, mas, se por acaso for estéril, ele a corta e planta outra em seu lugar. Pergunte ao magistrado e ele responderá que não é sua vontade matar nenhum de seus súditos, pois ele desejaria que todos fossem bons, mas, se algum se tornar ladrão e assassino, ele mostra seu poder até mesmo matando-o. Mesmo assim diz Deus: "Não desejo a morte do pecador, mas antes que ele se converta e viva". Não quero que ninguém seja mau e, portanto, proíbo todo o mal, mas se alguém, contrário ao meu mandamento e vontade, por sua livre escolha e deliberação, recusar o bem que ele poderia ter aceitado e fazer o mal que ele poderia ter deixado de fazer, mostrarei meu poder sobre ele eliminando-os como os cacos de vaso imprestáveis, que não servem para nada.

RESPOSTA

Não vejo qualquer razão pela qual alguém recorreria às palavras de Jeremias, escritas no capítulo 18 de sua profecia em vez de as palavras do capítulo 48 de Isaías para melhor entender a intenção de Paulo. Pois é claro que o profeta Jeremias naquela passagem não considera a eleição eterna de Deus. Ele não questiona por que Deus designou em seu eterno conselho alguns para a vida e outros para a morte, mas atém-se aos limites e restrições do assunto que ele tratava. Que era assegurar aos judeus que Deus os expulsaria daquela mesma terra que ele havia prometido a Abraão e dado à sua posteridade. Contudo ele os preservaria como um povo da forma que julgasse boa. Essa doutrina era estranha e inacreditável para muitos, pois parece repugnar a promessa de Deus, que havia declarado que daria aquela terra a Abraão e à sua descendência para sempre. O profeta sofreu muitos problemas e contradições (como pode ser visto) por ensinar e proclamar essa doutrina anterior.

Portanto, agradou à misericórdia e sabedoria de Deus, por diversos meios, fortalecê-lo e confirmá-lo nela.

Entre as quais aquela que o ordenava descer à casa de um oleiro, onde prometeu que falaria com ele. Isto é, para dar a ele mais conhecimento e revelação de sua vontade. Quando veio, encontrou o oleiro, como está escrito, fazendo um pote de barro sobre seu torno de oleiro. O pote em sua presença quebrou, mas o oleiro imediatamente juntou os cacos, os moldou e formou novamente e os transformou em outro vaso, da melhor maneira possível. E então veio a palavra do Senhor sobre o profeta, dizendo: "– Casa de Israel, será que não posso fazer com vocês como fez esse oleiro? – diz o Senhor. Eis que, como o barro na mão do oleiro, assim são vocês na minha mão, ó casa de Israel." Tendo visto esses fatos e ouvido essas palavras, o profeta foi mais certificado daquilo que antes ele havia ensinado, a saber, que Deus, por causas justas, destruiria e quebraria o estado e a política daquela comunidade, no entanto, a consertaria e edificaria de novo, a um estado que melhor agradasse sua sabedoria, como a continuação deixou claro. Para aquela grande multidão, corrompida pelo pecado, ele as destrói, dispersando e espalhando-as entre diversas nações e ainda depois de que ele as reuniu, assim fazendo deles um povo, do qual brotou o cabeça de toda a justiça, Cristo Jesus.

Mas o que isso tem a ver com a eterna eleição de Deus, pela qual ele elegeu alguns para a vida eterna, a quem nosso apóstolo chama vasos de misericórdia e deixou outros em sua própria corrupção e condenação perpétua? E eu digo isso porque Jeremias tratou de uma coisa: um castigo temporal e a mudança que em breve se seguiria em Jerusalém, e o apóstolo tratou de outra, como foi dito antes, uma não pode ser uma exposição da outra, mas antes o apóstolo considera a, ou pelo menos alude à palavra de Isaías, que fala: "Ai daquele que contende com seu Criador, daquele que não passa de um caco entre os cacos no chão. Acaso o barro pode dizer ao oleiro: 'O que você está fazendo?'"[2] Em tais palavras (como antes já falamos mais amplamente), o profeta e o apóstolo, seguindo sua frase, reprimem o orgulho do homem, que, comparado a Deus, é muito mais inferior à sua majestade do que o barro em comparação ao oleiro. Pois Deus criou e fez o homem quando ele não existia, coisa que o oleiro não fez ao barro, do qual ele faz a diversidade de potes. Assim, por direito, Deus exerce maior poder sobre o homem do que o oleiro sobre barro. Duvido que essa não seja a intenção do Espírito Santo nas duas passagens.

Nessa comparação, é considerada ainda mais, como o oleiro não prejudica o barro, qualquer que seja a forma que ele a dê, porque a matéria e a substância do barro não mudam, assim Deus não faz mal aos infames, a quem ele prepara para serem vasos de ira, porque eles o são por natureza. Você diz que não é o sentido dessa passagem que Deus, sem causas justas, faz qualquer homem para a destruição. Nenhum de nós afirma o contrário, pois declaramos que as causas da reprovação são muito justas, no entanto, dizemos que elas são incompreensíveis ao homem.

Considere com si mesmo que você não dá a Deus nenhum poder maior, nem nenhuma outra vontade, do que ao seu bom artífice. Quão indiferentemente você iguala sua divindade eterna (cujo poder é infinito e cuja resoluta vontade nenhuma criatura pode resistir) com criaturas que são impotentes, insipientes e muitas vezes têm seus propósitos e vontade frustrados. É verdade que nenhum artífice de bom grado perderia seu barro e trabalho, mas seria obrigado a quebrar os que estão com defeito. Mas isso se dá em parte por sua ignorância, que não conhecia de antemão a falha que estava no produto, em parte por sua impotência, que não pode remediar o vaso defeituoso, a não ser quebrando-o. Mas você ousará imputar a Deus essas imperfeições? Assim, você parece fazer, pois assim escrevem: Deus não criou homem para perdê-lo, mas apenas perde aqueles que não seriam bons tendo sido criados para o serem, como diz o Senhor: "Eu mesmo a plantei como videira excelente."

---

[2] Isaías 45.

O principal objetivo da Criação do homem, como já declaramos, é glorificar a Deus. Se você não consegue ver brilhar na justa condenação dos infames, culpe a sua cegueira. Que Deus criou os infames para o dia da destruição, afirma Salomão, como já foi dito antes diversas vezes. Mas que ele foi criado para ser bom, as palavras do profeta, que você cita, não provará: pois naquela passagem não há menção à criação, mas à plantação, que é algo muito diferente da criação. A substância que já existia é plantada, para que, com a adubação e o trabalho do plantador, fique melhor, mas a criação envolve o ser da substância que antes não existia. E assim os profetas, nessa passagem que você alega provar que Deus criou todos os homens para serem bons, não prova nada disso, mas apenas repreende os israelitas que, muito depois de sua criação, foram plantados pelas mãos de Deus e foram continuamente regados pela mão de Deus, ainda assim eles não deram frutos melhores. De que forma Deus queria que todos os homens fossem bons e todos deveriam ser salvos, trataremos, se Deus quiser, depois. Como a criatura desse Deus que permanece bom para sempre, o homem caiu, já falei anteriormente e, portanto, agora não incomodarei o leitor repetindo-a. Na distinção entre os vasos que o oleiro faz, alguns para servir à mesa, alguns outros como instrumentos, ou como louças, os quais ele não quebra, a não ser os defeituosos, você discorda totalmente da intenção e das claras palavras do Espírito Santo. Pois Paulo não chama os vasos de honra de príncipes ou profetas e apóstolos, nem aos vasos da desonra, de trabalhadores e homens inferiores. Àquele ele chama de vasos da misericórdia; ao outro ele chama de vasos da ira. A um ele não teme afirmar estar preparado e ordenado à destruição, para que o severo juízo de Deus contra o pecado possa se revelar neles; o outro, ele afirma estar preparado para a glória, para que as riquezas de sua misericórdia sejam louvadas para sempre.

 Dessa simplicidade evidente não se retratará o apóstolo, nem ainda dela (Deus nos auxiliando) teremos vergonha, não importa quanto se enfureçam e blasfemem contra a verdade. Digo ainda que sua distinção entre vasos honrados e desonrados, entre aqueles que serão quebrados e aqueles que não serão quebrados, foge completamente ao propósito do apóstolo. E assim de Jeconias, filho de Joaquim, você não pode provar nada além de que Deus o privaria de seu Reino e do trono de Davi, na qual ele indignamente reinou. Se ele era o reprovado, então, embora fosse rei, ainda era o vaso da desonra por estas palavras "Embora fosse o selo da minha mão direita", pois não são ditas para declarar que, de fato, ele era o anel de selar na mão de Deus, mas são ditas contra a sua presunção tola e dos judeus, os quais vivendo da forma mais perversa, ainda assim se gabavam de que Deus não poderia deixar o trono de Davi vazio, mas que um de seus descendentes deveria se assentar para sempre nele. E isso é evidente, se o texto for bem observado, pois onde ele diz: "Embora fosse um anel de selar", ele declara suficientemente que ele não era. Assim, digo que essas palavras não provam nada do que você pretende.

Pois, primeiro, você deve provar que, porque ele era um rei, ele era um vaso de honra, no sentido que Paulo fala. E, em segundo lugar, você deve provar que ele foi eleito para a vida eterna, porque se diz que, "embora ele fosse um selo na mão direita de Deus, ele seria arrancado" não importa quanto você esbraveje que provará seus propósitos com as Escrituras, isso será difícil de ser feito com passagens claras. Você nos manda perguntar ao oleiro, ao lavrador e ao magistrado se algum deles quebraria de deliberadamente o seu vaso, plantaria uma árvore para ser estéril ou mataria qualquer um de seus súditos. Nós recomendamos, como antes, perguntar às Escrituras, se em Deus não existe um conhecimento maior, um poder maior e uma justiça mais perfeita, embora incompreensível às nossas tolas percepções, do que há no oleiro, no lavrador ou magistrado.

De que modo Deus não quer a morte do pecador, mas que ele se converta e viva, falaremos em breve, querendo Deus. Portanto, omitindo aquilo que desordenadamente você amontoa, prossigo para o que se segue.

22ª Parte

O ADVERSÁRIO

Onde você responde que não está na vontade ou na corrida do homem, mas na misericórdia de Deus, eu respondo, pela mesma sentença, que você pode desejar e agir aquilo que é contrário a todo o seu propósito e doutrina. No entanto, diz o apóstolo: "Nossa salvação depende da misericórdia de Deus, pois é seu dom gratuito." Os gentios que, por sua iniquidade, foram rejeitados por Deus. Em vão desejariam ou correriam, sem que Deus lhes estendesse a sua misericórdia, como ele faz agora. Como no outro lado, os judeus, que por seus pecados agora são rejeitados, em vão eles desejam ou correm, sem que agrade a Deus estender sua misericórdia sobre eles, como ele fará depois que a plenitude dos gentios se realize, como testemunha Paulo:[1] Pois lá devemos entender que, quando aprouve a Deus oferecer a sua misericórdia, ainda que não quiséssemos e corrêssemos, não obteríamos a recompensa; não obstante, nem por nossa disposição ou corrida somos dignos de receber a salvação, pois é o dom gratuito de Deus, que ele nos dá apenas por sua própria misericórdia. Deus ofereceu salvação a Jerusalém, não porque mereciam, mas por sua misericórdia; ainda assim eles não obtiveram salvação, porque não quiseram nem correram. Como Cristo diz: "Quantas vezes eu quis reunir os seus filhos, como a galinha ajunta os seus pintinhos debaixo das asas, mas vocês não quiseram!" Assim, os escribas e fariseus tornaram inúteis os conselhos de Deus a eles, pois eles o dispensaram. A vontade de Deus era salvá-los, mas eles não quiseram nem correram, mas se ativeram ao seu antigo caminho e

[1] Romanos 11.

pereceram. Portanto, para a nossa salvação é exigida principalmente a misericórdia de Deus, como a única causa suficiente e eficiente, por meio da qual, sendo indignos e seus inimigos, somos reconciliados e recebidos na comunhão dos santos. Em segundo lugar, é necessário que desejemos e corramos não como a causa, mas como o efeito e fruto de nossa reconciliação, declarando-nos agradecidos pelos benefícios recebidos livremente sem nossos méritos, caso contrário, o Reino nos será retirado novamente e dado a quem quiser e correr, produzindo seus consequentes frutos.

RESPOSTA

Seu antigo pai, Pelágio, inimigo conjurado da livre graça de Deus, se gabou e se vangloriou, como você faz, que no homem havia uma vontade e uma corrida. Mas a prova de ambas é uma só, isto é, sua afirmação deve ser suficiente como autoridade. Você escreve ousadamente que, daquelas palavras do apóstolo, "Isto não depende de quem quer ou de quem corre, mas de Deus, que tem misericórdia", fica evidente que nós tanto queremos quanto corremos. Mas como isso é provado? Seu longo discurso (do que, ao que parece, você mesmo esqueceu) não prova nada do que pretende, pois a questão não é o que o judeu ou o gentio faz (quero dizer), depois de terem recebido a graça de Deus. Pois, nesse caso, admitimos que eles têm (ainda que não por si mesmos) uma vontade e um propósito de andar em piedade. Mas a questão é se essa vontade e propósito, que agora pela graça receberam, foi qualquer causa de sua eleição. Nós já provamos o exato oposto: não imaginamos que os membros fiéis do corpo de Cristo sejam rebanhos ou pedras insensíveis, sem vontade ou propósito de piedade, mas afirmamos que é Deus quem opera em nós a boa vontade e a boa intenção, pois de nós mesmos, não somos suficientes para ter nem mesmo um bom pensamento. Afirmamos ainda que, a não ser que com toda humildade, seja recebida com gratidão a livre graça, de nada ela serve à salvação dos que a desprezam.[2]

Mas com isso acrescentamos que é somente Deus quem retira o coração endurecido e obstinado e nos dá um coração de carne. No qual ele, pelo poder do seu Espírito Santo, escreve sua lei, nos faz

---
[2]Ezequiel 11.

andar nos seus caminhos, nos atrai a seu filho Jesus Cristo e nos dá a sua proteção. Quero dizer, como a fé nos assegura em nossa consciência e assim nós reconhecemos que somente Deus, por Cristo Jesus, seu Filho, é o começo, o meio e o fim de nossa santificação, vida piedosa e salvação. Da minha parte, mais uma vez louvo a Deus por sua verdade ter tamanha força, que às vezes compele os próprios inimigos a testemunhá-la. E oro a Deus para mantê-lo nessa intenção, para que você possa com toda sinceridade acreditar e confessar que quaisquer virtudes ou boas inclinações que alguma vez existam em você são exclusivamente efeitos ou frutos, como você os chama, de sua reconciliação, e não a causa da sua eleição tampouco da sua justificação.

Que Jerusalém e os escribas recusaram a graça e, portanto, foram justamente condenados, nós concordamos com você. Mas que alguma vez foi do eterno conselho e vontade de Deus lhes dar vida eterna, isso negamos firmemente. As nossas razões já mencionamos antes e depois teremos a oportunidade de repetir algumas novamente. E, portanto, nós prosseguimos. Assim, você escreve.

23ª Parte

O ADVERSÁRIO

Aqui, com grande veemência, você menciona estas palavras de Paulo: "quem foi capaz de resistir à sua vontade?", das quais você infere que Deus, sem qualquer causa que nos seja conhecida, reprovou e condenou muitos, contra cuja vontade ninguém pode resistir. Paulo escreveu essas palavras porque previu que, de suas outras palavras, algumas pessoas de disposições diabólicas aproveitariam para onerar Deus com injustiça, tornando-o autor do mal. Pois você diz que Deus tem uma vontade secreta pela qual ele quer que a maior parte do mundo seja condenada, por não ser possível resisti-la, portanto, muitos perecem por mera necessidade, pelo imutável decreto de Deus.

Depois dessa afirmação de que Deus é a única causa da condenação, porque assim lhe agradou, você faz com que muitos outros se indignem e digam: "Uma vez que sua vontade e desejo nenhum homem é capaz de resistir, que ele assuma a culpa, e não nós, se algum pecado for cometido". Certamente da minha parte, se eu não abominasse sua horrível doutrina, pela qual você afirma cruelmente que a ordenança de Deus é a causa da condenação, eu não me aprofundaria mais nesse assunto, mas com reverência contemplo as obras de Deus, visto que, graças a Deus, eu não vejo como obra de Deus nenhuma obra em que a sua misericórdia não brilhe claramente. Mas se a sua afirmação fosse verdadeira, então suas obras seriam cheias de crueldade, miséria, condenação e destruição.

Agora, no tocante a essa afirmação: "quem é capaz de resistir à sua vontade?", nós precisamos aprender qual é a vontade de Deus. Se você perguntar ao Senhor, ele lhe responderá: não é minha vontade que algum homem peque, nem é minha vontade que o pecador morra, mas antes que ele se corrija e viva; mas se ele não se corrigir e continuar em pecado, eu o castigarei, e a ele também castigarei porque tenho poder acima de todos os homens, como o oleiro sobre o barro. Portanto, quando alguém sofre justamente por sua transgressão, ele não deve acusar Deus e dizer: "Quem pode resistir à sua vontade?", como se Deus desejasse a destruição de suas criaturas, como você ensina. Deus quer que todos os homens se arrependam e se convertam, também que aqueles que não se arrependerem e se converterem sejam punidos. Essa sua vontade é justa e cheia de misericórdia, contra a qual ninguém pode resistir, pois ou eles se arrependam e se convertam, ou então sofrerão. Como o oleiro alegremente faria de seu barro um bom vaso, mas, se isso não ocorre, ele o quebra e joga fora assim como o rei desejaria que todos os seus súditos obedecessem às suas leis, mas o escravo indigno em seu domínio detém o poder de violar as leis do rei. Não obstante, quando ele sofre por sua transgressão a vontade do rei é satisfeita. Da mesma maneira, embora Deus queira e nos ordene que observemos a sua lei, ainda temos poder de transgredir contra a parte anterior de sua vontade, caso contrário, todos observaríamos a vontade de Deus e seríamos salvos, dessa forma, não haveria infames. Mas quando, por nossa desobediência somos punidos, a vontade de Deus é satisfeita qual vontade é boa e justa e, portanto, ninguém deve acusá-la e dizer: "Quem é capaz de resistir à sua vontade?". Assim como o barro, quando formado para não ser um bom vaso, acusa o oleiro de quebrá-lo.

RESPOSTA

Você não consegue provar que, com alguma veemência, mencionamos aquelas palavras do apóstolo em outra sentença que não aquela que ele escreve: "pois todo louvor e glória sejam dados a Deus, o doador misericordioso". Não aprendemos tão pouco na escola de Cristo Jesus a ponto de torcermos as palavras do Espírito Santo em sentido contrário. Não ignoramos que o apóstolo pronunciou essas palavras na pessoa de homens carnais, que, ouvindo que Deus tem misericórdia daqueles que ele deseja, ele também endurece o coração de quem quiser, esbravejam e gritam furiosamente. Por isso, então, ele diz: "Quem é capaz de resistir à sua vontade?". Não digo essas palavras para provar nossa doutrina, pois onde afirmamos que exclusivamente a vontade de Deus é o perfeito governo de todas as coisas que são feitas, e devem ser feitas, no céu e na terra, construímos nossa doutrina sobre testemunhos evidentes das Escrituras e sobre os principais princípios da nossa religião e fé. Davi e Isaías concordam que o nosso Deus, que habita no céu, faz o que ele quer no céu e na terra; que ele forma a luz e cria trevas, isto é, concede tanto a prosperidade quanto a adversidade.

Daniel afirma que o Deus supremo distribui reinos conforme parece melhor à sua sabedoria e Salomão testemunha que contra o Senhor não há conselho que possa prevalecer. Os princípios necessários de nossa fé nos ensinam que, como em Deus não há ignorância, assim nele não há fraqueza. Ele não observa, com incerteza e dúvida, os eventos e o acaso das coisas, correndo atrás para remediar, mas com sabedoria, dispôs todas as coisas, não desejando nada que ele não possa fazer e não faça acontecer no tempo, de acordo com seu propósito eterno, como também sem fazer nada que não seja justo, embora suas causas nos sejam ocultas. Dessas e muitas outras Escrituras e princípios necessários de nossa fé, fundamentamos nossa doutrina e não naquela passagem, pronunciada em repreensão aos questionadores teimosos e rebeldes com Deus. Você nos culpa de acusarmos a Deus e fazermos dele o autor do mal e a causa da condenação. Que nós fazemos muitos esbravejarem e dizerem: "Visto que sua vontade e desejo nenhum homem é capaz de resistir, que ele responsabilize a si mesmo, e não a nós, se algum pecado for cometido". E, por último, você afirma que, se nossas palavras são verdadeiras, então as obras de Deus são repletas de crueldade, miséria, condenação e destruição. E, portanto, de duas coisas você nos acusa e a terceira afirma que se segue inevitavelmente de nossa doutrina, se ela for verdadeira.

Daqui em diante, não vou me esforçar muito para refutar seus argumentos, o que é algo muito fácil para qualquer homem piedoso, ainda que nunca tenha tido acesso às artes ou estudado. Mas vendo que você e a sua seita mais pestilenta não se contentam em maliciosamente caluniar aqueles que, em tal caso, são inocentíssimos, mas que também com as bocas mais insolentes vomitam suas horríveis blasfêmias contra a majestade de Deus, eu irei requerer, com toda sinceridade e boa vontade, que todos os governantes, príncipes, magistrados e governadores, que, no temor de Deus, governem acima de seus súditos. Eles responderão na presença do Senhor Jesus pela administração da justiça confiada às suas responsabilidades, assim imparcialmente julguem entre vocês e nós, ou seja, se pudermos ser condenados com evidência pelos crimes dos quais você, maliciosa e injustamente, nos acusa, que um julgamento sem piedade seja executado contra nós. Mas se você fracassar em provar, também se você não puder provar haja crueldade nas obras de Deus, supondo que nossa doutrina se mantenha (como é) verdadeira e estável, que seja tomada a decisão de reprimir suas línguas venenosas, para que nem seja permitido blasfemar abertamente contra a majestade de Deus, nem maliciosamente caluniar inocentes e ofender os ouvidos de todos os ouvintes piedosos. E para que nenhum homem pense que, sendo acusados neste momento, começamos a inventar novas defesas ou desculpas por nós mesmos, vou simplesmente citar fielmente as obras (como eu já fiz antes) desse instrumento singular de Cristo Jesus, na glória de seu Evangelho, João Calvino, sentenças que esclarecerão a todos os homens qual é a nossa opinião de Deus, da Queda do homem, da maravilhosa obra de nossa redenção e da justíssima rejeição e condenação dos infames.

Assim, diz ele, a perdição dos condenados dependia da predestinação de Deus,[1] que a causa e a matéria são completamente encontradas nela. O primeiro homem caiu porque o Eterno julgou conveniente. Por qual motivo ele julgou conveniente, isso não sabemos, mas é certo que ele assim julgou para que a glória do seu nome fosse, assim, ilustrada. Quando ouvir a menção da glória de Deus, lembre-se também de que a justiça é necessariamente justa e merece louvor. O homem, portanto, cai (a providência de Deus assim ordena), no entanto, ele cai por sua própria culpa. Pois Deus, pouco tempo antes havia pronunciado que tudo o que ele havia feito era muito bom. De onde veio então tal maldade ao homem, para que ele tão traiçoeiramente se afastasse de seu Deus? Para que não disséssemos que isso procedeu da Criação, Deus aprovou com sua própria recomendação tudo o que havia feito. Por isso, o homem corrompeu, por sua própria malícia, a natureza pura e limpa que havia

---
[1] *De eterna Dei predestinatio.*

recebido de Deus. Por sua Queda, ele levou toda a sua posteridade à perdição. Portanto, encontramos a causa evidente da condenação na natureza corrupta da humanidade, em vez de pretendermos procurá-la na oculta e inteiramente incompreensível predestinação de Deus. Também não tenhamos vergonha de sujeitar a capacidade de nosso entendimento à sabedoria incompreensível de Deus, que, em muitos de seus mistérios, nós reconhecemos e admitimos ser ignorantes. Pois sábio e abençoado é aquele que é ignorante dessas coisas, cuja compreensão e conhecimento não é nem lícita, nem possível nesta vida. A aparência de conhecimento dessas coisas é uma espécie de loucura. Estas são as palavras desse escritor muito piedoso cujo juízo nenhum de nós discorda nesse assunto. Pois, com ele, devemos admitir, a não ser que quiséssemos, ocultando a verdade, nos declarar ingratos, que todos nós recebemos consolo, luz e erudição, do bom instrumento de Deus. Ainda assim, ele prossegue ainda mais.

Há três coisas (diz ele) que devem ser consideradas neste assunto: primeiro, que a eterna predestinação de Deus, pela qual ele havia decretado o que deveria ser de toda a humanidade (sim, e de todo homem), mesmo antes da Queda de Adão, era certa e designada. Em segundo lugar, que Adão, por sua deserção, foi justamente condenado à morte. Por último, a sua pessoa, que então estava perdida, foi condenada toda a sua posteridade. No entanto, Deus escolheu livremente desses aqueles a quem lhe agradava conceder a honra da adoção. Mesmo assim, depois, na mesma passagem, ele diz: "Quando falamos de predestinação, ensinei constantemente e hoje ensino que é dela que devemos começar, que justamente todos os infames são deixados na morte, que estavam mortos e condenados em Adão, justamente perecem quem é por natureza, são os filhos da ira". E, portanto, que ninguém tem motivo de se queixar da rigorosa severidade de Deus, visto que todos carregam consigo a causa da condenação.

Isso porque, se formos ao primeiro homem, descobriremos que voluntariamente ele caiu e, assim, por sua própria Queda, ele trouxe perdição a toda a sua posteridade. Embora Adão não tenha caído sem que Deus o soubesse e ordenasse, ainda assim isso de nada serve para atenuar e justificar seu crime, nem ainda para envolver Deus na sociedade do crime. Pois devemos sempre ter em mente que ele mesmo se despiu da justiça que recebeu de Deus, voluntariamente se tornou servo do pecado e de satanás, como também sem compulsão mergulhou de cabeça na destruição e na morte. No entanto, resta uma desculpa, a saber, que ele não poderia evitar nem fugir do que foi decretado por Deus. Mas sua transgressão voluntária é suficiente para sua condenação. Tampouco é o conselho secreto de Deus a causa apropriada e natural do pecado, mas a vontade livre e clara do homem. Assim, vendo que o homem encontra em si mesmo a causa de sua miséria, que proveito terá em procurá-la no céu? E depois, embora os homens, por muito tempo tentando entender, pretendam se iludir, ainda assim eles jamais podem se tornar tão brutos e tolos, a ponto de não sentir o pecado gravado em seus corações. Portanto, em vão é que a impiedade tenta absolver o homem, a quem sua própria consciência condena. À medida que Deus, deliberada e conscientemente, permitiu que o homem caísse, a causa pode ser secreta e oculta, mas injusta não pode ser. E, ainda assim, ele escreve: Isto, diz ele, deve ser defendido sem nenhuma controvérsia, que o pecado sempre foi odioso para Deus, porque, com razão, esse elogio, com o qual Davi é elogiado, concorda com ele. Ele é um Deus que não desejaria iniquidade, mas ao ordenar a Queda do homem, seu fim e propósito eram bons e muito corretos, dos quais o abomina o nome do pecado. Ainda que eu diga que ele ordenou a Queda do homem, nego totalmente que ele seja o autor do pecado. Que o leitor imparcial julgue com equidade, se somos justamente acusados dessa blasfêmia que tão abertamente abominamos.

Porém, no mesmo livro, ele dá um testemunho de Agostinho, que assim escreve:[2] "Estas são as grandes obras de Deus", diz Agostinho, "que se sucederam em todos os seus desejos, e com tanta sabedoria se sucederam que enquanto a natureza do anjo e do homem pecou, isto é, não fez o que ele, que é Deus, faria, mas o que tu mesmo (referindo-se à criatura) queria. Ainda assim, não menos pela mesma vontade da criatura, pela qual foi feito e o que o Criador não queria, ela cumpriu o que ele queria. Ele sendo infinitamente bom, usando bem aquelas coisas que eram más, para a condenação delas, a quem ele justamente designou para o castigo e para a salvação daqueles a quem misericordiosamente ele predestinou à graça". Na medida que lhe cabe, eles fizeram o que Deus não queria, mas, no que cabe à

---

[2] *Enchir. Ad Lauren*, cap. 1.

onipotência de Deus, eles não poderiam ter feito isso de modo algum, pois mesmo nisso que fizeram contra a vontade de Deus, a vontade de Deus foi feita neles. Portanto, grandes são as obras do Senhor (levadas a cabo nas suas vontades). De modo maravilhoso e indizível, isso não seria feito sem a vontade dele, mas ainda é feito contra a sua vontade, pois isso não seria feito se ele não tivesse tolerado. Na verdade, ele a tolerou contra a sua vontade, mas voluntariamente. E um pouco antes, Agostinho diz:

> Não se deve duvidar de que Deus faz bem, permitindo que coisas más sejam feitas; pois ele não tolera isso a não ser para seu justo juízo. Embora, portanto, essas coisas que são más, na medida em que são más, não são boas; todavia, é bom que não apenas as coisas boas, mas também que as coisas más aconteçam. Pois, se isso não fosse bom que coisas más ocorressem, de modo algum elas seriam permitidas pelo bem onipotente, para quem, sem dúvida, é fácil não tolerar o que ele não quer que exista, assim como fazer aquilo que ele quer. A menos que acreditemos nisso, a essência de nossa fé está em perigo, pelo qual professamos acreditar em Deus Pai Todo-poderoso etc.

Finalmente, respondendo a essas calúnias que você tirou de Pighius, aquele papista, João Calvino concluiu:

> Se alguma vez eu disse que aconteceu pela instrução ou movimento do Espírito de Deus que primeiro o homem se alienou de Deus, e não que, na verdade, o primeiro homem tenha alienado a si mesmo de Deus, e que o homem tenha sido aferroado pela instigação do diabo e pelo movimento de seu próprio coração; então, merecidamente, Pighius e seus cúmplices me criticaram. Mas, vendo que removo de Deus a própria causa da ação, também removo dele todo crime de modo que apenas o homem está sujeito tanto ao crime quanto à punição, perversa e maliciosamente isso me é imputado, que eu diria que a deserção e Queda são obras de Deus.

No entanto, para que não pareça que nossa doutrina carece de algo, recitarei suas palavras que ele escreve contra os libertinos, no capítulo 14 da obra: "Não negamos" (diz ele), "que todas as coisas são feitas pela vontade de Deus. De modo que, quando declaramos por qual razão ele é chamado onipotente, damos a ele um poder eficaz em todas as suas criaturas e ensinamos que, uma vez criado o mundo universal, assim também ele o governa. E que sua mão está sempre trabalhando para que ele mantenha todas as coisas em seu estado e as disponha segundo a sua vontade. Isso a fim de que eu possa expressar o mesmo mais facilmente, digo que deve se considerar que Deus trabalha de três modos na administração de suas criaturas.

Primeiro, há uma operação universal, pela qual ele dirige todas as criaturas de acordo com a condição e adequação que deu a cada um quando as formou. Esse governo nada mais é senão o que chamamos de ordem da natureza, embora os infiéis não saibam nada da disposição do mundo, a não ser o que veem com seus olhos e, desse modo, fazem da natureza como se ela fosse uma deusa imperando e dominando sobre todos. Todavia, esse louvor deve ser dado à vontade de Deus a qual somente ela governa e modera todas as coisas. Sendo assim, quando vemos o sol, a lua e as estrelas seguindo seu curso, entendemos que eles obedecem a Deus, que executam seu mandamento; sim, e que eles são guiados pela mão de Deus. Também quando vemos o curso das coisas terrenas, todas as coisas devem ser atribuídas a Deus. As criaturas devem ser estimadas, mas como instrumentos em sua mão, que ele aplica à obra, como lhe agrada. A Escritura costuma mencionar essa providência universal, a fim de que possamos aprender a dar glória a Deus em todas as suas obras. Mas, principalmente, em nós Deus confia esse seu poder, para que o conheçamos em nós mesmos, a fim de que sejamos purgados da arrogância, que subitamente costuma surgir em nós quando esquecemos que estamos em suas mãos. Sobre isso, cabe o que Paulo disse aos de Atenas: "É aquele em quem vivemos, nos movemos e existimos." Pelo que ele nos adverte: a não ser que Deus nos sustente com sua mão, é impossível que subsistamos por breve momento que seja, pois assim como a alma dispersando sua força por todo o corpo move os membros, assim somos vivificados por Deus, de quem somente obtemos toda a força ou poder que possuímos.

Mas essa operação universal de Deus não impediu que todas as criaturas do céu e da terra mantivessem sua própria natureza e qualidade como também seguissem sua própria inclinação. A segunda maneira pela qual Deus opera em suas criaturas é que as designa, em obediência à sua bondade, justiça e julgamento, às vezes para ajudar seus servos, às vezes para punir os iníquos e às vezes para avaliar a perseverança de seus servos, ou para corrigi-los e castigá-los com uma afeição paternal. Tal como quando ele nos dá abundância de frutos, ele derramará chuva no tempo certo; ele envia calor pelo sol e dias claros e radiantes; ele usa todos outros meios naturais como instrumentos de sua liberalidade, mas quando ele retém sua mão, o céu torna-se como bronze, a terra é ferro. Assim também é ele que envia trovões, geada e granizo; é ele a causa da esterilidade e aridez. Portanto, tudo o que os pagãos e ignorantes atribuíram ao destino, atribuímos à providência de Deus. Não apenas àquela operação universal da qual falamos antes, mas à sua ordenança especial pela qual ele governa tudo, como ele sabe ser mais adequado e proveitoso. Isso ele ensina pois, quando diz por seus profetas, criou trevas e luz, que envia morte e vida, que nem o bem nem o mal podem ocorrer senão por suas mãos. De modo que ele diz que governa e dirige a sorte. Sim, se alguém por acaso, e não por propósito determinado, é morto, ele se reconhece como a causa de sua morte,. Tendo ele assim designado não devemos considerar nada como causado pela sorte, mas que tudo vem pela determinação de seu conselho. Além disso, desagrada-o quando estimamos que alguma coisa proceda de outra causa e não o consideramos como a principal causa de todas as coisas, mas também como o autor que designa todas as coisas para uma parte ou outra por seu conselho.

Concluamos, então, que prosperidade e adversidade, chuva, ventos, granizo, geada, bom tempo, abundância, fome, guerra ou paz, são obras de Deus. E as criaturas, que são as causas inferiores, são apenas instrumentos que ele tem prontamente para executar sua vontade, na qual ele usa conforme lhe apraz, que conduz e leva a realizar tudo o que ele designou. Além disso, deve-se notar que não somente ele assim usa suas criaturas insensíveis, as quais por elas ele cumprem sua vontade, mas também os próprios homens, sim, e mesmo os demônios, de modo que satanás e os homens maus são executores da vontade de Deus. Como ele usou os egípcios para punir seu povo e, pouco depois, ele levantou os assírios e outros para vingar os pecados de seu povo, vemos que ele usou o diabo para atormentar Saul e enganar Acabe. Quando os libertinos ouvem essas coisas, precipitadamente e sem juízo, sem considerar mais nada, concluem que agora as criaturas não mais trabalham. E, assim, eles confundem horrivelmente todas as coisas, não só misturam e mesclam os céus com a terra, mas também juntam Deus ao diabo. Isso lhes acontece porque eles não observam duas necessárias exceções.

A primeira é que satanás e os ímpios não são instrumentos de Deus dessa maneira, mas também fazem suas próprias partes. Tampouco devemos imaginar que Deus opera por homens maus, como se fossem gado ou uma pedra, mas como por uma criatura participante da razão etc. Quando dizemos, então, que Deus trabalha por meio das criaturas, isso não impede que os perversos também façam a sua parte, coisa que a Escritura deixa claro. Ela diz que Deus ressoará a trombeta para convocar e arregimentar uma batalha contra os infiéis, então ela não deixa de mencionar seus próprios conselhos e lhes atribuir tanto uma vontade quanto uma obra, que eles executam sob o decreto de Deus.

A outra exceção da qual esses infelizes libertinos não se apercebem é que existe uma grande diferença entre a obra de Deus e a obra do ímpio, quando Deus o usa. O homem perverso é incitado à iniquidade, seja por avareza, ambição, inveja ou crueldade, nem olha para qualquer outro fim ou propósito. Por esse motivo, as obras extraem sua qualidade da raiz da qual elas brotam, isto é, da perversa afeição da mente e do fim malicioso para o qual ela se orienta, por isso com justiça são julgadas más. Mas Deus tem um motivo contrário, que ele possa exercer sua justiça na conservação do bem para usar seu favor e bondade para com os fiéis e que ele possa punir os que mereceram. Considere como devemos distinguir entre Deus e o homem: por um lado, devemos contemplar sua justiça, sua bondade e seus juízos, enquanto por outro, consideraremos na mesma obra a maldade e inveja do diabo e dos ímpios. Vamos usar um exemplo bastante claro no qual possamos contemplar essas coisas.

Quando a mensagem da perda de todos os seus bens chegou a Jó, a súbita morte de seus filhos e tantas calamidades que de repente caíram sobre ele, ele reconheceu que foi visitado por Deus, dizendo: "O Senhor deu todas essas coisas e foi ele quem os tirou." E disso não há dúvidas. Mas, enquanto isso, não sabemos que foi o diabo que causou todas essas coisas? E ele não entendeu que, pelo que lhe contaram seus servos que escaparam, os caldeus haviam expulsado seus animais e rebanhos? Ele elogiou aqueles bandidos e saqueadores? Ou devemos desculpar o diabo porque todas essas calamidades precederam de Deus? Não é assim, pois nós e ele compreendemos e compreendíamos que havia uma grande diferença entre seus propósitos. Portanto, ele (ainda condenando o mal) disse: "Bendito seja o nome do Senhor!". Podemos dizer o mesmo de Davi, mas, por ora, basta dizermos que Deus assim opera por suas criaturas e as usa para sua providência, de maneira que o instrumento pelo qual ele opera não deixa de ser mau. E ainda que ele converta a malícia do diabo e dos homens maus em bem, eles não são desculpáveis nem limpos do pecado e suas obras são más e condenáveis, pois todas as obras tomam sua qualidade do objetivo e da vontade do autor. Quem não faz distinção entre essas coisas, faz uma confusão horrível.

Então, assim fazem os libertinos, que, como já foi dito, não apenas unem o diabo em sociedade com Deus, mas também o transformam em Deus, julgando suas obras dignas de louvor, sob a justificativa de que ele não faz nada além do que é designado por Deus. Mas, pelo contrário, devemos observar que as criaturas fazem suas próprias obras nesta terra, que operam conforme foram direcionadas para esse ou aquele fim, sendo julgadas boas ou más. E, ainda assim, Deus governa e modera todas as coisas e as guia também para o fim certo. Ele transforma o mal em bem ou, pelo menos, Deus operando pela bondade de sua natureza extrai da violência algum bem daquilo que em si mesmo é mau. É assim que ele usa até o diabo, de modo que não se mistura com ele, nem está em comunhão com ele, muito menos com seu destino perverso, nem que sua justiça afastará a natureza do diabo. Pois como o sol envia seus raios e calor ao cadáver e assim introduz nele alguma corrupção, não traz para si nem corrupção, nem qualquer imundície; nem o sol ainda por sua pureza e brilho purifica a carniça, mas ela permanece fétida e corrompida: assim Deus trabalha pelos ímpios de tal modo que a justiça que nele está não os justifica, tampouco ele é contaminado por sua maldade e corrupção.

O terceiro tipo da operação de Deus consiste no governo dos fiéis, nos quais vive e reina pelo seu Espírito. À medida que somos corrompidos pelo pecado original, somos semelhantes aos terrenos secos e estéreis os quais não produzem nada de bom. Porque nosso julgamento é corrupto, nossas vontades são rebeldes, sempre prontas para o mal e, finalmente, toda a nossa natureza nada mais é do que uma massa de pecado. Sendo assim, não apenas não podemos nos aplicar a qualquer boa ação, mas também não somos capazes nem suficientes para conceber nem sequer um bom pensamento (como Paulo testemunha),[3] mas se somos capazes de qualquer coisa, necessariamente isso deve proceder de Deus. É ele que trabalha em nós tanto o querer quanto o realizar; nos ilumina e nos conduz ao conhecimento de si mesmo; ele nos atrai a si mesmo e, amaciando nossos corações, forma novos corações em nós. Também é ele quem move em nós o desejo de orar; ele dá poder e força para resistirmos a todas as tentações de satanás e faz que andemos em seus mandamentos.

No entanto, devemos considerar que, por natureza, temos vontade e eleição, mas, porque ambas são depravadas pelo pecado, o Senhor as reforma e transforma o que é mal em bem. Para que possamos, portanto, discernir que temos uma vontade, que fazemos isso ou aquilo, que isso é um dom natural, não podemos escolher, desejar ou fazer nada além do que é mal, o que provém da corrupção do pecado. Que tenhamos sede de fazer o bem, que tenhamos algum poder para fazê-lo, isso procede da graça sobrenatural, pela qual somos regenerados e nascidos de novo para uma vida melhor e mais piedosa. Observe o que Deus opera em seus filhos.

Primeiro, afastando sua natureza perversa, ele os conduz e guia por seu Espírito Santo, em obediência à sua vontade. Mas esses libertinos embriagados, ou melhor, furiosos, esbravejam: se todas as coisas são feitas por Deus, isso faz dele o autor do mal. Além disso, mesmo quando a natureza do mal foi mudada, quando ela está disfarçada sob a cobertura do nome de Deus, eles afirmam que ela é boa. Nisso eles cometem maior injúria e ofensa a Deus, ao transferir seu poder e justiça a outro. Pois vendo que não há nada mais apropriado a Deus do que sua bondade, é necessário, primeiro, que ele se negue completamente antes que possa operar o mal, coisa que esses libertinos cegos atribuem a ele. Certamente, o Deus desses homens é um ídolo, que deve ser mais execrável que todos os ídolos dos gentios. E assim, até o final desse capítulo, ele prova que Deus não comete nenhum pecado em nenhum dos iníquos da terra etc. Até aqui eu mencionei a intenção e a maior parte das palavras daquele piedoso escritor, escrito por ele há doze anos contra os libertinos. Pelo que o leitor imparcial pode avaliar, se

---

[3] 2Coríntios 3; Filipenses 2.

está certa sua acusação de tornarmos Deus autor do pecado. Em nome de Deus e de seu querido Filho Cristo Jesus (cuja glória você se esforça em suprimir), eu peço, antes de tudo, que todos aqueles colocados em posição de autoridade por sua palavra, cujas mãos ele armou com a espada da justiça, sinceramente, como responderão diante de seu temível trono de julgamento, julguem essa questão. Se a nossa vida ou a nossa doutrina for como nos acusa, que Deus seja glorificado em nossos justos castigos, agora se não formos condenados (como não temamos interrogatório nem julgamento), que nossos acusadores reconheçam sua transgressão.

A segunda coisa que nos é imputada é que fazemos com que muitos outros se irritem e digam: "Uma vez que sua vontade e desejo que nenhum homem é capaz de resistir, que ele responsabilize si mesmo, e não a nós, se algum pecado for cometido.

Se as blasfêmias dos ímpios nos forem imputadas, porque ensinamos uma doutrina muito verdadeira e mais cômoda aos filhos de Deus, então o apóstolo Paulo não pode ser desculpado. Pois as mesmas blasfêmias foram vomitadas primeiro contra ele e a doutrina que ele ensinou. Alguns exclamando: "Façamos o mal, para que dele venha o bem"; outros dizendo: "Permaneçamos no pecado, para que a graça seja ainda mais abundante; e alguns, furiosamente urrando (como você), maliciosamente bradam, pelo que se queixam: "Quem pode resistir à sua vontade?" Mas a doutrina era, portanto, condenável? Ou o apóstolo era criminoso por ensiná-la? Suponho que vocês sejam mais favoráveis nessa causa do que imprudentemente condenar aquele a quem Deus absolveu. Se então nossa doutrina não pode ser impugnada pelas claras Escrituras de Deus, por que deveríamos tolerar a culpa das blasfêmias de outros homens? No entanto, de fato, as blasfêmias de ninguém chegam tão claramente aos nossos ouvidos quanto as suas. Pois os próprios papistas e os insolentes do mundo ainda têm vergonha de mentir tão descaradamente sobre nós. Embora eles não sigam a pureza da doutrina ensinada por nós, são silenciados pelo poder do Espírito Santo ou então inventam mentiras mais plausíveis abstendo-se de tais blasfêmias abertas que vocês lançam contra Deus e nós.

"Nós lhes acusamos", você diz, "de nada mais do que vocês mesmos admitem; pois afirmam que Deus opera todas as coisas de acordo com sua vontade e desejo."

Respondemos que, de forma maliciosa e diabólica, você manipula nossas palavras de maneira contrária à nossa intenção. Pois sempre distinguimos claramente entre a vontade de Deus e a vontade dos ímpios, entre o propósito, conselho e a finalidade de Deus, e o propósito e o fim do homem, como em todo esse processo já tratado, o leitor imparcial pode muito bem analisar. Se você permanecer em sua cegueira e clamar furiosamente: "Mas você afirma que, sem a sua vontade e contra ela nada é feito, por isso os homens pensam que, mesmo quando pecam, eles obedecem à vontade de Deus". Eu respondo com as palavras do mesmo escritor que já citei. "No tocante às obras que realizamos, a vontade de Deus deve ser considerada, como ele mesmo a declarou: pois não foi em vão que ele deu a sua lei, pela qual distinguiu o bem do mal". Como, por exemplo, quando ele ordena que ninguém seja ferido, ninguém seja ofendido, mas que a equidade e a justiça sejam indistintamente mantidas a todos; que ninguém roube, defraude seu irmão; que ninguém cometa adultério, fornicação ou imundície, mas que todo homem mantenha seu próprio vaso em santificação e honra. Aqui está evidente e clara a vontade de Deus.

Então, o que mais lhe agrada, nesses casos, ninguém deve perscrutar, pois sabemos que, se fizermos essas e outras coisas que são ordenadas, e nos abstivermos de todas as coisas proibidas, assim obedeceremos à vontade de Deus. Se não o fizermos, não podemos ser aceitáveis a ele. Se qualquer homem roubar ou cometer adultério e disser que nada fez contra a vontade de Deus, ele mente descaradamente. Pois na medida em que transgrediu os mandamentos de Deus, pelos quais ele foi ensinado qual era a vontade de Deus, ele o fez contra a vontade de Deus. Que todos os homens agora julguem se demos ocasião ao homem para deleitar-se em pecado e pensar que, quando eles cometem iniquidade contra o mandamento expresso de Deus, obedecem, assim, à sua santa vontade. Se alguém nos perguntar se algo pode ser feito contra a vontade de Deus, isto é, se Deus pode, se assim quisesse, tolerar e não impedir o pecado do homem, já respondi pela boca de Agostinho, e agora novamente por João Calvino: que nada é nem pode ser feito que ele não possa impedir, se assim aprouver sua sabedoria. De fato, devemos evitar totalmente perscrutarmos sua providência, que está escondida de nós, quando a questão é o nosso dever. Sua palavra nos declara o que ele aprova e o que ele condena, devemos nos dar por satisfeitos com isso e, por ela, devemos governar nossas vidas, deixando os segredos para Deus, como por Moisés somos ensinados.

Para tornar o assunto mais claro, o caso supunha que eu fosse tentado com concupiscência e cobiçasse a esposa de outro homem, na qual luto há muito tempo e, no final, satanás me objeta esta cogitação: siga seu objetivo, pois assim você pode, porventura, ser mais humilhado e, assim, poderás provar mais abundantemente a misericórdia e a graça de Deus. Devo, portanto, soltar o freio das minhas afeições perversas? Devo declinar do claro preceito e entrar na providência secreta de Deus? Que Deus não permita. Pois isso, além de violar ou quebrar seu mandamento, seria uma tentação horrível de sua santa majestade e, assim, num único ato seria cometida dupla impiedade. Sei que os pecados dos filhos mais queridos de Deus são graves e muitos, e maravilhosa é a providência de Deus operando em seus santos, mas nunca, ou raramente, é que tais cogitações perigosas prevalecem contra eles. Pois o Espírito de Deus os governa de tal maneira que comumente esta sentença de Salomão está diante de seus olhos: "Aqueles que buscam a majestade de Deus de maneira irreverente serão oprimidos por sua glória". E assim deve acontecer, como afirma João Calvino, que o orgulho desses seja punido e que com um castigo horrível será punido o orgulho daqueles que não se dão por satisfeitos com a vontade de Deus revelada (à qual eles não serão obedientes) e analisam os céus procurando a secreta vontade de Deus.

Com que audácia você pode nos acusar de darmos ocasião aos homens para deleitarem-se em pecado ou ainda para pensarem que, ao cometer iniquidade, obedecem à vontade de Deus? Você alegou, por acaso, que as pessoas comuns não leem nossos escritos e, portanto, não podem entender nosso juízo nesse caso. Eu respondo: mais insolente e blasfemo é você, que tanto nos difama aos ouvidos da multidão esquecida, que a eles torna odiosos tanto a nós quanto a nossa doutrina, antes mesmo que seja conhecida ou examinada. Mas, ainda assim, para uma maior absolvição de nós mesmos contra suas acusações muito injustas e para uma melhor instrução dos simples, acrescento outro testemunho dos escritos do mesmo servo fiel de Cristo Jesus, João Calvino, e então ponho fim a essa sua segunda calúnia.

Em seu comentário sobre Atos do Apóstolos, o segundo capítulo, escrevendo sobre estas palavras de Pedro, afirmando que, pelo conselho e presciência determinados de Deus, Jesus traído e crucificado pelas mãos de homens maus, porque (diz ele) Pedro parece querer dizer que os homens maus obedeceram a Deus, do que se segue uma de duas absurdidades, a saber, que ou Deus é o autor do mal ou que os homens, cometendo todo tipo de iniquidade, não pecam, porque parecem obedecer a Deus. Eu respondo que os homens maus não obedecem a Deus, seja como for que eles executem as coisas que Deus designou por si mesmo, pois a obediência procede de uma afeição voluntária, que sinceramente anseia por agradar a Deus. Todavia, sabemos que os iníquos têm um propósito muito diferente. Além disso, ninguém obedece a Deus, senão o que conhece a sua vontade. A obediência depende, então, do conhecimento da vontade de Deus. Assim, como a vontade de Deus é revelada em sua lei, da mesma forma é evidente que todo aquele que transgredir contra sua vontade revelada tem sua consciência testemunhando contra ele, que nem ele faz a vontade de Deus, nem ainda que ele lhe obedece.

Ao segundo, ele diz: eu firmemente nego que Deus seja o autor do mal, pois nessa expressão "mal" há a notação e a consonância a uma afeição perversa (que nunca recai, nem pode recair em Deus). A má obra deve ser julgada pelo propósito e fim para o qual todo homem tende em sua ação. Quando os homens cometem roubo ou assassinato, eles pecam, porque são ladrões e assassinos. No roubo e no assassinato, há desígnios perversos, que não se orientam a agradar a Deus, mas a saciar seus apetites desordenados. Mas Deus, usando sua malícia, deve ser colocado em glória acima deles, pois ele procura outro fim, visto que a um ele castigará, e a paciência do outro, ele exercitará; e assim ele nunca declina, nem se curva de sua própria natureza, isto é, de uma justiça mais perfeita. De modo que Cristo foi traído e crucificado pelas mãos dos iníquos, pela ordenança de Deus. Mas a traição e a matança, que em si mesmas eram tão odiosas e perversas, não devem ser julgadas nem consideradas obra de Deus. Que os homens, cujas mentes o diabo não inflamou em ódio e maldade contra Deus, contra sua simples verdade e contra os que a professam, agora julguem se afirmamos que Deus é o autor do pecado ou se damos alguma ocasião justa para que o homem se deleite na iniquidade, ainda que eles acusem Deus disso.

Assim, eu apelo à sua consciência, mesmo que você seja ingrato aos homens e abertamente trai a verdade que uma vez já professou. Você já ouviu com os seus ouvidos e na presença de muitos: se alguém ousasse pecar na esperança de misericórdia, para que o cálice que haverão de beber seja mais amargo. Agora, ao que vocês afirmam e nós constantemente negamos é que, se nossas palavras são verdadeiras, então as obras de Deus são cheias de crueldade, miséria, condenação e destruição. Como antes já observei que você nos calunia maliciosamente, assim, em curtas e diversas proposições, vou estabelecer clara e simplesmente a suma da doutrina que ensinamos e professamos e que você combate de forma tão blasfema, a fim de que os governantes e magistrados piedosos, como vocês também, possam ver claramente o que cremos e afirmamos. O que, sendo considerado e comparado com as Escrituras de Deus, se a sua afirmação for verdadeira, não recusaremos a punição devida aos blasfemadores. Mas se você, de malícia contra a verdade de Deus, espalhando a corrupção de seus estômagos fétidos, infectados com orgulho e com desprezo pela graça, afirma o que não pode provar, nosso sincero pedido é, como antes, que seu veneno seja reprimido a tempo.

Traduzi estas proposições a seguir do trabalho escrito por aquele homem sábio e piedoso, Teodoro de Beza, contra as calúnias da cabeça de Castalio.

1. A primeira proposição: Deus efetivamente opera e realiza todas as coisas, de acordo com o desígnio de sua própria vontade.

2. Esse desígnio Deus executa em certos momentos do tempo. No entanto, o próprio conselho é eterno e é realizado antes de todas as coisas, não apenas no tempo (como é antes de todos os tempos), mas também em ordem. Pois, caso contrário, a vontade de Deus não seria a principal e a primeira regra do desígnio de Deus, mas sim as qualidades das coisas que são previstas e preconcebidas, levando Deus a seguir esse ou aquele conselho ou prescrevendo uma regra à vontade de Deus.

3. Esse conselho não pode ser separado da vontade de Deus, a menos que necessariamente despojemos Deus de sua divindade.

4. Esse conselho não é colocado na moderação e na direção do acaso ou da fortuna, mas tem uma força eficaz e ativa em todas as coisas, como Paulo fala.

5. Essa força e eficácia são atribuídas à atuação de Deus, mas não são de Deus. Sendo assim, por esta palavra "eficácia" ou "força", não é declarada nenhuma natureza e poder dado por Deus, o Criador, às coisas criadas, para que elas fizessem isso ou aquilo, mas com isso entende-se o poder de Deus, que ele tem em si mesmo para fazer todas as coisas.

6. A partícula universal "todas", nas palavras de Paulo, não pode de maneira alguma ser restringida, de modo que Deus nesta parte seja julgado ocioso, como Epicuro afirmou falsamente. E se dissermos que algo seja feito e Deus não pode impedir, então ele será despojado de seu poder infinito.

7. De modo que a conclusão é que, consequentemente, o próprio Deus, ainda que tenha lhe aprazido determinar todas as coisas que aconteceriam desde a eternidade, ele operou por seu próprio poder que as mesmas coisas ocorressem no tempo devido como ele deseja.

8. Dessas coisas, no entanto, nenhuma dessas blasfêmias das quais somos acusados se segue, quais sejam, que Deus é o autor do pecado; ou que se deleita ou deseja a iniquidade; ou que satanás ou homens perversos obedecem a Deus; ou na medida em que fazem o mal, fazem o que Deus deseja e, portanto, são inculpáveis. Que tais blasfêmias estejam longe não apenas de nossas bocas, mas também de nossas considerações e pensamentos.

9. Deve ser provado que nenhuma dessas blasfêmias pode ser concluída necessariamente de nossa doutrina.

10. Deus põe em execução os conselhos de sua vontade, por causas secundárias e instrumentos intermediários, não como ligado a eles, como os estoicos afirmavam, mas livre e potencialmente operando, movendo-os e dirigindo-os, conforme a sua sabedoria.

11. Desses instrumentos, existem dois principais tipos. Um tem vida e movimento, o outro não tem vida, que são movidos pela força de outrem e não por si mesmos. São de dois tipos esses que têm vida, uma sendo dotada de razão e juízo; a outra sem razão e só são carregadas pela força cega da natureza.

12. Aqueles que não têm vida e também aqueles que têm vida, mas carecem de razão, não se pode dizer deles que fazem bem ou mal. Mas pode-se dizer que aqueles que os usam como instrumentos fazem bem ou mal.

13. Aqueles que têm vida dotada de razão são anjos ou homens. Os anjos são de dois tipos: alguns bons, outros maus; mas, quanto aos

homens, todos por natureza são maus. Pela graça, eles são assim separados: alguns são totalmente maus, outros parcialmente bons, a saber, na medida em que o Espírito de Deus os santifica.

14. Aqueles que, em qualquer ação, são movidos por seu próprio movimento interior, pode-se dizer que operam corretamente. Portanto, nesse tipo de instrumento recai a diferença entre as obras boas e más, ainda assim não podem adequadamente, nesse aspecto, serem chamados de instrumentos, mas de causas eficientes.

15. De ação maligna, eu chamo aquela que não tem a vontade revelada de Deus como certeza e fim. Por outro lado, a obra é boa quando o obreiro procura obedecer ao mandamento expresso de Deus.

16. Essas mesmas, embora sejam causas, na medida em que operam por seu próprio movimento, ainda assim são chamadas de instrumentos, visto que são movidas por outro. Como quando o carrasco, por ordem do magistrado, mata um homem; ou quando, por instigação do diabo, homens machucam outros; ou quando, por ordem de alguém, fazemos bem ou mal a qualquer homem.

17. Nesse tipo de ação, é evidente que uma obra é atribuída a dois. A um, como aquele que opera por um instrumento; ao outro, como aquele que opera por movimento ou mandamento. Esses trabalhadores são instrumentos, não apenas como o martelo ou o machado estão nas mãos do ferreiro ou do lenhador, mas são instrumentos que também se movem por seu próprio movimento interior.

18. Para esse duplo aspecto, parece ser feita uma dupla obra às vezes, de modo que um seja louvável e o outro perverso, como se o magistrado confiasse um ofensor digno de morte ao executor da justiça. Esse trabalho é digno de louvor de todos os homens de bem. Mas se o lictor, inflamado pela inveja, avareza ou qualquer outra afeição perversa, olhando para o mandamento do juiz, matasse o mesmo transgressor, com toda certeza, diante de Deus, ele não poderia evitar o crime de assassinato.

19. Agora, vamos aplicar essas coisas a Deus, cuja eficácia já provamos operar em todas as coisas sem exceção, de modo que por aquelas coisas que ele produziu por instrumentos, ele executa no tempo tudo o que decretou desde a eternidade.

20. Tudo o que Deus opera é bom, pois dele, que é infinitamente bom, nada de mal pode proceder. Mas ele opera todas as coisas, portanto, todas as coisas são boas à medida que são feitas por Deus. E

essa diferença de bem e mal só tem lugar nos instrumentos e naqueles de quem falamos na 14ª proposição.

21. Porque, se esses instrumentos são bons e se suas ações contemplam a vontade revelada de Deus, eles fazem bem, e Deus também faz o bem por eles. Portanto, essa obra é sempre boa, como quando os bons anjos executam o que Deus ordena e os homens santos seguem o chamado de Deus.

22. Instrumentos do mal não pela criação, mas pela corrupção, visto que operam sempre praticando o mal e, com justiça, incorrem na ira de Deus. Mas, à medida que Deus opera por eles, eles, seja por ignorância ou contra seus propósitos, servem à boa obra de Deus. Mas o próprio Deus, por quaisquer instrumentos que ele opere, sempre opera bem.

23. Assim ele trabalha por esses instrumentos, que não apenas os permite e os tolera operar, nem apenas modera o evento ou o acaso, mas também os levanta, move e dirige. Além disso, ele também cria para o fim de que por eles ele operará o que designou. Essas coisas Deus faz retamente e sem injustiça.

24. Porque, quando o ímpio peca, contra si mesmo ou contra qualquer pessoa ímpia, Deus, sem nenhum pecado, faz acontecer que o ímpio se vingue de si mesmo ou os maus se vinguem de outros ímpios, os quais mereceram punição. E essas obras de Deus são muito justas. Por tais exemplos de seus juízos, Deus ergueu e consolou seus aflitos.

25. Quantas vezes os homens maus ferem os homens bons, os ímpios pecam e, no final, sofrem justa punição. Todavia, por eles, Deus castiga, instrui e confirma os seus e pelos inimigos manifestos de sua igreja, Deus a glorifica.

26. No entanto, não se pode dizer que esses instrumentos malignos obedecem a Deus. Pois, embora Deus faça sua obra por eles, no que concerne a eles mesmos e quanto aos seus próprios desígnios e vontade, não fazem a obra de Deus, mas sua própria obra, pela qual merecidamente são punidos. Embora tudo o que Deus opera pelos ímpios é bom, tudo o que os ímpios operam é mau.

27. Nem que o consequente seja bom: "Deus opera todas as coisas, logo, ele opera o pecado", pois o nome do pecado não está senão na qualidade viciosa e defeituosa, estando totalmente no instrumento que opera.

28. Por causa dessa qualidade corrompida, a obra que, na própria pessoa, é uma, de certa maneira é dupla e pode ser dividida: à medida que a justa obra de Deus luta diretamente e repugna contra a obra injusta do homem.

29. Deus, no entanto, de muitas outras maneiras opera por seus bons instrumentos do que por seus maus instrumentos. Pois além de operar sua obra por seus bons instrumentos, eles também fazem sua obra pela força e eficácia que o Senhor lhes ministra. Deus também opera sua obra por eles, e neles trabalha o querer e o realizar. Mas, pelo mal, assim como por satanás e pelos homens iníquos, à medida que não são regenerados, sempre que Deus executa os justos desígnios e decretos de sua eterna vontade, ele declara sua própria força e eficácia em sua obra por eles, seja por ignorância ou contra o seu propósito. No entanto, tendo em vista que eles operam, Deus não opera neles, mas ele solta as rédeas a satanás, a quem, por seu justo juízo, ele os entrega, para serem movidos e possuídos rumo a toda iniquidade, a fim de que sejam levados à perdição, mesmo pela instigação do diabo, e por sua própria vontade.

Assim, você resumiu brevemente a suma de nossa doutrina nesse assunto, no qual, se você conseguir demonstrar pela clareza das Escrituras ou ainda por bons argumentos delas deduzidos, não podemos nos recusar a fazer penitência, pois a Igreja de Cristo Jesus nos exigirá. Mas se injustamente nos tiver acusado e ainda tiver imputado crueldade a Deus, porque seus julgamentos, justíssimos em si mesmos, são incompreensíveis ao seu entendimento, então nós não podemos, de maneira consciente, deixar de exigir de você uma maior modéstia e também do magistrado legal, que uma ordem seja tomada para que sua malícia e veneno sejam reprimidos, assegurando-lhes que, se no devido tempo suas iniciativas não forem impedidas, eles logo sintam a confusão que você tende há muito promovido em seu seio. Seu veneno é mais pestilento do que o dos papistas era no começo. Que Deus, por suas misericórdias, preserve sua igreja e purifique seus corações para a sua glória.

No tocante à vontade secreta de Deus, de que tantas vezes você nos acusa, falaremos depois, como também sobre como Deus deseja que todos se arrependam e sejam salvos. Antes, declarei que essa distinção deve ser feita entre Deus e o homem, que ele não seja tão potente e Deus tenha tal poder sobre suas criaturas, as quais governará como lhe aprouver, provando que não é um mero legislador e só podendo conceber boas leis e dar mandamentos que possam ser mantidos, mas que não possa, embora deseje, moldar o coração de seus súditos à obediência. Tal imperfeição (eu digo) não podemos admitir em nosso Deus, que faz e fez o que desejar no céu e na terra.[4] Assim, a sua comparação com o rei que ordena e com o pobre escravo que transgride é obstada e é imperfeita. Pois Deus tem maior poder sobre todas as criaturas, sim, mesmo sobre o próprio rei, do que o rei tem sobre seu escravo. Pois o escravo, quando transgride, de alguma maneira ele poderá escapar das mãos do rei e, portanto, do castigo de suas leis. Mas o rei não pode escapar das mãos de Deus. Considere a desigualdade entre Deus e o homem e, então, acredito que você mudará seu entendimento ou se esforçará para conceber razões mais sólidas.

Nas Escrituras, não aprendi a chamar a corrupção de nossa natureza, pela qual nos rebelamos contra os mandamentos, de poder, mas de impotência e escravidão. Todavia, deixando de discutir ou brigar por termos, eu me pergunto o que você quer dizer com seu condicional, que assim você forma: "caso contrário, se não tivéssemos poder para transgredir a vontade de Deus, todos deveríamos observar a vontade de Deus e ser salvos". Dessa maneira, você conclui que não deve haver reprovação. Não vou zombar de você (como sua tolice merece), mas aqui devo dizer que essa sua razão não é melhor do que se eu afirmasse que não há diferença entre os pássaros do ar e o restante das criaturas da terra, porque se todas as criaturas tivessem asas e agilidade similar, então todas as criaturas voariam tanto quanto as aves e, assim, nesse caso não haveria diferença. A sua argumentação não tem maior força, pois se baseia apenas em condicionais, das quais não pode corretamente concluir nada. Prove, se puder, que foi e é o desígnio imutável de Deus, que todos sejam salvos, então você poderá provar que não haverá condenados. Mas agora seguimos, como você procede.

---

[4]Salmos 135.

24ª Parte

O ADVERSÁRIO

Quanto à sentença de Paulo, "se Deus, querendo mostrar a sua ira e dar a conhecer o seu poder, suportou com muita paciência os vasos de ira, preparados para a destruição etc.", é diretamente contrária ao seu erro, apesar de abusá-la para mantê-lo. Pois vendo, como Paulo diz, que Deus os suportou com grande paciência, ele lamenta muito por eles; se ele lamenta, não tem prazer na destruição deles e aquilo em que não tem prazer, não deseja; aquilo que ele não deseja, ele não ordena. Sendo assim, vendo que Deus permitiu com grande paciência que caíssem, ele não os ordenou que caíssem. Você despreza (diz Paulo) as riquezas da bondade e paciência de Deus, assim como a longa tolerância, sem saber que a bondade de Deus leva ao arrependimento. Observe que a causa por que Deus tolerou com muita paciência foi para que nos arrependamos e nos convertamos. Se eles tivessem sido absolutamente ordenados para a condenação antes da fundação do mundo, então Deus sabia que eles nunca se arrependeriam e se converteriam. Com que propósito então ele os tolerou com tanta paciência? Não obstante isso ser suficientemente claro e em conformidade com a Palavra, ainda assim desprezando tudo o que é contrário à sua intenção, você se apega ao sentido literal dessas palavras, "ordenados à condenação".

Essas palavras são ditas segundo o modo comum de falar, como são chamados conforme a frase comum do discurso "ordenados à condenação", cujo fim é a condenação. Isso costumamos dizer de um homem que foi lançado à forca e ele nasceu para ser enforcado. No entanto, não foi a intenção de sua mãe criá-lo para ser enforcado. Temos muitas frases como essas nas Escrituras, como Êxodo 11: "O faraó não lhes dará ouvidos, a fim de que os meus prodígios se multipliquem no Egito".[1] Pois assim como as maravilhas feitas no Egito foram penosas para o faraó, ele não desobedeceu com o objetivo de que mais maravilhas do que pragas lhe sobreviessem, mas esse era o problema de sua obstinada desobediência. "Todo aquele que der sua descendência a Moloque, que seja morto, porque ele deu de sua descendência a Moloque para profanar meu santuário e macular meu santo nome" Levítico 20:3. Os israelitas não sacrificaram seus filhos a Moloque para profanar o santuário do Senhor e desonrar o nome de Deus, mas para adorar Moloque, não obstante esse fosse o objetivo e o fim de seu sacrifício a Moloque, o santuário do Senhor foi profanado e seu nome desonrado. Assim, Jeroboão fez os dois bezerros de ouro, pelos quais ele fez Israel pecar, para enfurecer o Senhor Deus de Israel. A causa pela qual Jeroboão fez os dois bezerros de ouro, bem como sua intenção, não era irritar Deus, mas ele pensava que se o povo subisse e sacrificasse na casa do Senhor em Jerusalém, seus corações retornariam a Roboão, rei de Judá. Portanto, ele fez dois bezerros de ouro para fazer o povo sacrificar em Betel, do que se seguiu a ira de Deus. De prata e ouro eles fizeram imagens para trazerem destruição sobre si mesmos.[2] Os israelitas lhes fizeram imagens, pensando que seriam salvos e não destruídos, mas ainda assim disso se seguiu sua destruição. Jeremias disse: "Ai de mim, minha mãe, por me haver dado à luz! Pois sou um homem em luta e em contenda com a terra toda!"[3] A mãe de Jeremias não o criou com essa intenção, mas ainda assim foi o seu fim.

No Novo Testamento: "Se alguém tem fome, coma em casa, a fim de não vos reunirdes para juízo". Os coríntios não se juntaram com a intenção de alcançar, dessa forma a condenação, mas dos seus abusos ao se unirem se seguiu a sua condenação. Por essas passagens e por muitas outras, podemos entender a sentença das Escrituras: para que sejam ordenados à danação, cujo fim é a condenação, que eles recebem não pela vontade de Deus, a qual desejava que todos os homens fossem salvos, mas como uma recompensa justa por seus pecados. Como o traidor que padece não deve imputar sua morte

---
[1] Êxodo 11.
[2] Oseias 8.
[3] Jeremias 15.

à sentença que o juiz justamente deu contra ele, mas à sua própria transgressão e traição. Assim, quando nós, por nossos pecados, somos ordenados à punição, não devemos imputá-la à preordenação de Deus, ao mesmo tempo boa e misericordiosa, mas às nossas próprias transgressões. Dado que, como diz Paulo, Deus os suportou com grande paciência, a condenação deles não vem pelo desígnio e vontade de Deus, pela qual ele lamenta muito, como ele disse pelo profeta Jeremias: "Estou cansado de ter compaixão por ti". Você dirá que Deus se cansa, sofrendo e lamentando por aqueles a quem ele reprovou antes do mundo? Certamente, penso que, embora até aqui o tenha dito inadvertidamente, não mais o fará a partir de agora que Deus lhe conceda, no tempo, que você não cansa o Senhor de tristeza por nós.

RESPOSTA

Assim como suas considerações de Deus são grosseiras e carnais, seus juízos nessa passagem das Escrituras são enganosos e muito errôneos. Não considere ofensa eu afirmar que suas cogitações de Deus são carnais e grosseiras. Pois posso evidentemente provar que alguns de vocês afirmam e sustentam que Deus tem olhos, pés, mãos, braços e toda a proporção do homem: que ele dorme e acorda novamente, esquece e depois se lembra, é mutável e verdadeiramente se arrepende.

Se essas cogitações do Deus Eterno não são carnais, sim, se não são más e diabólicas, que o leitor imparcial e piedoso julgue.

Em sua longa progressão, que você faz sobre as palavras de Paulo, você conclui em contradição com o Espírito Santo e com as palavras claras do apóstolo. Pois o apóstolo quer dizer e claramente fala que, embora Deus suporte e adie por muito tempo o julgamento dos infames, eles não deixam de ser vasos de ira, como os que foram ordenados à perdição. Mas você conclui o contrário, afirmando que ele não os ordenou à Queda. E assim, porque você conclui diretamente contra o Espírito Santo, não posso deixar de dizer que sua conclusão é incorreta.

Todavia, para dar uma resposta mais ampla e abrangente, ao examinar as partes de sua progressão, mostrarei seu erro e a sua causa. Primeiro, você diz: vendo que Deus os suportou com muita paciência, ele lamenta muito por eles. Aqui, eu digo, no seu primeiro fundamento está o seu erro e a causa disso é que você ignora por completo a natureza de Deus, na qual não recai tal sofrimento, paciência, nem tal tristeza, como imagina grosseiramente. Deus é onipotente e não é compelido a suportar nada que não tenha designado em seu conselho eterno. Ele é um espírito e livre de todas as paixões às quais as criaturas estão sujeitas. Pois em sua eterna divindade não há paciência sujeita à dor, nem tristeza associada à angústia. Contudo, quando essas paixões são atribuídas a Deus, é pela fraqueza do nosso entendimento que o Espírito Santo se submete a uma linguagem apropriada à nossa capacidade.

Você toma para si a liberdade, em diversas outras passagens, para explicá-las como lhe convém mesmo contra a clareza da Escritura. E por que você não permite que tantas frases sejam assim compreendidas, de modo que julgadas pela majestade de Deus não concordam com sua natureza divina? Assim você abusa da intenção do apóstolo, pois ele não deduz, como você faz de forma tola e perversa, que por que Deus suportou com grande paciência, então ele lamentou. Mas disse que ele suportou os vasos ordenados à destruição para que sobre um a sua ira e poder e sobre o outro (isto é, sobre os eleitos) as riquezas de sua glória pudessem ser conhecidas. Isso foi suficiente para calar sua tolice. Mas, ainda assim, para instruir os símplices, vou tratar de tornar essas palavras do apóstolo mais claras e compreensíveis.

Ele já havia concluído que Deus teria misericórdia de quem ele quiser ter misericórdia, e endureceria a quem ele quisesse. Como essa sentença superou em muito a capacidade do homem, também pode gerar algumas dúvidas nos corações daqueles muito piedosos. Pois eles poderiam ter raciocinado que, se Deus por fim destruirá todos os infames, com que propósito eles agora podem triunfar e incomodar os eleitos de Deus? Ao responder a essa dúvida, o apóstolo especifica três razões pelas quais Deus, com grande paciência, suporta os vasos da ira. A saber, para que seu poder, sua ira e as riquezas da glória de sua misericórdia possam aparecer e serem conhecidas.

Pois, se Deus subitamente, das barrigas de suas mães, arrancasse os infames ou se, no começo de sua malícia, ele acabasse com seu orgulho, a fim de que não agissem contra ele, nem seu poder pareceria tão grande, nem a sua ira tão justa e tão santa. Mas quando ele os tolera, como fez com faraó, de um mal proceder a outro, removendo constantemente suas pragas e se declarando fácil de ser tratado, mesmo nesse momento em que sua malícia e raiva os conduzem a, por assim dizer, abertamente desprezar Deus e seu poder, quando então, eu digo, de uma vez Deus derruba poderosamente a força e o poder de seus inimigos, como ele fez com faraó, Senaqueribe, Belsazar[4] e outros, então seu poder divino e a sua grande justa ira são mais evidentemente conhecidas do que se ele as tivesse reprimido no começo, ou ainda tê-los levado embora antes que sua malícia começasse a crescer.

Assim, por esse meio, ele não apenas adverte os outros da destruição certa de todos aqueles que continuam em crueldade, mas também confere à sua Igreja o mais singular conforto, permitindo que eles vejam que sua providência e poder olham por eles, mesmo quando a ira do inimigo parece devorar tudo. E, assim, eles também veem a misericórdia de Deus para com eles. Além disso, quando os eleitos consideram, sabiamente, quais são os severos juízos de Deus contra os desobedientes e consideram quão propensos e prontos à rebelião contra Deus, eles o são por natureza, a não ser que sejam conduzidos por seu Espírito, eles chegam a um sentimento mais vivo de da livre misericórdia e graça de Deus, pelas quais somente eles estão isentos da sociedade dos infames. Embora esses fins e causas da longa paciência de Deus sobre os vasos da ira não lhe satisfaçam, ainda assim eu não duvido que os filhos aflitos de Deus se confortarão e se confortam com eles. Você assim procede em seus argumentos sofistas: "Se ele se lamenta (você diz), ele não tem prazer em sua destruição. E como ele não tem prazer, ele não o deseja; e o que ele não deseja, ele não o ordena. Portanto, vendo que Deus suporta sua queda com grande paciência, ele não os ordenou que caíssem".

Sendo o seu fundamento falso, todo o seu edifício cai pelo próprio peso. Antes de prosseguir, você deve provar que Deus suportou nos vasos de ira aquilo que ele não podia nem poderia remediar e, por isso, caiu em aflição e tristeza que seu poder não era maior e sua sabedoria não era perfeita. Ai de suas blasfêmias, pois elas me obrigam a escrever aquilo que de bom grado eu não faria.

---
[4]Êxodo 14; Isaías 37; Daniel 5.

Eu já disse antes que Deus não tem prazer na destruição, nem deseja a morte do pecador absolutamente, isto é, não considerando nada além de seu tormento e dor exclusivamente. Mas, embora seu orgulho e malícia não permitam que você admita que Deus criou todas as coisas para sua própria glória, ainda assim ele suplicará para que você lhe permita usar suas criaturas como lhe aprouver.

Sobre essas palavras do apóstolo: "Ou será que você despreza a riqueza da bondade, da tolerância e da paciência de Deus, ignorando que a bondade de Deus é que leva você ao arrependimento?", você deduz que o motivo pelo qual Deus suporta com muita paciência é que devemos nos arrepender e nos converter. Se você entende que Deus suportou seus eleitos, mesmo no tempo de sua cegueira, sim, e depois de suas terríveis quedas e transgressões, com grande leniência e gentileza, a fim de que depois se arrependam, eu concordo com você. Pois assim fez com Davi, Manassés, Paulo e muitos outros que, após sua conversão, não desprezavam a clemência de Deus, mas a magnificavam e a louvavam, como em todas as suas confissões pode-se ler. Mas se você entende as palavras de Paulo de modo que Deus não tem outro fim em sua longa paciência, mas que os infames se arrependam e se convertam de sua maldade, porque o Espírito Santo atribui outras causas (como antes declaramos), devo preferir seu julgamento e sentença. À sua pergunta irreverente, ousada e furiosa, na qual você pergunta, respondo: com que propósito Deus os suportou com longa paciência aqueles a quem ele já sabia que jamais se arrependeriam ou se converteriam, não posso responder de modo diferente do que já o fiz, a não ser o seguinte acréscimo. Se você não está satisfeito que a justa ira e o grande poder de Deus também sejam manifestos, tanto neste mundo quanto na vida futura, sobre os vasos de ira, assim como a sua misericórdia e as riquezas de sua glória serão louvadas e exaltadas nos vasos de misericórdia, que a experiência (o provérbio comum chama mestre dos tolos) nos ensina que nenhum proveito tinham os gigantes de quem os poetas falam, ao amontoar montanha sobre montanha a fim de caçar Júpiter nos céus. Usando as palavras das Escrituras: se você não deixar logo de questionar a Deus irreverentemente, sentirá eternamente o tormento preparado àqueles que não se sujeitarem humildemente aos seus incompreensíveis juízos. Pois, se você exigir que sua majestade lhe dê uma razão pela qual pode entender e apreender, o que fazer senão despojá-lo da sua divindade?

Não nos atemos apenas ao sentido literal dessas palavras anteriores do apóstolo, mas ao que o restante das Escrituras nos permite e ensina. Mas a adequação de suas frases e maneira comum de falar, pelos quais você tenta obscurecer as palavras claras do apóstolo, examinaremos em breve. Ordenados à condenação, segundo a maneira comum de falar, não significa nada além de dizer que o fim é a condenação. Para lhe conceder um pouco, eu queria saber de você: quem ordenou que a condenação fosse o fim dos reprovados? Percebo, pelo seu exemplo, que você não ousa dizer que é Deus, pois assim você diz: "Costumamos dizer que um homem que é lançado para ser enforcado nasceu para ser enforcado, apesar de não ter sido a intenção de sua mãe criá-lo para ser enforcado."

Além da grosseria tola desse exemplo, me impressiona sua loucura, que você não consegue jamais distinguir entre Deus e as criaturas terrenas. Você se atreve a dizer que Deus não tem maior poder nem presciência em dirigir e designar suas criaturas para seus fins do que a mãe tem de dirigir, prever e designar o fim de seu filho? Depois que ela lhe deu à luz, ela não sabe qual será sua inclinação natural. Embora ela o instrua e o corrija, ela não pode quebrar e expulsar sua natureza tortuosa. Quando ele está ausente de sua presença, ela não observa suas conversações. Se ele for detido por roubo ou assassinato e levado à forca, ela não poderá (embora o quisesse) libertá-lo das mãos do juiz. Mas algumas dessas imperfeições existem em Deus? Pense melhor e deixe que a razão cale a sua tolice.

Quanto às palavras de Moisés, Oseias, Jeremias e Paulo e do fato de Jeroboão, você tenta provar que essa frase, nesse sentido, é comum nas Escrituras. Estou em dúvida se primeiro devo lamentar sua ignorância cega ou abominar e detestar suas mentiras abomináveis e a horrível profanação da mais santa Palavra de Deus.

É impossível que a ignorância tenha cegado dessa forma todos vocês, que nenhum de vocês consiga perceber a distinção entre esses tipos de discursos:[5] "Deus suportou os vasos de ira ordenados à destruição" e estes: "Faraó não te ouvirá, para que muitas maravilhas possam ser realizadas etc.", "Não dê da tua semente a Moloque etc.",

---

[5] Êxodo 11; Levítico 18 e 20.

"Voltarei o rosto contra o tal homem, e o eliminarei do meio do meu povo, porque ele deu de sua semente a Moloque para profanar meu santuário e profanar meu santo nome". E assim por diante. Pois apenas a passagem do apóstolo, segundo a frase no inglês, pode ser corretamente traduzida por condenação.

Apelo à sua consciência, seu corruptor das Escrituras de Deus, em todas as passagens citadas por você não é a partícula *e*, que é causal, e não a preposição *em*, que está nas palavras de Paulo. E a malícia te privou de conhecimento a ponto de não conseguir distinguir entre essas duas palavras ou expressões. Que o Senhor de sua misericórdia preserve sua Igreja de mestres tão presunçosos e enganadores. Se você tivesse sido inteiramente ignorante, com tristeza de coração eu poderia ter lamentado a sua tolice. Mas percebendo que, de forma determinada e maliciosa, deliberadamente corrompem as claras escrituras de Deus para cegar mais facilmente os olhos dos simples, com tristeza e pesar, digo eu, melhor seria jamais ter nascido do que obstinadamente lutar contra a clara verdade de Deus. E isso com tamanha fúria, quanto às Escrituras, você não pode ter certeza do nosso erro, ainda assim você as deturpa para que elas pareçam servir ao seu propósito. Nas passagens que você não consegue deturpar para que possa ser traduzida pela expressão inglesa "to" ["a" no português], não tema afirmar que é a mesma frase com a de Paulo: "Vasos de ira preparados ou ordenados à destruição". Isso é suficiente para mostrar aos doutos, sim, mesmo aos que entendem os primeiros princípios de sua gramática, sua infidelidade e engano astuto nessa matéria. Mas porque aqueles que nada entendem da língua latina não podem observar seu artifício, farei o possível para torná-lo o mais claro possível.

Se eu dissesse: "Eu fui designado à morte, para sentir o castigo do pecado e, assim, fazer cessar o pecado", você dirá que essa partícula "à" na passagem anterior, na qual eu digo que sou designado à morte e, na segunda passagem, na qual digo: "sentir o castigo do pecado e fazer cessar o pecado" são todas uma única frase e devem ser igualmente esclarecidas? Suponho que não o farão, pois, na primeira passagem, não dá para resolver de outro modo que não este: eu estou designado à morte, ou seja, eu preciso morrer. Mas, na segunda passagem, duas causas de morte são atribuídas. Pois onde eu digo: "Para sentir a punição do pecado", entendo que a causa da morte é que eu e todos os homens possamos sentir o quão horrível é o pecado diante de Deus. Nesse último, entendo que assim a morte põe fim ao pecado, a fim de que depois não perturbe os eleitos de Deus. A frase de Paulo é muito mais diferente de tudo o que você conclui, que essas frases citadas são diferentes umas das outras, pois onde ele diz "vasos de ira ordenados à destruição", ele se refere ao fim derradeiro dos vasos da ira a serem ordenados e determinados de antemão no conselho eterno de Deus. Em todas essas passagens, "provocar o Senhor à ira", "profanar o meu santuário", "acender a ira de Deus contra Israel", "fazer Israel pecar" e coisas assim, as suas ações são entendidas como causas da ira de Deus, porque ele considerou seu santuário profanado. Assim, tua petulância me faz incomodar o simples leitor. Você perverteu a passagem de Jeremias maliciosamente, pois não pode ser traduzida assim de modo algum. Mas seja qual for sua língua, ela deve dizer: "Ai de mim, minha mãe, por me haver dado à luz! Pois sou um homem em luta e em contenda com a terra toda!".[6]

A passagem de Paulo (1Co 11) de nada serve ao seu propósito. Embora exista uma preposição "*ad*" que possa ser corretamente traduzida como "*para*", ainda assim esse discurso é muito diferente do anterior do apóstolo, pois onde ele diz: "Comei em casa para que não vos reunais para a condenação", ele os adverte do perigo que eles não conhecem, do qual banquetes desordenados e desordeiros, aliados ao desprezo pelos pobres, sem arrependimento, devem trazer condenação. Sua réplica alega que você não atende tanto aos termos quanto o assunto, pois em todos esses discursos anteriores, o homem pretendia uma coisa, mas aconteceu outra. O que você pode concluir disso, a não ser que o propósito, a decisão e a intenção de Deus não estão sujeitos ao propósito e à intenção do homem? É verdade que nem faraó resistiu a Moisés a fim de ser atormentado, nem Jeroboão construiu os bezerros a fim de que Israel fosse destruída. Mas, ainda assim, por ter Deus assim pronunciado de antemão, inevitáveis pragas e destruição se seguiram à sua desobediência. Se disso você conclui, como parece fazer, que aqueles cujo fim é a condenação não a receberão pela vontade de Deus, porque conclui aquilo que nem você prova, nem tenta provar nessa passagem, não me darei o trabalho de responder por ora. Mas quando você tentar provar que Deus deseja

---
[6]Jeremias 15.

que todos os homens sejam salvos (como afirma), espero, pela graça de Deus, responder adequadamente. Pois como não duvidamos que os julgamentos de Deus são santos e muito justos, assim sabemos que a consciência dos iníquos sentirá em si mesma, e em nenhum outro lugar, as causas de sua condenação. Também nenhum de nós jamais sustentou, acreditou ou afirmou que qualquer dos condenados terá liberdade no inferno para discutir com Deus as causas secretas de sua condenação, pois o livro será aberto e os segredos de todos os corações serão revelados.

Quanto ao sofrimento, à paciência e o pesar de Deus, eu já respondi antes, no início dessa sua última progressão confusa e, portanto, não incomodarei o leitor com repetição. As palavras de Jeremias que você cita não podem ter esse sentido inferido por vocês, pois ele não fala de nenhuma paixão que estivesse em Deus, no que tange à sua eterna divindade, mas apenas apela para a consciência do povo. Quantas vezes Deus não apenas repreendeu, mas também de tempos em tempos os corrigia, sempre chamando-os ao arrependimento e suspendendo seu castigo final, embora eles continuamente caíssem do mal a pior. De modo que Deus estava muito cansado de se arrepender, ou seja, de uma só vez ele derramaria sua justa vingança, o que antes ele já havia ameaçado fazer. Tomemos o primeiro capítulo de Isaías como comentário a esse trecho, e acredito que a sentença estará clara. Pois lá ele afirma que naquele povo não havia integridade, isto é, toda ordem e política estava quase desolada, Jerusalém foi deixada desolada pelas pragas manifestas que lhe sobrevieram, mas ainda assim não houve verdadeira conversão a Deus. E aqui ele diz: "Tu me rejeitaste", diz o Senhor, "e por isso levantei a minha mão contra ti e lhes espalhei; Estou cansado de ter compaixão, isto é, de ter te poupado por muito tempo.[7] Eu os espalharei com a pá até as portas da terra (isto é, até a parte mais extrema), fiz meu povo desolado e os destruí; no entanto, eles não se afastaram de seus caminhos".

Estou certo de que todo homem razoável considerará que essas palavras são, na verdade, ditas para admoestar o povo de como Deus por todas as maneiras os incitou ao arrependimento, e não nos dizer qual natureza ou paixões Deus tinha em si mesmo, como você faz. Pois assim aparece nesta sua pergunta: "Vocês dirão que Deus

---
[7] Jeremias 15.

se cansou, sofrendo e lamentando por aqueles a quem ele reprovou antes do mundo? Certamente, penso que, embora inadvertidamente você tenha dito, a partir de agora não o fará mais". E assim você termina esta parte com uma oração. Ao que respondemos em poucas palavras que, embora não tentaremos definir, depois disso, quais serão seus pensamentos, ainda assim não deixaremos de orar a Deus, a fim de que seus corações sejam humilhados com maior reverência, para que não apenas pensem, mas também falem da majestade de Deus, de seus juízos santíssimos, tão justos e completamente incompreensíveis nessa vida ao nosso frágil entendimento. Mas agora vamos adiante para o que se segue.

25ª Parte

O ADVERSÁRIO

Agora devemos declarar as palavras de São Lucas, "e todos os que foram ordenados para a vida creram", nas quais devemos entender que assim como aqueles que não obedeceram à verdade são chamados nas Escrituras como "ordenados à condenação", como está suficientemente provado, assim aqueles que voluntariamente recebem a verdade e unem a palavra à fé, trabalhando na caridade, são chamados "ordenados para a vida". Quando você responde que a predestinação é sem nenhuma condição, eu admito que a predestinação para a vida é o dom gratuito de Deus, sem qualquer condição. Não obstante, não podemos vir à vida a não ser pelo caminho que leva à vida, como aquele que recebeu o talento de seu mestre, recebeu-o de um presente gratuito sem o seu mérito, mas porque ele não andou no caminho designado por seu mestre seu talento foi retirado dele novamente. Antes, pelo livre benefício de seu mestre, ele foi escolhido para a vida; agora, por não seguir o caminho que leva à vida, é ordenado à condenação. O filho pródigo que é recebido pelo seu pai não por seus méritos, mas pela bondade e benevolência livres de seu pai, ainda assim é exigido a ele que ele siga adiante como um filho obediente, e se ele não o fizer, a última queda será pior que a primeira.

A predestinação, portanto, é o mero dom de Deus antes da fundação do mundo, quando nada poderia ser ordenado para nós; sim, antes de termos fé, ou que por ouvirmos a palavra, pudéssemos ter fé, nenhum mandamento espiritual nos é dado, a não ser quando, ouvindo, pudermos receber fé, então o caminho da salvação é aberto para nós, no qual devemos caminhar para que sejamos salvos. E, no entanto, se segue que devemos andar no caminho que conduz à salvação, visto que, por andar no caminho da salvação, somos escolhidos e aceitos. Pois Paulo diz: "não sou culpado de nada, mas, então, não sou justificado". Se um médico instruído que vê alguém em perigo de morte, a quem ele pode e deve ajudar, oferece um remédio ao paciente capaz de restaurar sua saúde e com isso também prescreve uma dieta, isso vem apenas de sua própria bondade. Porém, se o paciente não se ordena de acordo com as prescrições do médico, o remédio não o ajudará. Embora ele observe uma boa dieta, ele não deve reputar o reestabelecimento de sua saúde a si mesmo, mas ao médico. Pois, embora o paciente tenha poder de prejudicar sua saúde, não está em seu poder dar saúde a si mesmo. Assim, Cristo, nosso médico, oferece um remédio saudável a todos nós e prescreve nossa dieta, que, se não a observarmos, o remédio não nos beneficiará. E, ainda que a observemos, não devemos atribuir nossa saúde a nós mesmos, mas à liberalidade de nosso médico, Cristo, que, por sua mera misericórdia, nos tornou íntegros. Portanto, voltando ao nosso argumento, são ordenados à vida tantos quantos alegremente andam no caminho que leva à vida, que é a verdadeira obediência, e creem, como disse São Lucas.

RESPOSTA

A passagem de São Lucas que você deseja corromper está escrita no capítulo 13 dos Atos dos Apóstolos. A luz é tão clara que você nunca conseguirá obscurecê-la, sendo assim, não vou gastar muito tempo refutando sua vaidade, pois a simples verdade da História o revelará. Paulo, vindo para Antioquia, na Pisídia, entrou na sinagoga dos judeus no sábado e ali pregou um sermão muito profundo, eficaz e consolador, no qual, pela clareza das Escrituras, ele provou que o mesmo Jesus crucificado em Jerusalém foi o Messias prometido e o único Salvador do mundo. Com essa doutrina muitos dos judeus se ofenderam, e ainda outros a adotaram. Paulo, no sábado seguinte, pregou a toda multidão de judeus e gentios reunidos. Mas quando os judeus apresentaram sua réplica claramente blasfemando contra Jesus Cristo, Paulo e Barnabé corajosamente lhes disseram: "Era necessário anunciar primeiro a vocês a palavra de Deus; uma vez que a rejeitam e não se julgam dignos da vida eterna, agora nos voltamos para os gentios." (At 13:46) Nessas palavras, os gentios se regozijaram e glorificaram a palavra do Senhor e creram (diz o texto) quanto estavam ordenados à vida eterna. Quem é tão cego a ponto de não ver que nessas palavras o Espírito Santo deixou claro por que alguns creem e outros blasfemam e permanecem infiéis? A causa pela qual alguns creram é porque estavam ordenados à vida eterna.[1] Como ovelhas de Cristo Jesus, ouvem e creem na sua voz, os outros, sendo deixados no poder do diabo (como não são dados a Cristo para que possam receber vida) permanecem na cegueira, contradizendo e blasfemando, deixando claro de quem são filhos e a que geração pertencem. Nenhum de nós nega ou jamais negou que os eleitos de Deus de voluntariamente recebem e obedecem à verdade e que o Espírito de Deus operou de tal modo em seus corações que não somente eles acreditam, mas também são frutíferos, sim, e que da justiça eles procedem para a justiça. Mas assim como damos todo louvor a Deus, sem arrogar para nós qualquer parte nisso, assim afirmamos constantemente que nem a fé, nem as obras, nem qualquer qualidade que esteja, ou que Deus previu que estivesse em nós, é a causa de nossa predestinação ou eleição à vida eterna, como antes deixamos suficientemente provado.

Vocês são tão inconstantes, agora admitindo que a predestinação seja o dom gratuito de Deus, sem quaisquer obras como condição, e imediatamente depois atribuindo-a à nossa obediência e caminhar no caminho que leva à vida. Nessa sua inconstância, não consigo entender como lidar com você. Uma coisa eu vejo, para meu grande consolo, que a glória de Cristo Jesus é tão manifesta e o poder de sua verdade tão invencível que ele reinará no meio de seus inimigos. Mesmo os demônios devem reconhecer e confessar abertamente que ele é o Senhor e o único Filho do Pai vivo. Os adversários de sua verdade, mesmo quando lutam de maneira ultrajante contra ela, são obrigados a dar testemunho disso, como você faz aqui em diversas passagens, como quando diz que não significa porque devemos andar no caminho que leva à vida, portanto, por andar no caminho da salvação, somos escolhidos e (como você escreve) aceitos. Mas porque, digo eu, a sua inconstância te leva a negar isso, não posso crer que isso seja uma verdadeira confissão, precedendo de um coração

[1] João 10.

sincero, mas sim que é a poderosa força da verdade, que (quer você queira quer não) compele a sua boca a testemunhar contra si mesma.

Queira Deus que eu esteja enganado neste meu julgamento: por ele digo que de modo algum sou inimigo de nenhum de vocês a não ser na medida em que você declara manifestos inimigos da livre graça de Deus e da glória do eterno Filho do eterno Pai de Cristo Jesus, nosso Senhor e único Salvador. Como não há nada nessa sua última parte que eu já não tenha tratado em diversas passagens, observarei apenas as coisas nas quais não concordamos com você.

Em primeiro lugar, não costumamos chamar a predestinação de dom gratuito de Deus, mas chamamos de eterno e imutável conselho de Deus, no qual ele decidiu escolher a vida eterna, como agradou à sua sabedoria em Cristo Jesus, seu Filho.

Em segundo lugar, dizemos que você nunca será capaz de provar pela parábola dos talentos que qualquer infame foi escolhido em Cristo para a vida eterna.

Em terceiro lugar: não encontramos acordo, nem condição entre o pai amoroso e o filho pródigo em sua admissão à sua anterior dignidade, nem entendemos a parábola como se o referido filho, recém--recebido à misericórdia, por obstinação, ingratamente, se afastaria de seu pai. Entendemos, porém, que, como ele sentiu a miséria que sofreu ao seguir seus próprios conselhos, cedo ou tarde, com toda diligência, ouviria os conselhos de seu pai.

Sua opinião nos é sombria e sua escrita é obscura, onde você diz que antes que tivéssemos fé ou, por ouvir a Palavra, pudéssemos ter fé, nenhum mandamento espiritual nos é dado. E as palavras de Paulo não parecem bem aplicadas, pois ali ele não trata de eleição, mas apenas afirma que na dispensação daquele ministério que lhe fora confiado, ele não se considerava culpado de nada etc. Mas porque isso é de pouca importância, só quero lhes trazer à memória.

Por fim, você faz a comparação entre seu médico oferecendo remédios e prescrevendo dieta ao paciente, que pode recebê-los e segui-la a seu gosto, e assim recuperar a saúde e preservar sua vida, ou então rejeitá-los e quebrá-la, e assim alcançar sua própria destruição. Cristo Jesus (você diz), sendo nosso médico, oferece um remédio saudável para todos e prescreve nossa dieta, mas se não observarmos, o remédio não nos beneficiará etc. Essa comparação nos desagrada em um aspecto, pois tira de nosso soberano Senhor a sua principal glória e honra. De modo algum podemos tolerar que seu poderoso poder e operação, por seu Espírito Santo, sejam comparados ao poder de qualquer criatura. Nós não dizemos, nem ensinamos, nem acreditamos que Cristo Jesus apenas ofereça um remédio e prescreva uma dieta, como um médico comum, deixando o uso e a sua observação à nossa vontade e poder. Mas afirmamos que, no coração de seus eleitos, ele opera a fé, abre-lhes os olhos, cura sua lepra, remove e supera sua desobediência. Sim, violentamente ele os arranca da escravidão de satanás e os santifica pelo poder do seu Espírito Santo, para que eles permaneçam na sua verdade, conforme ele orou por eles, assim continuam os vasos da sua glória para sempre.

Aqui nós divergimos de você, como ficará mais claro na discussão sobre o que você assim denomina.

26ª Parte

O ADVERSÁRIO

O segundo erro de Careless by Necessity

Apesar de pecarem gravemente, os eleitos nunca estão fora do favor e da eleição de Deus, nem podem, de maneira alguma, perecer ao final. De modo que Adão, quando transgrediu, e Davi, quando cometeu adultério e homicídio, foram favorecidos e ainda assim amados por Deus, eles jamais estiveram fora da eleição, nem poderiam estar. Novamente, os infames, como Saul e Judas, nunca estiveram no favor e eleição de Deus, não poderiam eles nem nenhum outro alcançar a salvação.

RESPOSTA

A verdade dessa proposição de nada serve para justificar sua malícia e ódio, pois, embora não haja sentença nela contida, sendo entendida corretamente, ela não é coerente com a Palavra de Deus. Por qual propósito e por qual intenção você reuniu essas sentenças, deixando de lado aquelas que as explicariam, facilmente ficará claro. Pelo veneno que você vomita contra nós, você quer nos tornar odiosos a todo o mundo, como se segue aqui.

27ª Parte

O ADVERSÁRIO

A refutação do segundo erro

Aqui você vê como eles dividem todos os homens em dois tipos, um eleito ou escolhido. Este de modo algum pode perecer, enquanto aquele, rejeitado ou reprovado antes do mundo, jamais pode ser salvo. O que o diabo pode desejar que seus membros ensinem mais para o avanço de seu reino do que isso? O que pode ser inventado para levar os homens a viver uma vida descuidada e libertina mais do que se eles forem convencidos de que nem as boas ações valem ou agradam a Deus, nem o mal prejudica a salvação? É como se alguém precisasse aconselhar o paciente a recusar toda medicação saudável, boa dieta e, deliberadamente, a ocasião de sua própria morte. Pois se eles são (dizem eles) do tipo eleito, embora cometam roubo, fornicação, adultério, assassinato ou qualquer outro pecado, ainda assim eles são tão amados e favorecidos por Deus que não podem perecer ao final. Se eles são do tipo reprovado (dizem eles), nem o arrependimento, a correção da vida, a abstenção do mal, nem o jejum, a oração, as esmolas ou outras boas ações podem valer, visto que eles são tão odiados por Deus antes do mundo que, de maneira alguma, podem obter seu favor, mas, por mera necessidade, não importa o que façam, perecerão. Vendo que é assim, diz o homem natural, exultemos em nosso descaso, pois amanhã morreremos. Então as pessoas se sentam para comer e beber e depois se levantam para se divertir. Por que, mestres, não percebem que assim fazem o povo de Deus pecar? Não veem como são guiados com o mesmo espírito que Balaão foi guiado, quando foi aconselhado a dar ocasião de pecado ao povo? Eu sei que você responderá, que não quer dizer isso. Seja lá o que você queira dizer, faça o que quiser, mas esse é o resultado e o fruto de sua doutrina e todo o que assim for corrompido por você, se não se arrepender, morrerá, mas Deus exigirá o seu sangue de vossas mãos.

Marque bem seus discípulos: quantos deles se esforçam para produzir o fruto do arrependimento? Quantos deles buscam poder para crucificar a carne com sua cobiça e concupiscência? Quantos deles podemos perceber, por suas conversações, que lançaram fora o velho homem e se revestiram do novo, andando sinceramente em sua vocação e no verdadeiro temor de Deus? Mas se eles costumam frequentar suas congregações, como os papistas realizam a missa, então que sejam irmãos fiéis. Quem costuma fazer acepção de pessoas, preferindo os ricos, que, se forem generosos e ainda que se afoguem em muitos vícios, usa isso para ajudar essas feridas com este ditado: nesta vida não é possível saber quem está na eleição, não importa quão virtuoso seja, nem é possível saber quem está fora da eleição seja quão injusto for. Dessa maneira, vocês os curam, para que não precisem se esforçar para produzir os frutos da fé viva, pois eles pensam que o sinal mais seguro de sua eleição é serem membros da congregação. Mas Cristo disse: "Nisto os homens saberão que sois meus discípulos, se fizerdes o que eu vos mando" e, novamente "pelos frutos os conhecereis. Pois um homem bom, do tesouro do seu coração, produz coisas boas". Contudo, você diz que nenhum homem pode saber se está na eleição ou fora da eleição durante esta vida e como prova disso cita as palavras de Paulo: "O diabo se transforma em anjo de luz." Ao que respondo brevemente: Deus nunca se transforma em anjo das trevas, portanto, enquanto andar nas trevas, vocês não serão de Deus. Mas assim toma os mais vergonhosos homens pela mão, bajulando-os, para que não se convertam da sua iniquidade, parecendo que vocês não são enviados por Deus, pois pela sua doutrina dá ocasião ao povo de pecar. E o Senhor disse: se eles estivessem em meu conselho, eles teriam desviado meu povo de seus maus caminhos e imaginações perversas, mas tal pai, tal filho; tal discípulo, tal mestre. Seu líder Apolo é perseguidor, contra o qual o sangue de Serveto clama por vingança, assim também o sangue de outros mais do que eu poderia citar. Mas assim como Deus, em parte, já vingou o sangue deles e tratou alguns de seus perseguidores com a medida com que mediam os outros, não farei menção a eles neste momento.

Então para declarar que sua iniquidade não procedeu de ignorância e da fraqueza humana, mas de malícia obstinada, eles têm, como uma perpétua memória de sua crueldade, escrito livros, afirmando que é lícito perseguir e matar aqueles que divergem deles em controvérsias religiosas, a quem chamam de blasfemadores de Deus. Não obstante eles, antes de chegarem a posições de poder, tinham outro entendimento, diziam e escreviam que ninguém deveria ser perseguido por causa de sua consciência. Todavia agora eles não apenas se tornaram perseguidores, mas também deram, até onde estão neles, a espada nas mãos dos tiranos sanguinários. São essas, eu pergunto, as ovelhas que Cristo enviou no meio dos lobos? As ovelhas podem perseguir o lobo? Abel mata Caim? Davi (embora pudesse) mata Saul? Em resumo, quem nasceu do Espírito mata aquele que nasceu segundo a carne?

Observe como você caiu na mais abominável tirania, e ainda assim não percebe. Dessa maneira, a consciência me compele a escrever. Que, se Deus quiser acordar você de seu sonho, você perceba como um erro o afogou em mais erros e trouxe-o a uma segurança sonolenta. Quando você anda segundo as concupiscências de seu coração, está sedento de sangue e perseguindo pobres homens por causa de sua consciência, você é cego e não enxerga, e ainda diz: "Somos predestinados e não importa o que fizermos não podemos cair fora do favor de Deus". Desperte, portanto, e veja em que perigo você se encontra e como sua doutrina envenenada infecta o povo de Deus e o atrai para uma vida despreocupada, ociosa e descuidada.

RESPOSTA

Os crimes de que somos acusados nesse assunto são hediondos. Pois, primeiro, somos acusados de provocar homens a uma vida desleixada e libertina, a fim de que as pessoas não façam nada além de comer, beber e se levantar para se divertir.

Que não temos consciência, mas, sendo guiados pelo espírito de Balaão, damos ocasião de pecado ao povo.

Que a nossa doutrina não produz nenhum outro fruto, a não ser a liberdade para pecar, pois nossos discípulos são assassinos cruéis, sujeitos a toda iniquidade, fazendo acepção de pessoas e bajulando pecadores.

E por último, que pela nossa doutrina envenenada, infectamos as pessoas e as levamos a uma vida despreocupada, ociosa e descuidada.

Como não vou deixar passar sem resposta nenhuma parte relevante do seu livro, seguirei sua ordem, embora seja confusa. Se, pela clareza das Escrituras, você puder provar um terceiro tipo de homens que não são nem eleitos nem reprovados, então poderemos aprender a dividir de outro modo. Mas se Deus, por sua primeira voz pronunciada nesse assunto, fez menção apenas de duas sementes, e se Cristo Jesus, quando vier, porá um exército à direita e outro à esquerda, sem menção a nenhum terceiro tipo de homens, nós não podemos nos arrepender nem abandonar a verdade de nossa doutrina, apesar da sua grita furiosa. *O que o diabo pode desejar que seus membros ensinem mais para o avanço de seu reino do que isso? O que pode ser inventado para levar os homens a viver uma vida descuidada e libertina mais do que se eles forem convencidos de que nem as boas ações valem ou agradam a Deus, nem o mal prejudica a salvação?* E assim você procede em sua primeira acusação.

Antes que eu tenha exigido, e mais uma vez exija, dos fiéis representantes de Deus na Terra, refiro-me aos magistrados legais que governam no temor de Deus, a quem você se dedica totalmente a abolir e destituir. Eu exigi deles que a justiça fosse ministrada entre nós e vocês, sem acepção de pessoas.

Que o céu e a terra (se os homens não o fizerem), sim, que Deus e seus santos anjos, em cuja presença andamos, testemunhem quão injustamente e maliciosamente nos acusam, de que provocamos o povo a uma vida descuidada e libertina. Se alguma vez puder ser provado por nossa doutrina ou escrita, na qual afirmamos não haver diferença entre virtude e vício, que aquele não agrada a Deus, nem este o desagrada, deixe-nos sem piedade sofrer a morte. Mas e se todo o escopo de nossa doutrina tende ao contrário, sim, se nossas vidas e condutas (seja como for que o diabo cegue seus olhos) são tais que apenas elas podem condenar sua blasfêmia. Por último, se a ordem da cidade em que essa doutrina é ensinada for tal, em punição à iniquidade, e que, sem acepção de pessoas, que a mesma justiça nunca tenha sido executada contra transgressores declarados desde os dias do apóstolo em uma comunidade cristã, então não podemos deixar de desejar que esta sua antiga blasfêmia seja vingada sobre suas próprias cabeças.

Não negamos que essa seja uma parte de nossa doutrina: como o desígnio de Deus é imutável, sua eleição é segura e estável, de modo que os eleitos não possam ser reprovados ao fim, nem ainda que os infames possam se tornar eleitos, assim como o trigo não pode se tornar joio ou o joio se tornar trigo. Mas não acrescentamos mais que isso? Ensinamos os homens a comer e beber e a não se importarem com o mundo, como você escreve escarnecendo? Ou não afirmamos continuamente que Deus, por sua grande misericórdia, nos chamou à dignidade de seus filhos, ele também nos santificou e nos designou a andar em pureza e santidade todos os dias de nossa vida? Que lutaremos continuamente contra as concupiscências e afeições desordenadas que permanecem nessa nossa natureza corrupta? Que, se não encontrarmos o Espírito de Cristo operando em nós, nunca poderemos ter certeza de nossa eleição? Pois a consciência de todos que, sem freio, seguem a iniquidade, jamais poderá estar segura do favor de Deus durante o tempo em que eles deleitam em pecado. Finalmente, nenhum dos seus anabatistas exigem maior obediência a Deus e à sua lei do que nós, a não ser que coloque os estudantes na vã esperança de que, pelo poder de seu próprio livre-arbítrio, eles possam finalmente chegar a uma perfeição que nenhum pecado os atormentará.

Mas nós, pelo contrário, atribuindo tudo à livre graça de Deus, afirmamos que, continuamente nesta vida, devemos confessar que o pecado permanece em nós. A não ser que Deus, por amor de Jesus Cristo, o perdoe, sua ira justamente deve ser acesa contra nós. Que todos os nossos escritos e todo o conjunto de nossa doutrina testemunhem se ensinamos ou não. E a vida e o comportamento honesto de muitos milhares (louvamos a Deus por sua grande misericórdia) que professam a mesma doutrina não são capazes de convencer sua insolência maliciosa? Quantos deixaram seus países, posses, terras e apenas pela liberdade de consciência vivem uma vida sóbria e desprezível? Quantos deram e doam diariamente suas vidas e sangue pelo testemunho da verdade de Cristo e por isso não se contaminarão com a idolatria?

No entanto, você não tem vergonha de perguntar: quantos deles podemos perceber, pelo seu comportamento, que se livraram do velho homem e se revestiram do novo, andando sinceramente em sua vocação? Não deve a grande multidão dos queridos mártires de Cristo nos últimos tempos da Inglaterra (você não dirá que todos eram anabatistas) a longa paciência de nossos irmãos na França e a cruel perseguição dos últimos ressurgidos na Itália, Nápoles e Espanha, apenas pela verdade de Cristo, colocar sua língua venenosa em silêncio?

E se eu lhes perguntar qual dos dois mortificou mais a carne? Aquele que, por causa da consciência, deixa o país, amigos, riquezas e honras ou aquele, que, se deslumbrando com as atrações mundanas ou ainda para qualquer outro propósito, tratou de se cobrir com as roupas de Esaú (eu uso seus próprios termos) e, assim, negando o que ele é, jurará, se necessário, que ele não é Jacó. Qual desses dois, eu digo, você acha que chegou mais perto do abandono de si mesmo? Ou ainda outro: se anda mais sinceramente em sua vocação afetada que vivendo de seus justos trabalhos está pronto para se comunicar de acordo com sua capacidade às necessidades de seus pobres irmãos? Ou aquele que, vagando em algum lugar ou trotando de país para país, teria tudo em comum, contrariando a ordem da natureza e da civilidade? Ou ainda o terceiro: qual dos dois mais crucifica as cobiças e concupiscências da carne? Aquele que deita o pescoço, mesmo debaixo do machado de um magistrado cruel e injusto, isso também quando ele sofre injustamente; ou aquele que aboliria e destruiria a boa ordenança de Deus, todos os magistrados legais e distinção de civilidade?

Que você é um e nós o outro desses dois tipos de homens, é evidente o suficiente. E a quem o crime pode ser corretamente acusado, a análise deixará claro. Agora venho à ordem daquela cidade na qual essa doutrina é ensinada, recebida e mantida. O que torna a pobre cidade de Genebra, pobre, digo, aos olhos do homem, mas rica diante de Deus, pela abundante abundância de suas graças celestiais; o que a torna tão odiosa para os homens carnais deste mundo? Certamente não essa doutrina de que você nos acusa. Pois isso poderia muito bem agradar ao homem carnal, deixando-o viver à vontade sem qualquer punição. Não é o justo rigor da justiça e a severidade da disciplina executada nela, de tal maneira que nenhum evidente transgressor, onde quer que tenha cometido sua transgressão, escapa à punição? Não é isso que ofende tanto, não apenas os licenciosos deste mundo, mas até vocês hipócritas dissimulados, não podem admitir que a espada da vingança de Deus atinja o assassino, o blasfemador e outros. Como Deus, por suas palavras, ordena morrer? Não é assim pelos seus julgamentos; ele deve viver, ele pode se arrepender. E essas comunidades que vocês tanto exaltam, onde os homens podem viver como quiserem, submetidos a nenhuma lei nem ordem; sim, onde os bêbados e pessoas abomináveis têm permissão para viver sossegadamente e conseguem escapar da punição e da vergonha. Mas porque nas ruas de Genebra nenhum malfeitor conhecido se atreve a mostrar o rosto (todo louvor e glória seja para Deus), assim como a coruja não se expõe ao brilho do sol, por isso é odiada. Portanto, é chamada de sedenta de sangue e traduzida de maneira blasfema, conforme você escreve.

Você diz que entre nós há acepção de pessoas, que preferimos os ricos e, se forem generosos, ainda que se afoguem em muitos vícios, costumamos curar suas feridas etc.

Estou certo de que a tua própria consciência te convence dessa mentira maliciosa ao escrever assim. Pois não há como ignorar o que a cidade de Genebra nos últimos anos tem sustentado por arrancar aquelas pessoas pestilentas, que trabalharam para destruir a vinha do Senhor nela plantada. Qual foi a causa para que eles fossem conjurados contra a liberdade do Evangelho de Cristo? A vontade odiosa, vocês e eles dizem, que eles tinham contra estrangeiros. Eu respondo, mas não havia mais estrangeiros em Genebra do que antes, quando os principais capitães dessa facção eram os adeptos mais fervorosos do Evangelho (no discurso, quero dizer). E, de fato, se eles tivessem trabalhado para expulsar os estrangeiros, eles seriam inimigos de suas próprias mercadorias, pois pela multidão de estrangeiros floresce sua comunidade e ninguém recebeu tais benefícios como os que exigiam que a doutrina de Cristo fosse derrubada.

Eles eram papistas (você diz) e, portanto, odiavam a religião. Respondo em defesa deles que na boca e na profissão externa não eram, mas sempre afirmavam que nunca mais se revoltariam contra o papado. Todavia, em poucas palavras, vou abrir a causa de sua conspiração. Eles tinham comportamentos corruptos, tinham vidas imundas, eram perversores da justiça e, finalmente, aqueles por quem as abençoadas Palavras de Deus eram caluniadas e depreciadas. Os pregadores pediram reforma dos costumes. Eles repreenderam com ousadia e dureza até mesmo aqueles que estavam na mais alta autoridade. Um dos principais do bando foi excomungado e assim permaneceu por mais de um ano. O Consistório pedia que a justiça fosse executada e que as sanções fossem apontadas para os desobedientes, os quais eram abertamente desonrosos. Mas nada poderia prevalecer, a multidão de ímpios era tão grande que seus votos e vozes prevaleceram.

Assim foi mantida a iniquidade dos iníquos por um longo período. Sendo considerados piedosos que eram nativos, assim como os estrangeiros, consultaram o próximo e mais seguro remédio. Depois disso, não apenas a maior parte dos estrangeiros estava determinada a partir, mas também aquele fiel servo de Cristo Jesus em sermão público recomendou seu rebanho, com os olhos marejados de muitos, à proteção e providência de Deus e declarou publicamente que não seria ministro naquela igreja onde os vícios não pudessem ser punidos de acordo com a Palavra de Deus, onde os ímpios triunfariam e fariam leis à sua vontade. Após essa consulta, concluiu-se que um número razoável de estrangeiros, cuja fidelidade e comportamento honesto haviam sido testados e bem conhecidos há muito tempo, deveriam ser promovidos a deputados e livres para terem voz em conselhos e na elaboração de estatutos civis, que, ao serem entendidos, os ímpios começaram a se manifestar mais abertamente. Eles se opunham aos magistrados, negando claramente que qualquer estrangeiro devesse ser livre, apelaram ao conselho maior. Sendo assim, uma vez reunido, justificava o decreto dos síndicos (assim são chamados os magistrados principais).

Logo depois, todo o veneno se espalhou. Depois de se refestelar e banquetear de todos os tipos de vilanias, a conspiração foi concluída e posta em execução. Com consentimento eles invadem um dos principais magistrados na noite: eles clamaram vitória e triunfo, mas Deus reprimiu subitamente essa fúria, ajudando assim, sem o braço do homem, seu servo e representante naquele tempo designado naquela cidade, o qual primeiro recuperou novamente as bandeiras de seu ofício justo e legítimo e, a partir de então, pôs em fuga aquela rebelião e grande multidão, na qual alguns foram presos e levados à prisão. O restante foi dispersado pelo único poder de Deus. Pois é algo mais evidente e claro que o número de um superou em vinte vezes o outro.

Escrevo isto para permitir que o leitor simples entenda, embora esteja cego, qual foi a origem dos problemas que Genebra sofreu posteriormente. O que os estrangeiros, pergunto-lhe, ganharam com a liberdade deles? No que se refere ao mundo, não digo nada, pois eles não careciam de nenhum tipo de mercadoria antes, que tenham obtido depois, à exceção de que em conselhos eles deveriam ter voz e lugar para falar, o que só ofendeu aqueles opressores da justiça e mantenedores da iniquidade, pois assim perceberam que suas empreitadas deveriam ser quebradas e que estatutos fossem feitos para reformar sua insolência. Para prosseguir, a justiça sendo executada sem acepção de pessoas sobre aqueles que foram presos, os demais que escaparam em grande número, eram rebeldes declarados. Então começaram os conflitos por todos os lados de Genebra: ordenou-se que o fornecimento de alimento fosse cortado, grandes ameaças chegaram aos ouvidos de todos os piedosos e quando elas não prevaleceram, foram planejados artifício atrás de artifício, a traição foi conspirada, e os inimigos esperavam pela posse da cidade. Mas isso foi revelado e os praticantes punidos, satanás retornou à sua própria natureza novamente. Depois que nenhuma tratativa prevaleceu, uma guerra aberta foi pronunciada contra eles, foi estabelecido um dia para que eles fossem restaurados e isso com grande soma de dinheiro a ser entregue a eles, por causa de suas perdas e lesões anteriormente sofridas. Essa sentença foi pronunciada não apenas pelos rebeldes, mas por uma comunidade poderosa e seus amigos antigos. Depois disso, os rebeldes fizeram salvas de tiros. O desafio foi enviado, foi designado o dia em que o cerco começaria e os suprimentos seriam cortados. Não tínhamos esperança nem conforto, mas Deus e os mensageiros de sua Palavra, que soaram a trombeta com grande ousadia e clareza, prometeram, mesmo em nosso maior desespero, a mesma libertação gloriosa que pouco depois se seguiu. Pois Deus, por seu poder, atenuou essa raiva e converteu os corações de nossa antiga aliança para lembrar seus deveres para com Deus e seus servos e assim entrar com a cidade de Genebra em uma nova sociedade e aliança.

Agora, voltando ao difamador malicioso: se fôssemos como você nos acusa, a saber, que não colocamos diferença entre vício e virtude, levamos as pessoas à uma vida dissoluta, reverenciamos os ricos e curamos suas feridas com elogios não proveitosos, bem como desejamos que todos os homens frequentem nossa congregação e consideremos que esse é o sinal mais seguro de sua eleição, com que propósito todos os pregadores colocam em risco suas vidas (e isso continuamente no curso de três anos) para obter disciplina? Por que muitos estrangeiros piedosos preferiram ter deixado aquela comunidade na qual lhes era permitido viver tranquilamente da melhor maneira que lhes parecesse a suportar a luta das iniquidades, aumentando diariamente? E por que os piedosos naquela cidade arriscaram a liberdade e a vida, preferindo morrer em defesa de uma causa justa a que qualquer inimigo declarado de Deus e da virtude fosse admitido no governo da comunidade? Se tivéssemos sido dessa opinião que de forma vil nos acusa, que nem a virtude agrada a Deus, nem o vício lhe desagrada, não seríamos os mais tolos e mais miseráveis de todas as outras criaturas? É claro que nosso poder ao juízo do homem não era nada comparável ao poder de nossos adversários: nenhum local de refúgio restava aos piedosos lá reunidos.

No entanto, que os próprios inimigos testemunhem contra nós, se pelo menos uma vírgula de seu pedido foi atendido. Sim, que o local da execução testemunhe, se, sem procurar estar em alguma extremidade, mais favor foi mostrado aos infratores apreendidos do que se nenhum desses problemas fosse temido ou aparente. Se você replica, que ofensas maiores são ignoradas em favor da nossa doutrina, respondo que todas aquelas verbalizadas favorecem o mesmo evangelho que professamos. A causa do conflito surgiu apenas pela pureza da vida que deve estar inseparavelmente unida à profissão externa. Eu poderia recitar mais de uma dessas que pareciam ser os pilares de Genebra no que tange a riquezas, consideração mundana e liberalidade para com os pobres, sendo também da parte de estrangeiros que, por suspeita de transgressão, permaneceram até hoje, alguns exilados, outros condenados à prisão perpétua. Pela libertação e aceitação da igreja novamente, foram oferecidas grandes somas maiores do que poderiam fazer um anabatista ir à missa (não direi ser um papista) e ainda assim eles não obtiveram nada.

Agora, brevemente, para recitar o que eu propus contra a sua primeira acusação: se você não pode provar por nossa doutrina ou escritos, nem por nossas próprias vidas e conversações, nem ainda pela falta de justiça naquela cidade em que essa doutrina está sendo ensinada, recebida e afirmada, com que desfaçatez você pode afirmar que ensinamos ao povo uma vida desleixada e libertina? Alguma vez um homem refutou com maior veemência essas opiniões pestilentas dos libertinos do que esse homem a quem você mais acusa por essa doutrina? Que seu notável trabalho escrito contra os libertinos, doze anos atrás, seja um testemunho contra tua manifesta malícia.

Assim, em resposta à sua primeira acusação, respondi também alguma coisa em relação a outros crimes contidos em todas as quatro. Agora, em resposta à sua segunda, tratarei de resolvê-la e pôr um fim ao que repousa nas outras.

Você nos acusa de que não temos escrúpulos para enganar o povo de Deus. Assim questiona: *Por que, mestres (conheço esta antiga frase), não percebeis que assim fazeis o povo de Deus pecar? Não vedes como sois guiados com o mesmo espírito que Balaão foi guiado, quando foi aconselhado a dar ocasião de pecado ao povo?* Dessa maneira, depois de ter tirado todo tipo de desculpas de nós, você pronuncia com ousadia nossa sentença de que o sangue dos que perecem será exigido de nossas mãos.

Ouço a acusação pronunciada com muita veemência, mas quando procuro pelas provas, não as encontro, apenas acusação atrás de acusação. Pois você ainda nos acusa de sermos bajuladores dos pecadores, tomarmos homens maus pela mão e os curarmos com esse ditado. Não há ninguém neste mundo de que se possa saber estar na eleição, não importa quão virtuoso, nem fora da eleição, não importa quão injusto. Dessa maneira (você diz), nós os curamos, para que eles não precisem se esforçar para produzir os frutos da fé viva. Essas, digo eu, são suas acusações, mas as provas você posterga por tanto tempo que nem se lembra de apresentá-las. E assim sua autoridade deve permanecer em vigor, tanto para acusar quanto para ser admitida como testemunha.

Mas devemos objetar contra você, por duas causas bem razoáveis: primeiro, porque vocês são nossos acusadores e parte litigante. Segundo, porque vocês são mentirosos, venenosos, pessoas difamadas e blasfemadoras de Deus. São mentirosos peçonhentos e maliciosos, e eu já provei o suficiente em diversos lugares que vocês falsificam e pervertem a clareza das Escrituras, como também acrescentam às nossas palavras e as subtraem ao seu bel prazer e, finalmente, inventam e nos acusam de crimes, nos quais vocês jamais poderão provar, como aqui nesta passagem vocês não têm vergonha de afirmar que curamos as feridas daqueles que se afogam em vícios, com essas palavras, como escreveram. De fato, tivemos transgressores em ação entre nós (quero dizer, nas congregações que vocês denunciaram) de diversos tipos e estados. Que alguém nos convença, seja ao exortar, admoestar ou executar o juízo, usamos dessa persuasão ou palavras com os transgressores. Mas se o transgressor tivesse de ser exortado ou admoestado, convença-nos que não lhe exortamos, em nome de Deus, a andarem da forma adequada aos filhos da luz. Se o juízo tivesse de ser executado contra eles, convença-nos que não usamos a regra da Palavra de Deus, julgando a árvore não de acordo com a eleição secreta de Deus, mas de acordo com os frutos manifestos, sentenciando que aquele membro não é digno de permanecer no corpo, cuja corrupção foi capaz de infectar os demais membros.

Se essa ordem, digo eu, é tão rigorosamente mantida entre nós, de modo que nunca, desde os dias dos apóstolos, nenhuma congregação as manteve de forma mais estrita, com que desfaçatez você pode dizer que tomamos homens maus pelas mãos? Que ensinamos a eles que eles não precisam produzir o fruto de uma fé viva? Você disse que Cristo afirmou que um homem bom, do bom tesouro de seu coração, produz coisas boas. Nós também e não afirmamos menos do que você, ainda que com outra compreensão (como eu declarei anteriormente), de que devemos observar o mandamento de Cristo, se seremos conhecidos como pertencentes a ele. Não acreditamos que se juntar a essa ou àquela congregação seja sinal seguro de eleição. Sabemos que satanás já esteve unido aos anjos; Judas, com Cristo Jesus, e muitos falsos irmãos já estiveram na companhia das melhores igrejas reformadas e dos principais apóstolos.

Mas é de se admirar que você nos acusa daquilo que, nesse caso, é claramente a sua doutrina, a qual você defende com unhas e dentes. Você não escreveu claramente que nenhum homem é tão eleito em Cristo Jesus, de modo que não possa cair e se tornar totalmente reprovado? E que nenhum deles é tão reprovado que pelo arrependimento não possa ser eleito? Isso é o exato oposto do que ensinamos e defendemos. "Ah", vocês dizem, "vocês se referiram aos sinais que nunca são incontestáveis". Eu respondo que, de fato, às vezes os eleitos, no que tange ao juízo do homem, são de estado similar aos infames. E, novamente, que às vezes os infames brilham lindamente aos olhos dos homens por algum momento, exemplos disso não faltam. No entanto, tenho certeza de que você nunca conseguirá provar que afirmamos que nesta vida nenhuma diferença pode ser conhecida entre os dois. O fim de nossa doutrina tende a isso, mas principalmente tende a provar que da eleição vem a fé, de uma fé viva brotam boas obras, as quais os eleitos, nelas perseverando, não apenas asseguram sua própria eleição, como Pedro ensina, mas também dela testemunham aos outros, perante os quais suas boas obras brilham.

Assim, pelos sinais e efeitos contrários, afirmamos que os réprobos se manifestam e se revelam. Dessa forma, me espanto que você nos acusa como se afirmássemos que nenhum homem, nesta vida, pode ser reconhecido como estando na eleição ou fora da eleição. Mas é de se admirar ainda mais que afirma que citamos essas palavras de Paulo: "O diabo se transforma em anjo de luz", como prova do nosso propósito. Pois eu, da minha parte, protesto diante do Senhor Jesus que nunca entendi essa passagem do apóstolo dessa maneira. Tampouco creio que algum de vocês seja capaz de mostrar, em qualquer um de nossos escritos, essas palavras sendo citadas como prova desse propósito.

É verdade que há muito tempo entendo que, com essas palavras, o apóstolo advertiu os coríntios e todos os outros, para que não recebessem e cressem em toda pessoa e doutrina que se apresentasse sob o manto da justiça e da verdade. Mas diligentemente devemos provar os espíritos de onde eles provêm e se eles vêm de Deus ou não. Pois se o diabo, o grande anjo das trevas, inimigo da humanidade e pai de todos os falsos profetas, ainda assim pode se transformar de modo que por um tempo, seu propósito e intenção não sejam percebidos. Contudo, sob o manto da amizade e amor, ele busca nossa destruição, como fica claro ao ter tentado a mulher, quanto mais seus servos e soldados, sendo trabalhadores fraudulentos, podem se transformar em apóstolos de Cristo, fingindo à primeira vista nada mais que amor e justiça, nada além da glória de Deus, nada além de mortificação da carne e coisas semelhantes às mais belas aparências, embora essas coisas estejam muito distantes de seus corações.

Assim, eu digo, tenho certeza de que qualquer um que analisar a fundo a intenção do apóstolo naquela passagem, entende essa frase e não, como você falsamente escreve, alega que ela prova que ninguém pode ser conhecido como estando na eleição ou fora da eleição durante esta vida. Pode ser que tenhamos dito e escrito (como é verdade) que nenhum homem poderia saber, pelas boas obras daquele feliz ladrão crucificado com Cristo, o qual havia sido eleito por Deus, antes que naquela angústia, subitamente começou a defender a inocência de Cristo, repreendendo tão fortemente o outro blasfemador[1] e humildemente se submetendo e orando para que Cristo se lembrasse dele quando ele estivesse no seu reino. Pelo contrário, que ninguém poderia ter definido pelas más obras de Judas antes de sua traição a Cristo Jesus, que ocorreram poucos dias antes de sua morte, que ele era um condenado. E o que serve isso para o seu propósito? Como você pode provar que somos filhos das trevas, que tomamos pela mão os homens mais vergonhosos, bajulando-os, para que não possam se voltar da sua maldade, e assim, por nossa doutrina, damos ocasião de pecado ao povo, demonstrando não sermos enviados por Deus?

Você é capaz de provar que ensinamos ao povo a não se converterem de seus pecados e imaginações perversas até a última hora de sua partida? Prometemos a todos os ladrões e assassinos a mesma graça e favor que Davi, Pedro e esse ladrão encontraram? Confio que sua própria consciência saiba o contrário. Nós permitimos ou toleramos que transgressores manifestos vivam entre nós segundo seus próprios apetites? No entanto, você não se envergonhou de escrever assim, descaradamente: *Mas tal pai, tal filho; tal discípulo, tal mestre: pois vosso líder Apolo é perseguidor, contra o qual o sangue de Serveto clama por vingança; assim também o sangue de outros mais do que eu poderia citar. Mas assim como Deus em parte já vingou o sangue deles e tratou alguns de seus perseguidores com a medida com que mediam os outros, não farei menção a eles neste momento.*

Bendito seja Deus, o Pai de nosso Senhor Jesus Cristo, que revelou as coisas que estão em segredo, que os hipócritas são amplamente, por mais que tentem dissimular, obrigados a observar e trair a si mesmos. A alguns poderia ter parecido que o zelo da glória de Deus, o amor à virtude, o ódio ao vício e a salvação do povo que, por nós, julga cegos e enganados, fizeram-lhes mergulhar de cabeça em tamanha veemência (como são homens zelosos e fervorosos) que nenhum tipo de acusação foi considerada suficiente para nos tornar odiosos

---

[1] Lucas 23.

ao povo; mentiras inventadas contra nós não foram apenas toleráveis, mas também louváveis, e as Sagradas Escrituras deliberadamente e intencionalmente corrompidas serviram para defender a justiça de Deus e sua glória, o que, por nossa doutrina, nos opomos e corrigimos. Mas essas suas últimas palavras traem a matéria, qualquer que seja rosto em que você pretenda se transformar, seu lamento parecerá proceder de outra fonte que não essas que você finge ser, como eu mencionei anteriormente.

Ah, a morte de Serveto, seu irmão querido, por cuja libertação seu herói Castalio intercedeu solenemente, com quem, se uma vez você pudesse ter falado, o reino pelo qual você espera teria começado a se expandir. O sangue dele com o sangue de outras pessoas, penso que você se referiu à sua profetisa Joana de Kent, clamam vingança em seus ouvidos e corações. Que você não percebe nenhuma outra causa do derramamento de sangue daqueles mártires fiéis de Cristo Jesus, Thomas Cranmer, Nicholas Ridley, Hugh Latimer, John Hooper, John Rogers, John Bradfurth e muitos outros. Mas que Deus parcialmente vingou seu sangue, ou seja, o sangue de seus grandes profetas e profetisas, sobre seus perseguidores e os serviu com a mesma medida com a qual eles serviram a outros, apelo ao juízo de todos aqueles que temem a Deus. Qual é a sua opinião, e a opinião da sua facção, daquele glorioso evangelho de Cristo Jesus, que tem sido suprimido na Inglaterra? Qual é a sua opinião daqueles soldados tão valentes e mártires tão felizes de Cristo Jesus, sobre quem, ó boca blasfema, diz que Deus se vingou, o que é uma blasfêmia horrível aos ouvidos de todos os piedosos? Não vou me esforçar para refutar por mim mesmo, dado que meu objetivo é deixá-lo sob sua responsabilidade, se eu te apreender em qualquer comunidade onde a justiça contra blasfemadores possa ser ministrada, como exige a Palavra de Deus. E aqui eu lhe advirto, para que depois você não reclame que eu os enganei sob a máscara da amizade. Sua manifesta deserção de Deus e essa sua blasfêmia descarada proferida contra a sua verdade eterna, e contra aqueles que firmemente mais sofreram por testemunho dela, quebraram e dissolveram toda a familiaridade que havia entre nós. Embora você fosse meu natural irmão, não escondo a sua iniquidade neste caso.

Mas agora ao assunto. Eu já provei que vocês são mentirosos maliciosos e venenosos e, portanto, indignos de prestar testemunho contra nós. Agora resta provar que vocês são blasfemadores de Deus e pessoas desprezíveis. Salomão afirma que aquele que justifica o ímpio e o que condena o inocente são igualmente abomináveis diante de Deus.² Essa sentença não é aplicável apenas aos juízes, mas se refere a todo homem, pois de todos Deus exige, que odeie, e com o seu coração e boca condene o que o próprio Deus condenou; também que ele permita e justifique aquilo que Deus pronuncia justo, lícito e santo. Se o contrário for encontrado mesmo na multidão, Deus não apenas pune os principais transgressores, mas também sobre os seus facilitadores, mantenedores e os que os absolvem, geralmente ele derrama as mesmas pragas e vinganças. E é por isso que o castigo raro e terrível sofrido por Datã e Abirão prova o suficiente, pois eles juntos a Coré foram os autores da conspiração levantada contra Moisés e Arão.³ Mas eles sustentaram sozinhos a vingança? Não, suas famílias, filhos, esposas, homens, tendas e tudo que nelas continha foram engolidas pela Terra de uma vez só. Por quê? Porque eles justificaram a causa dos iníquos e a mantiveram o quanto puderam. Acredito que nenhum homem negará que quem mata um homem inocente é um assassino, ainda que seja sob o manto da justiça. Mas aquele que, tendo autoridade legal para matar, ainda assim permite que o assassino viva é um assassino, disso talvez alguns homens possam duvidar. Mas se a lei de Deus for diligentemente examinada, essa dúvida será facilmente resolvida. Pois ela testemunhará que não menos o assassino, o blasfemador e muitos outros devem sofrer a morte, do que os mansos e os tementes a Deus devem ser defendidos. E os que sustentam e defendem um deles não são menos criminosos diante de Deus do que aqueles que oprimem os outros. Vou citar apenas um exemplo para todos. Deus entregou nas mãos de Acabe, Ben-Hadade, rei da Síria, que era um grande inimigo de Israel,⁴ a quem ele, sob certas condições de amizade, enviou para casa em seu país. Mas que sentença foi pronunciada contra Acabe? Assim diz o Eterno: "Porque tu deixaste escapar de tuas mãos um homem que eu ordenei à morte, tua alma (isto é, tua vida) tomará o lugar da sua vida, e teu povo o lugar de seu povo." Agora, quanto a vocês, defensores de Serveto, ele

---

²Provérbios 17.
³Números 16.
⁴1Reis 22.

era um blasfemador abominável contra Deus e vocês são defensores de Serveto. Por isso, são blasfemadores diante de Deus, tão abomináveis quanto ele. A premissa maior pretendo provar em breve, por ora é o suficiente. A menor você não nega, porque alguns são por apologias, outros por livros e todos por pela boca defendem a causa dele. E a conclusão é infalivelmente inferida das palavras anteriores do Espírito Santo.

Não admitirás facilmente que Serveto seja condenado por blasfêmia, pois, se for, vocês serão obrigados a confessar (a não ser que rejeitem a Deus) que a sentença de morte executada contra ele não foi crueldade nem foram assassinos e perseguidores os juízes que com razão pronunciaram essa sentença. Mas essa morte foi a execução do julgamento de Deus, e eles os verdadeiros e fiéis servos de Deus, que, quando não havia nenhum outro remédio, tiraram a iniquidade de seu meio. Que Deus designou que a morte por sua lei fosse aplicada sem piedade contra os blasfemadores, é evidente por aquilo que está escrito em Levítico 24.[5] Mas alguém pode ter dúvidas sobre o que é blasfêmia. Se analisarmos corretamente e avaliarmos as Escrituras, descobriremos que proferir blasfêmias ou blasfemar contra Deus não é apenas negar a existência de um Deus, mas também é subestimar o poder do Deus eterno; ter ou espalhar opiniões que possam fazer duvidar de sua divindade; afastar-se da verdadeira honra e religião de Deus para a imaginação das invenções do homem; obstinadamente sustentar e defender a doutrina e opiniões diabólicas, que claramente repugnam à verdade de Deus; considerar as coisas que Deus julga necessárias para nossa salvação como se não fossem necessárias; e, finalmente, perseguir a verdade de Deus e os membros do corpo de Cristo.

Do primeiro e do segundo tipo, ambos eram Senaqueribe e Rabsaqué, o orgulhoso, que, comparando Deus com os ídolos dos gentios, não apenas subestimava seu poder divino, mas também se esforçavam por tirar do coração dos israelitas toda a opinião certa e perfeita de Deus. A quem o profeta, na pessoa de Deus, fez esta pergunta: Quem você blasfema?

Do terceiro tipo, eram Israel e Judá rejeitando a idolatria contra o mandamento expresso de Deus, a quem o profeta tantas vezes afirma

---
[5]Levítico 24.

blasfemar contra o Santo de Israel. Porque (diz Isaías) repudiaram a lei do Senhor dos Exércitos e a palavra do Santo de Israel, blasfemaram insolentemente. E Ezequiel, depois de ter repreendido fortemente os israelitas por sua idolatria, acrescentou:[6] "Nisto os seus antepassados também blasfemaram contra mim: embora tenham transgredido gravemente contra mim, pois quando eu os trouxe para a terra que eu havia jurado dar-lhes, bastava que vissem um monte alto ou uma árvore frondosa, ali ofereciam os seus sacrifícios, faziam ofertas etc.".

Do quarto tipo, Himeneu e Alexandre, a quem Paulo deu ao diabo, para que aprendessem a não blasfemar.[7]

Do quinto tipo, era a multidão de judeus, que consideraram, e até hoje consideram, a morte de Cristo Jesus sua abençoada ordenança, a pregação pública de seu Evangelho e a administração de seus sacramentos, como não sendo necessários à nossa salvação.

E, por último, Paulo não se nega a ter sido um blasfemador e perseguidor antes de sua conversão.[8]

Agora, se eu provar claramente que a maior parte, sim, tudo isso (exceto, você dirá, que ele não derramou o sangue de ninguém) estava em seu grande profeta Serveto, sim, que estava em todos vocês anabatistas, não terei provado suficientemente que tanto ele quanto vocês são blasfemadores?

Embora eu esteja mais próximo dos conselhos deles do que qualquer um de vocês sabe ou suspeita, ainda assim não vou dizer tudo que poderia por ora. Mas tolerarei até a oportunidade que Deus me oferecer de apontar o seu veneno e o dele à Igreja de Deus, para que os piedosos possam tomar cuidado.

Por ora, digo em primeiro lugar que aquele Serveto, a quem você defende, afirmou e, por palavra e por escrito, disseminou opiniões a respeito de Deus brutais, perversas e muito diabólicas, as quais não apenas podem fazer com que sua divindade seja desprezada, mas também posta em dúvida e questionamento. Ele considerava como desnecessárias para a salvação aquilo que Cristo comandou e ordenou. Finalmente, atacando a religião verdadeira, ele obstinadamente manteve seus erros diabólicos e resistiu à pura verdade até

---

[6]Ezequiel 20.
[7]1Timóteo 1.
[8]1Coríntios 15.

a morte. Suas opiniões errôneas sobre Deus e sua eterna divindade eram essas seguintes.

1. Todo aquele que crê em qualquer Trindade na essência de Deus não tem o Deus perfeito, mas um deus fruto da imaginação e da ilusão dos demônios.

2. Que Cristo é o Filho de Deus, somente na medida em que ele é gerado por Deus no ventre da virgem, isso não apenas pelo poder do Espírito Santo, mas porque Deus o gerou de sua própria substância.

3. Que a Palavra de Deus descendo do céu é agora a carne de Cristo, não que a carne de Cristo seja do céu. Além disso, o corpo de Cristo é o corpo da divindade, a carne de Deus, piedosa e celestial, como é gerada pela substância de Deus.

4. Que a alma de Cristo é Deus e a carne de Cristo é Deus, também a carne e as almas estavam na própria substância da divindade desde toda a eternidade.

5. Que Deus é o Pai do Espírito Santo.

6. Que Cristo, tendo a participação na Trindade ou em Deus, e participação no homem, não pode ser chamado de criatura, mas de alguém que compartilha com as criaturas.

7. Assim como as Palavras desceram à carne de Cristo, o Espírito Santo desceu às almas dos apóstolos.

8. Que Cristo, enquanto estava relacionado à carne, não recebeu o novo Espírito que deveria receber após sua ressurreição.

9. Que em todos os homens, desde o princípio, é enxertado o Espírito de Deus, mesmo pelo sopro de Deus, e ainda assim o Espírito, pelo qual somos iluminados, pode ser extinto.

10. Que a divindade substancial está em todas as criaturas. Que a alma do homem, embora não seja Deus, é transformada em Deus pelo Espírito, que é o próprio Deus.

11. Que as almas se tornaram mortais pelo pecado, assim como a carne é mortal; não que a alma retorne ao nada, como também não ocorre com a carne, mas que morre quando privada de ação viva.

12. Está retida no inferno, definhando, e que jamais tornará a viver, mas os que são regenerados têm outra alma distinta da que tinham antes, por causa da substância que é renovada e pela divindade é reunida.

13. Que batizar uma criança é o mesmo que batizar um asno ou uma pedra.

14. Que não há pecado mortal cometido antes dos vinte anos de idade.

Por ora, penso que isso é suficiente, para que o leitor entenda que não é sem motivo que eu digo que Serveto, a quem você defende, é um blasfemador. Omiti coisas mais horríveis e graves para evitar a ofensa de leitores piedosos, que, subitamente, não tenho a intenção de manifestar, a não ser que eu entenda que suas línguas venenosas não sejam mantidas por elas. Eu apelo à consciência do próprio Castalio, se em todas essas proposições anteriores que dizem respeito à divindade não há blasfêmia horrível. Pois o que é mais blasfemo do que afirmar que os que acreditam na Trindade, três pessoas distintas, não têm o Deus verdadeiro, mas uma ilusão de demônios. Que Cristo Jesus não é o Filho Eterno do Pai Eterno. Que não há distinção entre o Pai e o Filho, mas apenas na imaginação. Que Cristo não tem participação na natureza do homem, mas sua carne é do céu, sim, que é a carne da divindade. Que no gado, nas pedras e em todas as criaturas está a substancial divindade.

Então se essas não são blasfêmias dignas de 10 mil mortes, especialmente sendo obstinadamente mantida contra toda caridosa advertência, que todos aqueles que temem a Deus julguem, sim, até vocês mesmos, não importa quão furiosos estejam, considerem esse assunto, assim como responderão diante do trono do Senhor Jesus. Ele falou com desprezo de batizar as crianças, da pregação pública do Evangelho e da administração da Ceia do Senhor, que você tem em comum com ele. Pois essa é a sua glória e persuasão para todos os seus estudiosos: essas coisas não são necessárias para a salvação, sim, você faz todo o esforço para impedir toda a sua seita de frequentar qualquer congregação que não seja a sua. E se é uma blasfêmia da sua parte, ou não, afirmar que nada dessas coisas que Cristo Jesus estabeleceu e ordenou que fosse usado em memória dele para sua vinda novamente são necessárias, dou-me por satisfeito que o julgamento seja submetido até mesmo aos mais indiferentes entre nós e você.

Para substituir o restante de suas blasfêmias, volto ao seu livro, porque, depois pretendo falar da sua santa conversação e da grande perfeição que se encontra em você.

Vocês nos acusam de que escrevemos livros como lembrança perpétua de nossa crueldade, afirmando que é lícito matar aqueles que discordam de nós na religião. Contudo, alguns de nós tinham outra opinião antes de chegarem à autoridade. E, ainda mais, que demos a espada nas mãos de tiranos sangrentos.

É verdade que esses livros são escritos tanto por você quanto por nós. Pois seu mestre Bellius afirma: não é lícito ao magistrado civil usar a espada contra os hereges. A quem aquele piedoso homem sábio, Teodoro Beza, respondeu. No qual, se você ou seu mestre não se acharem plenamente respondidos, você poderá escrever quando quiser, procurando receber resposta com a devida celeridade. Além disso, João Calvino se comprometeu a escrever o exame de Serveto e a causa de sua morte miserável. Tais livros, ainda que para você sejam uma lembrança perpétua de crueldade, tenho esperança de que serão proveitosos para nossa posteridade (assim como agora nos são proveitosas as obras piedosas daqueles que antes travaram a mesma batalha contra os hereges obstinados). Além disso, vocês e nós devemos cumprir a sentença de um juiz, não podemos temer muito o preconceito de sua facção.

Onde perguntastes se essas são as ovelhas que Cristo enviou no meio de lobos, e se as ovelhas podem perseguir os lobos. Como resposta eu pergunto se Moisés era uma ovelha ou um lobo, e se esse terrível massacre executado sobre idólatras, sem acepção de pessoas, não foi uma perseguição tão grande quanto a queima de Serveto e Joana de Kent. Para mim, parece maior. Pois para eles não foi concedida a oportunidade de arrependimento, visto que nenhuma advertência lhes foi dada, mas, sem mais demoras ou perguntas, o irmão recebeu ordem de matar o irmão[9] e o pai de não poupar o filho. Penso realmente que, se o julgamento fosse submetido a você, então Moisés e a tribo de Levi seriam sentenciados como lobos, enviados para devorar ovelhas inocentes. Mas porque sabemos o que Deus permitiu, menos tememos o julgamento do homem. Se você alegar que a vinda do Senhor Jesus muda essa situação, ele mesmo responderá não veio para quebrar ou destruir a lei de seu Pai celestial.

Onde mais você pergunta se Abel matou Caim, ou Davi matou Saul, ou se quem nasceu do Espírito matou quem é nascido da carne? Atesto, se sua pergunta é mesmo sobre Abel, Davi e Isaque, que nenhum deles matou nenhum nome mencionado

---
[9]Êxodo 32.

anteriormente. Mas se disso você deduz que não mais é lícito para qualquer um dos eleitos de Deus matar qualquer homem por causa de sua consciência, eu respondo que se, sob o nome de consciência, você incluir o que parecer bom aos seus próprios olhos, afirma um grande absurdo, repugnando manifestamente as leis de Deus, como os exemplos daqueles a quem Deus louvou muito em suas santas Escrituras. Mas dado que reiteradamente recorre à sua consciência para remover de você aquela vã cobertura, eu pergunto se o assassino, adúltero ou qualquer outro malfeitor deveria ser isento de punição à lei por ter alegado que fez tudo de consciência. Acredito que você admitirá que deve ser ridicularizado quem recorre à autoridade da consciência para transgredir claramente a vontade revelada de Deus. E por que você não admite o ponto neste assunto em questão? Porque (você diz) crimes externos não têm afinidade com as questões da religião, pois a consciência de todo homem não é igualmente persuadida no serviço e na honra de Deus, nem ainda em controvérsias em que a Palavra de Deus não decide claramente. Mas me pergunto se essa é uma desculpa justa para que erros perniciosos sejam obstinadamente defendidos e ainda mais que a religião estabelecida de Deus possa ser desprezada com desdém.

Para tornar esse assunto mais claro, Israel e Judá não tinham a mesma inclinação de honrar a Deus, depois que as dez tribos partiram da casa de Davi, Judá muitas vezes foi corrompida por idolatria pestilenta, de modo que os pais ofereciam seus filhos a Moloque, o que tenho certeza que eles fizeram com zelo, pensando agir de boa consciência. Mas, apesar dessas controvérsias, opiniões diversas e consciências forjadas segundo seus próprios apetites, Elias matou os sacerdotes de Baal, então eu lhes pergunto: Elias nasceu da carne? Ele não foi regenerado pelo Espírito Santo de Deus?[10] Josias matou todos os sacerdotes dos altos lugares, e queimou ossos de homens em seus altares. Então lhes pergunto se ele seria irmão de Caim, ou melhor, herdeiro, com Abel, do reino prometido? Acredito que você não negará que ele era o rei mais fiel a Deus, depois de Davi, a não ser que diga, como presunçosamente afirmou em relação ao outro, que Deus vingou sangue com sangue, porque ele o fez sucumbir na batalha. Mas o Espírito de Deus, falando pelo profeta Jeremias,

---

[10] 2Reis 23.

faz um juízo mais brando, pois ele o absolveu e afirmou que ele foi levado pelos pecados do povo. Considere essas coisas e nos convença, se puder, pelas Escrituras.

Dizemos que o homem não é perseguido por sua consciência, declinando de Deus, blasfemando contra sua majestade e desprezando sua religião, ele defende obstinadamente doutrina errônea e falsa. Esse homem, digo eu, legalmente condenado, se sofrer a morte sentenciada por um magistrado legítimo, não será perseguido (como em nome de Serveto, vocês queixam furiosamente), mas antes sofreu punição segundo o mandamento de Deus, pronunciado em Deuteronômio 13.[11]

Para pôr um fim àquelas suas calúnias por ora, duas coisas eu exigiria de você. Primeiro: não abuse tolamente do nome da consciência, que você diz que o obriga a escrever, com o propósito de nos despertar dos nossos sonhos. A consciência nos garante agir bem se tivermos um testemunho claro da vontade revelada de Deus. Nela, não encontrará a nossa certeza pela qual tão odiosamente nos acusa daqueles crimes dos quais nunca poderá condenar-nos.

A segunda é que você se dedica a refutar nossa doutrina por meio da clareza das Escrituras e de argumentações sólidas, e não palavras enfurecidas, como se ditas por um homem enlouquecido. Você nunca será capaz de provar que nossa doutrina está envenenada, ou ainda que atraímos o povo para uma vida segura, ociosa e desleixada. Bendito seja Deus, o Pai de nosso Senhor Jesus Cristo, que por sua simples misericórdia fez frutificar nossa doutrina. Nossa boa esperança é que, conosco e com sua Igreja aflita, ele continue seu cuidado paternal, de tal maneira que de tempos em tempos ele deixará testemunhos para as eras seguintes, de que sua doutrina celestial não é enviada em vão. A ele seja a glória para sempre. Agora, para o que segue em seu livro.

---

[11]Deuteronômio 13.

28ª Parte

O ADVERSÁRIO

Agora, você diz que Adão e Davi, mesmo cometendo idolatria, homicídio, todo tipo de maldade, ainda continuavam no favor de Deus. Peço que observe como é confirmada em você a expressão do profeta Zacarias. Nela, diz ele: "Entristeceis ao Senhor ao dizerdes: 'Os que fazem o mal são bons aos olhos de Deus e ele se agrada deles'".[1] Pode haver algo mais evidente contra o seu erro? E realmente me parece que, por essa doutrina, você incitaria o povo ao pecado: porque se os eleitos não perdem o favor de Deus pelo pecado, e os infames, como você diz que eles jamais estiveram nem podem estar em seu favor, não podem perder aquilo que não têm. Quem, então, precisa temer, perder o favor de Deus por causa do pecado? Não importa, então, o que fazemos, mas, contrariando à sua doutrina, somos ensinados pelo Espírito Santo, na palavra, que Deus odeia todas as obras de iniquidade, e aquele que comete pecado é do diabo. E Deus favorece os que pertencem ao diabo? Paulo diz que nenhum impuro herdará o reino de Cristo e Deus.

Assim, Adão, quando ele transgrediu, não era do Reino de Deus, pois era uma pessoa impura, contaminada pelo pecado. Se ele não era do Reino de Deus, então ele era do reino do diabo e estava fora da eleição. Assim como Adão, diz o Senhor, eles quebraram minha aliança e me desprezaram.[2] Se Adão, ao violar a aliança do Senhor, desprezando a Deus, ainda era amado por Deus, então podemos dizer com os ímpios como está escrito: "É perda de tempo servir ao

---
[1]Malaquias 2.
[2]Oseias 6.

Senhor. Que proveito temos em guardar seus mandamentos?" Portanto, podemos dizer que os orgulhosos são felizes e que os que lidam com a impiedade são empoderados. Esse é o espírito que vocês libertinos desleixados têm, como a sua doutrina deixa claro. Porventura, Deus não ameaçou Adão, que no dia em que ele comesse do fruto ele morreria não apenas corporalmente, mas também eternamente? Os que abandonam os mandamentos de Deus, abandonam o próprio Deus, como o profeta diz: "Eles não são do Senhor, pois eles o abandonaram com infidelidade". Portanto, Adão, quando abandonou a Deus, não era do Senhor, mas servo da morte e do pecado. Vocês são servos (diz Paulo) de quem quer que obedeçam, seja do pecado para a morte ou da obediência para a justiça. E novamente: se alguém não tem o Espírito de Cristo, esse alguém não é dele. Nem Adão, nem Davi foram guiados pelo Espírito de Cristo quando pecaram, pois o Espírito de Cristo não habita em quem o abandona e obedece ao diabo. E, a não ser que Cristo (diz o apóstolo) habite em você, você é excluído. Então Adão e Davi foram expulsos, isto é, condenados quando pecaram, pois nem eles estavam em Cristo, nem Cristo neles, em quem a eleição de Deus estava e está. Mas com que propósito eu argumentaria com você que Adão caiu da eleição, visto que nisso vocês não concordam. Pois a sua congregação, que está em Genebra, na sua confissão de fé, diz que dos filhos perdidos de Adão, Deus elegeu alguns para a vida, e o restante ele rejeitou. Ou você muda essa crença ou então admite com eles que todos os filhos de Adão foram perdidos por transgressão. Se estavam perdidos, estavam fora da eleição com seu pai Adão, desde a transgressão até a promessa que foi feita. Portanto (diz Paulo), a condenação veio de um pecado para condenação e em outra passagem diz que assim como em Adão todos morrem, assim também em Cristo todos vivemos.

Aqui o apóstolo testemunha claramente que todos nós, em Adão, morremos. João diz: "Quem não crê já está condenado e a ira de Deus permanece sobre ele". Então Adão e Davi, e todos os que praticam a iniquidade, no tempo em que pecaram, já estavam condenados, são desprovidos de fé. E eles poderiam estar no estado de condenação e eleição ao mesmo tempo? Preste atenção ao que se segue: e a ira de Deus permanece sobre ele, como Adão, da transgressão até a promessa, sentiu a força da ira de Deus. Assim, vemos que Adão e Davi, e todos os outros, quando pecaram, estavam fora do amor, favor e eleição de Deus, até que se arrependessem e nascessem de novo, pois de outro modo eles não poderiam entrar no Reino dos céus. Novamente, João diz: "Vocês sabem que nenhum homicida tem a vida eterna". Davi era um assassino então ele não tinha a vida eterna nele. Mas durante o tempo de sua maldade, ele era filho da morte, como o profeta Natã lhe mostrou Davi proferindo juízo contra si mesmo. Sem fé ninguém pode agradar a Deus. Adão e Davi, quando pecaram, estavam sem fé, então não agradaram a Deus. Se eles não o agradaram, desagradam-no de modo que estavam caídos do amor e favor de Deus.

RESPOSTA

Embora eu perceba que ou a ignorância o impede, ou a malícia o cegue de modo que você não entenderá, nem é capaz de entender, o que é absolutamente razoável e claro, ainda assim, mais uma vez repetirei o que eu já disse, a fim de que possamos prestar testemunho tanto aos que vivem agora quanto à posteridade porvir, qual é a doutrina que vocês tão furiosamente impugnam. Se a ignorância é a causa pela qual assim você se enfurece contra nós, você pode ser ensinado, se os seus ouvidos quiserem ouvir, seus olhos quiserem ler e corações quiserem entender. Pois nossa doutrina não é, como alguns de vocês se queixam, sombria ou obscura, a não ser àqueles a quem o apóstolo afirmou que o evangelho estava oculto. Mas se a malícia que você concebe contra a eterna verdade de Deus cega a ponto de não ver o sol brilhando ao meio do dia, não nos resta mais nada a não ser desejar a Deus, ou remova a malícia diabólica (eu escrevo, como Deus sabe, com dor no coração) ou, permanecendo com ela, que ele a reprima para que não perturbe sua Igreja aflita. Você nos acusa de não fazermos distinção entre vício e virtude, pecado e justiça, nem distinção entre Adão e Davi enquanto eleitos em Cristo Jesus antes que as fundações do mundo fossem lançadas e a transgressão de Adão e o adultério e assassinato Davi.

Você parece ainda nos acusar de afirmarmos que Deus não odeia o pecado, nem considera o vício. Se nossa confissão curta, objetiva e sincera puder satisfazê-lo nessas três dúvidas, espero que, depois disso, não tenha ocasião de suspeitar de nós nessas questões. Primeiro, diante de Deus, diante de seus santos anjos no céu e diante de sua congregação na terra, protestamos e reconhecemos que o pecado, o vício e todo tipo de iniquidade são e sempre foram tão odiosos na presença de Deus que ele nunca permitiu que ficassem impunes em nenhum de seus filhos eleitos. Que, por causa do pecado, não apenas a morte, mas também as calamidades comuns sobrevieram a toda a humanidade desde a primeira transgressão. Essa virtude, justiça e honestidade civil (além da justiça dos filhos regenerados) agradam a Deus de tal modo que, por amor a elas, ele manteve e até hoje mantém comunidades, embora muitos crimes graves sejam cometidos nelas. Como Deus (dizemos e afirmamos) ama a equidade, a justiça, a castidade, a verdade, a misericórdia e a temperança, assim ele de alguma forma as recompensa, assim como odeia a injustiça, a vida imunda, o engano, a intemperança, a crueldade e a vida desregrada, o que muitas vezes ele castiga mesmo aos olhos do homem. Essa diferença, dizemos, Deus faz mesmo entre aqueles que não são regenerados, nem foram chamados ao verdadeiro conhecimento da salvação. E isso muito brevemente, para o primeiro, segundo e terceiro. Essa é a diferença que fazemos entre Adão e Davi eleitos em Cristo Jesus, e Adão e Davi transgredindo o santo mandamento de Deus e sua vontade revelada. Adão e Davi, eleitos em Cristo Jesus antes que as fundações do mundo fossem lançadas, eram tão amados no mesmo Senhor Jesus, seu cabeça, que quando eles caíram e transgrediram horrivelmente, Deus procurou Adão, chamou-o gentilmente arrazoou com ele e longamente convencendo sua consciência de sua transgressão, fez a mais alegre promessa de reconciliação: do mesmo amor (que dizemos que procede) Deus enviou o profeta Natã a Davi, o transgressor, que pela alegoria de uma outra pessoa ele o permite ver o horror de seu pecado. Ele primeiro amedrontou e subjugou sua consciência e, depois, ternamente, a ergueu e a tirou do poço de desespero. Todas essas graças (nós afirmamos) procederam do imutável amor de Deus, que permaneceu constante, tanto em relação a um quanto em relação ao outro, mesmo no momento de sua maior ingratidão. E isso porque eles não eram amados nem eleitos em si mesmos, mas em Cristo Jesus, seu cabeça, que não transgrediu nem ofendeu em nada contra a vontade de seu Pai celestial.

Mas Adão e Davi, transgredindo e horrivelmente caindo de Deus, eram tão odiados em si mesmos e por seus pecados que, primeiro, coube ao inocente Filho de Deus, por sua morte, satisfazer seus pecados, como também os pecados de todos os filhos de Deus. E, secundariamente, falamos, pregamos, escrevemos e defendemos que o pecado era tão odioso diante de Deus que sua justiça não podia fazer outra coisa senão infligir sobre Adão e sua posteridade a pena de morte corporal, os castigos e pragas que diariamente vemos sobrevir aos filhos de Deus, que, em Davi, ele executou seu justo juízo e pronunciou estas palavras: "Agora, portanto, a espada nunca se apartará da tua casa, porque tu me desprezaste e tomaste a esposa de Urias, o hitita, como sua esposa. Assim diz o Senhor: 'De sua própria família trarei desgraça sobre você. Tomarei as suas mulheres diante dos seus próprios olhos e as darei a outro; e ele se deitará com elas em plena luz do dia. Você fez isso às escondidas, mas eu o farei diante de todo o Israel, em plena luz do dia'".[3] Essa afirmação, pronunciada com toda justiça, posteriormente foi executada mais incisivamente e mais justamente (pelo pecado cometido). Também afirmamos que nenhum dos filhos de Deus, por mais queridos que sejam, escapará do castigo, se com desprezo transgredirem.

Suponho que essa nossa confissão não te ofenda, a não ser quando afirmamos que Deus ainda amava Adão e Davi após o pecado deles, antes que seu Santo Espírito gerasse em seus corações qualquer verdadeiro arrependimento. No entanto, pergunto-me por que isso lhe ofenderia, visto que atribuímos a causa não a eles mesmos, nem a qualquer em si mesmos, mas a Cristo Jesus, em quem foram eleitos e escolhidos. Os sinais do amor de Deus já provamos, e o resultado testemunha que o amor de Deus não era mutável. Se você exigir provas nas Escrituras, eis que elas estão à mão. Se quando éramos inimigos de Deus fomos reconciliados com ele mediante a morte de seu Filho, quanto mais agora, tendo sido reconciliados, seremos salvos por sua vida.[4] E um pouco antes, no mesmo capítulo, quando éramos pecadores, Cristo morreu por nós etc. E o apóstolo João diz: "Foi assim que Deus manifestou o seu amor entre nós, enviando o seu Filho Unigênito ao mundo, para que pudéssemos viver por meio dele. Nisto consiste o amor: não em que nós tenhamos amado a Deus, mas em que ele nos amou e enviou seu Filho como propiciação pelos

---
[3] 2Samuel 12.
[4] Romanos 5.

nossos pecados". Isso é muito claro e pensamos que nenhum homem razoável negará a Adão e a Davi, o que Espírito Santo torna comum a todos os filhos eleitos de Deus, a saber, que são amados por Deus mesmo quando eram inimigos, mortos em pecado, imersos na idolatria e poluídos com toda a imundície, como testemunha o apóstolo com estas palavras: vocês estavam mortos em seus pecados, nos quais costumavam viver segundo este mundo e segundo o príncipe das potestades do ar, que é o espírito que agora está atuando nos que vivem na desobediência. Entre os quais todos nós também vivíamos entre eles, satisfazendo as vontades da nossa carne, seguindo os seus desejos e pensamentos. Como os outros, éramos por natureza merecedores da ira.

Todavia, Deus, que é rico em misericórdia, pelo grande amor com que nos amou, deu-nos vida juntamente com Cristo, quando ainda estávamos mortos em transgressões (observe e, se você está ofendido, reclame com o Espírito Santo): pela graça vocês são salvos. Deus nos ressuscitou com Cristo e com ele nos fez assentar nos lugares celestiais em Cristo Jesus, para mostrar, nas eras que hão de vir, a incomparável riqueza de sua graça, demonstrada em sua bondade para conosco em Cristo Jesus".[5] Que Deus abra seus olhos para que você possa ver a luz e suavizar seus corações, a fim de que magnifique com os filhos de Deus seu amor e misericórdia superabundantes concedidos mesmo aos mais indignos.

Se você pensa que esse amor só ocorre antes da transgressão do homem, você vê o Espírito Santo claramente repugnar à sua afirmação, pois ele fala aos que foram manchados e contaminados com todos os pecados. Se ainda assim você responder que isso foi durante o tempo de sua ignorância e não depois que eles foram iluminados pela graça, nada dissestes contra a nossa confissão. Pois afirmamos que Deus ama os pecadores, envolvidos na morte e na condenação do pecado, o que provamos claramente. Porém, para sua satisfação e instrução (pois digo perante o Senhor Jesus, que daria a minha própria vida para uni-lo plenamente a Cristo Jesus), irei adiante um pouco mais com você. Você acha que o pecado de Davi, no que tange à natureza e à qualidade do próprio pecado, era mais horrível e odioso diante de Deus do que todos os pecados cometidos em

---

[5]Efésios 2.

Éfeso pelos quais o apóstolo escreve? Ainda mais que os pecados que foram feitos entre todos os gentios? Acredito que você não pensará isso e vemos claramente que Deus amou os eleitos em Éfeso e em meio aos gentios quando estavam imersos em todo tipo de iniquidade. Se ainda assim você responder que Davi foi ingrato, porque, depois de tantos benefícios recebidos, de forma tão traiçoeira, rejeitou a Deus, seguindo seus próprios apetites e deliberadamente assassinando seu servo inocente e isso com grande ignomínia de Deus. Isso não negamos nem jamais negaríamos. Mas, ainda assim, como a questão é outra, a nossa confissão não se provou falsa, embora Davi fosse ingrato (sim, e depois de Adão, o mais ingrato de todos os filhos de Deus de seus dias).

A dúvida é a seguinte: se a ingratidão dos filhos de Deus, depois de terem recebido misericórdia, graça e grandes benefícios das mãos de Deus, alienam deles a mente de Deus, que ele não lhes dá mais domínio do amor, até que se voltem para ele pelo arrependimento. Pelo contrário, sustentamos e afirmamos, sem medo de declarar, que o arrependimento, ao se unir à fé, é o dom gratuito de Deus também é efeito do amor constante de Deus por eles e não a sua causa. Para uma demonstração mais ampla disso, vamos comparar a negação de Pedro e a deserção de todos os apóstolos com o pecado de Davi. Embora Pedro não tenha sido chamado para ser um príncipe do mundo, como Davi, ainda assim penso que não negará, que foi chamado ao ofício de um apóstolo, para ser aluno de Cristo por três anos, para estar tão familiarizado com Cristo, que ele sozinho com os outros dois viu Cristo, seu mestre transfigurado, ouviu aquela voz alegre do céu, viu Moisés e Elias falarem com ele. Acredito que você não negará que essas graças em nada eram inferiores ao reino temporal de Davi. No entanto, quão horrivelmente Pedro negou a Cristo Jesus, você sabe muito bem. Sim, mas, você dirá, Pedro chorou e buscou a graça com arrependimento. Porém eu pergunto: quando? O Espírito Santo responde que foi depois que o galo cantou e Cristo Jesus olhou para ele. Esse olhar, eu te pergunto, proveio do amor ou do ódio? Ao que parece, pelo seu efeito, proveio do amor, pois é dito que Pedro lembrou-se das palavras de seu Mestre, e, assim, saiu e chorou amargamente. Provavelmente, as palavras de seu mestre haviam sido apagadas de sua memória. Mas graças a Deus não precisamos depender de conjecturas incertas. A queda e negação de Pedro (como em outra passagem declaramos) não aconteceu por acaso, como algo do qual Cristo Jesus era ignorante. Ele a previu e falou de antemão. E que consolo lhe deu Jesus Cristo antes de pronunciar aquela dura sentença: "Antes que o galo cante, tu me negarás três vezes". E esse consolo deve ser louvado por todos os fiéis: "Simão, Simão, Satanás pediu vocês para peneirá-los como trigo. Mas eu orei por você, para que a sua fé não desfaleça. E quando você se converter, fortaleça os seus irmãos".[6] Cristo orou por Pedro, sabendo que ele o negaria? Assim, ele afirmou.

A oração de Cristo Jesus e seus efeitos se esvaneceram em um instante? Que Deus não permita que essa impiedade ocorra em nossos corações. O apóstolo testemunha que, como seu sacrifício está sempre presente diante de Deus, sua oração por seus eleitos é sempre efetiva. Deus odeia integralmente, detesta e abomina aqueles por quem Cristo Jesus orou? Aqueles confiados à sua misericórdia antes que caiam em perigo? Minha esperança é que os piedosos não julguem assim. O mesmo eu poderia provar pela resoluta negação de Tomé (além da deserção de todos os demais) que depois daquelas boas-novas da ressurreição de Cristo confirmada pelo testemunho de muitos disse obstinadamente: "A não ser que eu toque com meus dedos as marcas dos pregos etc., não vou acreditar". Aqui você vê que não havia arrependimento de sua infidelidade anterior, mas sim um aumento de sua infidelidade. E foi por amor ou por ódio que Cristo veio a ele e se ofereceu para satisfazer sua curiosidade em todas as coisas, desejoso de que ele fosse fiel e não permanecesse infiel?

Considere agora como de maneira simples e clara nós abrimos nossos pensamentos para você. Que Deus lhe conceda seu Espírito Santo para entender corretamente e caridosamente interpretar as coisas que foram ditas etc.

Agora vou brevemente passar por essas passagens das Escrituras que vocês abusam e violentamente distorcem contra nós, não fazendo discursos muito longos para corrigir seu julgamento, como fiz antes. Pois se as coisas já faladas não servem, devo confessar-me desprovido de palavras por ora. As palavras do profeta (chamado negligentemente por você de Zacarias em vez de Malaquias)[7] não

---

[6]Lucas 22.
[7]Malaquias 2.

servem ao seu propósito, tampouco são confirmadas por nós. Pois nós não somos como os sacerdotes, que naqueles dias permitiram que a iniquidade evidente e o desprezo por Deus e por seus estatutos fossem universalmente praticados pelo povo e não se opuseram a essas práticas. Leia o profeta e nos convença dessas coisas, se puder. Lamentamos que você não tenha uma opinião melhor de nós, imaginando que todo nosso esforço seja para levar pessoas a pecar. Não temamos que, com suas palavras, você possa convencer alguém, a não ser a sua própria facção (mesmo isso seria difícil), a acreditar em você nesse ponto. Pois todo louvor a Deus, nossas vidas, doutrina e correção do vício testemunham o contrário. Mas nossa maior tristeza é pela sua condenação, que sem dúvida sobrevirá a um julgamento tão mau, se logo não se arrepender.

Assim como o sol não deve ser culpado porque a carniça apodrece pelo seu calor, assim nossa doutrina não é culpada porque homens carnais buscam nela liberdade carnal. Pois você sabe que isso aconteceu com a doutrina de Paulo.

O que afirmamos, tanto em palavras como em textos, não é muito diferente do que você afirma, a saber, que quem comete pecado é do diabo. Mas suponho que a diferença seja a seguinte: você e nós não entendemos essa frase da mesma forma.[8] Entendemos que o homem comete pecado, que todo seu esforço, intenção e propósito, de tempos em tempos, são inclinados à iniquidade, isso afirmamos ser do diabo, que peca desde o princípio. Se você entende que toda ação praticada contra a lei de Deus faz do homem o filho do diabo, dizemos muito francamente que não entendemos que essa seja a intenção do apóstolo. Pois é evidente que ele não se refere a ações particulares, não importa quão graves, das quais um homem depois se arrependeu e dela desistiu, mas de um exercício contínuo, deleite e esforço que o homem tem no pecado. E isso é claro, digo, pelas palavras que imediatamente se seguem e precedem:[9] "Aquele que exerce a justiça (diz ele) é justo, como Ele é justo: aquele que cometeu pecado é do diabo; pois desde o princípio o diabo peca".

Aqui o exercício da justiça, é entendido como o contrário do pecado. Um exercício que sabemos exigir esforço e prática contínuos. Penso

---
[8]Romanos 6, 1João 3.
[9]1João 3.

que você não dirá que uma única obra justa faz um homem justo e, consequentemente, o Filho de Deus, procede de justiça a justiça. O mesmo, dizemos, deve ser entendido sobre o cometimento de pecado, pois nem Adão nem Davi cometeram seus pecados anteriores, quando pela graça começaram a se arrepender e assim eles não permaneceram pessoas impuras, nem escravos do diabo. Também não é possível provar que eles já tenham sido membros do diabo, nem de seu reino, ainda que voluntariamente tenham se feito escravos dele. Não obstante, Jesus Cristo justificou a si mesmo e livrou-os dessa escravidão, porque, pelo dom gratuito de Deus, seu Pai, eles pertenciam ao seu Reino. Você também não poderá provar, por qualquer uma dessas sentenças, que eles estiveram fora da eleição, como já foi declarado.

A passagem do profeta Oseias é muito mal interpretada por você:[10] a falta de conhecimento da língua hebraica pode ser a causa do seu erro. Embora seu grande e perfeito líder Castalio finja grande conhecimento nessa língua, ainda assim, nessa e em muitas outras passagens até mesmo uma criança percebe sua negligência. É verdade que, no hebraico, a palavra Adão está naquele texto. Mas se entendermos essa palavra onde quer que a encontremos nas Escrituras como se referindo a Adão, nosso primeiro pai, faríamos uma interpretação insana nessa língua e um sentido ainda mais insano, dado que, aqueles que têm um mínimo de conhecimento de hebraico sabem que essa palavra é comum a qualquer homem, como nos profetas fica mais evidente.

A verdade do texto é esta: eles transgrediram a aliança, como aliança de um homem, se rebelaram contra mim etc. Deus reclama com Efraim e Judá, que eles não tinham mais respeito, reverência, nem consideração a mais excelente aliança e pacto que Deus havia feito com eles, isto é, que ele seria o Deus deles, e eles seriam o seu povo. Pois Deus os preferiu a todas as nações da terra, e os separou de outros para servi-lo e honrá-lo em santidade de vida, oferecendo-lhe um sacrifício mais espiritual do que carnal. Mas eles o serviram segundo o seu bel-prazer, sim, e naquela terra em que eles receberam a maior das bênçãos de Deus, eles se sujeitaram à idolatria. Pois é isso que ele quer dizer: "Ali se rebelaram; isto é, onde eles mais deveriam ser obedientes". Isso não tenho dúvidas de que todo

---
[10] Oseias 6.

homem que diligentemente observar o escopo do profeta perceberá ser o seu verdadeiro significado.

Caso contrário, eu teria respondido à sua ignorância, incapaz de distinguir entre Adão pecar uma vez e, ainda assim, pouco depois, pela graça, ser chamado a uma nova e mais segura aliança com Deus (que com toda a alegria e gratidão recebeu) e os manifestos desprezadores de Deus, que nada mais fazem do que se deleitar no pecado, do qual, ainda que sejam chamados dez mil vezes, e ainda assim desprezando toda a sociedade com Deus, seu prazer é permanecer na vaidade e, finalmente, na morte.

Essa diferença você deve ter observado e eu não duvido que você tenha isentado Adão da categoria dos que choram com desprezo e ainda dizem ser trabalho perdido servir a Deus. Se diligentemente você considerar o que está escrito em Jó, e em Malaquias, no terceiro capítulo,[11] entenderá facilmente que o profeta ali divide toda a multidão nesses dois tipos de homens: aqueles desprezadores orgulhos e obstinados e aqueles que temiam ao Senhor, a quem ele chama de seu povo peculiar, a quem prometeu poupar, como um homem poupa seu filho que o serve. E entendemos que Adão era deste último tipo por todos os seus dias, após sua queda e reconciliação pela graça. Que o Senhor purgue seus corações (se for de seu agrado) daquele veneno que por vezes leva você a vomitar sua própria vergonha, bradando que somos guiados pelo espírito de Balaão, e agora afirmando que somos libertinos desleixados. A essas blasfêmias, porque eu não consigo responder sem tristeza e pesar de coração, nem sem ofender aos piedosos, então deixarei ao julgamento daquele que desde o princípio abriu coisas que durante algum tempo se escondiam na escuridão, portanto, não duvido que ele, em breve, revele ao mundo quais espíritos guiam a nós e a vocês. Quando houver ocasião, proponho, se a misericórdia de Deus me assistir, apontar quais espíritos conduzem você e a sua seita.

Tudo o que você deduz das palavras do apóstolo é totalmente fora de propósito, pois em nenhuma dessas passagens ele define e determina o que Adão e Davi eram quando pecaram, mas claramente declara que provação todo homem deve suportar quando Jesus Cristo lhe é pregado, afirmando que, se alguém não tem o Espírito de Cristo,

---
[11]Jó 21; Malaquias 3.

ele não é dele. Mas o Espírito de Cristo não permanece em pessoas impuras e profanas, você diz. Mas ainda assim eu afirmo que Adão e Davi não devem ser incluídos nesse grupo. Pois apesar de pecarem, e de maneira terrível, eles não permaneceram naquele estado. Embora não fossem guiados pelo Espírito de Cristo quando pecaram, ainda assim foram guiados, atraídos e governados por seu Espírito onipotente, quando se arrependeram. E assim você não consegue provar que eles são condenados, não, nem mesmo quando pecaram, a não ser que você consiga provar que eles acabaram por perecer em pecado. Ainda por esse princípio, sustento que a verdadeira fé e o verdadeiro arrependimento (que os infames nunca têm) são os frutos da eleição. A passagem do apóstolo, escrita no capítulo 13 de 2Coríntios, não é bem analisada, nem bem aplicada por você, tampouco permite qualquer das conclusões que você dela extrai. A intenção do apóstolo é a seguinte: após a partida de Paulo de Corinto, onde, depois de muito sofrer, estabeleceu uma igreja, entraram na igreja falsos profetas, cujo principal objetivo era desacreditar a autoridade de Paulo e, assim, desfigurar todo o seu trabalho, afirmando que ele não era digno de ser chamado apóstolo, pois nunca esteve na companhia de Cristo, na qual outros eram de maior estima e favor do que ele.

Sendo assim, como a multidão está sempre mais pronta para receber veneno do que bons remédios, um grande número começou a dar ouvidos a eles e assim começou a pouco estimar o que Paulo havia feito entre eles. Contra tal ingratidão, o apóstolo escreve de forma incisiva, como em ambas as epístolas ficam claro. Entre outros argumentos que ele usava para provar que era apóstolo, nada inferior ao maior deles, ele os usa como testemunho, dizendo: "Examinem-se para ver se vocês estão na fé; provem-se a si mesmos. Não percebem que Cristo Jesus está em vocês? A não ser que tenham sido reprovados".[12] Por essas palavras, de forma mais incisiva e mais veemente, ele se esforça para convencer-lhes a consciência de que ele era um apóstolo e a prova de seu apostolado (como em outro trecho que ele afirma) era manifesta neles. Como se ele dissesse: seus falsos apóstolos afirmam que eu não sou digno de ser chamado apóstolo, mas se o ofício de um apóstolo é pregar a Cristo Jesus e

---

[12] 2Coríntios 13.

se o verdadeiro sinal que distingue o verdadeiro apóstolo do falso é que Cristo opera com tanto poder por seu ministério, que Cristo Jesus toma posse no coração dos ouvintes pela verdadeira pregação de sua palavra, então julguem vocês mesmos se eu sou apóstolo ou não. Ponha sua consciência a examinar em que estado eu encontrei vocês. Você não estava imerso em todo tipo de iniquidade? Não andava nas trevas, sem a verdadeira luz de Deus? E em que estado eu deixei você? Prove e examine-se em que estado você ainda está. Você não pode ser insensível, não pode ser tão ignorante, mas deve saber se esse Cristo habitou em você ou não. Se você reconhecer e confessar que Cristo habita em você, então você deve admitir que eu sou um apóstolo. Por meus trabalhos e pregação você recebeu a Cristo Jesus. E se para desfigurar meu trabalho e me defraudar daquela honra que Deus de sua misericórdia me concedeu, você negar que tenha recebido a Cristo Jesus, ainda que ele permaneça em você, então você admite ser um infame.

Paulo não define categoricamente que eles eram infames, mas deixa a escolha com eles se confessariam que Cristo Jesus permaneceu neles pela fé, que haviam recebido pela pregação de Paulo, admitindo assim que ele era um apóstolo ou admitiriam não ter nada a ver com Cristo confessando-se, assim, serem infames. Agora, que o leitor imparcial julgue, se você fielmente citou o texto e se você corretamente o interpretou. O apóstolo não diz: "A não ser que Cristo habite em vocês, vocês são condenados", mas diz, como antes já falei, "Vocês não sabem que Cristo Jesus está em você, a não ser que vocês, de algum modo, sejam condenados?" Embora as palavras sejam como você cita, como você pode concluir que Davi e Adão foram reprovados quando pecaram? Visto que Paulo naquela passagem não menciona nenhum outro pecado que permaneça neles a não ser a negação de Cristo, de sua ingratidão para com ele, a quem Deus havia designado como pregador e de dar ouvidos e crédito a falsos apóstolos, caluniadores de verdadeiros mensageiros de Cristo. Quão justamente eu poderia virar as palavras de Paulo sobre suas cabeças, é fácil de perceber, mas todo esse raciocínio que faço abomino de coração. Se você puder provar que Adão recusou a graça oferecida, ou que Davi vociferou contra Natã, afirmando ou suspeitando que ele fosse um falso profeta, o seu argumento tem alguma probabilidade. Pois é só disso que o apóstolo fala naquela passagem. Assim, ou a sua ignorância ou a sua malícia, contrariando as Escrituras contra seu sentido natural, obrigam-me a incomodar muito mais o leitor do que gostaria se houvesse sinceridade em você. Afirmamos constantemente que, pelo pecado de um homem, a morte entrou no mundo. Pois Adão não apenas se perdeu, mas também envolveu toda sua posteridade em pecado, morte e condenação, de modo que Adão e todos os seus filhos estavam perdidos nele. Mas isso não significa (como você afirma) que eles estavam fora da eleição desde a transgressão até a promessa. Pois, como antes provamos claramente, eles foram eleitos em Cristo Jesus antes da fundação do mundo, em quem permaneceram eleitos e amados, mesmo quando caíram em Adão, momento no qual, a eleição, que por toda a eternidade foi mantida no conselho de Deus, começou a ser comunicada e manifestada ao conhecimento do homem. A Queda e o pecado do homem foram o caminho e o meio pelo qual a eleição de Deus apareceu, mas não foi a causa pela qual ela foi destruída. E assim, se com reverência você pudesse considerar os mistérios de nossa redenção em Cristo Jesus, você perceberia claramente que convinha que todos morressem em Adão, para que os eleitos recebessem vida somente em Cristo Jesus.

As palavras de Cristo Jesus, nosso mestre, citadas pelo evangelista João, vocês descaradamente distorcem.[13] Naquela passagem, ele não tratou sobre se um pecador, durante o tempo de sua cegueira e pecado, é designado para a condenação ou não, como também não tratou sobre se, antes de terem conhecimento, como tinham Adão e Davi, são completamente desprovidos de fé por causa do pecado posteriormente cometido. Nosso mestre, nessa passagem, não trata de nenhum desses dois pontos. Mas para Nicodemos ele declara claramente que a causa da vida é fé, e a causa da condenação é a incredulidade e a descrença. Não é que Cristo Jesus afirme que todo homem que é infiel em algum momento é ou deva ser condenado. Pois Deus colocou todos sob desobediência, a fim de que ele exercesse misericórdia para com todos, como Paulo confessa ter sido um perseguidor e infiel. Mas o verdadeiro significado de Cristo é que aqueles que desprezam a luz oferecida e permanecem incrédulos até o fim já têm sua condenação designada, assim como, por outro lado, todo aquele

---

[13] 1João 3.

que com plena obediência crer firmemente nele terá a vida eterna, a despeito das evidentes transgressões da lei.

O restante dessa parte já foi respondido antes, por isso não vou incomodar o leitor repetindo. Pois você nunca poderá provar que Adão e Davi estavam tão fora do amor de Deus, que ele não os amava em Cristo, seu Filho, em quem foram eleitos. Davi não era um assassino como Caim, de quem fala João, que se deleitava em sangue até se acabar. Natã também não mostrou, nem Davi pronunciou qualquer juízo contra si mesmo, como você imagina, mas sendo condenado por sua própria consciência por sua terrível transgressão, ele ouviu, todavia, aquela feliz sentença: "O Senhor tirou o seu pecado, você não morrerá etc.". Essa sentença, sem dúvida, procedeu do amor imutável que estava reservado a ele em Cristo Jesus, mesmo quando ele estava afastado de Deus.

Em vista disso, será difícil para você provar, por meio de passagens evidentes, que Davi estava completamente desprovido de fé, mas admitindo que ele, no que se refere à sua própria percepção e sentimento, estava totalmente morto, não significa que ele tenha desagradado a Deus de modo a cair do amor e favor de Deus no tocante à sua eleição. Pois o apóstolo (em cujas palavras vocês parecem fundamentar sua argumentação) não quer dizer que a falta de fé em todas as pessoas, em todos os momentos e em todos os aspectos desagrade a Deus de tal modo que ele os odeie e os rejeite até a morte eterna. Pois às crianças falta fé por um momento, mas ainda assim Cristo declara que o anjo deles vê a face de seu Pai e que o reino dos céus lhes pertence. Tomé foi infiel mesmo após a ressurreição de Cristo, e ainda assim ele não desagradou seu mestre a ponto de impedir que ele o procurasse e removesse sua incredulidade. E Cristo Jesus repreendeu a incredulidade de seus discípulos e a dureza de seus corações, mas não os desprezou totalmente. Mas agora prossigamos.

29ª Parte

O ADVERSÁRIO

Se as Escrituras não lhes satisfazem, então você deve ser julgado com a própria medida. Pois se eu lhe conceder que os homens não caíram todos da santa eleição de Deus à condenação pela transgressão de Adão, segue-se que a vinda de Cristo, sua preciosa morte e paixão é supérflua, vaidosa e nula. Assim, por sua doutrina perversa, vocês infectarão os cristãos com o principal erro com o qual os judeus estão iludidos. Eles consideram uma grande loucura dizer que Cristo sofreria a morte pela transgressão cometida por Adão. Isso eu posso deduzir de seu erro. Pois qual a necessidade de Cristo morrer por eles, a quem nem a transgressão de Adão, nem a deles mesmos, poderia fazê-los cair da eleição de Deus? Mas agora vou desenvolver mais amplamente esse argumento. A eleição ocorreu antes do mundo, quando não havia pecado, e a promessa de Cristo foi feita desde que o mundo foi criado por causa do pecado. Se não houvesse pecado, não precisaríamos de nenhuma nova promessa, já sendo imagens justas e santas de Deus. Agora, se os eleitos não caíssem da eleição pela transgressão de Adão, então eles não precisariam de nenhum redentor, estando já seguros por causa da eleição, na qual estavam antes do pecado e assim permaneceram mesmo no pecado, porque, como você diz, os eleitos nem caíram nem podem sair da eleição. Então, estando os eleitos seguros e íntegros, eles não precisavam de médico, nem veio Cristo para chamar justos, mas pecadores. Portanto, a morte de Cristo, em relação a eles, é em vão, já que eles já estavam seguros pela eleição. Paulo usa aos gálatas um argumento semelhante: "se a justiça vem pela lei, então Cristo morreu em vão". Se os eleitos ainda estão no favor de Deus, qual necessidade eles têm de Cristo para reconciliá-los com o Pai, em cujo favor já estão? Agora, no que tange ao outro tipo a quem você chama de infames, você diz que eles não podem, de maneira alguma, ser salvos. Ainda diz que de modo algum Cristo morreu por eles, então a morte de Cristo foi em vão, pois sua morte, você diz, não pertence aos infames e os eleitos não precisam dela. Isso não é uma bobagem teológica?

RESPOSTA

Ao desenvolver seu argumento, pelo qual você tenta provar que a preciosa morte de Cristo foi supérflua e inútil, se os eleitos não caíssem de sua eleição, você recorre à seguinte razão.

A eleição ocorreu antes do mundo, quando não havia pecado, e a promessa de Cristo foi feita desde que o mundo foi criado por causa do pecado. Se não houvesse pecado, não precisaríamos de nenhuma nova promessa, já sendo imagens justas e santas de Deus. Agora, se os eleitos não caíssem da eleição pela transgressão de Adão, então eles não precisariam de nenhum redentor, estando já seguros por causa da eleição, na qual estavam antes do pecado e assim permaneceram mesmo no pecado. Nesse argumento, você comete duas falhas tolas. A primeira é que você considera isso algo verdadeiro e admitido, o que é falso e, portanto, sempre foi negado por nós. Pois assim você argumenta: "O homem foi eleito antes da criação do mundo; mas o homem pecou depois que o mundo foi criado. Logo, o homem caiu de sua eleição". Nós ainda negamos a conclusão e afirmamos que, como assim fomos eleitos em Cristo Jesus antes de todos os tempos, também os eleitos sempre permaneceram em Cristo. Portanto, depois que pecaram, convinha que a promessa fosse declarada, para que, por meio dela, os eleitos recebessem consolo e tivessem certeza de sua eleição.

A sua segunda falha deixa ainda mais clara a sua ignorância flagrante dos mistérios de nossa redenção. Pois da eleição pula para a glorificação e a salvação, sem atentar nem para os meios nem para os modos pelos quais a sabedoria de Deus designou e determinou entre uma e outra. É verdade que Deus elegeu em Cristo para a vida eterna os filhos escolhidos. Mas como? Em Paulo, e mesmo em toda a Escritura, onde quer que seja mencionada a nossa eleição, a morte e o sangue de Cristo aparecem associados a ela. Pois de nenhuma outra forma fomos eleitos nele, a não ser por meio de seu castigo por nossa transgressão e que recebêssemos a vida que perdemos em Adão e em nós mesmos, por meio de sua morte e ressurreição. Portanto, você argumenta que se os eleitos não caíram da eleição pela transgressão de Adão, então eles não precisariam de Redentor, pois já haviam sido salvos por causa de sua eleição. Essa conclusão é falsa e a argumentação é inútil, pois os eleitos precisam de um redentor não porque caíram da eleição, mas porque caíram da justiça para o pecado e da obediência à desobediência. Portanto, precisam de um Redentor, um médico, alguém que lhes dê vida. Porque mesmo eles sendo eleitos no eterno conselho de Deus, ainda assim caíram em cativeiro, em doença mortal e morte por sua própria transgressão. Se você puder provar que os eleitos não pecaram e que não estão doentes, então você poderia concluir que eles não precisam de redentor, nem médico. E assim você poderia ter prosseguido em seu argumento sobre as palavras do apóstolo, dizendo: "Se a justiça vem pela lei, então Cristo morreu em vão". Mas vendo que todos os filhos de Deus estão caídos em pecado, cuja escravidão e miséria eles continuam a sentir nesta vida, se vocês têm razão ao concluir que, porque permaneceram na eleição de Deus e, consequentemente, no seu favor por Cristo, então não precisavam de redentor, que o leitor imparcial julgue.

Se lhe parece estranho que Deus tenha amado os pecadores em Cristo, além das passagens já citadas como prova disso, ouça o que a própria Verdade pronuncia: "Assim, Deus amou o mundo que deu seu único Filho unigênito". Não importa como você interprete a expressão "mundo", não é possível excluir os pecadores. Você pergunta de maneira irreverente qual é a necessidade que eles têm de Cristo para reconciliá-los e eu respondo (com maior temor e reverência do que você manifesta): eles têm a mesma necessidade de Cristo que o corpo tem da alma, ou que o homem vivo tem de alimento saudável. E ainda muito mais, pois, embora os corpos tenham vida por meio de carne e bebida, ainda assim os eleitos não têm vida nem reconciliação a não ser por Cristo Jesus, e isso por meio de sua morte e paixão, pelos quais justo pagamento e satisfação são feitos à justiça de Deus por seus pecados. Assim, são reconciliados os que por natureza são os inimigos de Deus.

Não negamos que a morte de Cristo seja suficiente para redimir os pecados do mundo inteiro. Mas porque nem todos o recebem com fé, que é o dom gratuito de Deus, dado aos filhos escolhidos, os infiéis permanecem na justa condenação. Que Deus lhe perdoe (se for de sua aprovação), assim como à sua irreverente conclusão e sua injusta acusação, com a qual nos acusa de infectarmos o cristianismo com o principal erro com o qual os judeus estão infectados, que consideram loucura dizer que Cristo deve sofrer a morte pelos pecados e ofensas cometidas por Adão. Certamente, eu fico mais do que espantado que tal impiedade seja encontrada em qualquer criatura dotada de razão, mas deixo o julgamento com Deus. Assim você prossegue.

30ª Parte

O ADVERSÁRIO

O apóstolo diz: "Deus, desde o princípio, escolheu você para a salvação pela santificação do Espírito e pela crença na verdade". Aqui aprendemos que aqueles a quem ele escolheu para a salvação são santificados pelo Espírito e creem na verdade, e que eles podem cair. É o que está escrito na Epístola aos Hebreus: "Quão mais severo castigo, julgam vocês, merece aquele que pisou aos pés o Filho de Deus, que profanou o sangue da aliança pelo qual ele foi santificado, e insultou o Espírito da graça?"[1] Além disso, ele os exorta a não abandonarem sua confiança e a não se afastarem para a condenação. Aquele que se afasta para a condenação estava no estado de salvação, assim como aquele que se afasta para a salvação estava antes no estado de condenação. Sobre essa mudança, Paulo diz aos efésios: "naquela época vocês estavam sem Cristo, separados da comunidade de Israel, sendo estrangeiros quanto às alianças da promessa, sem esperança e sem Deus no mundo. Mas agora, em Cristo Jesus, vocês, que antes estavam longe, foram aproximados mediante o sangue de Cristo." Também: "Portanto, vocês já não são estrangeiros nem forasteiros, mas concidadãos dos santos e membros da família de Deus".

Aqui Paulo escreve aos eleitos, afirmando que eles estavam sem Cristo em tempos passados, e temos certeza de que sem Cristo não há eleição. Também diz que eles estavam sem o testamento da promessa e todos os que são eleitos pertencem à promessa, mas agora (disse ele) vocês são cidadãos com os santos e com a família de Deus. Isso é uma mudança da morte para a vida, da escravidão do diabo

---
[1] Hebreus 10:29.

para a liberdade em Cristo Jesus, da ira de Deus ao favor e transbordante amor de Deus, da prisão infernal para a Jerusalém celestial. Das trocas e mutações contrárias, está escrito aos hebreus, onde é dito: aqueles que "uma vez foram iluminados, e provaram o dom celestial, e se tornaram participantes do Espírito Santo, e provaram a boa palavra de Deus e os poderes do mundo vindouro, e caíram, sim, é impossível outra vez renová-los para arrependimento, visto que, de novo, estão crucificando para si mesmos o Filho de Deus e expondo-o à ignomínia."[2]

Não sei dizer o que poderia ser mais claro contra você, afirmando que aqueles que foram eleitos uma vez não podem jamais cair da eleição para a condenação. Pois se essas palavras não estivessem escritas nas Escrituras, se eu ou qualquer outra pessoa as dissesse, vocês diriam que elas eram falsas, e nós, mentirosos. No entanto, tenho certeza de que, em vez de se submeterem à verdade, você buscará uma saída. O que você dirá se negar alguém que recebeu os maiores benefícios que qualquer homem pode receber neste mundo; sim, nenhum homem pode participar de maiores dons durante esta vida, se negar que eles sejam eleitos, certamente a sua mente é perversa e reprovada, porquanto claramente resiste ao Espírito Santo. Você pensa que Deus dá a esses seus principais talentos, dos quais nenhuma criatura pode receber nada maior, sem a intenção de receber nenhum fruto disso? E se Deus os concedeu a quem ele reprovou antes da fundação do mundo, a quem ele sabia que necessariamente pereceria, então ele pretendia conceder-lhes em vão, o que é falso, pois o Espírito Santo nos exorta a não recebermos a graça de Deus em vão. Podemos, abusando de sua graça, recebê-la em vão.

Se não fosse assim, Paulo[3] teria nos exortado inutilmente a não recebermos a graça de Deus em vão. Desses também Pedro fala:[4] "Se, tendo escapado das contaminações do mundo por meio do conhecimento de nosso Senhor e Salvador Jesus Cristo, encontram-se novamente nelas enredados e por elas dominados, estão em pior estado do que no princípio." E esse é comparado a um cão que volta novamente ao seu próprio vômito e a uma porca lavada que volta a se revolver na lama. Eu te pergunto se esses de quem Pedro fala eram eleitos ou

---
[2]Hebreus 6.
[3]2Coríntios 6.
[4]2Pedro 2.

condenados? Se você disser que eram condenados, ainda assim eles escaparam das contaminações do mundo através do conhecimento da verdade, vomitaram seu veneno e foram lavados. Se você disser que eles eram eleitos, observe como eles se enroscam novamente, voltando ao vômito e à imundície. Mas você dirá que não há como eles acabarem por perecer. Pedro sabia o que você diria e, portanto, já responde de antemão, dizendo que o fim deles seria pior que o começo.

Meus irmãos, se algum de vocês se desviar da verdade e alguém o trouxer de volta, lembrem-se disso: quem converte um pecador do erro do seu caminho, salvará a vida dessa pessoa.[5] Quem são os que Tiago diz que se desviam da verdade? Se você disser que são os infames, considere como eles são convertidos à verdade e salvos da morte. Se você diz que eles são eleitos, você vê como eles (estando em erro) estavam ordenados à morte, caso contrário, como podem ser salvos da morte os que nem estão mortos nem podem morrer? Paulo deseja que Timóteo[6] informe com toda mansidão aos que resistem à verdade, se Deus, a qualquer momento, lhes dará arrependimento por compreender a verdade e que eles possam voltar a si mesmos da armadilha que lhes mantém em cativeiro por sua vontade. Se você disser que esses a quem Paulo escreve são eleitos, não percebe como eles são enredados pelo diabo e são mantidos em cativeiro pelo diabo por sua vontade? Se você disser que eles são condenados, considere bem como eles, por arrependimento, podem escapar do laço do diabo. Mas o que devo dizer sobre arrependimento? Se sua opinião é verdadeira, então a pregação do arrependimento é inútil. Porquanto se os eleitos não podem acabar por perecer, nem cair devido à eleição e ao favor de Deus, que necessidade têm, então, de arrependimento? E se os condenados não podem, de maneira alguma, alcançar a salvação, para que eles deveriam se arrepender?

Sendo assim, a doutrina que você ensina não é sã doutrina. O Senhor plantou sua vinha, a cercou e a plantou com boas uvas.[7] Se eram boas uvas, e de boa raiz, como lemos em Jeremias, não eram infames.[8] Pois ali o Senhor testemunha que não havia mais nada a fazer com sua vinha além do que ele já havia feito, então ele não a

---

[5]Tiago 5.
[6]2Timóteo 2.
[7]Isaías 5.
[8]Jeremias 2.

havia ordenado à destruição. Mas (como ele diz) eu te fiz, ó Israel, para que me sirvas. No entanto, tornaram-se infames e pereceram. Por isso, vemos que os eleitos e os escolhidos se tornam infames através de seus pensamentos e maldades. O Senhor será misericordioso com Jacó, e ainda escolherá Israel novamente, e os colocará em sua própria terra.[9] Dado que o Senhor os escolheu novamente, então eles haviam caído de sua antiga eleição. "Quando Israel era jovem, eu o amei e chamei meu filho para fora da terra do Egito." Como Israel era o filho de Deus e amado, de modo que o Senhor os conduziu com cordões de amizade e laços de amor, eles devem ser o eleito de Deus. Contudo, porque eles provocaram o Senhor por meio de suas abominações, foram expulsos, e o Senhor os recompensa de acordo com seus méritos.

RESPOSTA

Se eu trabalhar até o final desta sua obra confusa, para trazer toda a Escritura, por você desvirtuada e abusada, ao verdadeiro significado e entendimento do Espírito Santo, como até agora tenho feito na maior parte das que você citou, meu trabalho seria ótimo e o excederia uma medida justa. Portanto, visto que suficientemente, pela clareza das Escrituras de Deus, confirmei a doutrina que ensinamos, cremos e mantemos. Pela mesma verdade da Palavra de Deus, eu refutei seu erro. A partir de agora, pretendo apenas tratar por alto da proposição que você defende e, ao refutá-la, brevemente, seja pelas Escrituras, sejam pelos exemplos, mostrar de que forma você aplica injustamente as Escrituras para defender seu erro. Oferecendo ainda para satisfazer, ao meu poder, aqueles que caridosamente me pedirem, por palavra ou por escrito, mais explicações sobre qualquer escritura que você citou e que, neste momento, não está totalmente resolvida por mim.

A principal proposição que vocês defendem até o final deste livro é que os eleitos podem cair de sua eleição. Eu respondo que, se você entende que aqueles a quem Deus, o Pai, elegeu em seu eterno conselho à vida eterna em Cristo Jesus, podem cair de sua eleição de modo que acabem por perecer, então não temo afirmar que essa

---

[9]Isaías 14.

proposição é totalmente falsa, errônea e condenável, como repugna expressamente à clareza das Escrituras de Deus. Cristo Jesus afirma[10] que todos quantos o seu Pai lhe deu virão a ele. E para os que vêm, ele promete a vida eterna, que ele tem em si mesmo, para a salvação do seu rebanho, do qual ninguém perecerá, porque das suas mãos não se afastam.

Mas como isso antes já foi amplamente abordado, vou logo às passagens que vocês abusam.

Primeiro, você prova que os que são eleitos são santificados pelo Espírito e por acreditarem na verdade,[11] a qual confessamos ser bem verdadeira. Consequentemente, você alega que os que são santificados podem desonrar o Espírito da graça, pisar o sangue do testamento e, assim, levar à condenação. Eu respondo: a causa do seu erro é que você não distingue entre a santificação e a fé viva, que são próprias apenas dos filhos de Deus, e uma vez iniciadas são perpétuas e aquela santificação e fé que são comuns aos infames, portanto, são apenas temporais.

Se essa distinção lhe desagradou, contenda com o Espírito Santo e não conosco, pois por suas obras claras e palavras evidentes, nós a recebemos. Pois todo o Israel foi santificado para ser o sacerdócio real, todos foram circuncidados, sim, e beberam da bebida espiritual e ainda não foram todos eles santificados interiormente para a salvação e a vida eterna. Toda a tribo de Levi foi santificada ao serviço do Senhor em seu tabernáculo, mas a Escritura não esconde quantos deles ainda permaneceram pessoas profanas. Mesmo assim, toda aquela grande multidão a quem Cristo alimentou no deserto, sim, todos aqueles que aderiram por algum tempo à sua doutrina, foram de algum modo santificados, isto é, separados e apartados do restante do mundo, mas essa santificação era apenas temporal, como também era a fé deles. Não negamos que os infames têm algum tipo de fé e algum tipo de santificação por um tempo, isto é, que eles são compelidos até pelo juízo do Espírito de Deus a confessar e reconhecer que todas as coisas faladas nas Escrituras de Deus são verdadeiras. E que, portanto, sua consciência, com temor e terror, busca alguns meios de agradar a Deus, para evitar sua vingança. Pois essa

---
[10]João 6; 10.
[11]2Tessalonicenses 2; Hebreus 10.

não é a verdadeira fé que justifica, nem a perfeita santificação do Espírito de Deus que renovou os eleitos no homem interior. Assim, nenhum dos dois continua por muito tempo, pois, retornando à profanação e às trevas naturais, deixam os caminhos da luz e da vida e se atraem para a morte e a condenação.

Porém, sem ofender ao Filho de Deus e sem negar sua clara verdade, não é possível concluir que os membros eleitos de seu corpo podem ser retirados de suas mãos. Aqueles por quem ele orou solenemente para que fossem santificados na verdade e que fossem um com ele, como ele é um com seu Pai, possam chegar à profanação final e, assim, à perdição. Não temenos afirmar que isso é algo não menos impossível que Cristo Jesus deixar de ser cabeça de sua igreja e salvador de seu corpo.

Nas palavras do apóstolo, escritas em Efésios 2, parece que você não entende o que ele quer dizer quando diz: "Outrora estáveis sem Cristo", pois (você diz) temos certeza de que sem Cristo não há eleição. Com essas palavras, você engana ao simples leitor inculto, como vil sofista, confundindo com a palavra inglesa "sem" aquilo que, em latim, é muito evidentemente distinto. Paulo indaga: *Eratis aliquando extra Christum*? ou pergunta que *Eratis sine Christo*? Para tornar o assunto mais claro para vocês (meus queridos irmãos), ele diz: "Sem Cristo não há eleição", essa proposição é verdadeira, se entendermos que o homem não foi eleito para a vida eterna a não ser em Cristo Jesus. Mas se ele afirmar que ninguém é eleito em Cristo Jesus sem Cristo, ou seja, antes que eles cheguem ao conhecimento verdadeiro e perfeito das misericórdias de Deus em Cristo, essa proposição é falsa e repugna (como claramente você pode ver) à intenção e às palavras do apóstolo. Pois ele afirma que fomos eleitos em Cristo Jesus antes que a fundação do mundo fosse lançada, sim, quando estávamos mortos pelo pecado, sem conhecê-lo, estranhos do testamento de sua promessa, que Paulo chama de "estar sem Cristo", "sem Deus neste mundo" e "sem a aliança do testamento".

Por essas palavras, o apóstolo exalta as misericórdias superabundantes de Deus manifestadas ao mundo em Cristo Jesus, pelas quais recebeu não apenas os judeus, que há muito tempo continuavam em aliança com Deus, mas também os gentios, na participação de sua glória, embora desde os dias de Abraão eles tivessem vivido como desprezados e rejeitados por Deus. Que o leitor agora avalie. Quanto à passagem do apóstolo sobre a iluminação daqueles que depois voltam a cair, eu já respondi. Vocês nos acusam injustamente de que procuramos atalhos e subterfúgios para não nos submetermos à verdade. Pois esta é a nossa clara confissão, que afirmamos com simplicidade e ousadia, sendo este fundamento estável e imutável: o Senhor conhece os seus, que nenhuma criatura é capaz de separar seus eleitos de seu amor que, em Cristo Jesus, ele lhes deu.[12]

De forma ousada, você afirma termos uma mente perversa e ruim se negarmos que sejam eleitos os que receberam de Deus tais graças, das quais nenhuma maior o homem pode receber nesta vida. Parece que, como você gosta de falar do que lhe aprouver, toma a liberdade de nos acusar do que lhe parecer melhor.

Tenho certeza de que você nunca será capaz de provar que qualquer um de nós afirmou: aquele que recebeu do dom gratuito de Deus uma fé verdadeiramente viva e sincera não é o eleito de Deus. Essa fé sabemos que os filhos de Deus, que atingem à idade adulta e à discrição, recebem nesta vida, como Pedro recebeu, contra o qual Cristo disse que os portões do inferno não prevaleceriam. Mas parece-me que sua dúvida é se Deus concede seus ricos e grandes talentos aos infames. Pois, se assim o fez, você afirma, ele os concede em vão sem a intenção de obter nenhum fruto deles. Que Deus concede grandes talentos mesmo aos reprovados, as Escrituras dão amplo testemunho, isso sem falar da vida, razão, saúde corporal, riqueza e honras, que os infames em maior abundância possuem. Não diz Cristo que muitos clamarão: "Senhor, em teu nome profetizamos, expulsamos demônios e em teu nome fizemos muitas obras maravilhosas"? Ainda assim, Cristo responderá: "Eu nunca te conheci". Paulo não afirma que, ainda que ele conhecesse todos os mistérios, tivesse toda a profecia, conhecimento e toda fé (por meio das quais milagres são feitos), se não tivesse amor, ele nada seria? Mas, ainda assim, eu te pergunto, a profecia, o conhecimento, o dom de línguas e de milagres deixam de ser bons e ricos talentos de Deus? Vocês alegam que, contudo, são concedidos sem esperança de se receber frutos e em vão, se forem concedidos aos infames.

Acerca de vocês é afirmado com ainda mais presunção e blasfêmia, pois Deus conhece o fruto que sua Igreja receberá, não apenas

---
[12]Romanos 8.

daqueles talentos espirituais, não importa quão iníquos sejam aqueles a quem sua dispensação foi confiada, mas também dos benefícios corporais e temporais; sim, mesmo da tirania, sua sabedoria e bondade fazem surgir frutos e bens e espalhando-os por sua Igreja. Pela tirania de Nabucodonosor, ele puniu os orgulhosos desprezadores, provou e parcialmente expurgou seus filhos, que outrora eram preguiçosos e negligentes. Por aquela grande conquista e vitória que ele deu a Ciro, ele conseguiu a libertação de seu povo da escravidão. Pela grande abundância de alimentos, dados nos dias de Faraó, Jacó e seus filhos foram sustentados. E você pensa que, sem frutos, e em vão, esses e outros benefícios semelhantes foram concedidos? Embora a maior parte deles fossem idólatras, assassinos cruéis e infames, cuja custódia esses talentos foram confiados.

Vocês são presunçosos demais para controlar Deus dessa forma, pois a sua sabedoria não estará sujeita, em todas as coisas, à sua tolice. A diversidade de criaturas aqui embaixo na terra pode lhe ensinar mais sobriedade. Quantas criaturas, pergunto-lhe, parecem supérfluas e criadas em vão, não apenas porque elas não beneficiam o homem, mas porque são inúteis para si mesmas? Mas devemos, portanto, acusar a sabedoria de Deus por meio da qual elas foram criadas? De modo algum. Pois, além da onipotência de seu poder e sabedoria manifestada em sua criação, somente ele conhece a forma que uma criatura serve à outra, não importa quão embotados sejam nossos sentidos. O mesmo você deve pensar de todos os talentos e dons confiados ao homem, não importa quão iníquos sejam. Pois não só nisso deve ser louvada a bondade de Deus, em alguns casos se estende até aos seus inimigos, mas também algum proveito sempre tira para sua igreja por suas graças, por mais que sejam abusados pelos infames. A sagacidade fértil e as artimanhas sutis de Juliano, o apóstata, serviram de estímulo para a igreja em seu tempo e fizeram com que os devotos aprendessem a buscar nas Escrituras de Deus mais diligentemente do que antes. E o mesmo acontece com a sua perversa iniquidade contra nós, onde você diz: é falso que Deus pretendeu conceder seus talentos em vão, pois assim como o Espírito Santo deseja e nos orienta a não recebermos em vão a graça de Deus, ainda assim, apesar de Deus não desejar que recebamos sua graça em vão, é possível abusarmos de sua graça, recebendo-a em vão. Caso contrário, Paulo teria nos exortado inutilmente a não receber sua graça em vão". Essas são suas palavras e essa é sua razão, que submeto ao juízo do leitor piedoso, pois não dizemos que Deus concedeu seus dons em vão (embora os infames sejam participantes deles), mas é você quem afirma que eles são concedidos em vão e sem frutos, a não ser que todos que os recebem sejam eleitos. Essa doutrina é tão estranha para nós que não hesitamos afirmar, arriscando nossa própria vida, que pelas Escrituras de Deus ela não pode ser defendida. As palavras do apóstolo, na passagem que vocês citaram,[13] não afirmam o que o homem pode fazer nem o que ele não pode fazer, mas ele declara com que diligência e cuidado não apenas pela pregação, mas também pela exortação e oração, ele trabalhou, para que suas obras frutificassem entre eles e não recebessem a graça de Deus em vão. Mas admitindo que ele havia dito: "Eu ordeno que não recebam a graça de Deus em vão", você poderia concluir algo além do que concluiria com estas palavras: "Sede santos, porque eu sou santo, diz o Senhor"? Existe um preceito dado, mas em quem está o poder de realizá-lo? Se não está no homem, você diz, em vão é dado o preceito. Como você é capaz de provar eu submeto à sua melhor deliberação. Para mim não é nada que Deus fale ou ordene é inútil, pois estou certo de que, pela vontade revelada de Deus, ou os eleitos são instruídos no caminho em que devem andar, ou os infames são acusados em suas consciências de que, conhecendo a santa vontade de Deus, obstinadamente se rebelam contra ela e assim são testemunhas de sua própria condenação.

A passagem de Pedro vai de encontro claramente ao que você defende, pois, por mais que o cão tenha vomitado a corrupção de seu estômago fétido e por mais que a porca parecesse ter sido limpa, ainda assim nenhum dos dois muda a própria natureza. Mas o cão permanece cão e, portanto, não pode fazer outra coisa senão voltar ao próprio vômito, e a porca que permanece porca necessariamente volta a se chafurdar na lama. Mas (você diz) Pedro afirma que eles realmente escaparam. Eu respondo: no que tange à verdade e à natureza da doutrina que eles professavam, assim eram, pois foi o verdadeiro conhecimento de Deus que lhes fora oferecido, e que aparentemente eles haviam recebido. No qual, se tivessem continuado, verdadeiramente estariam livres de toda escravidão, de acordo com

---
[13] 2Coríntios 6.

a promessa de Cristo. Mas porque eles não eram de suas ovelhas escolhidas nem um rebanho peculiar, eles declinaram do santo mandamento, assim seu fim foi pior do que o início, porque o servo que conhece a vontade do Mestre e não a cumpre é digno de muitos açoites. Tudo isso eu sei que lhe agrada, exceto quando afirmo que eles nunca estiveram entre os escolhidos por Cristo, nem mesmo quando professavam com mais ousadia, quando viviam modestamente e pareciam ter sido purificados.

Posto isso, não o obrigarei a acreditar na minha afirmação, a não ser trazendo o testemunho do Espírito Santo, João diz:[14] "Eles saíram do nosso meio", ele fala do anticristo, "mas não eram dos nossos, porque se fossem dos nossos, da verdade, teriam ficado conosco." Essas palavras não precisam de comentário, pois ele diz: "Eles saíram de nós". E por quê? "Porque eles não eram dos nossos", não, nem mesmo quando eles professavam com toda seriedade. Não importa quanto você feche os olhos, essa luz jamais escurecerá, muito menos se extinguirá. A passagem de Tiago, e do apóstolo Paulo a Timóteo, 2Timóteo 2, ensinam não apenas aos ministros da palavra, mas também a todo homem fiel, com que cuidado devem buscar a salvação um do outro. Para tornar todos os homens mais diligentes em cumprirem seus deveres, ele declara em que extremo perigo estão aqueles que se afastam da verdade ou que permanecem na escravidão de satanás, como também que serviço aceitável fazem a Deus aqueles por quem Deus chama os outros do caminho da condenação.

Que este é o significado simples das passagens de ambos os apóstolos, acredito que todo homem de Deus que diligentemente ler o texto concordará comigo. Suas perguntas tolas, questionando se o apóstolo falava de eleitos ou infames e suas razões acadêmicas, baseadas em suas próprias fantasias, omito por não serem dignas de serem respondidas. Pois o apóstolo não fala a um tipo específico, mas propõe uma doutrina comum e geral, para os fins que eu já havia apontado antes. Embora agora você não teme afirmar que a pregação do arrependimento é em vão, se nossa opinião for verdadeira, chegará o dia em que você saberá que nem a pregação dura de João, nem as boas-novas e a amável voz de Cristo Jesus, anunciadas ao mundo em vão, embora os escribas e fariseus continuassem sendo a geração

---
[14] 1João 2.

de víboras, e que não pudessem temer nem crer na promessa de salvação, porque não eram de Deus, mas do diabo, de quem eram filhos. As passagens de Isaías e Jeremias eu já tratei anteriormente,[15] por isso, em apenas algumas palavras, vou tratar do propósito do Espírito Santo, que não era instruir aquelas pessoas quem, quando ou quantos Deus havia escolhido para a vida eterna em Cristo Jesus, seu filho, ou a quem, por justa causa, ele havia reprovado. Mas, para convencê-los de sua manifesta e ingrata deserção, retira-lhes todas as desculpas, ambos os profetas declaram quão gentilmente Deus os tratou, sim, quão benevolente ele fora com seus pais, a quem chamou da ignorância, a quem nutriu no seu próprio conhecimento e, por fim, os plantou e os cercou com toda a força e proteção necessárias de modo que os filhos que se entregam à idolatria não tivessem desculpa. Pois seus pais, Abraão, Isaque, Jacó e Davi, a quem ele chamou de semente fiel, não lhes deram esse exemplo.[16] Mas como (diz ele) agora você mudou, tornando para mim uma vinha degenerada? De que isso serve, eu te pergunto, ao seu propósito, ou para provar que aqueles que são eleitos em Cristo Jesus para a vida eterna podem se tornar infames? Se eu responder que o tronco foi plantado fiel permaneceu fiel, mas que produziu muitos ramos podres e infrutíferos, dos quais é necessário cortar, nenhuma das suas seitas conseguiu me refutar, pois eu teria o apóstolo como garantia. Mas nada me agrada tanto quanto o significado simples e natural das Escrituras, conforme citadas em seus contextos pelo Espírito Santo.

As passagens dos profetas Isaías e Oseias não têm um único fim. Pois Isaías, no capítulo 14, promete, na pessoa de Deus, que mostraria misericórdia a Jacó e escolheria Israel novamente. Sim, ele destruiria a Babilônia por causa deles e os escolheria como um povo para si novamente, povo que por um tempo ele pareceu ter rejeitado, de modo que outros senhores governaram sobre eles. Mas Oseias, no sentido contrário,[17] afirmou que, por terem abusado da longa paciência de Deus, não consideraram devidamente o quão ternamente os havia tratado, que, por causa disso, a espada penetraria na cidade para destruí-la e devorá-la, de modo que não fosse encontrado

---

[15]Isaías 5.
[16]Jeremias 2.
[17]Isaías 14.

ninguém para libertá-los. Eu não tenho dúvidas de que esse é o sentido das palavras de ambos os profetas.

Ó, você esbraveja, aqui é mencionado que Deus escolherá seu povo novamente, portanto ele havia rejeitado quem antes ele havia escolhido. Eu creio que você não queira que a majestade de Deus esteja sujeita a perjúrio pelo estabelecimento do seu erro. Ele havia jurado solenemente não apenas a Abraão, mas também a Davi, que ele seria para sempre Deus desse povo, e que o fruto de sua linhagem permaneceria em seu trono para sempre. Se ele havia rejeitado seu povo de tal maneira que nenhuma eleição permaneceu, nem nenhuma diferença entre eles e as nações profanas antes da vinda de Cristo Jesus, onde estava a estabilidade dessa promessa anterior? Sabemos que o dom e a vocação de Deus são irrevogáveis em si mesmos, que ele não exclui aqueles que de antemão conheceu como seus, mas sua promessa permanece estável, como deixou claro no seu povo. Pois ele não os dispersou, não os rejeitou nem os expulsou em sua ira, entregando-os ao apetite de seus inimigos, mas ele ainda assim os conhecia e os aprovava como seu povo, sim, mesmo em sua maior calamidade. Como nestas palavras ele testemunha, dizendo: "Quando eles estiverem na terra de seus inimigos, não os rejeitarei, nem os desprezarei, para consumi-los e invalidar minha aliança com eles, pois eu sou o Senhor seu Deus. Porque então me lembrarei da minha antiga aliança que fiz com eles quando os conduzi para fora da terra do Egito, na presença dos gentios, para que eu pudesse ser seu Deus, eu, o eterno."

E no mesmo profeta, em muitas passagens mais, isso fica ainda mais evidente. Pois assim ele escreve, prevendo o seu cativeiro:[18] "Mas escute agora, Jacó, meu servo, Israel, a quem escolhi. Assim diz o Senhor, aquele que o fez, que o formou no ventre, e que o ajudará: Não tenha medo, ó Jacó, meu servo (deixando claro que ele reconhece Jacó como seu servo, mesmo em sua maior miséria), Jesurum, a quem escolhi. Pois derramarei água na terra sedenta, e torrentes na terra seca; derramarei meu Espírito sobre sua prole, e minha bênção sobre seus descendentes."

E no mesmo capítulo, depois de ter reprovado a vaidade dos idólatras, ele disse: "Lembre-se disso, ó Jacó, pois você é meu

---
[18] Oseias 11.

servo, ó Israel. Eu o fiz, você é meu servo; ó Israel, eu não o esquecerei."[19] "Por amor do meu próprio nome eu adio a minha ira; por amor de meu louvor eu a contive, para que você não fosse eliminado."[20] "Ergam os olhos para os céus, olhem para baixo, para a terra; os céus desaparecerão como fumaça, a terra se gastará como uma roupa, e seus habitantes morrerão como moscas. Mas a minha salvação durará para sempre (ele se refere à libertação que havia prometido àquele povo), a minha retidão jamais falhará."[21] "Por um breve instante eu a abandonei, mas com profunda compaixão eu a trarei de volta."[22] "Estrangeiros reconstruirão os seus muros, e seus reis a servirão. Com ira eu a feri, mas com amor lhe mostrarei compaixão."[23] "Por amor de Sião eu não sossegarei, por amor de Jerusalém não descansarei enquanto a sua justiça não resplandecer como a alvorada, e a sua salvação, como as chamas de uma tocha."[24] "Seus descendentes serão conhecidos entre as nações, e a sua prole entre os povos. Todos os que os virem reconhecerão que eles são um povo abençoado pelo Senhor."[25]

Essas e muitas outras passagens testemunham claramente que Deus nunca, antes da vinda de Cristo Jesus na carne, rejeitou e recusou totalmente esse povo (como se eles não lhe pertencessem), mas ele o reconheceu como escolhido, seu povo peculiar e sua herança, mesmo quando estavam em maior miséria. Além disso, Deus tinha continuamente da semente de Abraão, durante o tempo da Lei e dos profetas, alguns que abertamente glorificavam seu nome aos olhos do mundo. Portanto, considere com você mesmo, quão justamente você conclui das palavras do profeta que Deus mais uma vez escolherá Israel, o qual Deus havia rejeitado completamente todo o Israel, sim, mesmo da vida eterna. Pois, a não ser que assim você conclua, você não provou nada do seu propósito, pois a controvérsia não se mantém entre nós e você, se Deus às vezes escolhe e promove um homem ou um povo para honrar e dignificar nesta vida e depois privar justamente ele ou eles disso, o que nunca negamos.

---
[19] Isaías 44.
[20] Isaías 48.
[21] Isaías 51.
[22] Isaías 54.
[23] Isaías 60.
[24] Isaías 62.
[25] Isaías 61.

Mas toda a controvérsia consiste neste ponto: se aqueles que Deus, em seu eterno conselho, elegeu em Cristo Jesus para a vida eterna, podem depois ser reprovados e acabar por perecer, o que você nunca será capaz de provar. Para que o leitor comum entenda melhor o significado dos profetas, acrescento o seguinte: as pessoas no cativeiro da Babilônia eram tão oprimidas e tão destituídas de toda esperança de serem restauradas a qualquer dignidade ou liberdade novamente, que, para elas, parecia possível ressuscitar as carcaças mortas dos que foram enterrados em seus túmulos, para libertá-las das mãos dos orgulhosos e pujantes babilônios. Dessa forma, não apenas Isaías, que por muito tempo viu sua escravidão e a sua redenção, mas também Jeremias e Ezequiel, que a viram com seus olhos, com grande ousadia e firmeza, afirmam que seriam libertados dessa escravidão, que eles se casariam com Deus e assim seriam escolhidos novamente, como nosso profeta aqui fala, o que não deve ser referido à parte de Deus, mas à apreensão do povo, que se considerava totalmente abandonado e rejeitado por Deus. Contra essa tentação, o profeta diz: "Deus escolherá Israel novamente, isto é, os restaurará à dignidade anterior, até mesmo a uma maior". E isso ele faria de tal maneira que eles saberiam que ele era Deus, misericordioso, constante e imutável em sua promessa. Assim, a renovação da aliança, de tal maneira que o mundo pudesse ver que Deus favoreceu Israel, é chamada de nova eleição e novo casamento, não que Deus jamais decretou e propôs que o Messias e a semente abençoada descendessem de qualquer outra nação, mas da descendência de Abraão e casa de Davi. Mas o povo, no meio de suas aflições, havia recebido tal ferida, por causa de suas pestes e ofensas prévias, que eles pensavam que Deus os havia rejeitado completamente. Que os profetas estejam prontos com juízo imparcial e isso, não duvido, parecerá mais verdadeiro. Agora, vamos ao restante das Escrituras que você cita.

31ª Parte

O ADVERSÁRIO

Cristo ordena a João que pregue às sete congregações, entre as quais havia eleitos e infames, a quem ele não menciona a doutrina que você ensina, que os eleitos não poderiam cair de sua eleição, mas adverte-os a cuidarem para que não percam aquilo que obtiveram e se esforcem para progredir, ameaçando-os com a destruição se abandonarem a graça de que foram feitos participantes. Ele não desencorajou os mais perversos deles, como você faz, dizendo que, pela preordenação de Deus, eles necessariamente perecerão, mas deseja que eles se arrependam e se emendem, e que vivam. No entanto, ele sabia quem era eleito e quem eram os condenados.

À congregação de Éfeso, ele disse[1] que ela havia caído de seu primeiro amor, e se ela não se lembrasse de onde havia caído, se arrependesse e praticasse suas primeiras obras, o Senhor logo chegaria e removeria o seu castiçal de seu lugar. Ele ordenou que a congregação de Esmirna fosse fiel até a morte e assim ela receberia a coroa da vida. Se Cristo tivesse a sua opinião, ele não se referiria a uma doutrina como essa. Em vão ele exortaria o condenador a ser fiel, a quem havia excluído. E seria supérfluo exortar os eleitos, que ele sabia serem predestinados, para que não caíssem.

Na congregação de Pérgamo, havia duas das mais detestáveis seitas: os balaamitas e os nicolaítas, a quem o Senhor odiava. Então eles não eram amados e não foram eleitos segundo a sua opinião. Contudo, ele desejava que eles se convertessem e recebessem um novo nome escrito em pedra branca.

---
[1] Apocalipse 2.

Na congregação de Tiatira estava a falsa profetisa Jezabel, a quem ele deu oportunidade de se arrepender. Como Pedro diz,[2] a longanimidade do Senhor é a salvação. Então ela poderia ter se arrependido, embora ela não tenha se arrependido, por isso ela foi condenada; isso também vale para aqueles que cometeram fornicação com ela, que é idolatria, também é concedido arrependimento.

Embora a congregação de Sardes[3] estivesse viva, em obras estava morta. E os dela que ainda estavam vivos, estavam em perigo de morte. Por isso, ele deseja que ela traga à memória o que havia ouvido e a graça recebida, bem como se arrependesse de suas obras imperfeitas,[4] e vigiasse, pois senão o Senhor viria como um ladrão. Se a congregação de Sardes era eleita, então, segundo a sua opinião, a ameaça do Senhor foi em vão. Se ela era infame, o que adiantaria vigiar e se arrepender?

Na congregação da Filadélfia, ele ordena que se apegasse ao que ela tinha, para que ninguém tirasse as suas coroas (como Pedro disse):[5] "Portanto, amados, sabendo disso, guardem-se para que não sejam levados pelo erro dos que não têm princípios morais, nem percam a sua firmeza e caiam". Por que eles temeriam perder aquilo que (como você diz) não poderiam perder?

Quanto à congregação de Laodiceia, ela não era nem quente nem fria, mas miserável, pobre, cega e nua. Se você diz que era eleita, ainda assim o Senhor ameaçou vomitá-la de sua boca. Se você diz que eles eram condenados, ainda assim poderiam ter sido salvos, crescer fervorosamente e se arrepender. Sendo pobres, poderiam ter comprado de Cristo ouro refinado no fogo para enriquecê-los; estando nus, poderiam ser vestidos com vestes brancas de justiça, para cobrir sua nudez imunda. Além disso, eles poderiam ter recebido o bálsamo do verdadeiro conhecimento, pelo Espírito de Deus, para ungir seus olhos cegos. Aqui vemos como nenhuma dessas congregações é eleita de modo que não possam cair e, portanto, precisam de exortações constantes até o fim, a fim de que, assim como Paulo, o vaso eleito de Deus, cuidava de si para que não fosse reprovado. Novamente, não há ninguém tão

---

[2] 2Pedro 3.
[3] Apocalipse 3.
[4] Apocalipse 7.
[5] 2Pedro 3.

reprovado que aqui não seja consolado, tendo espaço para se arrepender, se converter de suas maldades e viver.

Assim, exortaria você a se arrepender e a se desviar dos seus erros e procurar esse bálsamo de conhecimento verdadeiro para ungir seus olhos cegos e ignorantes, a fim de que você possa perceber como é participante de todas as falhas encontradas entre as sete congregações, pelas quais está infectado com esse venenoso erro da mera necessidade e destino estoico, mais do que eles.

Que Deus permita que vocês também sejam participantes da misericórdia e graça oferecidas às referidas congregações. Primeiro, vocês participam da congregação de Éfeso, na medida em que há entre vocês quem se chama apóstolo e mentirosos. Com a congregação de Esmirna, na medida em que há entre vocês os que se chamam judeus, isto é, israelitas espirituais, e são da congregação de satanás. Com a congregação de Pérgamo, na medida em que satanás habita entre vocês, e vocês se tornam perseguidores de Antipas, ou seja, dos fiéis. Nisso vocês defendem a doutrina de Balaão, dando ao povo a ocasião de pecar. Com a congregação de Tiatira, vocês têm o espírito da profetisa Jezabel, ensinando uma vida desleixada e libertina. Com a congregação de Sardes, vocês têm um nome em que vivem, mas estão mortos. Nisso suas obras não são perfeitas, pois você diz que de nenhuma maneira eles podem ser perfeitos neste mundo. Com a congregação da Filadélfia, vocês se tornam congregação de satanás, ao passo que se consideram judeus fiéis da congregação de Cristo. Com a congregação de Laodiceia, em que vocês são miseráveis, pobres, cegos, nus, nem quentes e nem frios, pois, embora exortem seus discípulos a fazerem o bem, ainda assim tirando deles todo zeloso fervor, vocês dizem que nunca poderão alcançar perfeição neste mundo.

Cuide, portanto, para que Cristo não o vomite da sua boca. "Eis que estou", diz o Senhor, "à porta e bato. Se alguém ouvir a minha voz e abrir a porta, entrarei e cearei com ele, e ele comigo". Abra a porta a tempo, não recuse aquele que te chamou por sua voz. E, então, você estará certo de sua eleição, mas se fechar a sua porta e rejeitar aquele que chama, se você não obedecer a sua voz, então será expulso se não se arrepender a tempo.

Assim, cabe a todos nós falar reverentemente da eleição de Deus até onde sentimos a obra do Espírito de Deus em nós, de modo que, quando sentirmos o Espírito de Deus crescer em nós, podemos ter certeza de que estamos em seu favor, mas quando somos levados de um vício ao outro, como Davi ao abusar de Bate-Seba e matar Urias, não vamos supor que somos amados por aquele que odiava todas as obras de iniquidade.

RESPOSTA

Quando li pela primeira vez essa sua crítica blasfema, fiquei imaginando com que propósito você repetiria os avisos, advertências e exortações dadas às sete igrejas da Ásia e a todas as outras igrejas em seus nomes e condições, dado que nada nelas pode servir ao seu propósito, sim, o Espírito Santo, completamente através de toda sua obra, ataca manifestamente seus erros perniciosos. À primeira vista, fiquei imaginando com que propósito você trabalharia tendo certeza de que perderia seu trabalho. Mas, quando cheguei à sua conclusão, que você tira como exortação a nós, percebi que é fácil encontrar uma vara (como diz o provérbio) para bater no cão que o homem teria matado. Mas voltando ao assunto.[6]

Você afirma presunçosamente (sabe-se lá como você provará isso) que o apóstolo não recorre a esse tipo de doutrina que ensinamos etc. Se você entende que porque ele não ensina nessas sete epístolas, ou cartas, em palavras expressas e claras, desde o começo, alguns são eleitos para a vida eterna e outros são reprovados, então ele não o ensina em lugar algum, você não é ignorante da resposta, portanto, eu a omito.[7] Mas eu pergunto, se você não acha que o apóstolo dedica todo esse trabalho a essas sete congregações, como ele mesmo testemunha (como é evidente no primeiro capítulo), então o que está contido em toda essa visão pertence a instrução, exortação, advertência, conforto e aviso-prévio a essas congregações, não menos do que o que está contido nessas palavras por você repetidas. Então, vamos ouvir o que está escrito e dito por ele nesse assunto: "Depois disso vi quatro anjos de pé nos quatro cantos da terra, retendo os quatro ventos, para impedir que qualquer vento soprasse na terra. Então vi outro anjo subindo do Oriente [...]. Ele bradou em alta voz aos quatro anjos a quem havia sido dado poder para danificar a terra

---
[6] Apocalipse 7.
[7] *Quid valet locus ex parte negans.*

e o mar: 'Não danifiquem nem a terra, nem o mar nem as árvores, até que selemos as testas dos servos do nosso Deus.'"[8]

Dessa maneira, eu pergunto a vocês: por que aqueles que seriam marcados em suas testas são mais chamados servos de Deus pela voz do anjo do que outros? Eu sei que você responderá que foi por causa de suas boas obras e intenções piedosas. Mas de onde, pergunto, isso procedeu, que as obras e a intenção desse tipo eram boas e dos outros iníquas? Se você disser que foi de seu livre-arbítrio e poder, o Espírito prova que você é mentiroso, como antes eu declarei e nosso apóstolo também atribui outra causa, dizendo: "Foi-lhe dado poder para guerrear contra os santos e vencê-los. Foi-lhe dada autoridade sobre toda tribo, povo, língua e nação. Todos os habitantes da terra adorarão a besta, a saber, todos aqueles que não tiveram seus nomes escritos no livro da vida do Cordeiro que foi morto desde a criação do mundo."[9]

Aqui está claro que nosso apóstolo, contra a sua afirmação, ensina que alguns adoram a besta e acabam por perecer; outros não a adoram e alcançam a vida. Isso porque os nomes de uns estão escritos nos livros da vida, enquanto os nomes dos outros não estão escritos, e mais claramente ele fala com estas palavras: "Então olhei, e diante de mim estava o Cordeiro, de pé sobre o monte Sião, e com ele 144 mil que traziam escritos na testa o nome dele e o nome de seu Pai."[10] "Eles cantavam um cântico novo diante do trono, dos quatro seres viventes e dos anciãos. Ninguém podia aprender o cântico, a não ser os 144 mil que haviam sido comprados da terra". E depois, no capítulo 17, é mencionado sobre esses habitantes da terra, cujos nomes não foram escritos no livro da vida desde a criação do mundo, que ficarão admirados quando virem a besta.[11]

Se, nessas passagens, o apóstolo não faz distinção entre um tipo de homem e outro, que o leitor julgue. Se houver distinção entre o que é comprado e o que não é comprado, escrito no livro da vida e não escrito, entre poder aprender o cântico novo e não poder aprendê-lo, então, sem dúvida, nosso apóstolo faz distinção assim como nós. Na verdade, todo o escopo de sua revelação é demonstrar que

---

[8]Apocalipse 7.
[9]Apocalipse 13.
[10]Apocalipse 14.
[11]Apocalipse 17.

há um número de eleitos chamados como esposa do Cordeiro, que deve estar completo antes da consumação de todas as coisas e antes que o sangue inocente derramado seja vingado sobre os que habitam na terra. Sendo assim, avalie como você poderá provar que João não ensinou nenhuma doutrina como a que ensinamos. Mas admitindo que ele nunca tenha falado nem de um número escolhido, que não pode cair totalmente de sua eleição, nem ainda de um número de condenados, que precisa ser preso com a besta e com ela ser lançado no lago de fogo. Isso é um bom argumento para demonstrar que todos aqueles que ensinam essa doutrina sejam falsos mestres ou que essa doutrina não esteja contida nas sagradas Escrituras? Usarei o mesmo raciocínio: nem Moisés, nem João Batista em nenhuma palavra expressa nos escreveram que Cristo Jesus nasceria de uma virgem, que ele sofreria em Jerusalém, que seus discípulos seriam caluniados e o abandonariam, que ele ressuscitaria, subindo ao céu, enviaria o Espírito Santo visivelmente sobre seus apóstolos. Nem Moisés, nem Isaías, nem João, que eram excelentes mestres, ensinaram com palavras expressas qualquer doutrina dessas. Logo, aqueles que as ensinam são falsos mestres, e elas não estão escritas nas Escrituras de Deus. Seu argumento não é melhor se admitirmos que o apóstolo nunca fez menção a nenhum dos eleitos.

Mas agora, brevemente, respondendo a tudo que, sem propósito, vocês concluem dessas passagens, eu digo, primeiro, você deve fazer distinção entre as sete congregações, onde Cristo Jesus foi pregado e recebido, e o restante do mundo, que então permaneceu, ou depois permaneceria, em cegueira e erro. Pois àqueles que, por profissão pública, receberam a Cristo Jesus, sejam eleitos ou infames, pertencem as exortações, ameaças, a doutrina do arrependimento, consolo, profecia e revelação das coisas vindouras, mas àqueles que ainda permanecem inimigos declarados da verdade pertencem apenas o chamado comum de abraçar a verdade, com a ameaça de destruição se continuarem infiéis. Portanto, como porque antigas congregações (como se diz) professavam pertencer à casa de Deus, foram tratadas como suas servas domésticas.

Se alguém perguntar a causa pela qual alguns são tratados de forma tão amigável e outros de forma tão estranha, respondo que nenhuma outra causa pode ser apontada a não ser que agradou à infinita sabedoria e bondade de Deus fazer essa distinção clara e evidente entre aqueles que uma vez foram recebidos em sua casa (seja apenas a profissão externa) e os que permaneciam cegos, de modo que a um ele costuma visitar, mas ao outro ele negligencia e destrói. A que outra causa podemos atribuir o fato de que Deus tão amorosamente chamou muitas vezes ao arrependimento o povo de Israel, que por tantas vezes transgrediu desde os dias de Moisés até a vinda de Cristo Jesus, tendo enviado a eles profetas para exortar, repreender e declarar o estado das coisas vindouras e, nesse meio-tempo no espaço de dois mil anos, permitiu que os gentios seguissem seus próprios caminhos? E agora, após a rejeição dos judeus, a que causa podemos atribuir, que entre nós, gentios, Deus preparou um país após o outro para receber a verdade, identificar e abominar nossa antiga superstição, idolatria e iniquidade e por tanto tempo deixou tanto os judeus quanto os turcos se afogarem em sua cegueira e erros condenáveis?

Acho que não encontraremos outra causa além da que o apóstolo viu quando disse:[12] Deus conhece todas as suas obras desde o início e ele revelará seus segredos a quem quiser. Você não ouviu em toda essa revelação de João que Babilônia é exortada ao arrependimento, que a besta blasfema é repreendida seja por sua tirania, seja por sua blasfêmia, sem que nenhuma promessa lhe seja feita de que, se ela se convertesse seria recebida na sua misericórdia e favor. Não, a frase irrevogável pronunciada pelo anjo é que ele viria para a destruição.

Mas Éfeso, Esmirna, Tiatira e as demais congregações, que antes professavam Cristo Jesus, não haviam se tornado inimigas declaradas, mas caíram algumas em decadência de vida, outras em corrupção de comportamento, e outras em heresias foram exortadas a retornar, a se arrependerem e a continuarem firmemente, recebendo dura ameaça se fizessem o contrário. E por que isso? Porque Deus já havia plantado entre eles sua verdade, que eles ainda não haviam negado completamente e, portanto, ele os honra como seus servos domésticos, mas você diz que isso é em vão, pois se eles estiverem entre os eleitos, não poderão perecer; se eles estiverem entre os infames, não podem ser salvos. Isso você fundamenta de forma totalmente irreverente. Você não deixará que Deus ordene sua casa conforme agrada à sua sabedoria? Essa ordem designou que a trombeta de

---

[12] Atos 15.

sua Palavra, que exorta, repreende, encoraja, oferece misericórdia ao penitente e ameaça de morte àqueles que declinam, soasse claramente em sua Igreja desde que ela o reconheça como sua. Não que pela Palavra pregada e aquele que foi reprovado no eterno conselho de Deus possa ser eleito, e assim mudado, mas que a Palavra pregada, e muitas vezes repetida, faz distinção entre os eleitos e os infames, mesmo diante do homem.

Embora para você pareça supérfluo que Deus alimente seus filhos por sua própria Palavra, a qual os infames a rejeitam, assim testemunham a própria condenação em suas consciências. Apesar de isso parecer supérfluo, Deus assim ordenou e estabeleceu, como algo muito necessário e conveniente para o estabelecimento de seus filhos e para a manifestação de sua própria glória.

Eu imagino que você não afirmará que é supérfluo para um homem cultivar e adubar o solo, preparar-se para as refeições, comer e beber e fazer outras coisas necessárias para a conservação da vida corporal, visto que Deus limitou os dias do homem de modo que ele não pode excedê-lo e que nosso Pai celestial proverá a seus filhos, já que ele provê aos pássaros do céu. Claramente essa conclusão é tão certa quanto a outra. Mas aqui fica clara a sua cegueira estúpida.

Primeiro, você não faz distinção entre os empregados da casa e os que ficam de fora. Segundo, você não entende o uso, o proveito e o efeito da pregação da palavra de Deus. O Reino dos céus não é comparado a uma rede lançada ao mar, reunindo todo tipo de peixe? Apesar de que a separação não pode ser feita perfeitamente até que a rede seja trazida à terra seca no último dia, ainda assim diariamente pela Palavra, pela exortação, pela repreensão e ameaça, muitas coisas antes escondidas vêm à luz. Quantos seguem a Cristo por um tempo e depois se afastam dele, embora até o fim ele insiste para que eles continuem? Paulo afirma que ele escreveu sua dura Epístola[13] aos Coríntios para avaliar se eles seriam obedientes em todas as coisas. Se eles, como verdadeiras ovelhas, ouviriam a voz de seu verdadeiro pastor, a reconheceriam e a seguiriam, o que ele testemunha que eles fizeram. Portanto, diz:[14] "Agora, porém, me alegro, não porque vocês foram entristecidos, mas porque a tristeza os levou

---

[13] 2Coríntios 2.
[14] 2Coríntios 7.

ao arrependimento." Pelo que não somente o apóstolo foi consolado, como ele mesmo admite, mas também eles foram recentemente confirmados, que o Espírito de Deus não havia sido totalmente extinto antes. E, portanto, embora você não consiga ver fruto ou necessidade da pregação da palavra de Deus, a não ser que a natureza dos infames seja mudada, ainda assim os filhos de Deus experimentam o conforto de terem seus espíritos entristecidos animados por exortações constantes. Certamente, é muito necessário que sua dureza e ingratidão sejam fortemente repreendidas.

A terceira coisa em que eu percebo que você erra terrivelmente, em todo esse seu longo discurso sobre as sete igrejas, é que onde quer que haja preceito ou mandamento dado para se arrepender, continuar na fé ou viver uma vida piedosa, ou sempre que se faz menção de espaço e tempo concedidos para se arrepender, você conclui precipitadamente que os homens podem guardar os mandamentos, como também podem se arrepender e ser salvos, embora antes fossem infames. Pois você afirma de Jezabel que ela poderia ter se arrependido e sido salva. Da mesma forma para aqueles que praticaram fornicação com ela, o arrependimento é concedido. Mas quão vã é essa conclusão de que se Deus ordena o que é justo, então, o homem pode fazer tudo o que é ordenado.

Deus concede oportunidade de arrependimento a todos os homens, portanto, todos os homens se arrependem ou podem se arrepender. A futilidade dessas conclusões, todos os que não estão infectados com a opinião perniciosa de seu próprio poder, livre-arbítrio e justiça, podem facilmente perceber. Quando você tiver provado que Deus não ordena nada que o homem não possa fazer por seu próprio poder, livre-arbítrio e força, e que o arrependimento provém do homem de tal forma que em si mesmo repouse a capacidade de se arrepender ou não, então você poderá cantar este cântico, que tantas vezes você repete: Deus ordena, Deus dá oportunidade de arrependimento, Deus oferece misericórdia a todos. Logo, por seu próprio poder eles podem se arrepender. Mas, se não somos capazes nem de ter sequer um bom pensamento, se o arrependimento é um dom gratuito de Deus e se receber misericórdia também procede de seu próprio dom gratuito, enquanto a harpa toca nesta mesma corda, responderei que, a menos que você a torne mais coerente com as Escrituras de Deus, devo dizer que é digno de ser ridicularizado aquele que constantemente toca a mesma corda dissonante. Como não desprezamos sua exortação, se pudermos ser convencidos de que isso procede do espírito de leniência, então não podemos reconhecer estarmos infectados com o pernicioso erro da mera necessidade e do destino estoico, nem que ensinamos uma vida desleixada e libertina, nem que damos ocasião de pecado ao povo. Finalmente, não podemos admitir que ensinamos e defendemos idolatria (como injustamente nos acusam), sem qualquer outra prova. Você jamais poderá provar que qualquer desses crimes prevaleça e seja permitido entre nós sem punição. Não negamos que entre nós tenha havido homens infectados com todos os crimes dos quais você nos acusa. Pois alguns de vocês já estiveram entre nós, até onde o homem é capaz de avaliar, mas assim como você se manifestou, outros também o fizeram.

No entanto, isso parece muito mais repugnante à equidade e à caridade do que se a traição de Judas fosse imputada aos fiéis apóstolos. Se eu quiser examinar suas vidas e aplicar as ofensas dessas igrejas à sua facção, eu duvido que eu consiga trazer melhor testemunho de minhas afirmações do que você trouxe contra nós. Mas isso eu deixo para uma oportunidade melhor, querendo que, nesse meio-tempo, você se lembre que quem fala o que quer ouve o que não quer. A uma palavra, para responder às suas acusações caluniosas e maliciosas, apelamos da sua sentença àquela cuja verdade defendemos, não que tenhamos medo, mas que com sua refutação podemos rejeitar seu veneno em seus próprios estômagos novamente, como também estamos determinados a não disputar com você injúrias desprezíveis e acusações injustas, que é o seu objetivo em todo este livro, no qual assim procede.

32ª Parte

O ADVERSÁRIO

Muitas vezes você usa a seguinte sentença: "a eleição de Deus foi antes da fundação do mundo sem nenhuma condição. Portanto, aqueles que são eleitos, são eleitos sem qualquer condição pelo imutável decreto da bondade de Deus de modo que nunca possam cair da referida eleição, caso contrário, a eleição de Deus não seria garantida". Ao que eu respondo que a santa eleição de Deus é, sem qualquer condição, certa e segura em Cristo Jesus, sem o qual não há eleição nem salvação. Além disso, o homem é assegurado na eleição pela promessa de Deus em Cristo Jesus, quando dela ele é feito participante, ele entra em aliança com Deus, mas quando ele quebra a aliança, abandona a promessa e, quando abandona a promessa, ele rejeita a Cristo. Ao rejeitar a Cristo, ele cai da eleição, apesar de a eleição permanecer firme em Cristo. A eleição não garante nada sem fé. A verdadeira fé é obra de Deus por sua graça e é em parte obra do homem por consentir nela.

Por causa disso, Paulo chama os justos de cooperadores de Deus, porque eles trabalham juntos com ele. Agora, se o homem, por sua parte, de acordo com a sua natureza, é inconstante em sua fé, então está fora da promessa, pela qual estava assegurado de sua eleição. Contudo, a eleição de Deus permanece segura e estável em Cristo Jesus. Adão, e todos os homens nele, antes da transgressão, podem cair de Deus por pecado, apesar da eleição. Por que então os mais justos de todos nós não poderíamos cair agora da eleição? A nossa eleição está mais segura agora, depois da transgressão, do que antes da transgressão? O Espírito Santo diz: no entanto, Caim, na sua ira, se afastou da sabedoria, mas um homem não pode se afastar daquilo que ele não tem nem pode ter. Além disso, Deus deu-lhe um aviso-prévio o que foi suficiente para afastá-lo de sua má intenção. Para Caim, disse o Senhor: "Por que te iraste? E por que descaiu o teu semblante? Se procederes bem não é certo que serás aceito? E se não procederes, não jaz o teu pecado à porta? Contra ti será a sua concupiscência e a ti cumpre dominá-la". Se Caim era um condenado antes da fundação do mundo, então ele não tinha domínio sobre suas concupiscências, para escolher o bem e deixar o mal para que ele pudesse viver. Ainda assim, Deus diz: "A ti cumpre dominá-lo". Pelo que fica claro que Caim não era condenado quando o Senhor falou essas palavras a ele. Além disso, se Deus não deu a Caim domínio e poder para subjugar sua concupiscência, quem então era o autor de seu pecado? Quem deve ser responsabilizado: a espada que mata não tendo poder algum sobre si mesma ou aquele que a tem em suas mãos? Se Deus não deu a Caim poder para vencer sua concupiscência, e a graça pela qual ele pudesse ser salvo, quem é a causa de sua condenação?

Deus é fiel (diz Paulo) para não permitir que você seja tentado acima de sua força, mas, em meio à tentação, fará um caminho para que você possa suportar. Da mesma forma, Deus fez com Caim, em sua tentação, advertindo que se ele fizesse o bem, ele seria recompensado e se ele fizesse o mal, seria punido. Encorajando-o a fazer o bem e a não esmorecer, Deus mostrou a ele como poderia ter domínio sobre sua concupiscência para dominá-la. Apesar disso, ele, na sua ira, se afastou da sabedoria e abandonou o conselho de Deus que, misericordiosamente, o chamou à vida.

Após o dilúvio, Cam foi abençoado por Deus, como seu pai Noé, seus irmãos Sem e Jafé, com a mesma bênção com que foram abençoados. Todavia, ele se desviou da justiça, alegrando-se no mal. Então foi nesse ponto que ele se tornou amaldiçoado e não antes. Mas todos os condenados estão sob a ira e maldição de Deus. Então, Cam, quando foi abençoado por Deus, não era infame. Pois, então, ele seria tanto abençoado e amaldiçoado, como amado e odiado, de uma só vez. Os israelitas, que foram libertos da opressão dos egípcios, foram escolhidos e chamados por Deus para possuírem a terra de Canaã, sob a liderança de Moisés. No entanto, nem Moisés, por sua transgressão, nem nenhum deles, por causa de sua desobediência, obtiveram aquilo para o que foram ordenados e escolhidos por Deus, à exceção de duas pessoas, Josué e Calebe.

Além disso, os mesmos israelitas estavam na santa eleição de Deus, e foram chamados por Deus de seus pecados, escolhidos em Cristo para a vida e a saúde, como Paulo testemunha, ao dizer: "todos os nossos antepassados estiveram sob a nuvem e todos passaram pelo mar. Em Moisés, todos eles foram batizados na nuvem e no mar. Todos comeram do mesmo alimento espiritual e beberam da mesma bebida espiritual; pois bebiam da rocha espiritual que os acompanhava, e essa rocha era Cristo."[1] Veja como Paulo tantas vezes repete essa palavra "todos" para demonstrar sua escolha e seu chamado como geral. No entanto, depois (diz ele) disso, em muitos deles, Deus não se alegrou, pois pelo pecado eles se desviaram de Cristo e de sua eleição e assim pereceram. Também Paulo nos ensina como essas coisas os mudaram, como exemplos a fim de nos lembrar para que não pequemos da mesma maneira e caiamos da nossa eleição e chamado de Deus.

Assim, aquele que julga estar firme, cuide-se para que não caia! Mas você diz que aquele que permanece em pé pode muito bem tropeçar, mas não pode cair. Portanto, sua doutrina, sendo contrária ao que diz o Espírito Santo, deve ser falsa. Quanto aos que você diz serem reprovados antes do mundo, em vão eles cuidariam para não cair, visto que antes que eles existissem, sua Queda era tão certa que jamais poderiam se levantar de novo. Balaão estava cheio do Espírito de Deus, o espírito da verdade, o espírito do poder e o espírito da graça tão amplamente que, a quem quer que ele abençoasse, era abençoado e a quem quer que ele amaldiçoasse, era amaldiçoado. Mas a bênção dos ímpios infames é muito amaldiçoada, de modo que quem eles amaldiçoam, Deus abençoa e quem quer que eles abençoem, Deus amaldiçoa. Portanto, Balaão, durante o tempo em que ele mesmo foi tão abençoado por Deus, não era um infame, mas o escolhido por Deus e poderia ter continuado na graça e favor de Deus. E ali ele foi exortado por Deus, dizendo: não vá com eles, nem amaldiçoe o povo, porque eles são abençoados. Onde deve-se observar que esse povo era abençoado, no entanto, pela idolatria e pelas concupiscências carnais, caíram do favor de Deus. Assim, em vez de bênção,

---
[1] 1Coríntios 10.

a maldição de Deus caiu sobre eles, como aparece em Números. Da mesma forma, Balaão, por cobiça, amando a recompensa da imundice e continuando no pecado, caiu da justiça e abandonou a verdade e pereceu com os ímpios amaldiçoados.

Saul e sua casa foram eleitos e escolhidos por Deus para serem rei e governantes sobre Israel e isso para sempre, como Samuel testemunha, dizendo que neste momento o Senhor teria estabelecido o seu reino sobre Israel, mas agora o seu reino não continuaria. Aqui você vê como Saul, o eleito ungido por Deus, caiu da escolha e ordenação de Deus. E depois, no décimo quinto capítulo: "Porque rejeitaste a palavra do Senhor, o Senhor também te rejeitou de ser rei." Então aprendemos que a queda de Saul não foi pela preordenação de Deus, visto que ele ordenou o contrário, mas por sua desobediência à palavra de Deus, a qual ele poderia ter obedecido se quisesse.

Salomão recebeu graça e sabedoria de Deus acima de todos os outros, que era uma figura viva de Cristo, de quem Deus diz: "Salomão eu escolhi para ser meu filho e eu serei seu Pai: estabelecerei seu reino para sempre". No entanto, ele caiu dessa graça e fez o mal aos olhos do Senhor, cobiçando outra carne e cometendo idolatria. Embora Deus o escolhesse como filho, ele desviou o coração de Deus e seguiu Asterote, o deus dos sidônios e Milcom, a abominação dos amonitas. Ele construiu um alto lugar para Chamos, a abominação de Moabe e a Moloque, a abominação dos filhos de Amom e da mesma forma para todas as suas esposas grotescas, que em grande número traziam incenso e ofereciam aos seus deuses. Aqui temos um exemplo notável de Salomão, o filho eleito de Deus, cujo reino Deus prometeu estabelecer para sempre. No entanto, ele se tornou filho do diabo, afastando seu coração de Deus e se entregando às concupiscências da carne e à mais vil e abominável idolatria.

Jeroboão foi escolhido por Deus e ungido pelo profeta Aías, rei sobre as dez tribos de Israel, com quem Deus fez um pacto de que estaria com ele e lhe edificaria uma casa segura, permanecendo assim como ele havia prometido antes a seu servo Davi, um homem segundo o coração de Deus. Contudo, Jeroboão, apesar da eleição e preordenação de Deus, caiu do favor de Deus, produziu dois bezerros de ouro, um em Betel e o outro em Dã, e fez Israel pecar contra Deus, para sua própria e completa subversão. Judas foi eleito por Deus para ser o sal da terra, não insípido, o que não serviria para nada. Mas ele tornou-se um sal insípido por meio de sua própria maldade. Cristo o escolheu para ser a luz do mundo, que assim deveria brilhar diante de todos os homens, para que por meio dele eles glorificassem a Deus, o Pai. Mas como ele amou mais as trevas do que a luz, seu castiçal foi removido, e a luz, apagada. Cristo o escolheu para ser um dos doze, que se assentaria nos doze tronos julgando as doze tribos de Israel, mas porque ele não tornou sua eleição e chamado seguros por boas obras, como Pedro fala, seu nome foi apagado do livro da vida.

Cristo não perde nenhum daqueles que o Pai lhe deu, exceto Judas, caído por transgressão (como Pedro diz), e foi considerado indigno de sua eleição. Aqui eu poderia citar a terrível e dolorosa queda de Joás, com diversos outros, mas para não ser prolixo eu deixo passar. Todos esses anteriormente citados, e muitos mais, receberam em vão a graça de Deus. Portanto, Deus os rejeitou, a quem antes ele havia escolhido, assim como ele fez com Jerusalém, de quem está escrito:[2] "Rejeitarei a cidade de Jerusalém que escolhi e a casa na qual eu disse que meu nome estaria. Pois, embora Deus, puramente por sua misericórdia, tenha nos escolhido em Cristo Jesus para sermos herdeiros da vida eterna, ainda assim, se o rejeitarmos, ele nos rejeitará, bem como se o negarmos, ele nos negará. E assim como diz o profeta:[3] "Nossa própria maldade nos reprovará e nossa apostasia nos condenará. Assim, diz o Senhor, por seu profeta Ezequiel:[4] "Se os justos se afastam da sua justiça e praticam a iniquidade, toda a justiça que ele fez não será considerada; mas na sua transgressão e no seu pecado ele morrerá."

RESPOSTA

A mesma proposição que eu já provei ser falsa e enganosa, você ainda se esforça, multiplicando exemplos sem nenhuma relação com o que você pretende provar, para tentar defender e sustentar.

Sua proposição é que, embora a eleição seja certa e realizada sem qualquer condição em Cristo Jesus, ainda assim não há ninguém eleito nele para a vida eterna que não possa cair em perdição e se tornar um infame. Como prova disso, antes de apresentar seus

---
[2] Reis 23.
[3] Jeremias 2.
[4] Ezequiel 18.

exemplos, você apresenta duas razões. Na primeira, você diz que, sem Cristo, não há eleição nem salvação. Isso admitimos e acreditamos firmemente, acrescentando que a eleição e a salvação são tão seguras nele que tantos quantos nele são eleitos para a vida eterna, pela graça a alcançarão. Você prossegue em seu argumento.

Além disso, o homem é assegurado na eleição pela promessa de Deus em Cristo Jesus, quando dela ele é feito participante, ele entra em aliança com Deus, mas quando ele quebra a aliança, abandona a promessa e, quando abandona a promessa, ele rejeita a Cristo. Ao rejeitar a Cristo, ele cai da eleição, apesar de a eleição permanecer firme em Cristo.

Esse é seu primeiro argumento ao qual eu respondi de forma breve e objetiva que você conclui um enorme absurdo, porque supõe que uma impossibilidade seja possível. Vocês supõem que os membros do corpo de Cristo, eleitos nele para a vida eterna, podem abandonar a promessa, rejeitar Cristo, seu cabeça, e assim quebrar a aliança, desprezando-a até o fim de suas vidas, sendo que isso é impossível, como antes provei, então a sua conclusão não serve para nada. Quando você tentar provar que as ovelhas de Cristo, a ele confiadas por seu Pai celestial, podem se tornar lobos ou cães ladrando contra seu pastor, e continuarem até o fim, vou me dar o trabalho de responder de outra forma, mas até que você aprenda a provar seu objetivo mais substancialmente, devo dizer que, como nenhuma das suas razões tem fundamento sólido, não me esforçarei muito para refutá-la. Pois o homem não é assegurado na eleição por nenhuma promessa de Deus. Mas a eleição, outrora oculta no eterno conselho de Deus, é pela promessa e palavra da graça comunicada ao homem de modo que é tolerável que se diga que o homem é assegurado de sua eleição pela promessa que ele voluntariamente abraça. Todavia, ter certeza na eleição pela promessa não é palavra do Espírito Santo. Além disso, examinaremos seu segundo argumento.

A eleição não garante nada sem fé. A verdadeira fé é obra de Deus por sua graça e é em parte obra do homem por consentir nela. Por causa disso, Paulo chama os justos de cooperadores de Deus, porque eles trabalham juntos com ele. Agora, se o homem, por sua parte, de acordo com a sua natureza, é inconstante em sua fé, então está fora da promessa, pela qual estava assegurado de sua eleição. Contudo, a eleição de Deus permanece segura e estável em Cristo Jesus.

A primeira parte do seu argumento é obscura e a maneira de falar é tão estranha que, nas Escrituras, tenho certeza de que nunca será encontrada. A eleição é entendida de duas maneiras nas Escrituras.[5] A primeira é em relação aos eleitos, como quando Paulo diz: "A eleição prevaleceu", isto é, os eleitos de Deus obtiveram misericórdia. E, no mesmo sentido, Paulo é chamado de vaso da eleição, ou seja, vaso eleito. Se é nesse sentido que você afirma que a eleição, ou seja, os eleitos, não têm promessa sem fé, embora eu não vá desenvolver esse assunto, pela clareza das Escrituras provarei o contrário.

A posteridade de Abraão pela eleição livre de Deus tinha essa promessa de que ele seria o seu Deus. Paulo afirma que os filhos dos fiéis eram santos e ainda assim nem todos podiam ter fé quando a promessa foi feita, pois Abraão não tinha descendência alguma, mas isso eu não contestarei. Do contrário, a eleição é entendida nas Escrituras pelo eterno conselho de Deus, pelo qual ele designou à vida eterna os quais ele deu a seu filho antes da criação do mundo, como Paulo diz:[6] "E ainda não eram os gêmeos nascidos, nem tinham praticado o bem ou o mal (para que o propósito de Deus, quanto à eleição prevalecesse não por obras, mas por aquele que chama) já fora dito a ela: O mais velho será servo do mais moço." E depois: "Ainda que neste momento haja um remanescente deixado pela eleição da graça", e assim por diante em diversos outros textos.

Nesse sentido, se você entende que a eleição não tem promessa sem fé, respondo que a livre eleição de Deus em Cristo Jesus não precisava de promessa nem fé, no que tange à parte de Deus. Pois ele, em sua eleição, não considera nenhuma das duas, mas seu próprio prazer em Cristo, seu Filho. Portanto, eu desejaria maior clareza na primeira parte da sua razão do que você apresentou. Mas percebo o fundamento do seu erro no que se segue. A verdadeira fé (você diz) é obra de Deus pela graça, e é em parte obra do homem ao consentir com ela. Essa segunda parte é totalmente falsa, pois a fé não faz parte da obra do homem, assim como o filho gerado pelo Pai e concebido pela mãe não é obra de si mesmo. Mas a fé é inteiramente obra de Deus, pois como ele nos gera pela palavra da verdade e pelo

---
[5]Romanos 11.
[6]Romanos 9-11.

poder do seu Espírito Santo, faz com que nossos corações concebam e retenham a semente da vida.[7]

Assim, pelo seu poder somos mantidos pela fé na salvação, que é preparada para esse fim e será manifestada nos últimos tempos. O apóstolo diz que, pela graça, vocês são salvos pela fé, e isso não é de vocês mesmos. Você precisa fazer o Espírito Santo se retratar, e eu acho que ele não cederá à sua ameaça, antes que você possa provar que a fé é parte das obras do homem.

Você abusa vergonhosamente das palavras do apóstolo,[8] pois naquela passagem ele tratou apenas como Deus usa os ministros de sua palavra e de seu santo Evangelho para serem cooperadores de Deus, tendo em vista que eles são os embaixadores da reconciliação, como em outra passagem ele os chama. Ele não se refere nem ao que o homem faz na obra de sua própria salvação por sua própria fé ou por suas próprias obras. Portanto, embora você (como homem cego) avance para sua própria perdição, dizendo: "Agora, se o homem, por sua parte, de acordo com sua natureza, é inconstante em sua fé, então está fora da promessa", precisamos contrariá-lo e dizer por que a fé não é parte do trabalho do homem.

Assim, nem sua fé nem sua eleição dependem da inconstância de sua própria natureza, mas Deus, de sua soberana generosidade, superando quaisquer imperfeições que estejam em seus filhos escolhidos, fundamentou sua eleição em si mesmo e em Cristo Jesus, seu Filho. Outro erro que vejo nesse seu argumento que, por eu já ter refutado suficientemente, vou apenas mencionar aqui. Você torna a fé na promessa e a nossa obediência causas da eleição de Deus, quando, de fato, elas não são mais que os efeitos de nossa eleição. Pois nem a fé nem a obediência nos fazem eleitos de Deus, mas, por sermos eleitos em Cristo Jesus, somos chamados, tornados fiéis, obedientes e santificados por sua livre graça.

Para adverti-lo de mais uma coisa e assim pôr fim aos seus argumentos irracionais: é curioso que você atribuirá à eleição aquilo que nega aos eleitos. Você afirma que a eleição é certa em Cristo, mas não os eleitos. É como se você imaginasse que a eleição é uma especulação ou imaginação certas, sem nenhuma substância certa a que se

---
[7] 1Pedro 1.
[8] 1Coríntios 3.

refira. Mas Paulo nos ensina o contrário, dizendo: "Ele nos escolheu em Cristo". Ele não diz que a eleição estava em Cristo, mas que fomos eleitos em Cristo Jesus antes que as fundações do mundo fossem lançadas. Amistosamente, oriento a você a fundamentar suas razões de maneira mais substancial, se por elas você pretende provar alguma coisa. Uma resposta curta que eu lhe daria, com todos os seus exemplos, seria que falamos não de eleição para ofícios, ou à posse temporal, mas de eleição para a vida eterna, da qual jamais você poderá provar que acabou por ser excluído aquele que em Cristo Jesus foi eleito antes da fundação do mundo. Mas, ainda assim, para agradá-lo, passarei por seus exemplos e compartilharei com você meu juízo. Que Deus abra seu coração para entender.

É absolutamente certo que, embora Adão, e todos os homens nele, possam e de fato tenham caído de Deus pelo pecado, ainda assim não poderiam os eleitos de Deus, que são eleitos para a vida eterna em Cristo Jesus, caírem de sua eleição de modo que acabem por perecer. A razão é que, assim como Cristo Jesus, o brilho da glória de seu Pai, e a imagem expressa de sua substância, é maior do que Adão jamais foi, assim o seu poder é de maior eficácia para salvar os eleitos, visto que a impotência de Adão era para trazer condenação a todos.

Você pergunta se nossa eleição está mais segura agora depois da transgressão do que antes da transgressão, eu respondo que a garantia e a certeza de nossa eleição sempre foram uma. Pois, quando permanecemos em Adão (como você alega), éramos eleitos em Cristo e, quando caímos em Adão, a nossa eleição se manifestou e apareceu.

Você nunca poderá provar que Caim foi eleito para a vida eterna em Cristo Jesus, pois Deus não olhou para Caim, nem mesmo para seu sacrifício, como fez com Abel. E por quê? Porque, como afirma o apóstolo, um ofereceu com fé, e o outro, sem fé. Lembre-se de seu outro argumento: não há (você diz) ninguém que seja eleito sem fé, mas Caim não tinha fé mesmo antes de matar ou odiar seu irmão, portanto, por seu próprio argumento, ele não estava na eleição, nem antes mesmo de odiar. Não aprovo esse argumento, mas, mesmo assim, se esse seu outro argumento for verdadeiro, a conclusão é inevitável. Moisés não diz que Deus prometeu domínio a Caim por causa de seus desejos, mas disse: "Contra ti será o teu desejo e a ti cumpre dominá-lo". Isso não é falado do pecado, mas de Abel, que, como ele era mais jovem, foi designado para ser sujeito a Caim e para servi-lo, por essa razão, injustamente o odiava.

Dessa maneira, é a mesma frase que antes foi dita acerca da sujeição da mulher ao homem. Basta se ter um conhecimento razoável do texto hebraico para saber que ambos os artigos são do gênero masculino, e o substantivo, que significa "pecado" nessa passagem, é do gênero feminino. Portanto, a análise linguística não permite que o domínio prometido seja referido ao pecado. Assim, de forma blasfema, você pergunta: se Deus não deu a Caim poder para subjugar sua concupiscência, quem foi o autor de seu pecado? Eu respondo que foi o próprio Caim, pois ele não era como uma espada morta e insensível, como na sua comparação, mas ele era um instrumento razoável infectado pelo veneno de satanás, e ele não sendo purificado, não poderia fazer nada além de servir ao diabo e às suas próprias concupiscências, contra a vontade e o mandamento expressos de Deus. Eu já provei que Deus não é a causa da condenação de nenhum homem, mas o pecado no qual caíram é a própria causa que todos os condenados encontram em si mesmos.

No que tange à fidelidade de Deus, não permitindo que ninguém seja tentado acima de sua força, isso é verdade apenas para os eleitos de Deus, de quem é evidente que Paulo ali fala.[9] Porque, embora entre os coríntios houvesse muitos infames, Paulo ainda assim dirige-se ao que ele se refere como igreja de Deus eleita, chamando-os de amados, desejando que eles fugissem da idolatria e lhes falassem como homens com sabedoria.

Portanto, primeiro, você deve provar que Caim teve grande testemunho de Deus de que ele era eleito, assim como os coríntios tiveram de Paulo de que eram amados e eleitos em Cristo, antes de poder usar essa passagem para servi-lo. Embora ele o tenha anunciado qual era o seu dever, não significa que ele tenha lhe dado poder para obedecer à sua vontade revelada, nem poder para resistir a toda tentação. Para faraó, ele não deixou sua vontade menos clara do que deixou a Caim. No entanto, acerca dele, ele pronunciou que não ouviria nem obedeceria a voz de Moisés. Não nego que ele teimosamente tenha abandonado o conselho de Deus, que misericordiosamente o chamou. Mas ele e todos os infames o abandonaram,

---

[9] 1Coríntios 10.

isso já declarámos antes, a saber, porque a semente de Deus não permanece neles.

Qual foi a bênção dada após o dilúvio a Noé e a seus filhos, o Espírito Santo não escondeu, quais sejam,[10] a multiplicação, preservação e restituição de todas as coisas, no que tange à ordem da natureza, como eram antes dessa devastação (por causa das águas por muito tempo continuaram). Nessa passagem, não é mencionada a eleição para a vida eterna em Cristo Jesus e, portanto, sua inferência de que Cam não era infame quando foi abençoado por Deus é tolice. Pois, embora ninguém possa ser ao mesmo tempo abençoado e amaldiçoado, amado e odiado, naquele grau de amor ou ódio que Deus livremente carrega em Cristo aos seus eleitos, ainda mais justamente odeia os infames, pelas causas conhecidas pela sua sabedoria. Todavia, de outro modo, não é repugnante dizer que Deus tanto abençoa quanto ama ao conceder bênçãos temporais a favor dos que, em seus conselhos eternos, ele rejeitou e, portanto, odeia. Como não é repugnante dizer que Deus tanto abençoa quanto ama seus filhos eleitos, mesmo quando mais os castiga.

Para tudo o que você conclui dos israelitas, minhas respostas anteriores podem ser suficientes, pois você nunca poderá provar que qualquer dos escolhidos para a vida eterna tenha caído na morte eterna. Nada prejudicou a salvação de Moisés, embora seu corpo caísse no deserto. O texto de Paulo[11] não prova que todos os israelitas chamados do Egito estavam na santa eleição de Deus para a vida eterna em Cristo Jesus, mas prova que todos eles foram chamados externamente e que todos se comunicaram com os sinais e sacramentos externos, como também significaram e representaram coisas espirituais. Mas ele não afirma que todos receberam as graças espirituais e interiores do Espírito Santo. A intenção do apóstolo é suficientemente clara naquela passagem para aqueles que não fecham os olhos deliberadamente. Ele exorta os coríntios a não acharem suficiente que eles se comuniquem com os sacramentos de Cristo Jesus, a não ser que uma vida piedosa e obediência sincera à vontade revelada de Deus sejam associadas a eles, pois, caso contrário, o mesmo que aconteceu aos israelitas lhes aconteceria.

---
[10]Gênesis 9.
[11]1Coríntios 10.

Sendo assim, ele diz que aquele que está em pé deve cuidar para que não caia, o que não é nada contrário à nossa doutrina, nem a nossa doutrina é em nada repugnante ao Espírito Santo. Pois nunca negamos que muitos, diante dos homens, pareciam viver em santidade, sim, que se consideravam seguros em sua própria fantasia, tenham sofrido quedas horríveis, tanto de um tipo como do outro. A todos os homens nós advertimos tanto quanto você para que cuidem para não caírem por descuido. Mas nós negamos firmemente que qualquer um que esteja em Cristo Jesus e no eterno conselho de Deus possa cair a ponto de acabar por perecer. Veja como Deus conduz com suavidade nossos barcos agitados em meio às ondas raivosas de seus argumentos furiosos.

A Queda dos condenados submetemos ao julgamento de Deus. Ainda que Balaão tenha sido contemplado com maiores graças, do que nas Escrituras lemos que ele recebeu, não significa que ele tenha recebido o Espírito de santificação pela verdadeira fé, dada apenas aos eleitos. Pois vemos que é dado poder para expulsar demônios a alguns que Cristo afirma nunca ter conhecido. E, assim, ele deseja que seus discípulos não se regozijem com o fato de que os espíritos lhes estivessem sujeitos, mas sim com o fato de que seus nomes estavam escritos no Livro da Vida. Mas ainda me pergunto onde você viu Balaão tão cheio do Espírito de Deus, do espírito da verdade, do espírito de poder e do espírito da graça (como você escreve), no qual quem ele abençoasse seria abençoado, e quem ele amaldiçoasse seria amaldiçoado. Não vejo nada disso sendo dito acerca dele pelo Espírito Santo. É verdade que Balaque deu a ele esse louvor e elogio, de que ele teve certeza de que quem ele abençoasse seria feliz e quem amaldiçoasse ele amaldiçoaria. Mas se era o propósito do Espírito Santo nos ensinar e nos assegurar que realmente essas graças estavam nele, duvido muito.[12]

Na verdade, não duvido do exato contrário, a saber, que ele não tinha o poder, o espírito nem a graça de Deus para abençoar aqueles a quem Deus amaldiçoou, nem de amaldiçoar aqueles a quem Deus abençoou. Assim ele mesmo admite. É para esse fim que a história é escrita. Se você entende que a bênção permaneceu sobre Jacó porque Balaão assim pronunciou e falou, você é mais cego do

---

[12] Números 23.

que Balaão era. Pois ele atribui outra causa, dizendo: como amaldiçoarei onde Deus não amaldiçoou? Ou como odiarei onde o Senhor não odiou? Deus não é como homem, para que minta, nem como filho do homem, para que se arrependa. Dizendo ele, não o fará? Tendo ele falado, não o fará? Eis que recebi mandamento de abençoar, porque ele abençoou, e eu não posso alterá-lo. Ele não vê nenhuma iniquidade em Jacó, nem vê transgressão em Israel. O Senhor, seu Deus, está com ele, e a revelação alegre de um rei está entre eles.

Nessas palavras, Balaão designa a causa pela qual ele foi obrigado a abençoar Israel, porque Deus os abençoou e porque também ele não podia mudar sua bênção, já que em Deus não há mutabilidade, nem mudança, como há no homem. E, portanto, como ele já havia abençoado aquelas pessoas, pelas palavras e promessas ditas e reveladas a Abraão, assim ele mais constantemente as executará. Se a malícia não tivesse te cegado, você veria claramente que o Espírito Santo não pretendia nada menos do que ensinar que Balaão foi abençoado por Deus e, portanto, não era naquele momento um infame. Mas que Israel era tão eleito, tão santificado e abençoado por Deus que seus próprios inimigos, e aqueles que foram usados para amaldiçoá-los, foram obrigados a dar testemunho contra si mesmos, de que o povo de Deus era abençoado. Sendo que isso não torna Balaão eleito de Deus, assim como a confissão que os espíritos imundos deram a Cristo (confessando que ele era o Filho do Deus vivo) não mudou sua natureza.

Se você puder provar que todo o Israel caiu do favor de Deus de modo que a ninguém da posteridade de Abraão ele cumpriu a promessa feita a ele e à sua semente, então você terá provado algo de seu propósito, a saber, que Deus pode fazer uma promessa com juramento e, ainda assim, não realizar nenhuma parte dela. Mas se for evidente que, apesar de seus rancores, rebeliões, concupiscências carnais, idolatria e abominações, a promessa de Deus permaneceu tão certa que foi realizada (após muitas tentações) com perfeição total, considere o que pode ser concluído contra você, aplicando exemplos por comparação e igualdade. Gostaria que você tivesse maior sabedoria do que comparar Balaão, uma pessoa em particular, profeta amaldiçoado por Deus, que assim pereceu entre os ímpios, e o povo eleito e escolhido do Deus santo de Israel, tão abençoados por Deus que não apenas eles foram preservados em todas as tormentas, mas também deles, segundo a carne, veio aquela semente abençoada, o Messias prometido.

A Saul e ao seu reino eu já respondi, a saber, que uma coisa é designar um ofício temporal e outra ser eleita em Cristo Jesus para a vida eterna. Mas, ainda assim, acrescentarei algo mais, que é esta proposição em confronto direto contra a sua: nem Saul nem a sua casa jamais foram escolhidos no conselho eterno de Deus para serem reis e governantes sobre Israel para sempre.[13] Se você disser que foi o Espírito Santo, falando em Samuel, mentiu, por ter afirmado que Deus preparara o reino e o reinado de Saul sobre Israel para sempre. Eu respondo: Samuel não fala naquela passagem o que Deus havia determinado em seu eterno conselho, mas o que ele próprio pensava que Deus havia determinado e designado. Portanto, você não pode concluir que o Espírito Santo está mentindo, a não ser que o reino de Saul tenha sido designado para permanecer sobre Israel para sempre. Não, então você não pode concluir isso. Mas você pode dizer que, a não ser que tenha sido assim, o profeta foi enganado. E, sem dúvida, ele assim foi por um tempo e falou essas palavras de acordo com a apreensão e juízo que ele havia concebido em razão de sua unção e da eleição legítima ao seu cargo.

Se parece difícil para você que os profetas sejam enganados em alguma coisa, pense no que aconteceu depois dele. Ele não disse à vista de Eliabe que ele era diante do Eterno o seu ungido?[14] O Espírito Santo mentiu porque Eliabe foi rejeitado e Davi escolhido? Ou Samuel não estava na ignorância e no erro? O mesmo eu poderia provar de Natã e outros, que sendo verdadeiros profetas de Deus, ainda assim foram deixados no erro por um período, falaram e deram conselhos diferentes do que Deus havia determinado em seu eterno conselho. Mas agora, brevemente, para provar minha proposição, eu digo que o propósito e conselho eternos de Deus sobre o principal governante e governador de Israel foi pronunciado muito antes por Jacó em seu último testamento, que nomeou a coroa e o cetro real para outra tribo que não Benjamim. Pois

---
[13] 1Samuel 13.
[14] 1Reis 16.

assim diz:[15] "Judá, seus irmãos o louvarão, sua mão estará sobre o pescoço dos seus inimigos; os filhos de seu pai se curvarão diante de você." E continua: "O cetro não se apartará de Judá, nem o bastão de comando de seus descendentes, até que venha aquele a quem ele pertence, e a ele as nações obedecerão." Aqui, é claro que muitos anos antes da eleição de Saul a dignidade real foi designada para Judá, cuja sentença nunca mais foi retirada. Portanto, minha proposição, afirmando que Saul nunca foi eleito no eterno conselho de Deus para reinar para sempre sobre Israel, permanece firme e suficientemente provada.

Se alguém perguntar com que propósito Saul foi eleito rei, eu respondo: porque assim agradou a sabedoria de Deus provar o seu povo, provar a tribo de Judá e todos os fiéis que estavam vivos para tentá-los, se eles ainda dependeriam da promessa de Deus e buscariam sua felicidade, mesmo pelos caminhos que Deus havia anunciado, mesmo as coisas parecendo o contrário por um tempo. Todo o povo, sem dúvida, e até o próprio Samuel, eram parcialmente culpados naquele ponto, por procurarem a salvação e a libertação de todos os seus inimigos pelas mãos de qualquer outro do que pela tribo de Judá, considerando que a antiga profecia era tão clara. Mas esse erro ele corrigiu, primeiro, em seu profeta, mostrando-lhe justamente o motivo pelo qual Saul não era digno dessa grande honra. Depois ele corrigiu o mesmo no povo, movendo seus corações para eleger Davi, a quem o profeta havia antes ungido.

Dessa forma, Deus reteve a firmeza de seu conselho e o executou, quando todas as coisas pareciam claramente repugnar à sua promessa, sim, quando os homens haviam recebido um outro para ser seu rei diferente daquele que Deus, por sua antiga promessa, havia apontado. Nós também não negamos a sabedoria sobrenatural e as múltiplas graças concedidas a Salomão, nem a sua queda mais horrível, sendo um documento e um memorial para sempre de suas abomináveis idolatrias e deserção ingrata de Deus. Apenas um exemplo, nós afirmamos, deve admoestar todo homem com mais cuidado a se examinar, com que simplicidade ele caminha diante da majestade de Deus. Mas se Salomão se tornou filho do diabo, de modo que depois ele nunca voltou a Deus, mas acabou por perecer, sobre isso não

---
[15]Gênesis 49.

ousamos pronunciar sentença. Para nós, parece que Deus lhe fez uma promessa de misericórdia, apesar de sua grave transgressão. Pois Deus falou por Natã a ele:[16] "Quando a sua vida chegar ao fim e você descansar com os seus antepassados, escolherei um dos seus filhos para sucedê-lo, um fruto do seu próprio corpo, e eu estabelecerei o reino dele. Será ele quem construirá um templo em honra do meu nome, e eu firmarei o trono dele para sempre. Eu serei seu pai, e ele será meu filho. Quando ele cometer algum erro, eu o punirei com o castigo dos homens, com açoites aplicados por homens. Mas nunca retirarei dele o meu amor, como retirei de Saul, a quem tirei do seu caminho." Não importa como você queira entender que essa misericórdia livre prometida permaneça após a iniquidade cometida, você não pode negar que uma diferença clara é feita entre Salomão e Saul.

Se você pensa que nada do que foi falado naquela passagem pertenceu a Salomão, nascido antes que Davi houvesse terminado seus dias e dormido com seus antepassados, mas tudo é realizado em Cristo, que muitos anos depois surgiu dele, você não observa corretamente as palavras de Deus, nem ainda a intenção do Espírito Santo. Ele não diz que o filho que construísse uma casa em nome de Deus, cujo reino ele estabeleceria, nasceria após sua morte, mas que Deus levantaria aquele que surgiria de sua própria linhagem, a quem ele honraria depois de sua morte, tornando-se seu pai a quem ele assim trataria. Assim, ainda que ele transgredisse, ele não seria rejeitado do regimento em Israel, como Saul foi, e assim o reino foi estabelecido não apenas para Davi, mas também para sua posteridade depois dele.

A perfeição, sem dúvida, foi reservada a Cristo Jesus, mas também a verdade nele foi prefigurada antes em Salomão. Além disso, assim é falado nessa promessa que, de maneira alguma, pode ser referida a Cristo Jesus. Pois como alguém poderá provar que a justa semente de Davi, cuja boca não foi encontrada engano, fez qualquer espécie de maldade em sua própria pessoa, de modo a precisar de misericórdia e de ser corrigido com a vara dos filhos? Eu observo o seguinte para lhe dar ocasião de prestar atenção naquilo que você diz sobre coisas muito além do alcance do seu entendimento. Na história de Jeroboão, você não observa que tudo o que lhe é prometido, exceto o primeiro

---

[16] 2Samuel 7.

dom das dez tribos, é condicional. Pois assim diz o profeta:¹⁷ "Se você fizer tudo o que eu lhe ordenar e andar nos meus caminhos e fizer o que eu aprovo, obedecendo aos meus decretos e aos meus mandamentos, como fez o meu servo Davi, estarei com você. Edificarei para você uma dinastia tão permanente quanto a que edifiquei para Davi, e darei Israel a você." O que você pode concluir aqui? Jeroboão disse que, apesar da eleição e livre ordenança de Deus, caiu do favor de Deus. Mas como você pode provar que ele foi eleito e preordenado para permanecer no favor de Deus para sempre? Estas palavras: "Se você andar diante de mim em retidão, se você guardar meus preceitos" e outras não o provarão. Evidentemente, posso provar que Jeroboão, e todos os reis em Israel depois dele, foram dados ao povo na ira de Deus e foram tirados em seu desgosto, pois assim o profeta Oseias testemunha.

Agora, se você puder provar que os governantes dados na ira de Deus e tirados em sua justa fúria foram eleitos e preordenados a permanecerem em seu favor para sempre, oriente-se com seus conselheiros e dê testemunho contrário a próxima vez. Que Judas nunca foi eleito para a vida eterna, eu já disse antes e, portanto, neste momento, apenas digo que Cristo não quis dizer a Judas que ele seria o sal da terra, a luz do mundo, nem que ele se assentaria em qualquer assento para julgar qualquer tribo em Israel, assim como ele não quis dizer a Pedro que ele era o diabo, que ele o trairia ou seria melhor ele nunca ter nascido. Pois, como Cristo ao pronunciar claramente as palavras: "Eu escolhi doze, mas um de vocês é o diabo, um de vocês me trairá", ele não designou a pessoa de Judas para isso, nem ainda isentou e libertou os demais da suspeita desse crime. Da mesma forma, ao dizer: "Vós sois o sal da terra", e "sentareis em doze tronos", ele não quis se referir a todos os doze, nem somente a eles. Quanto a Judas, não temo afirmar o que foi escrito no livro dos Salmos: "Que a sua habitação seja desolada, e que outro remova a honra de seu episcopado". Assim, mesmo no tempo em que ele estava, aos olhos do homem, assegurado no ministério, no conselho eterno de Deus, ele foi designado para essa traição e para esse terrível fim. E suponho que ninguém terá o juízo tão perverso a ponto de negar que nenhum outro foi designado para ser o sal da terra e a

---

¹⁷1Reis 11.

luz do mundo, exceto os doze. Eu realmente acredito que Paulo não é nada inferior a nenhum dos principais apóstolos nesse caso. No entanto, afirmo que aquelas palavras não foram ditas de todos os doze, nem somente deles. Se isso não satisfaz sua curiosidade, esforce-se para provar que Judas foi eleito para a vida eterna em Cristo Jesus antes que as fundações do mundo fossem lançadas. Eu já provei que os eleitos não podem acabar por rejeitar nem negar seu cabeça Cristo Jesus, portanto, não vou incomodar o leitor com a repetição.

A passagem de Ezequiel[18] de nada serve ao seu propósito, pois ali ele apenas trata de homens justos, como no começo do mesmo capítulo usou o provérbio: "Os pais comeram uvas verdes, e os dentes dos filhos se embotaram" querendo dizer com isso (como declaramos anteriormente) que eles eram justos e inocentes e ainda sofreram punição pelas transgressões de seus pais, contra os quais o profeta fala incisivamente, afirmando que a alma que pecou morreria. Assim louvando a justiça de Deus, que ele não toleraria o pecado impune em nenhuma de suas criaturas, supondo que alguns, por um tempo, tivessem uma demonstração de retidão. O profeta acusa ainda mais e acusa suas consciências, pois eles sabiam que eram culpados de todos os crimes que o profeta ali recitava. E provocando-os ao arrependimento com esta exortação: "Livrem-se de todos os males que vocês cometeram, e busquem um coração novo e um espírito novo. Por que deveriam morrer, ó nação de Israel? Pois não me agrada a morte de ninguém; palavra do Soberano Senhor. Arrependam-se e vivam!".

Dessa conclusão (eu digo), fica claro de que tipo de homens justos o profeta fala: não daqueles que foram enxertados no corpo de Cristo e pela verdadeira santificação de seu espírito esforçam-se diariamente para mortificar suas afeições, mas daqueles que tendo aparência externa de santidade soltavam o freio para toda impiedade. De fato, Deus não lembra da justiça de ninguém assim (porque não são justos), mas seus pecados clamam por justa vingança, isso porque, por eles, o nome de Deus é blasfemado. Agora, ao restante.

---

[18] Ezequiel 18.

33ª Parte

O ADVERSÁRIO

Você diz, com muitos outros testemunhos manifestos das Escrituras, que distorce e manipula, buscando alterá-los para sustentar seus erros, pelo qual você declara ser da parte deles, de quem está escrito na mesma passagem, que diz: "Ora, o caminho do Senhor não é indiferente". Você não quer que o Senhor julgue de acordo com esse caminho estabelecido em sua Palavra, mas pela necessidade de um decreto imutável, para salvar um certo número e por condenar todo o restante. Você não deve ler a Palavra de Deus, estudando mais para ensinar ao Espírito Santo do que para aprender dele, buscando meios para confirmar o seu erro preconcebido em vez de evitá-lo. Que verdade pode aprender na Palavra de Deus aquele que adora o ídolo de sua própria fantasia e já abandonou o desejo pela verdade? Lembre-se de que a primeira lição da sabedoria é estar disposto a aprender sabedoria.

Livrem-se, portanto, dos ídolos dos seus corações, que te fizeram tropeçar nos caminhos: sejam submissos à Palavra como cordeiros humildes e mansos. Pois somente o Cordeiro foi considerado digno de abrir os selos do livro. Não confie que o seu erro é melhor por ter muito apoio, especialmente dos que são doutos, pois tais sempre foram, em todas as épocas, inimigos da verdade, inventores de seitas e erros, assim como Janes e Jambres resistiram a Moisés e resistem à verdade. Assim como os escribas e fariseus eruditos blasfemaram a Palavra de Deus e perseguiram a Cristo, a própria Verdade, eles fazem o mesmo aos seus membros. E assim como os fariseus disseram: "Algum dos governantes ou fariseus acredita nele? Esse povo comum que não conhece a lei é amaldiçoado"; eles também dizem agora: "Algum de nossos doutores instruídos ensina isso? Esses homens indoutos são amaldiçoados, pois eles não podem entender a Palavra de Deus compreendendo somente a língua inglesa. Ainda assim eles se intrometem na teologia, como se os dons de línguas e os dons de profecia estivessem tão unidos que Deus não poderia ministrar um sem o outro". Mas isso não é novidade, pois foi dito a Cristo e a seus apóstolos que foram acusados de serem indoutos. No entanto, o Espírito Santo não quer que julguemos assim.

Considere, diz Paulo, seu chamado. Não foram chamados muitos sábios segundo a carne, nem muitos poderosos, nem muitos de nobre nascimento. Pelo contrário, Deus escolheu as coisas fracas do mundo, as coisas vis do mundo e as que são desprezadas e sem reputação, para confundir os poderosos e reduzir a nada as coisas que têm reputação. Como homens tão grandes podem acreditar se eles buscam ser louvados uns pelos outros, escolhidos pelo seu conhecimento das línguas e pela multidão de livros que escrevem? Esses homens instruídos são mais propensos a estar no salão de Herodes do que no estábulo de Cristo; a porta é estreita e eles são largos para a desgraça de sua gravidade. Somente os pastores pobres acostumados aos estábulos são propensos a que Cristo se revelasse. Não que eu despreze a instrução ou os homens instruídos, pois eu sei que a instrução é o bom presente de Deus. No entanto, como diz Paulo, o conhecimento incha e muitos, em nossos dias, assim como em todas as épocas passadas, abusam desse bom presente de Deus. Ainda assim, nem todos, Deus não permita, pois alguns que conheço louvo a Deus, a quem agradou revelar a verdade nesse assunto, e com perfeito conhecimento das línguas, devem ser comparados com qualquer um de seus mestres.

Não se deixe enganar, portanto, com títulos inúteis de aprendizado ou de sabedoria mundana. Se você procurar a Cristo, procure-o onde ele está, no pobre estábulo e não nos palácios de Anás e Caifás. Se você quer ter Cristo, não deve procurá-lo nas universidades, onde pode ser louvado por sua inteligência apurada e discurso eloquente, mas você deve sair com ele das tendas e sofrer censura com ele. Você não sabe que os fariseus e escribas queriam conversar com Cristo, não para aprender, mas para contestá-lo e aprisioná-lo em suas palavras? Assim fizeram os filósofos eruditos da Grécia com Paulo. Portanto, desperte a tempo, não se deixe mais enganar com sua autoridade, examine-se, examine-se, eu digo, o quanto você cresceu em Cristo por sua doutrina, que perfeição isso tem forjado em você e quanto Cristo é moldado em você por ela. Se você abandonar esse erro e abraçar a verdade, na qual você é ensinado que Deus quer todos os homens salvos, você, se Deus quiser, perceberá maior crescimento em santidade e isso mais rápido do que jamais você alcançaria com seu erro.

RESPOSTA

Se você ou nós pervertemos o sentido do Espírito Santo, falando em suas sagradas Escrituras, submetemos ao juízo daquele que julgará o mundo com equidade, sem recusar também, nesse meio-tempo, o juízo dos leitores imparciais. Quanto às suas acusações injustas, sofismas e boatos maliciosos, não responderei nada até o final deste trabalho. Então pretendo colocar diante de seus olhos aquilo que você não pode negar, a fim de que os símplices possam julgar qual de nós cultua o ídolo de nossas próprias fantasias e abandonou o desejo pela verdade. Embora você e seu líder Castalio começaram a menosprezar o aprendizado, ainda assim você não é capaz de provar que tenhamos desprezado a santidade nos mais simples de nossos irmãos. Embora não possamos esconder a verdade, afirmando que aquele que trabalhou fielmente nas línguas e nos escritos de homens piedosos é mais capaz de evitar erros e mais apto a ensinar a verdade e refutar o adversário do que aquele que é ignorante, a não ser na sua língua natural, sabemos que os milagres e os dons visíveis do Espírito Santo, dados nos dias dos apóstolos, agora cessaram. Portanto, digo, não somos tão orgulhosos a ponto de desprezar a instrução, nem tão maliciosos a ponto de desprezarmos o menor dos dons que Deus tenha dado a qualquer um de nossos irmãos. Se alguém se vangloria ou se orgulha de seu conhecimento de línguas ou da multidão de livros que escreve, vou considerá-los dignos da mais severa repreensão. Porém, quanto aos principais instrumentos de Cristo Jesus, quanto proveito eles trouxeram à Igreja de Deus e quão pouco louvor ou elogio eles buscaram ou buscam dos homens, o dia em que os segredos de todos os corações forem revelados o dirá, e os homens, que estão mais familiarizados com eles, em parte podem testemunhar.

Como não invejamos o conhecimento perfeito em línguas daqueles que você louva, nós desejamos sinceramente que Deus governe seus corações, se for da sua vontade, para que eles estudem a fim de edificar a aflita Igreja de Cristo, em vez de acusar, caluniar e difamar os que, na vinha do Senhor, têm trabalhado e diariamente trabalham muito mais do que eles. Você deseja que nos afastemos daquilo que chama de nosso erro, prometendo-nos (se assim o fizermos) mais perfeição antes do que imaginamos, primeiro devemos ser ensinados que nossa doutrina é errônea e, depois, para garantir nossa esperança, precisamos ter mais do que a promessa dos homens. Assim você procede.

34ª Parte

O ADVERSÁRIO

Para provar que aqueles que uma vez foram eleitos nunca podem cair, eles citam a seguinte afirmação de Cristo: "Surgirão falsos cristos e profetas falsos, e mostrarão grandes milagres e maravilhas; de tal modo que, se possível, os próprios eleitos seriam enganados". A partir disso, eles concluem não ser possível que os eleitos sejam enganados e essa condição, se fosse possível, não afirma nada. Mas, admitindo que seja assim, devemos entender que o que é muito difícil de ser feito é chamado impossível nas Escrituras. Como naquela passagem[1] a qual diz que é mais fácil para um camelo passar pelo fundo de uma agulha do que para o rico entrar no Reino de Deus. Isso é descrito como impossível, porque é muito difícil de ser feito. Todavia, há homens ricos que herdam o Reino dos céus. Como você pode acreditar (diz Cristo) naquele que recebe honra um do outro? Isso parece impossível pelas palavras de Cristo, mas muitos deles foram convertidos para Cristo. E o mesmo espírito de vanglória estava entre os apóstolos eleitos de Cristo, depois de terem passado tanto tempo com ele, pois eles discutiram quem deveria ser maior entre eles.[2] Pode uma mulher esquecer a criança do seu ventre e não ter piedade do filho que dela nasceu?[3] Embora pareça impossível, por ser contrário à natureza, ainda assim há mulheres que destroem e devoram seus próprios rebentos.

[1] Lucas 18.
[2] João 5.
[3] Isaías 49.

Será que o etíope pode mudar a sua pele? Ou o leopardo as suas pintas? Da mesma forma, você, que é exercitado no mal, pode praticar o bem?[4] Assim, somos por natureza, a não ser que pelo poder de Deus sejamos regenerados e deixemos de lado nossa prática do mal e façamos o que é bom. Assim, vemos que é descrito como impossível nas Escrituras aquilo que é contrário à natureza, que excede nossa força e, portanto, é difícil de ser feito. É algo muito difícil, que os eleitos que seguem o Cordeiro, aonde quer que ele vá, sejam enganados. Todavia, isso pode acontecer, assim como Eva era eleita de Deus e, não obstante, o apóstolo testemunha[5] que ela foi seduzida e enganada pela serpente. Por isso, Cristo advertiu aos apóstolos eleitos, dizendo:[6] "Cuidado para que ninguém os engane". Se Cristo compartilhasse da sua opinião de que os eleitos não podiam ser enganados, com que propósito ele advertiria que seus escolhidos atentassem para que nenhum homem os enganasse? Que ninguém engane a vocês, diz Paulo aos tessalonicenses,[7] a quem ele revelou que eram dignos do Reino dos céus. Todavia ele cuidava para que eles não fossem enganados e mudassem suas boas inclinações, nem por espírito nem por palavras, nem por cartas que parecessem vir dele. E aos efésios diz:[8] "Ninguém os engane com palavras tolas, pois é por causa dessas coisas que a ira de Deus vem sobre os que vivem na desobediência". Ele também adverte aos romanos que atentem e evitem aqueles que com palavras suaves e lisonjeiras enganavam os corações dos inocentes.

Como o velho profeta que habitava em Betel enganou o homem de Deus vindo de Judá, profetizou contra o altar que Jeroboão construiu: "Eu também sou profeta", disse ele, "assim como tu e um anjo me falou no nome do Senhor, dizendo: 'Traga-o novamente contigo para a tua casa, para que possa comer e beber água'". Assim ele mentiu e enganou o homem de Deus. Esses profetas mentirosos hoje em dia se dizem enviados de Deus, chamando o povo às suas congregações, sem as quais, dizem eles, não há salvação. Eles condenam todos os que não são da sua seita. E quando seduzem as pessoas com falsas

---
[4] Jeremias 13.
[5] 2Coríntios 11.
[6] Mateus 24.
[7] 2Tessalonicenses 2.
[8] Efésios 5.

doutrinas errôneas, eles os induzem a uma vida libertina desleixada, propícia a atrair qualquer homem. Cuidado, amigos, para que não os sigam, a fim de que não aconteça que, assim como o homem de Deus, ao retroceder foi morto por um leão, você seja morto pelos erros e devorado pelo diabo, que ruge como leão, procurando a quem possa devorar.

Dos testemunhos anteriormente citados, parece que os eleitos podem ser enganados, no entanto, as Escrituras descrevem como impossível aquilo que é muito improvável e difícil de ser feito. Também há muitos eleitos que caem não porque foram enganados, mas voluntária e deliberadamente, como Judas não foi enganado, mas rejeitou voluntariamente a graça de Deus. Também Aitofel, sendo um homem de capacidade notável enquanto homem, não foi enganado pela persuasão de qualquer homem, mas rejeitou intencionalmente seu mestre David e agiu como traidor. Balaão não foi enganado, pois conhecia bem a vontade e a mente de Deus. Salomão não foi enganado, já que nele a graça e a vontade abundavam acima de todos os outros e, ainda assim, ele abandonou a Deus.

Então os eleitos, embora não sejam enganados, têm a liberdade de recusar a graça de Deus, se quiserem. Você acha que Adão ou qualquer outro pode ser salvo pela ordenança de Deus se voluntariamente a abandonar? Alguém pode ser salvo e abandonar a Cristo? Os que uma vez foram iluminados, provaram os dons celestiais e se tornaram participantes do Espírito Santo provaram as boas palavras de Deus e o poder do mundo vindouro, não sei dizer como podem ser enganados. Ainda assim eles podem se afastar e crucificar novamente o Filho de Deus e escarnecer dele. Da mesma forma, os que são santificados pelo Espírito de Deus e pela aspersão do sangue do testamento podem espezinhar o Filho de Deus.

RESPOSTA

Se você quisesse diligentemente ter lido nossos escritos, ou ter citado com fidelidade os testemunhos que usamos para confirmar nossa doutrina, você teria encontrado mais testemunhos e ainda mais claros do que esses que você pegou para refutar. Mas louvado seja Deus que concede tamanha majestade mesmo às passagens que você aponta, que mesmo tendo dito tudo, a verdade permanece invencível.

Que este condicional "se", nas palavras: "se fosse possível que os eleitos fossem levados a erro", não afirma nada, dou-me por satisfeito, de modo que a mesma lei seja uma razão contra você em todas as outras passagens. Mas que esta palavra "impossível" seja interpretada em todos os textos das Escrituras como algo difícil de ser feito, não posso admitir sem testemunhos mais evidentes do que os que você trouxe, pois a maioria deles negam claramente essa interpretação. Como é impossível para um camelo (ou cabo, isto é, uma grande corda de um navio), permanecendo no seu tamanho, passe pelo fundo de uma agulha (permanecendo na sua estreiteza), também é impossível para um homem rico, permanecendo em seu próprio orgulho, cobiça e corrupção naturais, entrar no Reino de Deus. Portanto, quando os que ouviram se ofenderam, perguntaram: "E quem pode alcançar a salvação?" Cristo respondeu que o que é impossível para o homem é possível para Deus. Observe bem, Cristo chamou a humilhação do rico impossível ao homem, mas possível a Deus. E da mesma forma é verdade para os que buscam glória e louvor aos homens, pois é impossível que aqueles que permanecem na corrupção acreditem sinceramente em Cristo Jesus. Embora o espírito de vanglória aparecesse de vez em quando entre os discípulos, ainda assim era sempre reprimido e corrigido pela severa objeção de seu mestre e, no final, era removido pelo poder do Espírito Santo. Deus não afirma que é impossível para uma mulher esquecer o filho de seu seio, mas comparando seu perfeito amor contra seu corrupto amor natural, ele diz: "Se ela o fizer, ainda assim não esquecerei daqueles que confiam em mim", e dessa maneira ele prefere seu amor por seus filhos ao amor que qualquer criatura pode ter pelos outros.

Os exemplos do homem etíope e do leopardo não podem, de maneira alguma, receber sua interpretação. Pois a impossibilidade de um e de outro, a longa experiência nos ensinou. Vemos que, embora o mouro se mude de onde nasceu, ele manterá sua natural negritude, nem ainda se pode mudar completamente as manchas daquele animal, que o profeta naquela passagem chama de leopardo. Ninguém pode ser ignorante de quão impossível é que eles sejam mudados, exceto aqueles que não viram ou não conhecem o animal nem sua natureza. Portanto, com base nessas duas coisas, impossíveis à natureza, o profeta concluiu que não mais poderiam os cidadãos de Jerusalém, sendo exercidos com toda iniquidade, deixarem-na. Dessa forma, era impossível, mas impossível para eles mesmos e para seu próprio poder. Pois o que o Espírito de Deus opera na conversão de pecadores não deve ser atribuído ao poder do homem.

Assim, eu digo que aquelas coisas que o Espírito Santo declarou impossíveis permanecem impossíveis. Portanto, não é apenas algo improvável e difícil que os eleitos de Deus, os quais seguem o Cordeiro aonde quer que ele vá, estejam tão enganados que acabem por perecer, mas também é impossível, isso porque o verdadeiro pastor os conduz, levando-os aos pastos verdejantes e águas da vida, iluminando-os pela presença de sua luz e, por fim, santifica-os e confirma-os em sua eterna verdade pelo poder do seu Espírito Santo.

Sobre estas palavras do apóstolo: "Receio que seus sentidos estejam corrompidos da simplicidade que está em Cristo, assim como a serpente enganou Eva, vos esforçais para provar que os eleitos podem ser enganados, pois ela, dizeis, era a eleita de Deus e ainda assim ela foi enganada". Em poucas palavras, respondo que, por ser a eleita de Deus, ela não permaneceu nesse erro. Não negamos que as ovelhas mais simples às vezes erram e se desviam do pastor, que ouvem o uivar dos lobos para seu grande perigo, acreditam e aceitam mentiras como verdade. Sim, além disso, às vezes conscientemente cometem iniquidade. Mas que elas sejam deixadas para perecer sem redenção ao final, isso firmemente negamos. Pois é impossível que os membros vivos careçam da participação com o cabeça. Impossível é que a morte de Cristo não tenha seu efeito, que é a vida daqueles que seu Pai confiou à sua responsabilidade, de quem é impossível alguém perecer. O número de nossos irmãos deve ser completo.

Tampouco significa que as exortações e advertências sejam supérfluas e vaidosas, pois são os meios pelos quais a sabedoria de Deus sabe que são necessários para despertar nossos sentidos entorpecidos, que sempre estão prontos para se acalmar com certa segurança. Portanto, as palavras de nosso Mestre proferidas a seus discípulos e a advertência de Paulo às igrejas de seus dias nos beneficiam muito, confortam e nos confirmam, pois, por meio delas, estamos armados contra ofensas e calúnias que diariamente acontecem, nas quais, embora vejamos que dentre nós surjam esses que trazem seitas condenáveis, levando muitos à perdição, ainda assim não detestamos nem abominamos a simples verdade de Cristo. Mas sendo provocados por essa Queda e desânimo de outros, com grande solicitude e cuidado, pedimos a assistência do Espírito Santo de Deus nos dias mais miseráveis e iníquos. Que você afirma que somos mentirosos profetas não enviados por Deus, mas que correm por nós mesmos, chamando à nossa congregação, o povo, que segundo incitamos a uma vida desleixada e libertina, respondemos não a você, mas a nosso Deus. Julgue-nos (ó Senhor) nesta causa, de acordo com a nossa inocência e com a pureza que o teu Espírito formou no nosso coração, destrói todos os lábios mentirosos e confunde aqueles que por malícia afligem ao teu rebanho aflito.

Deixe seus amigos, inimigos da verdade eterna de Deus, orgulhosos da sua própria justiça e supressores do poder da glória de Cristo, deem ouvidos, se assim quiserem, à sua advertência, afastando-se de todas as boas congregações reformadas. Não deixaremos de exortar todos os fiéis a frequentar e visitar os locais onde o Evangelho de Cristo é verdadeira e abertamente pregado, seus santos sacramentos corretamente ministrados de acordo com sua própria ordenança e instituição, e onde a disciplina é posta em prática conforme a ordem que ele próprio mandou. Tampouco deixaremos de afirmar que suas assembleias privadas e todos aqueles que, apesar da abençoada ordenança de Cristo, a frequentam, são amaldiçoados por Deus.

Não negamos que Judas, Aitofel, Balaão e muitos outros, voluntariamente e com propósito determinado, transgrediram perversamente e muito ingratamente, mas o que isso te importa? Sempre resta provar que eles foram eleitos em Cristo Jesus pelo eterno conselho de Deus. Sua pergunta tola, questionando se Adão, ou qualquer outro homem, pode ser salvo por Cristo se o abandona, eu já respondi, provando claramente que os filhos eleitos não podem acabar por abandonar e desprezar a ordenança de seu Pai. Os membros também não podem recusar a vida que recebem do cabeça e isso porque o Espírito de Deus, trazendo-os a Cristo, os faz sentir a necessidade que eles têm dele. Portanto, com toda gratidão e alegria, eles recebem aquele que é feito para nós por Deus, sabedoria, justiça, satisfação, redenção e vida.

Não seria uma pergunta razoável se alguém questionasse a um homem em perfeito juízo, memória e razão, sentindo-se oprimido pela fome ou sede de modo a estar prestes a perecer, a não ser que a natureza seja sustentada, se ele recusaria voluntariamente e obstinadamente carne e bebida, seria tolo e vaidoso. Essa é a sua pergunta. Pois os filhos eleitos sentem sua própria miséria, fome, sede e pobreza, ainda assim trabalham sob o peso de seu pecado, que odeiam, do qual seriam aliviados. E, portanto, eles não podem recusar a justiça, a vida e a redenção garantida que lhes é oferecida em Cristo Jesus. A quem seja todo louvor, glória e honra para sempre. A passagem do apóstolo eu já respondi e, portanto, vou logo ao que você procede.

35ª Parte

O ADVERSÁRIO

O terceiro erro de **Careless by Necessity**

Deus tem dois tipos de vontade: uma vontade revelada e uma vontade secreta, que só é conhecida por ele mesmo. Pela vontade revelada de Deus, os homens não fracassarão, mas os que perecem, perecem por sua vontade secreta, no que diz respeito ao mandamento de Deus. Não era a vontade de Deus que Adão pecasse, mas em relação à vontade secreta de Deus, Deus faria Adão cair.

RESPOSTA

Quão perversamente você corrompe nossas palavras e quão insolentemente nos imputa uma doutrina que nunca passou pelos nossos pensamentos, isso ficará claro, se Deus quiser, ao respondermos àquilo que você chama de refutação de nosso terceiro erro, que começa agora.

36ª Parte

O ADVERSÁRIO

Os autores dessa opinião perversa, quando não puderam confirmar suficientemente seus erros pela autoridade da Palavra de Deus, inventaram uma nova artimanha para aprová-la pela vontade secreta de Deus. Pois dizem que, embora Deus, por sua vontade revelada, deseje que todos os homens sejam salvos, contudo, por sua vontade secreta, ele deseja que muitos sejam condenados. Por sua vontade revelada, ele não deseja nenhuma maldade, mas por sua vontade secreta, deseja que faraó seja endurecido, que Simei amaldiçoe Davi, os patriarcas vendam seu irmão José etc. Por sua vontade revelada, ele não deseja que Adão caia, mas por sua vontade secreta, ele quer que Adão caia.

Fico me perguntando como você pode ter descoberto essa doutrina, pois nem Moisés e os profetas, nem Cristo e seus apóstolos usam essa doutrina. Além disso, que proveito você tem para as pessoas com essa doutrina? Tenho certeza de que você faz com que muitos tenham uma opinião maldosa de Deus por causa disso. Mas ora, já que a vontade secreta de Deus não é conhecida por ninguém além de ele mesmo, quem a revelou a você? Como você pode dizer que essa é a vontade secreta de Deus? Se era a vontade secreta de Deus que Adão caísse, e você sabia disso, então é ao mesmo tempo secreta e não secreta, revelada e não revelada, conhecida e desconhecida. Mas que grande absurdo é esse? Pode um homem chamar aquilo que conhece de desconhecido, ou aquilo que é secreto de revelado? Da mesma forma, um homem pode dizer que ouvir não é ouvir, que a luz não é luz.

Por essa estranha doutrina, você pretendia ser considerado sábio, mas você está tão distante do caminho certo que se tornou tolo. Você não consegue se contentar com coisas que agradaram a Deus revelar em sua Palavra para nosso conforto, mas deseja conhecer a vontade secreta de Deus. Não procure (diz o eclesiástico) o fundamento das coisas que são elevadas demais para você, mas observe o que Deus lhe ordenou, e olha sempre para isso. Não cultive muita curiosidade sobre muitas de suas obras, pois não é necessário ver com os seus olhos as coisas secretas. O envolvimento com tais coisas enganou a muitos homens e enredou suas mentes em vaidades.[1] E em Provérbios diz:[2] "Assim como comer mel demais não é bom, aquele que busca as coisas elevadas será muito enfado para ele. Ai deles (diz o Senhor) que são sábios a seus próprios olhos e pensam que têm entendimento."[3] Porque aquele que presume conhecer a vontade secreta de Deus e, assim, confirma seu erro, não pode ser restaurado pela vontade revelada de Deus, que é a Palavra. Não seja sábio (diz Paulo) em suas próprias opiniões.[4] E o Espírito Santo: "Não seja sábio aos seus próprios olhos; tema o Senhor e evite o mal; isso lhe dará saúde ao corpo e vigor aos ossos."[5] E Jó:[6] "Não somos nós que descobrimos o Todo-poderoso, pois em poder, equidade e retidão, ele é mais alto do que o que pode ser expresso. Que os homens o temam, pois nenhum homem sábio aos seus próprios olhos o verá."

Não devemos procurar os segredos de Deus, pois não prevaleceremos, mas nos confundiremos. Se formos estabelecer nossas opiniões pela vontade secreta de Deus, cairemos em horríveis trevas e erros. Pois quem pode saber qual é a vontade de Deus? Devemos nos submeter com toda a humildade à Palavra e nela com grande reverência procurar as coisas que estão escritas para nosso conforto e edificação, que não podemos entender sem que o Espírito de Deus nos ensine, como está escrito:[7] "Ó Senhor, quem pode ter conhecimento do seu entendimento e intenção, a não ser que lhe dê sabedoria e envie seu Espírito Santo de cima? Mas se nos prepararmos

---

[1]Eclesiastes 3.
[2]Provérbios 25.
[3]Isaías 5.
[4]Romanos 12.
[5]Provérbios 3.
[6]Jó 37.
[7]Sabedoria 9.

com reverência para ler a Palavra de Deus, com a intenção de entendê-la para nosso consolo e com humildade nos submetermos a fazê-lo, Deus se abrirá para nós conforme seja necessário ou proveitoso para nós."

RESPOSTA

Que confirmação nossa doutrina tem pelos testemunhos invencíveis e evidentes das sagradas Escrituras de Deus, agora não discutirei. Apenas lamento que maliciosamente e descaradamente você distorce nossas palavras e perverte nossa intenção. Para provar isso, eu digo que você nunca poderá mostrar em nenhum de nossos escritos as palavras e frases que nessa passagem você afirma que dizemos. Você jamais poderá provar que escrevemos ou ensinamos que "Deus, por sua vontade revelada, deseja que todos os homens sejam salvos, contudo, por sua vontade secreta, ele deseja que muitos sejam condenados. Por sua vontade revelada, ele não deseja nenhuma maldade, mas por sua vontade secreta, deseja que faraó seja endurecido, que Simei amaldiçoe Davi, os patriarcas vendam seu irmão José etc. Por sua vontade revelada, ele não deseja que Adão caia, mas por sua vontade secreta, ele quer que Adão caia."

Essas proposições, eu digo, você nunca será capaz de mostrar em nossos escritos, nem ainda de provar que nossa doutrina tende ou não para esse fim. Pois afirmamos constantemente que Deus nos revelou sua vontade mais santa e mais justa em suas Escrituras claras e sagradas, assegurando-nos que será feita uma separação entre bodes e cordeiros, na qual estes receberão o Reino preparado para eles antes de todo o começo e os outros serão lançados ao fogo que nunca será apagado. Deus moveu e levantou faraó, para que seu poder pudesse ser declarado nele, o qual Deus falou claramente estas palavras a Moisés: "Eu sei que Faraó não permitirá que o povo se aparte, por isso endureceu seu coração, para que eu multiplique minhas maravilhas sobre ele."[8] Que Davi reprimiu a fúria de Abisai e de seus servos que teriam matado Simei, dizendo:[9] "Que amaldiçoe, pois foi o que o Senhor lhe mandou fazer. Talvez o Senhor considere a minha aflição e me retribua com o bem a maldição que hoje recebo."

---
[8]Êxodo 9.
[9]2Samuel 16.

Que José disse a seus irmãos:[10] "Agora, não se aflijam nem se recriminem por terem me vendido para cá, pois foi para salvar vidas que Deus me enviou adiante de vocês. [...] Assim, não foram vocês que me mandaram para cá, mas sim o próprio Deus. Ele me tornou ministro do faraó, e me fez administrador de todo o palácio e governador de todo o Egito." Nada lançamos sobre a vontade secreta de Deus, como vocês falsamente nos acusam. Mas afirmamos firmemente que sua vontade é tão claramente revelada nesses assuntos que os que negam que qualquer um deles tenha sido a vontade de Deus não podem escapar da negação de sua verdade eterna.

Além disso, dizemos que a Queda do homem é claramente revelada a nós não apenas pela experiência, mas também pela mesma lei que lhe foi imposta logo após sua criação, a transgressão da qual tornou Adão e toda a sua posteridade criminosos e culpados da justiça de Deus. Isso não foi contra a vontade revelada de Deus nem contra a sua vontade secreta. Pois, por sua vontade revelada, nenhum homem pode concluir nada além disto: no dia em que Adão comesse do fruto proibido, ele morreria. Mas Adão, contra o mandamento de Deus, comeu e, por isso, justamente sofreu a sentença de morte. E assim referimos à vontade de Deus manifestamente revelada, tudo o que você imagina que atribuímos à sua vontade secreta. Você não precisa se questionar, basta se esforçar para ler nossos escritos, nos quais encontramos a doutrina que ensinamos (sua imaginação mentirosa lançamos sobre vocês mesmos), já que Moisés, os profetas, Cristo Jesus e seus apóstolos, em todos os escritos, afirmam-na. Porém, para que você não pense que não atribuímos nada à vontade secreta de Deus, demonstrarei em poucas palavras o que ensinamos, defendemos e acreditamos nesse caso e que, na verdade, porque você conclui um grande absurdo, não da nossa doutrina, mas daquilo que você falsamente imputa a nós, dessa maneira.

Mas ora, já que a vontade secreta de Deus não é conhecida por ninguém além de ele mesmo, quem a revelou a você? Como você pode dizer que essa é a vontade secreta de Deus? Se era a vontade secreta de Deus que Adão caísse, e você sabia disso, então é ao mesmo tempo secreta e não secreta, revelada e não revelada, conhecida e desconhecida. Mas que grande absurdo é esse? Ao que eu

---
[10]Gênesis 45.

respondo, de acordo com sua descarada tolice, que, porque você luta com suas próprias sombras, esses seus dardos em nada nos prejudicam, pois não afirmamos que conhecemos a Queda do homem pela vontade secreta de Deus, mas por sua vontade manifestamente revelada a nós por suas Sagradas Escrituras. Ou para responder mais claramente às suas razões, que você acha invencíveis: dizemos que aquela vontade, secreta em Deus antes de todos os tempos, foi revelada ao homem no tempo por sua própria Palavra, que progressivamente se tornava mais clara, como Paulo testemunha nestas palavras:[11] "Embora eu seja o menor dos menores dentre todos os santos, foi-me concedida esta graça de anunciar aos gentios as insondáveis riquezas de Cristo e esclarecer a todos a administração deste mistério que, durante as épocas passadas, foi mantido oculto em Deus, que criou todas as coisas. A intenção dessa graça era que agora, mediante a igreja, a multiforme sabedoria de Deus se tornasse conhecida dos poderes e autoridades nas regiões celestiais, de acordo com o seu eterno plano que ele realizou em Cristo Jesus, nosso Senhor."

Assim, agora temos a coragem de dizer que, embora nenhuma criatura soubesse antes de todos os tempos que ordem Deus manteria na criação e disposição de todas as coisas no tempo, contudo, podemos ter a coragem de afirmar que o segredo estava escondido no eterno conselho de Deus. Que primeiro ele criaria o céu, a terra, a massa informe, tendo trevas sobre o abismo, depois ele criaria luz, separando a luz das trevas e assim por diante, como Moisés declarou a ordem observada na criação. E como essas coisas outrora estavam ocultas, mas agora são manifestas, reveladas e conhecidas, assim também a queda do homem e a redenção que vem por Cristo Jesus outrora estavam ocultas no eterno conselho de Deus, mas agora são mais manifestamente pregadas e declaradas por Cristo Jesus e por seus santos apóstolos. Pois agora sabemos que Deus amou o mundo de tal maneira que deu seu único Filho amado para que todos que nele cressem tenham a vida eterna. Vida que existia mesmo antes de todos os tempos em Cristo Jesus, assim como fomos eleitos nele antes que as fundações do mundo fossem lançadas. Portanto, não hesito afirmar que a Queda do homem e o remédio para ela não foram apenas previstos, mas também predeterminados, e o fruto resultante,

---
[11]Efésios 3.

concluído e designado no eterno conselho de Deus antes de Adão ter sido criado. A razão e a prova disso já declaramos ser o fim de todas as coisas, conforme somos ensinados pela Palavra manifesta de Deus, e mesmo pela experiência mais evidente. Quem agora duvidaria que seria o eterno conselho de Deus que o homem caísse daquela imagem perfeita, na qual ele foi criado, e assim se tornasse sujeito à morte a fim de que os fiéis possam receber perfeição, justiça e vida somente em Cristo Jesus, dado que as Escrituras afirmam tão manifestamente que fomos eleitos em Cristo Jesus antes das fundações do mundo serem estabelecidas,[12] que Deus envolveu todas as nações em desobediência para que ele tivesse misericórdia de todos, de todos, digo eu, que não recusam o remédio preparado desde o princípio, que é Cristo Jesus, como o apóstolo testemunha, dizendo:[13] "todas as coisas foram criadas por ele e para ele. Ele é antes de todas as coisas, e nele tudo subsiste. Ele é a cabeça do corpo, que é a igreja; é o princípio e o primogênito dentre os mortos, para que em tudo tenha a supremacia. Pois foi do agrado de Deus que nele habitasse toda a plenitude, e por meio dele reconciliasse consigo todas as coisas."

Esse conselho não foi temporal, tomado e planejado após a Queda do homem, mas foi eterno, como o mesmo apóstolo testemunha nestas palavras:[14] "(Deus) nos chamou com uma santa vocação, não em virtude das nossas obras, mas por causa da sua própria determinação e graça. Esta graça nos foi dada em Cristo Jesus desde os tempos eternos, sendo agora revelada pela manifestação de nosso Salvador, Cristo Jesus." Mas observe bem que o apóstolo diz que a graça foi dada aos fiéis por Cristo Jesus desde a eternidade dos tempos, o que, assim, confirma a Tito, dizendo: "Paulo, servo de Deus e apóstolo de Jesus Cristo, de acordo com a fé dos eleitos de Deus, e o conhecimento da verdade que é segundo a piedade; na esperança da vida eterna prometida por Deus que não pode mentir, antes dos tempos eternos e abriu sua palavra no tempo designado através da pregação." O mesmo diz Pedro, falando de nossa redenção pelo precioso sangue de Cristo,[15] que certamente foi preordenado (diz ele) antes que o mundo fosse feito, mas foi manifestado nos últimos tempos.

---

[12]Romanos 11.
[13]Colossenses 1.
[14]2Timóteo 1:9-10.
[15]1Pedro 1.

Tendo essas (eu afirmo) evidentes passagens para assegurar nossa consciência de que a redenção, a remissão de nossos pecados, graça e reconciliação foram designadas para nós, sim, e nos foram dadas a nós antes de todos os tempos, qual a necessidade de duvidarmos de qual foi o desígnio de Deus na criação do homem, ou qual era sua vontade secreta em dar-lhe o mandamento de não comer a fruta e, portanto, você não apenas de forma insensata, mas também injuriosa, assim nos critica: "Que doutrina estranha e monstruosa é essa? Dizer que as coisas são secretas e ocultas, conhecidas e desconhecidas, reveladas e não reveladas, como se o homem dissesse que ouvir é não ouvir e luz não é luz". Nenhum absurdo desse tipo pode ser concluído de nossa doutrina, pois simplesmente dizemos que coisas outrora ocultas no conselho de Deus e desconhecidas para os filhos dos homens foram posteriormente divulgadas e manifestadas ao mundo. Essa luz expulsou a escuridão dos corações dos filhos da luz, e o conhecimento removeu a ignorância daqueles que foram designados para a vida. Se essas coisas não o satisfazem, ainda assim minha boa esperança é que o leitor piedoso consiga perceber que você nos acusa injustamente, como se em nossa doutrina houvesse contradição.

No entanto, quanto à vontade secreta de Deus, afirmamos, além disso, que nossa eterna eleição em Cristo Jesus, nossa Queda temporal em Adão, nossa restituição à vida pela promessa feita, não são secretas, mas manifestamente reveladas. Mas assim agradou sua infinita sabedoria e bondade dispor e preordenar o mistério de nossa salvação, na qual devemos carregar a imagem do Adão terrestre e carnal antes de carregarmos a imagem do celestial e espiritual. Primeiro, devemos ser todos envoltos em pecado e, em razão disso, em miséria e morte, antes de sermos perfeitos, justos e chegarmos à felicidade e à vida eterna. Finalmente, agradou à sua majestade escolher alguns e, dessa mesma massa, rejeitar outros, dizemos não ser revelado, nem o será antes que Cristo Jesus apareça em sua glória, quando os livros forem abertos e todos os segredos forem revelados.

Para expressar o assunto da maneira mais simples possível, para que você não tenha ocasião de reclamar de obscuridade, digo que a vontade de Deus nessas e em muitas outras de suas obras é secreta. Primeiro, por que Deus não criou mais rapidamente o mundo? Por que ele não deu a Adão mais força? Por que ele permitiu que ele caísse? Por que ele não providenciou a redenção do homem por outros meios que não a morte cruel e ignominiosa de seu próprio Filho? Por que ele escolheu a semente de Abraão para ser seu povo, recusando e rejeitando, por assim dizer, o resto do mundo? E, por fim, por que Deus quis que seu querido Filho morresse em Jerusalém, nomeada como sua própria cidade por causa do templo e os sacrifícios designados? Por que Deus, pelas sombras da lei e por seus profetas, havia falado que o Messias sofreria naquela cidade e os construtores, que somente na Terra eram reputados e conhecidos por serem a Igreja de Deus, rejeitariam e recusariam a principal pedra angular, Cristo Jesus?

Nessas e em outras, as maravilhosas obras de Deus (que excedem em muito o alcance de nosso entendimento, sendo mais capazes de extinguir e engolir toda a luz que permanece em nós do que a grande profundidade do mar é capaz de engolir nossos corpos frágeis), nós afirmamos que a vontade secreta de Deus é regra de toda equidade, perfeição e suficiência: ensinando e afirmando que, se alguém, por vã curiosidade ou por orgulho diabólico, presume definir ou determinar sobre esses ou outros segredos inescrutáveis, as causas dos quais (além de sua justíssima, mas secreta vontade) não são nem serão reveladas até que toda a glória dos filhos de Deus seja manifestada. Isso quando a sabedoria, bondade, justiça e misericórdia de Deus aparecerem tão evidentemente, para total satisfação de seus eleitos e para a justíssima condenação das consciências dos próprios infames, que serão deixados sem desculpa, mas em suas próprias consciências receberão a sentença justa de sua mais justa condenação. Assim, em tormentas, glorificarão o julgamento mais justo e mais severo de Deus e seu ódio indescritível contra o pecado concebido. Ensinamos e afirmamos que, se alguém nesta vida tentar buscar outras causas dessas obras de Deus (além de sua secreta vontade), esse homem se lança de cabeça em horrível confusão, da qual ele não pode escapar sem pronto arrependimento.

Contra tais homens, todas as Escrituras que você cita são faladas e escritas. Não contra nós, que, como afirmamos nada que a Palavra de Deus não nos ensine claramente, não cultivamos a curiosidade de investigar qualquer causa de suas obras além do que agradou à sua sabedoria e misericórdia nos revelar por seu Espírito Santo, falando claramente em suas Escrituras Sagradas. Portanto, para você, será mais proveitoso tentar examinar esse assunto com maior imparcialidade do que até agora você fez, bem como ponderar e analisar se somos nós ou vocês que somos sábios aos próprios olhos ou opinião[16] ou que descobrem o Todo-poderoso, isto é, sujeitam sua majestade e sabedoria ao julgamento de nossa razão corrupta.[17] Você, que da clareza de suas palavras pronunciadas pelo Espírito Santo e das suas obras, que ele não teme nem se envergonha de atribuir e reivindicar para si mesmo, se atreve a tirar essas conclusões blasfemas: "*Então ele é mais cruel que um lobo, então ele é um dissimulador, então depois leva o mel na boca e, então seu coração é pagão, então ele é o autor do pecado, então ele mesmo é injusto e contrário a si mesmo.*" Ou nós, que, chegando apenas à vista dos incompreensíveis julgamentos de Deus, com todo tremor e reverência, caímos diante de sua majestade e com o apóstolo, clamamos: "Ó profundidade da riqueza da sabedoria e do conhecimento de Deus! Quão insondáveis são os seus juízos, e inescrutáveis os seus caminhos! Quem conheceu a mente do Senhor? Ou quem foi seu conselheiro? Quem primeiro lhe deu, para que ele o recompense? Pois dele, por ele e para ele são todas as coisas. A ele seja a glória para sempre! Amém." Julguem vocês mesmo se vocês ou nós buscamos coisas que estão acima do alcance de nossas capacidades e, dessa forma, tentamos trazer Deus aos limites das nossas razões. Mas agora o que segue nestas palavras.

---

[16] Romanos 12.
[17] Jó 37.

37ª Parte

O ADVERSÁRIO

A tua palavra (diz Davi) é lâmpada que ilumina os meus passos e luz que clareia o meu caminho. A explicação das tuas palavras ilumina e dá discernimento aos inexperientes. Todas as palavras do Senhor são puras e são escudo aos que nelas confiam.[1] E o profeta Isaías: "Se alguém carecer de luz, olhe para a lei e os testemunhos". Não devemos abandonar a Palavra pelas nossas fantasias, seja pela razão ou pela vontade secreta de Deus. Pois somos ordenados a não nos desviarmos da palavra, nem para a direita nem para a esquerda, para que você, diz o Espírito Santo, tenha entendimento de tudo o que tem em mãos. Isso é suficiente para nós, e é o que devemos fazer.

Mas sabemos, vocês dizem, mesmo pela Palavra,[2] Deus tem uma vontade secreta, pela qual efetua tudo o que muito lhe agrada.[3] Você pode provar com isso que Deus tem duas vontades? Deus revelou tanto de sua vontade quanto nos é proveitoso saber. O restante que não é necessário nem adequado que saibamos, ele não revelou. Portanto, é outra vontade? Ou o que não é revelado é contrário ao que é revelado? Então haverá contrariedade em Deus, o que é falso. Se Deus, em relação à sua vontade revelada, não queria que Adão caísse, mas em relação à sua vontade secreta, ele queria que Adão caísse, então Deus deseja duas coisas contrárias, o que é impossível.[4] Alguma vez essa monstruosa doutrina já foi ensinada? Deus, o que abomina o coração dobre, que diz uma coisa e pensa uma outra. No entanto, vocês não

---
[1] Salmos 119.
[2] Provérbios 30.
[3] Isaías 8.
[4] Romanos 12; Jó 37.

abominam acusar Deus daquilo que ele não tolera em suas criaturas, isto é, que ele fale uma coisa, como que Adão não deveria ter caído, e pense e deseje o contrário, que Adão caísse.

RESPOSTA

A vontade de Deus, claramente revelada em suas sagradas Escrituras, não apenas seguimos como uma lanterna que brilha diante de nós dirigindo nossos caminhos, caminhando nas trevas dessa mortalidade, mas também afirmamos que sua suficiência é tal que se um anjo vindo do céu, com maravilhas, sinais e milagres, nos declarasse uma vontade repugnante ao que já foi revelado, persuadindo-nos a fundamentar nossa fé ou a governar as ações de nossas vidas, nós o consideraríamos anátema e de maneira alguma o ouviríamos.

Portanto, mais uma vez, não posso deixar de exortá-lo, se por revelações posteriores você (me refiro a alguém de sua facção) tiver recebido algum novo conhecimento da vontade de Deus, pelo qual persuade os outros de que o homem nesta vida deve ser puro e limpo, sem pecado, que Deus o expelirá, não apenas na ressurreição, mas mesmo enquanto andamos nos limites desta carne corruptível, assim como o sol resplandecente expele as nuvens escuras. Assim também os filhos de Deus devem dominar de tal modo os ímpios nesta terra que todos os tiranos e opressores orgulhosos se tornarão escravos dos piedosos e esse será o seu inferno e castigo, e o reino terreno dos outros será o seu céu e alegria prometidos. Examine se algum de vocês está infectado com essas e outras fantasias grosseiras e tolas, que pela revelação de Deus você nunca será capaz de provar.

Mas, quanto a nós, provamos e nos dispomos sempre a provar, pela vontade revelada de Deus, tudo o que ensinamos, afirmamos ou cremos da eleição eterna de Deus ou de sua justa reprovação. Pois confessamos a mesma coisa que vocês afirmam que dissemos, que, pela Palavra de Deus, sabemos que Deus tem uma vontade secreta pela qual ele fez tudo o que lhe agrada no céu e na terra e que também nos revelou tudo que é proveitoso para nós sabermos, ou ainda necessário para nossa salvação.

Pelo que louvamos sua bondade eterna e sabedoria infinita e afirmamos ainda (como já dissemos) que aqueles que não se contentam com o que é revelado, mas arrogantemente desejam crescer para procurar os segredos do conselho de Deus, serão derrotados novamente pelo brilho de sua glória à eterna confusão, em uma justa recompensa de sua ousadia presunçosa. E assim, com você, confessamos de bom grado, mas onde, com base em certas perguntas, você tira as conclusões que lhe agradam, não podemos deixar de acusar em você esse irreverente e mesmo diabólico orgulho e audácia, sim, ousadia diabólica e orgulho, que em todos os homens condenamos. Mas vamos ouvir suas próprias palavras:

> Você pode provar assim que Deus tem duas vontades? Ou o que não é revelado é contrário ao que é revelado? Então haverá contrariedade em Deus, o que é falso. Se Deus, em relação à sua vontade revelada, não queria que Adão caísse, mas em relação à sua vontade secreta, ele queria que Adão caísse, então Deus deseja duas coisas contrárias, o que é impossível.[5]

Essas são suas palavras e suas várias razões pronunciadas de forma mais blasfema não contra nós, mas contra a eterna sabedoria de Deus. Você não pode usá-las contra nós, pois nenhuma dessas doutrinas jamais ensinamos. Pois afirmamos constantemente que a vontade secreta de Deus e sua vontade revelada são sempre uma, que é a manifestação e a declaração de sua própria glória, embora pareçam divergir nos instrumentos, como já disse claramente. Dessa forma, com toda a justiça, posso enviá-lo para debater sua causa com ele, cuja justiça e sabedoria não podem estar sujeitas à vaidade de sua razão. Mas, ainda assim, porque parte considerável dessa controvérsia entre você e nós consiste no seguinte: você não consegue admitir vontade em Deus, cuja razão e causa você não consegue perceber nem entender.

Nós, afirmando o contrário, dizemos que a vontade secreta de Deus nem homem nem anjo pode perceber, determinar ou entender qualquer outra razão ou causa que não a sua santa vontade. Portanto, com toda reverência eles se prostram e, cobrindo seus olhos, clamam:[6] "Justo e reto és, ó Senhor, em todas as tuas obras. Santo, santo, santo é o Senhor dos Exércitos, a terra inteira está cheia da

---

[5]Romanos 12; Jó 37.
[6]Isaías 6.

sua glória." Porque, eu acho, grande parte de nossa controvérsia se mantém nesse ponto, examinarei suas perguntas e responderei diversas vezes a cada uma.

Primeiro, você pergunta se Deus tem duas vontades, por ter uma vontade secreta e uma vontade revelada. Eu respondo que, como Deus em sua eterna divindade é simples e único, assim também é sua vontade em relação a si mesmo desde o princípio, simples e única, que é a declaração de sua própria glória. Mas como os instrumentos (nos quais a glória de Deus é e deve ser para sempre manifestada e conhecida) são diversos, a vontade de Deus, que em si mesmo é uma, difere em considerações, efeitos e fins consoante aos diversos instrumentos.[7] Por exemplo, Deus deseja que os vasos de suas misericórdias sejam exaltados para a glória do reino com Cristo Jesus, mas ele deseja que os vasos da ira sejam lançados ao fogo inextinguível, preparado para o diabo e seus anjos. Quem não percebe que, em relação a esses diversos instrumentos, a vontade de Deus tem diversos aspectos e fins e pode ser chamada corretamente de duas vontades, ou uma dupla vontade? Pois é uma vontade salvar e outra vontade condenar, no que tange aos instrumentos e criaturas salvas ou condenadas. Mas, no que diz respeito a Deus, a vontade é única e simples, que é, como já foi dito, a manifestação de sua glória, brilhando na justa punição de um, assim como na misericordiosa libertação do outro. E isso basta à primeira pergunta.

Em segundo lugar, você pergunta se o que não é revelado é contrário ao que é revelado e eu respondo como antes: em relação a Deus, não há contrariedade entre a vontade revelada e a vontade não revelada. Mas, ainda assim, pode ser que as criaturas a quem Deus comunica sua vontade por mandamento, repreensão ou exortação, entendam e compreendam uma coisa e mesmo que Deus, em seu eterno conselho, tenha determinado o expresso contrário. Se isso para você, à primeira vista, parece estranho, a minha boa esperança é que os exemplos propostos nas Escrituras tornem o assunto suficientemente compreensível para o leitor piedoso e sóbrio. O que achamos que Davi entendeu da repreensão mais dura e veemente que lhe foi dada por Natã, o profeta, em nome de Deus? Sem dúvida que ele era o filho da morte, e Deus quebraria a aliança e o pacto com ele, como

---

[7] Mateus 25.

fizera com Saul, seu antecessor. Mas era, afinal, o eterno propósito de Deus que assim fosse? O fim e o resultado demonstram o contrário. Ezequias recebeu a própria sentença de morte da boca do profeta Isaías, cuja mensagem certamente não era mera especulação, mas o mandamento expresso de Deus, pois assim ele afirma, dizendo:[8] "Assim diz o Senhor: Ponha a casa em ordem, porque você vai morrer; você não se recuperará." Mas, afinal, não foi o contrário disso (a saber, que ele viveria depois quinze anos) determinado no imutável conselho de Deus? O mesmo eu poderia demonstrar com muitas outras exortações e mandamentos, mas me darei por satisfeito com apenas mais um, que esclarecerá o anterior.

Abraão foi ordenado por Deus a pegar seu filho Isaque, a quem ele amava, seu único filho, em quem estava a promessa, ir ao monte que Deus designaria e ali oferecê-lo em sacrifício. Que vontade de Deus Abraão apreendeu nesse mandamento durante a jornada de três dias? O próprio Deus testifica que assim Abraão entendeu a vontade de Deus, que sua própria mão estava estendida para matar seu filho, em seu coração ele o havia matado. Pois assim diz o anjo: "Porque fizeste isto e não poupaste teu único filho, te abençoarei". Mas quem afirma que Deus, em seu eterno conselho, determinou que Abraão matasse seu filho, assim como Abraão havia entendido por sua vontade revelada, faz com que Deus esteja sujeito à mutabilidade e nega que a sua divindade, cuja sabedoria, conhecimento, propósito e conselhos são estáveis e designados desde toda a eternidade.

Se, com reverência, essas causas forem investigadas e apuradas, o Espírito Santo responderá que foi bom para Davi ser humilhado, sendo proveitoso não apenas para Ezequias, mas também para toda a Igreja de Deus depois dele, conhecer sua enfermidade, agonia e luta que ele travou como se lutasse contra os julgamentos de Deus. Que pela grande obediência de Abraão sejamos todos instruídos a obedecer a Deus em todas as coisas que ele ordena, e sujeitar não apenas nossas concupiscências e afeições à sua revelada, mas também a nossa razão (ainda que isso não pareça verossímil). Com a qual, se não ficarmos satisfeitos, mas lutando com Deus, quisermos ou ousarmos, em uma fúria cega, perguntar com que propósito ele ordena e fala uma coisa pretendendo o contrário, essa presunção diabólica cairá

---

[8]Isaías 38.

das nuvens e quebrará para sempre as cabeças desvairadas desses desprezíveis escravos do orgulhoso Lúcifer.

Portanto, estejam avisados, pois a vingança está preparada para todos aqueles que, de forma irreverente, questionam os juízos perfeitos (mas profundos) de Deus, como vocês mesmos se declaram ser no trecho que se segue:

> Ou o que não é revelado é contrário ao que é revelado? Então haverá contrariedade em Deus, o que é falso. Se Deus, em relação à sua vontade revelada, não queria que Adão caísse, mas em relação à sua vontade secreta, ele queria que Adão caísse, então Deus deseja duas coisas contrárias, o que é impossível.

Resposta: nós dizemos ser impossível haver contrariedade nessa vontade, que por si só é simples e única. Mas como você poderá provar que Deus, ao revelar sua vontade a Adão, não tinha outro propósito nem vontade a não ser que Adão caísse? (Porque, você diz) Ele disse: "Não comerás." Respondo, ele também disse a Abraão: "Tomarás o teu filho e o oferecerás em sacrifício." No entanto, sabemos que ele havia determinado o contrário. Você diz: "Ó, Deus, que abomina o coração dobre, que diz uma coisa e pensa uma outra. No entanto, vós não abominais acusar Deus daquilo que ele não tolera em suas criaturas, isto é, que ele fale uma coisa, como que Adão não deveria ter caído, e pense e deseje o contrário, que Adão caísse."

Que Deus, se for de sua vontade, toque seu coração com arrependimento sincero, para que você possa entender quão horríveis são essas blasfêmias, que, em sua furiosa cegueira, você vomita contra a suprema majestade de Deus, pois, como eu já disse, eles não são proferidas contra nós, porque não afirmamos nenhuma doutrina como essa nem afirmamos as suas conclusões blasfemas. Ainda que o fizéssemos, seria fácil para nós dissolver e soltar esses nós diabólicos, que, por instrução de seu pai, você entrelaça para fazer tropeçar as almas dos mais simples, assim como é para o homem forte e valente pisar rompendo as teias que a aranha venenosa faz para pegar frágeis moscas e mosquitos.

Agora, para que você não se glorie como se suas razões ainda estivessem certas, vamos examinar cada uma delas separadamente. Você diz que Deus abomina um coração duplo, que fala uma coisa e pensa outra. Eu respondo que, como Deus é espírito e não tem coração nem corpo como o homem, suas palavras, cogitações e pensamentos não podem ser comparados aos nossos, pois, como somos mentirosos corruptos e presunçosos, quando falamos uma coisa e pensamos outra, nós queremos enganar, fraudar e destruir nosso irmão, a quem prometemos verdade, fidelidade e conservação de acordo com a nossa capacidade. Mas Deus, segundo a pureza e perfeição de sua natureza divina, ao falar para suas criaturas, e na criação delas, não lhes deve nada além de sua própria glória.

Então por que razão Deus faria do nada uma criatura pela qual sua glória não seria manifestada? Portanto, ao falar com Adão e dar uma lei, Deus considerava seu eterno conselho e propósito, como já falamos e agora repetiremos. Mas você ainda reclama que acusamos Deus daquilo que ele não tolera em suas criaturas, isto é, falar uma coisa, p.ex.: que Adão não deveria ter caído, e pretender o contrário. Em resposta, eu pergunto: você vincularia Deus a essa lei que ele impôs a suas criaturas? Se você não concederá nenhuma outra liberdade ao Deus soberano, além do que a sua lei aos homens que lhes estão sujeitos e se você ousar empenhar a si mesmo essa autoridade sobre Deus, cingir seus lombos e bancar esse confronto, prepare seus assentos, nomeie seus juízes, comunique-o a comparecer em dia determinado, para apresentar uma razão e explicar o seu regimento universal, no qual (sem dúvida) você encontrará muitas coisas mais repugnantes à sua razão do que isso.

Você pensa que eu estou zombando quando provoco você a chamar Deus a se explicar. É verdade, pois como sua blasfêmia e orgulho merecem ser inteiramente abominados, a sua vaidade merece ser zombada, mais que a sua simplicidade merece ser instruída. Pois qual dos mais ignorantes, tolos e presunçosos pagãos afirmou que as obras e maravilhas do Deus supremo estariam dispensadas de toda lei e censura do juízo humano? Mas, na sua presença, Deus não terá liberdade para ordenar ou proibir nada a nenhuma de suas criaturas, a não ser que a deseje absolutamente e por nenhuma causa ou consideração ele pode querer o contrário, senão terá um coração duplo, ele será dissimulador (maldita seja a sua blasfêmia que me faz escrever isso) e nele haverá contrariedade.

Essa é a reverência que você presta à sabedoria infinita de Deus em todas as suas obras, cujo fundamento você não consegue alcançar por sua razão corrupta, de modo que você debocha, zomba e blasfema. Mas, indo mais diretamente ao assunto, eu nego que você possa concluir com justiça que haja qualquer contrariedade em Deus, ainda que para Adão ele tenha dito para não comer e no seu eterno conselho determinou que Adão comeria. Tampouco você pode provar que ele falou uma coisa pretendendo o contrário, por ter dito a frase: "No dia que você comer desta árvore, certamente morrerá." Mas, ao contrário, podemos concluir com segurança que tanto o preceito quanto a penalidade resultante de sua violação eram uma declaração clara e manifesta do que havia sido estabelecido no eterno conselho de Deus, como também eram os meios pelos quais a vontade secreta e o bom propósito de Deus tiveram efeitos entre os homens e foram comunicados ao mundo. Se Deus não tivesse apontado a Queda de antemão e o seu remédio, ele não teria lhe imposto uma lei, cuja transgressão traria a morte, porém o teria permitido viver sem esse temor e servidão, como faremos quando a vitória for dada sobre a morte, que é o aguilhão do pecado e, sobre o pecado também que teve seu poder pela lei.

Portanto, digo que o mandamento de Deus de proibir Adão de comer e o castigo da morte anunciado se ele comesse não eram em nada contrários à sua vontade secreta, mas eram os mesmos caminhos apontados por sua infinita sabedoria, pela qual ele determinara que sua vontade secreta relativa ao mistério da redenção do homem seria notificada e executada. Embora aqueles que não encontram doçura nem conforto na eterna eleição de Deus, queixam-se, irritam-se, enfurecem-se e enraivecem-se com a simples menção dela, ainda assim não ousamos nem podemos esconder e suprimir a verdade eterna de Deus, o amor infinito e a liberalidade incompreensível para conosco. Também não nos envergonhamos de confessar nossa própria miséria e justa condenação, na qual nosso pai Adão voluntariamente envolveu a si e a nós.

Por isso afirmamos firmemente que, assim como fomos eleitos em Cristo Jesus antes de todos os tempos, conveio que nós caíssemos em Adão, a fim de que a radiante glória de Deus pudesse resplandecer e aparecer diante de homens e anjos. Prove agora, se puder, a contrariedade entre a vontade de Deus revelada e sua vontade secreta. Examinaremos em breve a inutilidade dessa diferença que você coloca entre a sua vontade e a sua permissão.

38ª Parte

O ADVERSÁRIO

A razão pela qual você tenta persuadir que isso seja verdade é muito perversa. Você diz que se um homem pudesse fazer algo contrário à vontade de Deus, então Deus não seria onipotente. Sendo assim, tudo o que é feito deve ser feito pela vontade de Deus, cuja vontade nenhum homem pode resistir. Eu respondo que Deus é a própria bondade, sua vontade é sempre boa, ainda assim o homem é capaz de fazer e pode fazer o mal opondo-se à vontade de Deus. Ainda assim Deus permanece onipotente, permitindo que o homem faça o mal, a quem ele poderia destruir antes que ele o fizesse, se assim lhe agradasse.

Faraó obstinadamente recusou-se a obedecer à vontade de Deus, ainda assim Deus continuava onipotente, pois, se Deus quisesse, ele poderia ter destruído faraó no início e o tirano arrogante bem que merecia ser destruído. Todavia, de pouco em pouco, Deus aumentou-lhe a punição pela qual ele poderia ter se corrigido se sua malícia não lhe impedisse. Cristo, como ele próprio testemunhou, teria reunido o povo de Jerusalém, como a galinha ajunta seus pintinhos, ainda assim eles não o queriam. Deus desejou que os israelitas entrassem na terra de Canaã, mas eles não queriam, pelo que foram transportados de volta pelas terras inóspitas onde pereceram.

Novamente, quando Deus não quis que eles entrassem, eles entraram e foram expulsos pelos cananeus. Assim, vemos claramente que muitas coisas são feitas contrárias à vontade de Deus, o que será mais claramente exposto a seguir, no qual mostraremos como Deus muitas vezes tolerou muitas coisas que ele não queria. Todavia, para defender essa inverdade, você cita o que está escrito em Êxodo 9: "O Senhor endureceu o coração de Faraó". Ao que eu respondo com o que está escrito no final do mesmo capítulo: "Faraó endureceu seu coração, ele e seus servos" e o que está escrito em 1Samuel 6: "Por que ter o coração obstinado como os egípcios e o faraó?" Por essas passagens, posso provar também que faraó endureceu seu próprio coração, assim como você pode provar que Deus endureceu seu coração com aquela outra passagem.

Portanto, para entender como esses textos concordam, devemos observar, primeiro, que todos os filhos de Adão têm um coração duro e perverso, até serem amolecidos pela graça de Deus, como Jeremias testemunha,[1] dizendo: "Entre todos os viventes os homens têm o coração mais enganoso e teimoso." E o Senhor diz que lhes tirará o coração de pedra e lhes dará um coração de carne.[2] Sem que eles tivessem um coração de pedra, ele não poderia tirá-los deles. Se faraó tinha um coração endurecido, como bem parece dado que ele oprimia o povo de forma tirana antes que Moisés falasse com ele, não poderia ser mais endurecido tanto quanto uma pedra, antes que fosse amolecido.

Isso não foi feito, pois ele se recusou a conhecer o Senhor, e não orientou seu coração aos milagres de Deus, mas no primeiro encontro com Moisés disse: "Não conheço o Senhor." Por causa disso, faraó, voluntária e intencionalmente, resistiu e manteve seu coração empedernido, apesar de ele e seus feiticeiros terem sido convencidos a admitir os milagres feitos por Deus, tanto que ele queria que Moisés e Arão orassem por ele, confessando sua transgressão. Mas, mesmo assim, depois que ele foi liberto da praga, ele endureceu seu coração, ele e seus servos, de modo que, como diz o apóstolo, quando conheceram a Deus, não o glorificaram como Deus, nem ficaram agradecidos, pelo que foram entregues às suas próprias paixões, que é a causa do endurecimento, pois o homem, sendo deixado por Deus, não é nada além de uma criatura dura, obstinada e perversa, e é de acordo com esse sentido que os doutores antigos interpretam a passagem "Deus endureceu o coração de Faraó", ou seja, Deus permitiu que o coração de faraó fosse endurecido, como: "Não nos conduza à tentação", isto é, não permita que sejamos levados pela tentação.

---
[1] Jeremias 17.
[2] Ezequiel 36.

Assim, Jó diz: "Deus tirou sabedoria do avestruz",[3] isto é, Deus não lhe concedeu entendimento. E de seus amigos, Jó diz: "Porque ao seu coração encobriste o entendimento", isto é, não lhes deu entendimento.[4] Esse modo de falar é comum nas Escrituras, não apenas da parte de Deus, mas também do homem, como nas passagens: "Agora você livrou os filhos de Israel das mãos do Senhor",[5] isto é, você não fez com que eles caíssem nas mãos do Senhor.

Compreendendo devidamente as palavras das Escrituras, essa questão fica fácil, pois dado que Deus (como Tiago diz) não tenta a nenhum homem a pecar, Deus não endureceu o coração de faraó, nem o tentou à perversão, mas o tolerou e o entregou ao obstinado coração que ele já tinha. E esta é a maior praga que aconteceu ao homem: ser deixado às suas próprias paixões, assim como Saul, por não ter obedecido ao Senhor, foi deixado pelo bom Espírito de Deus e tomado por um espírito maligno e daí em diante ele se tornou cada vez pior. Da mesma forma que Joás, rei de Judá, por não ter ouvido a voz de Zacarias, o profeta, foi deixado por Deus, morto em sua própria cama com seus próprios servos e considerado indigno de ser sepultado nos sepulcros dos reis. Também seu filho Amasias, por ter se recusado a ouvir o profeta do Senhor e procurar o conselho dos deuses dos edomitas, foi deixado por Deus, vencido pelo rei de Israel e depois por traição, seus súditos conspiraram contra ele e o mataram.

Assim, vemos que não pode haver maior praga do que sermos abandonados a nós mesmos e sermos destituídos da graça de Deus. Como a terra não pode ser mais severamente punida do que com falta de orvalho e sol, assim o Senhor castiga a sua vinha, não a devastando ele mesmo, mas tirando sua cerca, fazendo com que seja devastada e pisoteada por outros.[6] Assim, Jó foi atormentado por Deus, apenas por permitir que ele fosse atormentado, apesar de Jó dizer: "O Senhor deu e o Senhor tomou", o que não significa que o Senhor tenha levado seus bens, mas apenas que permitiu que o diabo os tomasse.

Assim, o Senhor puniu seu povo, sem que ele os tocasse, mas "Esconderei deles o rosto, verei qual será o seu fim", diz o Senhor. Da mesma maneira deve ser entendida a passagem em que Deus

---

[3]Jó 39.
[4]Jó 17.
[5]Josué 22.
[6]Isaías 55.

endurece o coração de faraó, isto é, Deus permitiu que o coração de faraó fosse endurecido, ou o deixou na dureza de seu coração, que parece ser o que está escrito no capítulo 10 de Êxodo: "Quanto tempo se recusará a submeter-se a mim, a deixar meu povo ir?" Por isso, vemos que a vontade de Deus era que faraó deixasse o povo ir. Em segundo lugar, na medida em que o faraó não se submeteu a Deus, sua mente não era conforme à mente de Deus. Terceiro, ao se recusar a deixar o povo ir, foi sua própria ação, não de Deus, pois, se eu admitisse que era a vontade de Deus que ele se recusasse a deixar o povo ir, então ele teria se submetido à vontade do Senhor, o que é contrário à Palavra, então Deus e ele teriam uma só mente. E a vontade de Deus é sempre boa e justa, o que você não pode negar. Assim, faraó, recusando-se a deixar o povo partir, teria agido bem e de forma justa, pois era a vontade de Deus que ele o fizesse. Portanto, o faraó não deve ser punido por essa boa e justa ação. Desses e de outros inconvenientes você não pode escapar, se afirmar que o coração de faraó foi realmente endurecido por Deus.

RESPOSTA

Seja lá quão desprezíveis forem as nossas razões, temos um grande motivo para dar graças a Deus, visto que, ao dedicar todo seu esforço para combatê-la e obscurecê-la, somos compelidos pela invencível graça da misericórdia de Deus a justificar e ilustrá-lo, o que ficará claro por meio desta sua primeira resposta que você apresenta a respeito da onipotência de Deus. Você diz que, na medida em que Deus é a própria bondade, sua vontade é sempre boa, mas o homem é capaz e pode fazer o mal contrário à vontade de Deus, não obstante Deus permaneça onipotente, permitindo que o homem faça o mal, a quem ele poderia destruir antes de praticar o mal, se assim o agradasse.

Dessa forma você apresenta o exemplo de faraó.

Não aproveitarei todos os pontos de vantagem que acho que você tiraria de nós de bom grado, se você nos tivesse num beco sem saída como aqui vocês se encontram. Pois se o homem pode fazer o mal contrário à vontade de Deus, de modo que Deus, sem consideração alguma, nenhuma finalidade ou propósito, quisesse que tal maldade fosse praticada (ou você aplica assim as suas palavras, ou não terá nada a dizer contra nós), contudo, que agrada a Deus não destruir o perverso, mas permitir que ele pratique o mal, a quem ele poderia ter destruído antes que de cometer iniquidade, o que eu devo concluir? Pois ou em Deus haverá duas vontades contrárias, uma que não deseja que a maldade seja feita de modo algum, e outra que permite a maldade e se agrada de tolerar e não em destruir o ímpio ou então que existe um poder acima da vontade de Deus, obrigando-o a permitir aquilo que ele não faria. Não dá para evitar uma das duas. Mas vou lidar mais favoravelmente com você.

Você admite que Deus permite o mal e que ele pode destruir o ímpio antes que a iniquidade seja cometida, se assim agradar sua majestade e sabedoria piedosas. Você não considera que nisto sua confissão não é menos contida do que qualquer um de nós já escreveu e falou sobre esse assunto? Pois se a onipotência de Deus permanece, como sem dúvida permanece, tão perfeita e completa que ele pode impedir não apenas os homens maus de suas ações, mas também pode destruir até o próprio satanás, se assim agradar sua eterna sabedoria, o que pode ser concluído a não ser que Deus voluntariamente, por causas conhecidas apenas por sua sabedoria, permitiu e tolerou que fossem feitas coisas as quais ele punirá posteriormente com justiça? E assim sua própria resposta e confissão justificam nossa doutrina. Não ensinamos que a maldade agrada a Deus, na medida em que é maldade, nem que Deus queira que atos pecaminosos sejam praticados, na medida em que sejam pecaminosos, sem outras considerações. Mas dizemos que, assim como as ações e cogitações dos piedosos agradam a Deus em Cristo Jesus, porque são forjadas e inspiradas pelo poder do seu Espírito Santo, para que as boas obras, como paciência, justiça, castidade e coisas semelhantes sejam feitas, mesmo porque as obras são boas e agradáveis à sua própria natureza. Assim dizemos que Deus quer e, de fato, determinou que fossem feitas as obras mais perversas pelos propósitos e causas concluídos em seu eterno conselho. O que se formos capazes de provar pelas evidentes Escrituras de Deus, você não deve se ofender, apesar de preferirmos Deus e a sua verdade evidente ao homem e suas evasões sofísticas e frias interpretações dessas passagens. Para evitar a prolixidade de muitos, escolherei no máximo duas claras e evidentes passagens. Não é um grande e horrível pecado que um falso profeta venha e engane o povo? Não é igualmente pecado enganar o profeta? No entanto, Deus não teme atribuir a si mesmo tanto um quanto o outro. Pois não se levanta nenhum falso profeta, a quem Deus não tenha levantado por um desses dois motivos, a saber, para provar e examinar a constância e a fidelidade de seus servos, ou para amaldiçoar e cegar os que não se deleitam com a verdade.

Porque Moisés testemunha com estas palavras: "Se no meio de ti surgir um profeta, e ele te der um sinal, e ainda assim disser: 'Vamos e sirvamos a deuses estranhos", não lhe dê ouvidos, pois o Senhor teu Deus põe à prova se você ama o Senhor teu Deus de todo o coração e de toda a alma." Se compete a Deus testar, provar e examinar os corações de seu povo e de seus filhos escolhidos, como atesta o Espírito Santo, então você deve admitir que os falsos profetas são instrumentos de Deus designados para esse propósito. E que Deus engana o falso profeta. Ezequiel testemunha dizendo:[7] "Se o profeta for enganado e falar alguma coisa, fui eu, o Senhor, que enganei esse profeta; estenderei a mão contra ele e o eliminarei do meio do meu povo de Israel."

O mesmo Deus ainda mais claramente reivindica para si mesmo na solene proclamação feita aos ouvidos do profeta Miqueias,[8] e ousadamente por ele pronunciada na audiência de dois reis, Acabe e Josafá, como se segue: "Quem enganará Acabe para que ataque Ramote-Gileade e morra lá? E um sugeria uma coisa, outro sugeria outra, até que, finalmente, um espírito colocou-se diante do Senhor e disse: 'Eu o enganarei'. 'De que maneira?', perguntou o Senhor. Ele respondeu: 'Irei e serei um espírito mentiroso na boca de todos os profetas do rei'. Disse o Senhor: 'Você conseguirá enganá-lo; vá e engane-o'".

Assim o Senhor pôs um espírito mentiroso na boca de todos esses profetas. O Senhor decretou a sua desgraça. Se fazer uma proclamação pública convocando alguém para enganar, enviá-lo e dar-lhe poder para fazê-lo, são apenas uma simples permissão e algo que Deus tolera contra sua vontade, que o homem imparcial avalie.

Penso que nenhum homem negará que o incesto de Absalão, cometido abertamente, seja não só pecado, mas também um fato tão execrável e detestável que a própria natureza (jamais tão corrupta) necessariamente o abomina e, ainda assim, eu pergunto, o que diz

---
[7]Ezequiel 14.
[8]1Reis 22.

Deus que ele fará a esse respeito? Que o profeta testemunhe: "Assim diz o Senhor Deus", diz Natã, "Eis que farei com que de sua própria casa venha o mal sobre você. Tomarei as suas mulheres à sua própria vista e as darei a outro homem, que se deitará com elas em plena luz do dia. Porque você o fez em segredo, mas eu farei isso diante de todo o Israel e em plena luz do dia." Observe a veemência das palavras que aqui foram ditas e julgue por si mesmo se sua interpretação é aceitável. Ele não diz: "Eu permitirei que o mal venha sobre ti", mas claramente ele afirma: "Farei com que o mal venha sobre você". Ainda, não satisfeito com isso, ele disse: "Tomarei as tuas esposas" e, para não deixar dúvidas, ele acrescenta: "e as darei a outro homem, que se deitará com elas em plena luz do dia". Se por "fazer, tomar e dar" deve-se entender apenas a permissão daquilo que ele não quer, então devemos admitir nossa completa ignorância das palavras do Espírito Santo. O mesmo eu poderia provar por Jó, por Nabucodonosor, por Salmanaser, por Ciro e diversos outros, o que em nome da brevidade, deixo de lado.

Vou citar um que eu creio ser tão claro que nem mesmo nenhuma sutileza do próprio diabo conseguirá obscurecer a luz da verdade. Alguma vez houve um fato mais perverso, considerando os instrumentos, do que a morte cruel e ignominiosa do Filho de Deus? Mesmo assim, o que o Espírito Santo atribui a Deus nesse caso? Diz Pedro: "Este homem lhes foi entregue por propósito determinado e preconhecimento de Deus; e vocês, com a ajuda de homens perversos, o mataram, pregando-o na cruz." E depois: "De fato, Herodes e Pôncio Pilatos reuniram-se com os gentios e com os povos de Israel nesta cidade, para conspirar contra o teu santo servo Jesus, a quem ungiste. Fizeram o que o teu poder e a tua vontade haviam decidido de antemão que acontecesse." Pense bem no que você responderá, as palavras são claras e tão claras que você não pode evitá-las. Pois aquele que diz que os ímpios fizeram tudo o que Deus previu e predeterminou, sim, o que sua mão, isto é, seu poder e conselho, havia decretado, significa algo de maior importância do que o que diz que Deus permitiu e tolerou que fosse feito. Considere ainda que você não tem de lidar com homens, com Agostinho, Calvino e nós, a quem chama de libertinos desleixados, mas com o Espírito Santo falando em Pedro e em toda a Igreja de Jerusalém, sim, falando nas Escrituras inteiras. Para não poupar seu Filho, mas entregá-lo à morte por nós, fazendo nossos pecados guerrearem contra ele, punindo-o por esse pecado, de tal maneira que de todos os homens ele foi mais desprezado por um tempo.

Dessa forma, se eu disser que entregar à morte, infligir, ferir e punir são ações, então Deus não apenas permitiu que seu Filho morresse, fosse ferido, castigado e punido, sem qualquer vontade que algo assim acontecesse, mas, em seu eterno conselho, designou o tempo, o lugar e as pessoas, quando, onde e por quem ele sofreria. Por amor, ele o entregou para sofrer a verdadeira morte, para que por ele pudéssemos receber a vida o tempo não poderia ser mudado e o cálice que o Pai lhe dera, ele precisava beber, como nas imagens fora prenunciado e por seu próprio povo e pelos gentios, como os profetas e Davi haviam falado de antemão. Se no conselho de Deus, no dom de Deus, na mão de Deus e no seu propósito eterno, antes de decretar todas as coisas que aconteceriam na morte de seu Filho, você não pode ver nada além de uma pura e simples permissão, não posso deixar de afirmar que, falsificando essas passagens claras das Escrituras, você se esforça para tirar da Igreja de Deus seu mais singular consolo que nos foi deixado na morte de Cristo, assim você caminha nas trevas e nelas perecerá, a menos que prontamente se arrependa. Como uma única e mesma obra, na medida em que procede de Deus, é mais justa, mais proveitosa e mais misericordiosa. No entanto, na medida em que procede dos instrumentos profana, perversa e condenável para si próprios e crudelíssimas, eu já demonstrei amplamente, depois, se houver ocasião, tratarei pela graça de Deus tanto quanto seja necessário para instruir a mente sóbria, se for ignorante. Mas também para calar suas bocas venenosas, para que não sejam tão insolentes.

Sobre as passagens das Escrituras, que você amontoa, ou repugnam claramente o seu erro, ou de nada servem para provar seu ponto, tratarei delas com a maior brevidade possível, apenas observando em que momento você abusa das palavras e da intenção do Santo Espírito. As palavras de nosso Mestre, proferidas no capítulo 23 do Evangelho de Mateus, de nada servem ao seu propósito. Naquela passagem, nosso Salvador Cristo Jesus fala como aquele que é o mensageiro de seu Pai celestial e declara que os judeus obstinadamente, desde o início, haviam resistido a Deus falando por seus patriarcas, profetas da antiguidade e agora por seu Filho. Ele não fala nem quer dizer qual vontade Deus tinha de salvar seus eleitos, tampouco da vontade que ele tinha de reunir e separá-los do mundo, mas apenas (como Moisés e Elias já haviam falado) declara a fidelidade e compromisso que Deus demonstrou na sua eleição geral e chamado desse povo de tempos em tempos. Também aponta a obstinada rebelião e deserção ingrata deles, pela qual mataram os profetas, e matariam seu Filho, enviado por Deus para chamá-los da iniquidade.

Contudo, o que isso tem a ver com a vontade pela qual Deus em seu eterno conselho fez distinção entre os eleitos e os condenados? Se você ousar dizer que Cristo, naquela passagem, quer afirmar que ele teria reunido aqueles assassinos e filhos de assassinos, como ele diz que faria com seu rebanho escolhido, ele mesmo o convencerá do contrário. Pois ele afirma o mesmo para os escribas e fariseus, a quem suas palavras se dirigiram naquela passagem, na qual eles não eram de suas ovelhas e, portanto, não podiam ser reunidos em seu rebanho, que eles não eram de Deus e que, assim, não poderiam ouvir sua voz, que ele não orou pelo mundo e, portanto, eles nunca poderiam estar unidos a Deus.

Você deve demonstrar como Deus queria que aqueles israelitas, cujas carcaças caíram no deserto, entrassem na terra prometida. Se você disser que foi por qualquer outra vontade, não pelo preceito geral dado por ele de que eles deveriam ir e possuí-la, você carecerá do testemunho do Espírito Santo. Eu já declarei as causas mais justas e mais suficientes, porque Deus ordenará o que é justo, correto e louvável, ainda que o homem não possa cumprir seus mandamentos, mesmo que não fosse a vontade e o conselho eterno de Deus que todos os homens a fizessem. Além disso, demonstrei as justas causas pelas quais Deus chama muitos ao arrependimento e à felicidade, ainda assim ele escolhe apenas um certo número para alcançá-lo. Sendo assim, você deve provar que Deus de outras maneiras, não pelo seu comando geral, queria que eles entrassem na terra, antes de poder provar que algo é feito contra a eterna e imutável vontade de Deus. Posso provar que a vontade de Deus foi tão claramente revelada que nenhum deles entraria na terra prometida, pois convinha que todo o exército fosse recebido de lugar em lugar até que todos fossem consumidos. Além disso, eu posso provar que o próprio Moisés não poderia obter esse privilégio de entrar, nem o povo, ainda que em oração, com toda sinceridade, ele assim pedisse.

Prove, se você for capaz, que Deus alguma vez revelou a qualquer indivíduo (à exceção de Josué e Calebe) que sua vontade era que eles entrassem nela.

Então você pode dizer ou que Deus mudou sua vontade e propósito, ou que algo foi feito contra sua vontade, que ele permitiu, mas não quis. Eu responderei que não há argumento melhor para provar que Deus endureceu o coração de faraó do que o mesmo que você aduz para provar que faraó endureceu seu próprio coração e Deus permitiu que ele o endurecesse, embora não o quisesse. Você escreve o seguinte: "Todos os filhos de Adão têm um coração duro e perverso, até serem amolecidos pela graça de Deus, como Jeremias testemunha dizendo[9]: "Entre todos os viventes os homens têm o coração mais enganoso e teimoso." A liberdade ou ignorância com que você cita os profetas ultrapassa qualquer medida.[10] E o Senhor diz que ele lhes tirará o coração de pedra e lhes dará um coração de carne.

Não preciso de nenhum argumento ou razão mais forte para refutar seu erro do que o mesmo que você usou para estabelecê-lo, pois, se por natureza todos são iguais, e somente a graça faz distinção, então perguntamos se essa graça é dada a alguns e negada a outros. Assim por permissão e tolerância, como você fala: ou se é a vontade determinada de Deus, que sua graça e misericórdia por Cristo Jesus sejam livremente comunicadas a alguns, e ela seja com toda justiça negada aos outros, ainda que suas causas não nos sejam reveladas durante nossa vida mortal. Se você ousar dizer que a vontade de Deus em tirar o coração de pedra e dar o coração de carne não é nada além de permissão e tolerância, sem a operação e a vontade de seu Espírito, então você pode concluir que, no endurecimento de faraó e dos demais infames, não há nada além de mera permissão, sem nenhuma eficácia do Espírito de Deus. Mas se é Deus que opera em nós a boa vontade e o realizar e que tem misericórdia de quem ele quiser, então é da mesma forma que Deus endurece quem ele quiser. Observe bem as palavras do apóstolo. Ele não disse que Deus endurece a quem permitiu e tolerou que fosse endurecido, mas claramente diz que ele endurece quem ele quiser. O apóstolo não apresenta nenhuma outra causa pela qual a misericórdia foi demonstrada a alguns e outros

---
[9]Jeremias 47.
[10]Ezequiel 36.

foram deixados na sua obstinação além da vontade de Deus. É verdade que os infames por natureza têm desde o ventre de sua mãe a matéria de seu endurecimento. Mas a pergunta é: qual é a causa pela qual essa matéria pestilenta é removida de alguns e por que ela permanece em outros? Se você responder que é porque alguns recebem a graça oferecida e outros a recusam, você não disse nada mais claramente do que eu já havia dito. Pois nós sempre perguntamos a causa pela qual a vontade de um é obediente a Deus e por qual razão a vontade do outro é rebelde, considerando que todos por natureza são iguais. Embora você se esforce para confundir o céu e a terra, será a esse princípio de que Deus tem misericórdia de quem ele quiser e endurece a quem ele quiser.

Portanto, assim como de sua misericórdia e livre graça Deus trabalha voluntariamente em um com seu Espírito, suavidade e sentimento de misericórdia, seus justos julgamentos e ira contra o pecado, concebido pelo espírito de satanás operam nos outros dureza, obstinação e o sentido de sua ira. Você argumenta afirmando que faraó tinha um coração de pedra antes de Moisés ter falado com ele, dessa forma não poderia ser ainda mais endurecido, tal como uma pedra, antes de ser amolecido. Essa sua razão é muito tola. Pois suponho que você não seja tão bruto a ponto de afirmar que o coração de qualquer tirano, de qualquer época, em dureza natural, em tato e sentimento seja comparável à dureza de uma pedra. Esse discurso é figurativo, pelo qual é demonstrada a dureza imutável do coração do homem, no que diz respeito ao seu poder natural.

Assim como a pedra por si só não pode alcançar a brandura da carne, o homem não pode, por qualquer dom que a natureza tenha, chegar àquela humildade e obediência que é aceitável diante de Deus. Mas isso implica que um homem não é nem pode ser mais cruel que outro? Que um e o mesmo não pode ir de mal a pior e, desprezando a graça, se tornar cada vez mais endurecido, embora seu coração nunca tenha sido inteiramente abrandado? Penso que você não afirmará o contrário, pois o Espírito Santo, ao dar esta exortação:[11] "Hoje, se ouvirem a sua voz, não endureçam o coração", confirma minha afirmação, a qual os homens andam de dureza a dureza, sim, de um pecado ao outro, até que seus pecados se tornem

---
[11]Salmos 95.

indesculpáveis e, finalmente, imperdoáveis, porque eles obstinadamente recusam a graça oferecida, como Cristo testemunha nestas palavras: "Se eu não tivesse vindo e lhes falado, eles não teriam nenhum pecado; mas, agora, não têm desculpa do seu pecado. Pois eles viram e odiaram não somente a mim, mas também a meu pai." Ninguém será tão tolo a ponto de afirmar que os judeus, antes da pregação e dos milagres de Cristo, estavam limpos sem pecado, mas o desprezo pela graça aumentou seu pecado a tal ponto que se tornou indesculpável. Ainda que faraó endurecesse seu próprio coração de tempos em tempos, tornando-se mais ingrato a Deus e mais cruel com seu povo. E a fonte desse endurecimento e dureza, admito ter nascido com ele, de modo que para se enfurecer contra o povo de Deus, ele não precisava de impulso da parte de Deus, mas de um freio para impedir sua fúria.

No entanto, como eu já observei, a questão ainda não está resolvida. Pois ainda perguntamos por que essa fonte não foi fechada? Por que o veneno não foi expurgado e seu coração abrandado? Procure onde você quiser, não encontrará outra razão nem causa da qual o endurecimento subsequente de faraó tenha ocorrido principalmente, além de Deus, em seu eterno conselho, por causas conhecidas apenas por sua sabedoria, ter negado com toda a justiça a comunicação efetiva de suas graças a ele, mas o elevou para mostrar seu poder nele. E assim Deus endureceu o coração de faraó não apenas por permissão, mas deliberadamente retirou seu Espírito dele, como já foi dito. É surpreendente que, entre os antigos doutores, você busque apoiadores ou defesa nesse assunto, visto que é norma entre vocês não acreditar nem admitir as palavras nem a autoridade de nenhum escritor, em qualquer questão controversa, mas decidir todas as coisas pela clareza das Escrituras. Eu realmente não sou contrário à sua intenção nesse caso, por você entender que não admitirá a autoridade do homem contra a pura verdade de Deus, nem acreditará em nenhum homem além do que ele provar pela clareza das Escrituras de Deus. Se você tivesse apresentado qualquer doutor que tivesse confirmado sua interpretação pela clara Palavra de Deus, com razão eu teria respondido, ou com o mesmo ou com outro doutor de igual autoridade, ou então teria corrigido sua interpretação pela clareza das Escrituras. Mas, como você não apresenta nenhum, você me deixa com maior liberdade. Ainda assim, mostrarei a opinião de um doutor, comparável a qualquer um que já tenha escrito antes dele, na igreja latina ou na grega.

Dessa maneira, refiro-me a Agostinho, que escreveu contra Juliano, o apóstata, e contra os maniqueístas,[12] que afirmavam a mesma coisa que você, a saber, que Deus era um Deus passivo, isto é, ele tolerava todos os males e isso contra a sua vontade, mas sem realizar nenhum deles. Contra ele, assim escreve: "Você dirá", diz Agostinho a Juliano, "devemos entender que os ímpios que são entregues aos seus próprios desejos o são apenas pela permissão de Deus, mas não compelidos aos pecados pela força, como se o apóstolo não tivesse juntado a tolerância e o poder de Deus, onde ele diz: 'Que diremos, se Deus, querendo mostrar a sua ira e dar a conhecer o seu poder, suportou com muita paciência os vasos de ira, preparados para a destruição'. Qual das duas você acha que está escrito?" Também: "Se o profeta for enganado e falar alguma coisa, fui eu, o Senhor que enganei esse profeta." Isso é tolerância ou é poder? E depois de citar o mesmo que já falamos de Acabe, acrescenta: "Deus fez essas coisas por ignorância? Ele faz alguma coisa, seja seu juízo ou ação, de forma imprudente ou injusta?" Deus nos livre! Não é sem motivo que se diz: "Os teus juízos são uma grande profundidade." Não é em vão que o apóstolo clamou: "Ó a altura e a profundidade dos juízos de Deus."

Depois, na mesma passagem, expondo estas palavras: "E não nos deixes cair em tentação", após ter afirmado que Deus, por justas razões, entrega alguns às suas próprias concupiscências e cegueira, assim como ele entregou Roboão para acreditar no falso e tolo conselho do jovem, ele diz: "Todas essas coisas Deus faz por caminhos maravilhosos e indizíveis, quem sabe como fazer seus justos juízos, não apenas nos corpos, mas também no coração dos homens? Aquele que não faz as vontades más, mas as usa como lhe apraz, considerando que nada pode fazer injustamente."

Até agora, apresentei a você a opinião de um doutor nesta nossa controvérsia. Quando você apresentar a opinião de qualquer um tão bem fundamentada nas Escrituras, como a do que eu citei, prometo responder se eu puder. Não ignoro que diversos doutores (até o próprio Agostinho), em alguns textos, podem parecer favorecer sua

---

[12]*Contra Juliano*. Livro 3, capítulo 5.

opinião à primeira vista. Mas se suas palavras, em um lugar determinado contexto, forem comparadas com sua opinião clara e com a abrangência da sua discussão em outras passagens, parecerá claramente que ninguém vivendo hoje fala mais claramente contra o seu erro do que alguns deles escreveram. As passagens de Jó, com muita clareza, atentam contra você. Pois é dito em uma passagem:[13] "Fechaste o coração deles para o entendimento, e por isso não os exaltarás." E em outra:[14] "Deus tirou a sabedoria do avestruz e não lhe deu entendimento." Você ousa afirmar que, nessas palavras, não há nada além de uma mera permissão da parte de Deus? Não há diferença entre tirar e permitir que seja tirado? Se existe alguma diferença entre esses dois modos de falar: "Deus dá sabedoria" e "Deus tira a sabedoria", então sua interpretação é tola e absurda.

Ademais, também não há nenhuma frase das Escrituras, seja lá como você a entenda, que possa fazer Deus voltar atrás na frase que ele pronunciou, a saber, que ele levantou faraó como exemplo para todas as gerações seguintes de qual será o fim daqueles que resistem obstinadamente a Deus. Embora ele não tente ninguém a pecar pelo poder do seu Espírito, ainda assim, como já provei, ele os entrega com toda justiça aos desejos desordenados de sua própria corrupção. De fato, ele os entrega às mãos e ao poder de satanás para serem provocados e levados a toda iniquidade, a fim de que a condenação deles seja justa, como também que sua vingança, justamente merecida, possa cair sobre eles mais rapidamente. A opinião de Tiago é apenas levar os homens ao correto exame e prova de si mesmos, para que, pela lisonja, eles não comecem a buscar a causa original de seus pecados em outra coisa que não em si mesmos. E ainda assim nada impede que Deus, a seu modo (que é sempre justo), endureça o coração daqueles a quem ele havia reprovado.

Admitimos que não há praga maior que possa acometer ao homem do que ser entregue às suas próprias paixões, pois então dele não pode prosseguir frutos bons nem permanentes. Mas, assim como a terra que carece de chuva, orvalho e umidade é estéril e, assim, sujeita à maldição, assim os homens destituídos da graça de Deus, com Saul, Acabe e outros, procedem do mal ao pior, até que

---
[13] Jó 17.
[14] Jó 39.

finalmente cheguem à confusão. Todavia, se não fosse seu costume habitual desmentir o Espírito Santo, eu me perguntaria como você pode ser tão insolente a ponto de afirmar que o Senhor castiga sua vinha, não devastando-a por si mesmo, mas tirando a sebe e a chuva e permitindo com que ela seja desperdiçada e pisada por outros.

Jó foi atormentado por Deus apenas permitindo que ele fosse atormentado. Certamente, essa sua afirmação é das ignorâncias mais brutas, ou então uma manifesta insolência. Você não negará que Israel e Judá eram a vinha agradável, às vezes plantada pela própria mão de Deus, como, ele próprio afirma, e na sua destruição Deus não faz nada além de observar como um ocioso e indisposto sofredor a tragédia e a calamidade miserável? Ele mesmo testemunha o contrário, pois diz:[15] "Pois, eu lhes digo o que vou fazer com a minha vinha: Derrubarei sua cerca para que ela seja transformada em pasto; derrubarei o seu muro para que seja pisoteada. Farei dela um terreno baldio; não será podada nem capinada, espinheiros e ervas daninhas crescerão nela. Também ordenarei às nuvens que não derramem chuva sobre ela." Observe bem, Deus aqui não fala nada de permissão, mas fala inteiramente de fazer, tirar e quebrar. E como, eu pergunto, essa destruição terrível ocorrerá? "Porque eis que o Senhor, o Senhor dos Exércitos, vai tirar de Jerusalém e de Judá o sustento e o apoio, todo sustento de pão e todo sustento de água. Ele vai tirar também o valente, o guerreiro e o juiz; o profeta, o adivinho e o ancião; o capitão de cinquenta, o nobre, o conselheiro, o hábil artífice e o perito em encantamentos. O Senhor lhes dará meninos por chefes (observe bem o que Deus fala), e crianças governarão sobre eles. E depois: "O Senhor trará o rei da Assíria sobre você e sobre o seu povo e sobre a descendência de seu pai. Serão dias como nunca houve, desde que Efraim se separou de Judá."[16] Continua: "Naquele dia o Senhor utilizará uma navalha alugada de além do Eufrates, o rei da Assíria, para rapar a sua cabeça e os pelos de suas pernas e da sua barba." O próprio Senhor admite ainda que o rei da Assíria é a vara da sua fúria e o machado na sua mão. Ele diz que o enviará a uma nação hipócrita: e eu lhe dou mandamentos contra as pessoas que mereceram minha indignação. Eu lhe darei a responsabilidade

---
[15]Isaías 5.
[16]Isaías 7.

de tirar, arrancar e separar os espólios. Além disso, na mesma passagem, Deus reconhece que o grave castigo e a destruição miserável de Jerusalém são sua própria obra. Pois assim fala o profeta:[17] "Quando o Senhor terminar toda a sua obra contra o monte Sião e contra Jerusalém, ele dirá: 'Castigarei o rei da Assíria pelo orgulho obstinado de seu coração e pelo seu olhar arrogante'."

Se essas palavras podem ser atribuídas àquele que tão somente tolera e não opera efetivamente, julguem os homens imparciais. Falando com mais clareza, ele diz:[18] "Eu sou o Senhor, e não há nenhum outro [...] Eu formo a luz e crio as trevas, promovo a paz e causo a desgraça [isto é, o castigo e as pragas pelo pecado]; Eu, o Senhor, faço todas essas coisas." Com quem o profeta Amós concorda, usando as mesmas palavras:[19] "Ocorre alguma desgraça na cidade, sem que o SENHOR a tenha mandado?" O Senhor falando pelos seus profetas Jeremias e Ezequiel, diz:[20] "Eis que mandarei buscar todas as tribos do Norte, diz o Senhor, e também Nabucodonosor, rei da Babilônia, meu servo, e os trarei contra esta terra." Também diz: "Acenderei o fogo, aumentarei e multiplicarei a chama e profanarei (isto é, tornarei comum) meu santuário." Se aquele que reúne seus guerreiros, que os lidera e os conduz, e até mesmo lhes dá força, agilidade e sucesso, que põe a espada de sua vingança nas mãos deles, que os ordena a atacar e não poupar nada, não faz nada além de permitir, devo admitir não saber nem entender o que é fazer ou o que é operar. Sua ousada insolência de afirmar que Jó foi atormentado por Deus, apenas ao tolerar que ele fosse atormentado, é intolerável. Deus não provoca satanás para tentar seu servo Jó? Assim dizendo:[21] "Reparou em meu servo Jó? Não há ninguém na terra como ele, irrepreensível, íntegro, homem que teme a Deus e evita o mal." E depois que satanás, naquela ocasião, desmereceu ao máximo a integridade e a justiça de Jó, afirmando que era fácil temer e servir a Deus, em meio à prosperidade e fortuna de sua casa e família, Deus, primeiro por meio de expressas palavras, concede-lhe poder sobre tudo o que pertence a ele. Depois entrega o corpo de Jó à tirania de

---

[17] Isaías 10.
[18] Isaías 45.
[19] Amós 3.
[20] Jeremias 25; Ezequiel 24.
[21] Jó 1.

satanás, preservando tão somente a sua vida. Assim, eu pergunto, Jó foi atormentado apenas pela permissão divina? O pai que ordena que seu filho seja açoitado em sua presença e ordena quantos açoites ele receberá não faz nada além de permitir que seu filho seja açoitado? Ou não seria ele a causa principal, como comandante-em--chefe, pela qual seu filho é punido?

Mas você diz: "Mas Deus não tomou seus bens, apenas permitiu que o diabo os tomasse e assim Deus não puniu seu povo. Pois ele não os tocou, mas escondeu seu rosto deles para ver seu fim." Embora sua vaidade seja um tanto perturbadora, é preciso lançá-la sobre sua cabeça para sua vergonha. Esta é uma razão considerável: Deus, por si mesmo, não tirou os bens de Jó. Portanto, ele não fez nada além de permitir que fossem tirados. E a mão de Deus não tocou Israel nem Judá. Sendo assim, ele nada fez além de tolerar o seu castigo sem de modo algum executá-lo. Vou usar a mesma razão e argumento. Deus, por si mesmo, não deu bens a Jó. Portanto, ele não fez nada além de permitir que Jó enriquecesse. Outra: não se viu nenhuma mão visível tocar Elimas, o mago. Logo, Deus apenas permitiu que ele fosse cego. Se você afirmar que Deus não fez nada além de permitir que Jó enriquecesse, não apenas Jó testificará contra você, mas até mesmo satanás, apesar de ser mentiroso e o pai da mentira, ainda assim, nesse caso, ele convencerá você dessa mentira descarada, pois ele diz: "Não é verdade que tu mesmo puseste uma cerca ao redor dele, da sua casa e de tudo o que ele tem? Abençoaste a obra de suas mãos, e os seus bens se multiplicaram na terra. Mas estende a tua mão e toca em tudo o que ele tem, para ver se ele não blasfema contra ti na tua face." E se você disser que Deus apenas permitiu que Elimas ficasse cego, então o Espírito Santo, falando por meio de Paulo, condenará você, pois ele diz: "Eis que, agora, a mão do Senhor está contra você, e você ficará cego, não vendo o sol por algum tempo."

Dessa forma, temos Deus, o homem e o diabo para repreender sua vaidade. Tenha vergonha, arrependa-se e dê glória a Deus, que não teme admitir que todos os instrumentos no céu, na terra ou no inferno são suas varas, sua espada e sua mão, pelas quais ele corrige, castiga, prova, livra e salva, de acordo com seu eterno conselho e propósito.

Para provar que absurdos e inconvenientes (como você os denomina) se seguem de nossa doutrina, assim você argumenta: "Se eu admitisse que era a vontade de Deus que ele se recusasse a deixar o povo ir, então ele teria se submetido à vontade do Senhor; o que é contrário à Palavra, então Deus e ele teriam uma só mente. E a vontade de Deus é sempre boa e justa, o que você não pode negar. Assim Faraó, recusando-se a deixar o povo partir, teria agido bem e de forma justa, pois era a vontade de Deus que ele o fizesse. Portanto, o faraó não deve ser punido por essa boa e justa ação". Ao concluir, você afirma que não podemos escapar desses inconvenientes. Eu já demonstrei suficientemente, como nenhum homem perverso que pratica iniquidade tem qualquer consideração ou intenção de seguir a vontade santa de Deus, seja ela secreta ou revelada, mas, seguindo a própria fúria e paixões desordenas, agem por clara resistência a Deus.

Portanto, qualquer que seja o modo pelo qual eles sejam compelidos a servir ao propósito eterno de Deus, eles nunca lhe obedecem em seus próprios corações, mas obstinadamente eles se rebelam contra sua bendita vontade.

Dessa forma, como não há conformidade nem acordo entre a santa vontade de Deus e suas perversas e maliciosas vontades, eles estão sujeitos a uma justa condenação por sua rebelião e desobediência. Assim, ao tirar de você o fundamento sobre o qual você pensa estar seguro, eu posso fazer com que seu inútil edifício caia em confusão. Mas em parte para a instrução do leitor simples e em parte para ganhar alguns de vocês (se assim agradar a Deus) dessas horríveis blasfêmias, pretendo aqui apresentar a diferença entre a santa vontade de Deus e a perversa vontade dos homens e porque a obra de Deus é muito justa e a obra dos instrumentos injusta e má, deixando o restante para uma melhor oportunidade.

A vontade de Deus não deve ser restrita àquelas coisas que externamente vemos ou ouvimos fazer. Mas a vontade de Deus deve se estender àqueles fins pelos quais Deus opera e faz com que sejam feitas todas as coisas desde o princípio, a saber, para a manifestação de sua própria glória, pelo proveito e salvação de seus filhos eleitos e para a execução de seus justos juízos, seja por um tempo para corrigir seus escolhidos ou eternamente para punir os obstinados e desobedientes da classe dos infames. Como eu espero que nenhum homem seja tão tolo a ponto de negar que a vontade de Deus que trabalha para esses fins seja perfeitamente justa, santa e perfeita em si mesma, não me esforçarei para provar isso. Mas visto que os instrumentos pelos quais Deus opera são diversos, devemos primeiro questionar e saber quais são os instrumentos que obedecem à vontade de Deus e, assim, são considerados por ele trabalhadores justos, e quais são os que não obedecem à sua vontade e, portanto, o que quer que façam, são considerados desobedientes. Somente são instrumentos que obedecem à vontade de Deus aqueles que, tendo recebido a revelação da vontade de Deus, se esforçam e se empenham em obedecer, realizar e satisfazê-la, a partir do amor, da livre disposição e zelo por obedecer à sua divina majestade.

Os frutos e as obras desses instrumentos, não importando como os homens as julguem, Deus aprova, ainda que pareçam repugnar à misericórdia ou à sua lei escrita. Pois os israelitas foram expiados do roubo pela vontade revelada de revelada, embora espoliassem e roubassem (a pretexto de empréstimo) os egípcios de seus materiais. Os marinheiros e os comandantes que estavam com Jonas, naquela súbita tempestade levantada por Deus, estavam eximidos de assassinatos e do derramar de sangue inocente pela vontade de Deus claramente revelada pela boca do profeta. Jeú não só foi justificado de toda a suspeita de traição que os homens pudessem ter percebido de seu ato, mas também da crueldade em matar aqueles idólatras que manifestamente se declaravam amigos de Baal. Por isso, que Deus primeiro lhe revelou sua vontade, enviando seu profeta para ungi-lo e depois de ter aprovado seu zelo, que ele recompensou com a promessa temporal da continuação de seu reino até a sua quarta geração. Assim, afirmo que Deus justifica as obras dos instrumentos que obedecem à sua vontade revelada. Desse modo, afirmo que apenas obedecem a Deus aqueles que, conhecendo a sua vontade, se esforçam para obedecê-la. Mas, por outro lado, qualquer coisa que se faça sem conhecer a vontade revelada de Deus a repugna ou a contraria (não importa como ela sirva ao propósito eterno de Deus), nem obedece a Deus, nem pode se eximir perante a justiça de Deus. Isso porque, em sua obra e ato, ele não observa a vontade de Deus, nem para o fim e propósito que Deus considera.

É disso que surge a diferença entre a obra de Deus e a do homem, e a obra dos piedosos e a dos ímpios. Deus trabalha todas as suas obras para manifestar sua glória, sua sabedoria, seu poder, sua misericórdia, bondade e justiça. O piedoso, movido pelo Espírito Santo, realiza suas obras para dar obediência a Deus, apoiar seus irmãos em suas necessidades conforme o seu mandamento e punir o vício de acordo com sua lei. Mas os ímpios, arrastados por suas próprias concupiscências e pela fúria de satanás, cujo poder eles estão comprometidos, realizam todas as suas obras como vingança, destruição daqueles a quem odeiam e para promover seus próprios interesses, sem qualquer consideração por Deus, sua vontade, ordenança ou conselho.

Um ou dois exemplos facilitarão a compreensão disso. A vontade, o propósito e o conselho de Deus em punir Jó servem para provar sua paciência e, dessa forma, deixar um exemplo para todos aqueles que realmente temem a Deus até o fim. E quem se atreve a negar ser razoável e justo, que Deus, examinando com rigor um de seus filhos, faça dele um exemplo para todos os demais? Mas qual foi a vontade e o propósito de satanás e dos caldeus pelos quais Jó foi punido? A vontade e o propósito de satanás, como é claramente revelado, eram que, por essas aflições, ele fizesse com que Jó abandonasse o temor de Deus e o amaldiçoasse. A vontade dos caldeus é bastante evidente pela manifesta malícia de todos esses opressores, que nada buscam a não ser satisfazer suas próprias cobiças pelas posses de outros, e eles tirana e injustamente espoliam pela violência.

Dessa forma, a diferença na intenção dos trabalhadores faz clara distinção entre seus trabalhos. Outra: Deus, ao expulsar Davi de seu reino, entregando as suas esposas com grande ignomínia para que fossem maculadas por seu próprio filho Absalão, e ao ordenar que Simei o amaldiçoasse, considerava sua própria justiça, que não pode tolerar o pecado impunemente, mesmo em seus caros filhos. Deixando assim exemplo para todas as eras seguintes, nas quais aqueles que voluntariamente não suportariam a praga de Deus evitem o manifesto desprezo por seus santos mandamentos. Isso eu penso que todos os homens admitirão ser obra (à medida que é feita por Deus) justa e reta. Pois, como Deus honra aqueles que o honram, assim devem ser desprezados aqueles que o desprezam.

Mas qual era a opinião de Aitofel, conselheiro de Absalão, o adúltero incestuoso, e de Simei, o maldito blasfemo? O primeiro fez com que o ódio entre o pai e o filho fosse tamanho a ponto de se tornar irreconciliável. O filho antinatural e monstruoso, declarando-se inimigo mortal de seu pai, segundo o conselho perverso, pensava conquistar o coração do povo. E Simei, querendo tornar Davi odiado por todos os homens, e trazê-lo ao extremo desespero, derramou o veneno que havia em suas entranhas podres e corruptas. O mesmo eu poderia mostrar na preciosa morte do inocente Filho de Deus, na qual reluz o grande e insondável amor de Deus para conosco, de modo que a morte de Cristo, enquanto obra de Deus, precedeu do amor, da misericórdia e da justiça. Mas no que diz respeito aos instrumentos que Deus usou na sua execução, como eu já disse, eles não buscavam o conselho de Deus, mas eram inteiramente conduzidos à iniquidade. Alguns por avareza, alguns por orgulho e ambição, outros por malícia, ódio e inveja. De modo que, entre todos eles, não foi encontrado nenhum que se empenhasse em obedecer a Deus nem à sua santa vontade revelada. Assim fica evidente por que a obra de Deus em tais casos é justa e boa, dado que é feita em sabedoria, misericórdia e justiça por causas, propósitos e fins mais justos. Também fica claro o porquê de as obras dos homens maus (supondo que Deus, de algum modo, as deseje) ainda assim são injustas e repugnantes à sua vontade, não sendo jamais feitas para obedecê-lo e, portanto, elas e os que as realizam estão sujeitos à maldição, vingança e condenação, pronunciadas por Deus em sua lei contra os que praticam a iniquidade. Agora, vamos examinar suas razões.

Você diz: "Se era a vontade de Deus que faraó se recusasse a deixar o povo ir, então ele se submeteu à palavra do Senhor." Eu nego o consequente, pois nem faraó conhecia a santa vontade de Deus, nem se submeteu àquilo que lhe foi ordenado e revelado. A vontade de Deus era, naquele povo, dar exemplo e testemunho ao mundo de que somente a bênção de Deus era suficiente para multiplicar e aumentar sua Igreja, mesmo contra a fúria resoluta de satanás e de todos os ímpios, e que ele daria à sua aflita Igreja a mais jubilosa e maravilhosa libertação. Por fim, que nenhum inimigo obstinado do povo de Deus (seja lá como pareça sua ira e triunfo) acabará por escapar do juízo e da vingança justamente merecidos. Você acha que faraó conhecia essa vontade de Deus, ou mesmo que ele reteve o povo em servidão por qualquer um desses propósitos? Eu penso que não. Sendo assim, ele não se submeteu à vontade de Deus, mas obstinadamente resistiu à vontade de Deus como lhe foi revelada. Portanto, eu afirmo que Deus e faraó tinham vontades e intenções absolutamente contrárias. Deus querendo que seu nome, seu poder e sua sabedoria fossem pregados e louvados até o fim, para a libertação de seu povo aflito. Mas faraó disposto a manter em perpétua escravidão o povo (a quem Deus havia ordenado que fosse posto em liberdade) para servi-lo conforme ele ordenasse.

Portanto, apesar de o perverso faraó ter sido um instrumento pelo qual essas coisas foram levadas a efeito, suas obras não foram boas nem justas, mas com tirania e obstinação ele lutou contra Deus. Assim, no final, foi justamente punido. Observe suas teias de aranhas sendo mais facilmente dissolvidas, do que foram tecidas por você e seu grande capitão Castalio, para sua grande vergonha e condenação perpétua, a não ser que prontamente se arrependa. Agora ao que falta, que segue nestas palavras.

39ª Parte

O ADVERSÁRIO

Quanto à sentença que você cita em que Deus endurece a quem quiser e tem misericórdia de quem ele quiser, essa passagem foi tremenda e absurdamente distorcida por alguns de vocês, de modo que assim imputam a Deus a causa da condenação, na qual ao seu bel-prazer recebe ou rejeita aqueles que nada merecem, seja em termos de dor ou prazer. Que Deus não permita que qualquer homem conceba tal fantasia de Deus, pois devemos primeiro aprender como Deus iluminou todos os homens que vieram a este mundo, cuja luz aquele que a rejeita, o Senhor tolera por longo tempo e com benefícios abundantes e correções paternas chama ao arrependimento. Mas se nós, amando mais as trevas do que a luz, recusarmos totalmente a luz ou depois de termos sido feitos participantes da graça de Deus por sua bondade, abandonarmos o pacto do Senhor, então ele terá misericórdia de quem quiser, isso em prol de si mesmo, e a outros ele endurece o coração, isto é, ele os entrega às concupiscências de seus próprios corações. De modo que a causa de seu endurecimento não seja a vontade e o prazer de Deus, que nada faz sem uma causa justa, mas sua obstinada iniquidade que não será convertida. Esses sofrem com justiça e os outros recebem graça pela misericórdia de Deus, os quais podem, quando quiser, ter misericórdia de quem quiser, e isso além de sua aliança.

RESPOSTA

Como não sobra nada até o final deste seu livro (a não ser suas blasfêmias e injúrias) que não já não tenha sido suficientemente respondido, pretendo apenas tratar das injustas acusações que você nos impõe. E com franqueza reconhecer em que pontos nós divergimos de opinião e doutrina. Primeiramente, afirmo que injustamente você nos acusa de imputar a Deus a causa da condenação, o que todos nós consentimos atribuir ao homem, ao pecado, e ao diabo, o primeiro aliciador ao pecado. Sendo assim, a não ser que você possa demonstrar e evidentemente condenar alguns de nós (ou mais) de ter escrito ou afirmado algo assim acerca de Deus, não haverá como se livrar do horrível crime de acusação injusta e detestável calúnia. Nós não concordamos que Deus tenha iluminado todo homem que vem a este mundo da maneira que você afirma, isto é, que ele tenha chamado todos ao arrependimento e oferecido luz de salvação a todos, de modo que Deus não recusa ninguém, exceto aqueles que recusam totalmente a luz, ou aqueles que foram participantes da graça de Deus e abandonaram a aliança do Senhor.

Dito isso, além dos testemunhos evidentes das Escrituras, a experiência comum desde o princípio testemunha que Deus não iluminou todo homem dessa maneira. Pois quantos perecem nos ventres de suas mães? Quantos morrem repentinamente antes que sua razão possa julgar o bem e o mal? Quantos são desprovidos de razão e entendimento naturais? Quantos permanecem selvagens e brutos, vivendo como animais e devorando um ao outro? Quantos passam a vida inteira sem nenhum outro conhecimento de Deus além do que a criação visível de Deus ensina? O que eu penso que você não afirmará ser iluminação suficiente para levá-los ao arrependimento ou alcançar a vida. Eu pergunto que luz Esaú recusou quando Deus pronunciou esta frase: "O mais velho servirá ao mais jovem"? Dessa frase que o apóstolo, como já declaramos, conclui que antes mesmo que as crianças fizessem bem ou mal, uma foi amada, e a outra, odiada.

Que Deus não faz nada sem uma causa justa, admitimos de bom grado. Mas que não há justiça em Deus naquilo que a sua razão cega não entende, isso negamos firmemente. Portanto, nós precisamos afirmar que buscar outra causa das obras de Deus que não sua santa vontade é mais do que impiedade. Pois as causas pelas quais ele escolheu alguns à vida eterna em Cristo Jesus, seu Filho, são conhecidas apenas por sua sabedoria. Já a causa pela qual outros são deixados na perdição pode ser secreta (como diz Agostinho), mas não pode ser injusta, porque procedeu da vontade de Deus, que é a regra perfeita de toda justiça e equidade. Se você clamar até que as montanhas ressoem novamente: "A iniquidade obstinada dos infames não será reformada e essa é a causa de seu endurecimento", em poucas e sóbrias palavras, respondemos que no homem não há maldade que Deus não possa reformar, se assim for sua santa vontade e por sua aprovação.

Apesar de que destas palavras "Deus pode ter misericórdia de quem ele quiser e isso além de sua aliança" podem surgir alguma suspeita de que você não valoriza os benefícios inestimáveis concedidos a nós em Cristo Jesus, seu único Filho, ainda assim vou interpretar suas palavras tão favoravelmente quanto puder. Se você entende que aqueles que, hoje, desconhecem a Deus são inimigos de sua verdade e perseguidores de seus santos e podem repentinamente, ou mesmo depois, ser chamados ao conhecimento pleno dessa comunhão que há entre Deus e o homem por Cristo Jesus, eu concordo plenamente com você. Pois assim foi com Abraão, com Paulo e os gentios, os quais por muito tempo viveram sem o verdadeiro conhecimento de Deus e sem (no tocante à sua própria compreensão) a certeza de sua aliança e pacto. Mas se você entende que Deus pode receber ou receberá na misericórdia, a qualquer momento, aqueles que ele não elegeu para a vida eterna em Cristo Jesus, seu filho antes de todos os tempos, nós abominamos totalmente esse erro como uma praga deveras perniciosa. Agora, ao que significa.

40ª Parte

O ADVERSÁRIO

Naquela passagem do livro de Reis, o Senhor ordena a Simei que amaldiçoe a Davi.[1] Eu entendo no sentido que, em virtude de Deus ser o autor de toda a bondade e de nenhum mal, ele não concedeu uma mente perversa a Simei. Mas, disposto a exercitar seu servo Davi sob a cruz e vendo em Simei um homem perverso e mal-intencionado, especialmente em relação a Davi, ele lhe deu as rédeas que, sendo soltas por Deus, ele, por instigação do diabo, que já estava em seu coração, amaldiçoou Davi. E Davi, sendo governado pelo Espírito de Deus, pacientemente tolerou que os ímpios o amaldiçoassem, esperando que Deus transformasse sua maldição em bênção. Por isso Davi sabia que, sem a permissão e a tolerância de Deus, Simei não poderia mais amaldiçoá-lo do que Balaão poderia amaldiçoar os israelitas.

Logo, não significa que Deus efetivamente moveu Simei para realizar a ação perversa, mas apenas o permitiu. No entanto, se você se ativer ao sentido literal desta passagem e afirmar que Deus efetivamente ordenou que Simei amaldiçoasse Davi, então devo lidar com você da seguinte forma: tudo o que o Senhor ordena é justo. Se é justo ordenar a maldição, é justo obedecê-la, pois a justiça da ação é conhecida pela justiça do mandamento. Assim como é injusto obedecer a um mandamento injusto, é justo obedecer a um mandado justo, pelo que Simei, obedecendo ao mandamento de Deus, que é justo, agiu com justiça. Você dirá que Simei não o fez obedientemente, ou seja, com o intuito de obedecer a Deus, mas amaldiçoou Davi com intenção maligna. Eu lhe respondo, usando suas próprias

[1] 2Samuel 16.

palavras, que também era a vontade de Deus que Simei tivesse uma intenção maligna para amaldiçoar Davi, pois você diz que Deus lhe deu uma intenção maligna para amaldiçoar Davi. Portanto, ao amaldiçoar Davi por uma intenção desobediente, ele foi obediente a Deus e, como dissemos, obedecer a Deus é justo. Então, eu pergunto: por que Davi ordena que seu filho Salomão castigue Simei por esse ato justo? A neve cairá sobre aqueles que temem a geada (disse Jó).[2] Da mesma forma, enquanto você se atém ao seu erro, ao pensar evitar um perigo, cairá em um maior.

RESPOSTA

Você sempre se desvia do foco principal e acaba por tirar uma conclusão falsa. Nós não negamos que Deus, encontrando em Simei naquele tempo uma intenção perversa em relação a Davi, soltou as rédeas de suas afeições corrompidas. Mas nós divergimos em duas coisas. A primeira é se ele encontrou alguma maldade nele que o poder divino não poderia ter removido, se assim ele houvesse decidido fazer desde o início. Em segundo lugar, se ele lhe deu as rédeas de modo que não poderia tê-lo impedido, se essa tivesse sido sua santa vontade, e onde você afirma que Deus efetivamente moveu Simei para aquela ação perversa, se você entende que, conforme a ação perversa, o Espírito de Deus, ou seja, o Espírito Santo, não o moveu, eu concordo com você. Ele foi movido pelo veneno que no seu interior há muito estava à espreita e pela instigação do diabo a tão escandalosamente amaldiçoar Davi no dia de sua grande calamidade.

Mas se disso você conclui, como parece fazer com suas claras palavras, que Deus não fez nada além de permitir, pois eu afirmo que essa permissão ociosa não é coerente com o poder de Deus nem com sua justiça, devemos afirmar que, quando Deus entrega os ímpios a uma mente lasciva e infame, que como ele com justiça castiga pecado por pecado, então ele mais do que apenas permite. É mais necessário que um fato seja justo e seja feito com justiça e obediência do que um mandamento seja justo, ou seja, que o executor tenha o expresso mandamento de Deus para sua segurança.

---

[2]Jó 17.

Secundariamente, que ele busque e considere os mesmos fins que Deus declarou em sua palavra. Por fim, que ele o faça apenas para obedecer a Deus. Agora, prove que Simei apresentou qualquer uma dessas disposições e eu admitirei a sua vitória. Eu penso que Davi reconheceu o mandamento e o conselho de Deus e naquele momento não armou nem a si nem a seus servos para se vingar. Mas que mandamento de Deus, eu lhe pergunto, Simei reconheceu ou confessou? Não encontro nenhuma menção de que ele tenha se desculpado, nem por nenhum mandamento que recebeu de Deus, pois depois submeteu a Davi no dia em que voltou e veio até Jordão. Mas eu o encontro claramente admitindo sua transgressão, dizendo:[3] "Que o meu senhor não leve em conta o meu crime. E que não te lembres do mal que o teu servo cometeu no dia em que o rei, meu senhor, saiu de Jerusalém. Que o rei não pense mais nisso! Eu, teu servo, reconheço que pequei." Se Simei tivesse conhecido algum mandamento de Deus ou se ele tivesse buscado o mesmo propósito que Deus buscava, ele poderia ter tido razões plausíveis para convencer Davi a mostrar favor e misericórdia a ele. Primeiro, ele poderia ter dito: "Ó, Davi, embora você fosse rei e eu o tenha amaldiçoado, você não deveria se ofender comigo do que com o profeta Natã. Pois como ele tinha o mandamento de Deus para revelar claramente o seu pecado e para repreendê-lo duramente, para que você pudesse mais efetivamente ser movido ao arrependimento, assim também eu tive o mandamento de Deus para amaldiçoá-lo, a fim de que você possa se humilhar diante de Deus, a quem tanto ofendeste."

Essas seriam razões plausíveis para mover Davi a misericórdia. Mas a consciência corrompida de Simei testemunhou contra si mesmo. Ele, ao seu conhecimento, não possuía nenhum mandamento de Deus, nem buscou algum propósito ou conselho de Deus, mas apenas para a completa confusão e destruição de Davi, que ele procurava maliciosamente. Assim, embora o mandamento de Deus em si mesmo fosse justo para o propósito e fim que ele havia designado, esse mandamento estava escondido de Simei e o propósito de Deus também lhe era desconhecido. Por isso sua ação não foi feita de maneira justa nem obediente, visto que uma ação justa (como eu disse antes) requer boa vontade para obedecer a um mandamento

---
[3] 2Samuel 19.

justo e a obediência requer conhecimento dessa vontade. Simei não tinha nenhum dos dois.

Agora, prove, se puder, que haja injustiça em Deus, o qual usa esse instrumento perverso, ou ainda em Davi, seu servo, o qual em seu testamento ordenou que a hipocrisia dissimulada fosse punida. Os demais sofismas, que você tirou de Castalio, não lhe servem de nada. Pois, embora admitamos que era a vontade de Deus, em certo sentido, que Simei tivesse uma intenção má e desobediente, como você poderá provar que, por causa disso, ele obedeceu a Deus? Não é a vontade de Deus que satanás e o mundo perverso, com intenção perversa e maliciosa, perturbem e tentem seus filhos nesta terra? Significa que satanás e os ímpios obedecem a Deus? Ou não significa com muito mais justiça que, porque Deus deseja que nossa paciência seja conhecida e os ímpios, de tempos em tempos, sigam na impiedade até que a medida esteja completa, eles nunca possam obedecer a Deus? Nessa nossa afirmação, não temos nem o gelo nem a neve, como lamentamos a sua desagradável brincadeira com as Escrituras de Deus. Assim você prossegue.

41ª Parte

O ADVERSÁRIO

Você desenvolve um argumento a partir daquela passagem de Gênesis, onde José diz a seus irmãos: "Deus me enviou adiante de vocês, para que a vida de vocês fosse salva por meio de um grande livramento. Assim, não foram vocês que me enviaram para cá, e sim Deus, que fez de mim como que um pai de Faraó." Disso, vocês concluem que a ação perversa que os irmãos de José fizeram ao vendê-lo foi ação e vontade secreta do Senhor. Isso tanto quanto o duplo pecado dos patriarcas.

Primeiro, fazendo sofrer seu pai. Em segundo lugar, cometendo o pior tipo de roubo, que é tomar para vender o filho de um homem, no qual pela lei deve ser punido com a morte. Portanto, podemos ver que esse ato não foi feito pela vontade de Deus, pois era contrário ao seu mandamento, nem ele deseja qualquer iniquidade, mas, de acordo com sua natureza, que é sempre boa, ele conduziu seu ato perverso a um bom fim para seus servos Abraão, Isaque e Jacó. Pois ele mostra misericórdia até a milésima geração daqueles que o amam.

Isso é assim e está claramente provado no último capítulo, onde José diz a seus irmãos: "Vocês, na verdade, planejaram o mal contra mim; porém Deus o tornou em bem, para fazer, como estão vendo agora, que se conserve a vida de muita gente." Observe bem o que é atribuído aqui aos irmãos de José e o que é atribuído a Deus. Eles planejaram o mal e Deus o transformou em bem. Então suas intenções e a intenção de Deus não eram todas uma, pelo que não era a vontade de Deus que eles agissem perversamente. Apesar de esse último capítulo de Gênesis ser tão claramente contrário ao seu erro quanto possível, ainda assim você não concorda com a verdade, mas se esquiva com sua vergonhosa mudança da vontade secreta de Deus. Pois aqui você diz que era a vontade secreta de Deus que isso acontecesse, de modo que os pensamentos dos patriarcas fossem levados a fazer isso por Deus.

Dessa maneira, você atribui a Deus aquilo que é próprio do diabo, pelo testemunho da Palavra, pela qual somos ensinados que o diabo moveu os homens com maus pensamentos. Deus nos ordena a resistir aos maus pensamentos, se vierem dele, então nos ordena a resistir a ele mesmo. Tiago diz que ninguém pode ser tentado por Deus. Mas mover com maus pensamentos é tentar. Tudo que procede do Pai das luzes é bom, pelo que, se dele vierem maus pensamentos, devem ser bons. Dessa forma, a declaração de José foi uma mentira: "Vocês planejaram o mal contra mim." Mas você admite que os maus pensamentos são maus e ainda assim diz que eles vieram de Deus, então, podemos chamar Deus de Pai das trevas, porque dele vieram muitos males, que são trevas.

Onde você diz que Deus faz essas coisas para sua própria glória, eu respondo que dizer isso é inútil, pois nós o glorificamos quando o julgamos digno de ser glorificado, como Nabucodonosor, sendo transformado em uma criatura animal, tendo experimentado a justiça e o poder de Deus, deu glória a Deus, conforme percebeu que Deus era justo. Deus será glorificado em todas as nações, então as obras de Deus devem ser tais que todas as nações possam conhecê-las e louvá-las. Todavia, não há nação que reconhecerá que Deus é justo, porque ele puniu um homem pelo crime que ele próprio o provocou. Os filisteus, sacerdotes e adivinhos deram glória a Deus e o consideraram justo por ter atormentado a faraó, pois endureceu seu coração contra Deus, desejando que seus governantes por meio desse exemplo não endurecessem seus corações contra Deus, mas que enviassem a arca do Senhor, para que ele também não os atormentasse. Mas se os adivinhos dos filisteus soubessem (como você supõe saber) que Deus endureceu o coração de faraó, que justiça eles atribuiriam a Deus por punir faraó por aquilo de que ele mesmo era o autor e moveu Faraó a fazer, visto que, como você disse, nenhum homem é capaz de resistir à sua vontade secreta? Que justiça haveria em punir Simei pela transgressão de que Deus era o autor, ordenando que ele o fizesse?

Davi disse: "O Senhor se dá a conhecer pelo juízo que executa; os ímpios ficam enredados nas obras de suas próprias mãos." Não quando castiga pela ofensa à qual moveu os homens. Se Deus punir um homem por ter barba, será que alguma glória deve ser dada a Deus visto que ele mesmo nos deu as barbas? Mas nisso você se faz de piedoso e diz que não devemos falar tão irreverentemente das obras de Deus, pois esse é o juízo secreto de Deus que não conhecemos. Eu respondo que existem alguns segredos de Deus desconhecidos por nós, mas o juízo de Deus é conhecido e manifestado a nós na Palavra e é segundo essa palavra (como ensina Paulo), não segundo seu juízo secreto, que Deus julgará o mundo. Assim Deus será glorificado por todos, piedosos e ímpios, porquanto todos o considerarão justo e aqueles que não obedeceram à verdade, não à sua verdade desconhecida, mas à conhecida, que é a Palavra, será punido. Enquanto aqueles que obedeceram à verdade revelada na Palavra de Deus, não à secreta, receberão sua recompensa.

Além disso, se esse é o julgamento secreto de Deus, quem o revelou a você? Como você sabe que é secreto? É secreto o que você conhece e ensina? Na verdade, acho que é assim, pois é tão secreto que não consigo compreender. Mas aqui eu percebo, não o segredo, mas o juízo manifesto de Deus, que lhe permite errar assim, porque você retém a verdade por causa da injustiça e, de acordo com o seu conhecimento,[1] você não glorificou a Deus nem se sentiu agradecido, mas se encheu de vaidades da sua própria imaginação. Por isso meu conselho é que você se afaste daquela infidelidade em que se afogou, creia na Palavra e nada além disso, pois ela é o poder de Deus para a salvação de todos que creem.

RESPOSTA

Como a sua perniciosa seita, desde a sua origem, se esforçou com todas as artimanhas maliciosas para subverter e confundir a ordenança mais perfeita de Deus, nesse assunto você confunde as coisas que mais clara e distintamente separamos e divide uma da outra. Pois, primeiro, você não será capaz de provar que algum de nós afirmou, ou ainda afirma, a palavra ou ação de José e seus irmãos

---

[1] Romanos 1.

como prova da eterna eleição de Deus ou de sua justíssima reprovação. Eles declaram que tal é a providência de Deus para com seus filhos escolhidos e para a salvação e preservação de sua igreja. Aquilo que satanás e homens maus imaginam para a destruição dos eleitos de Deus, assim a sua infinita bondade converte em proveito, consolo e alegria. Essa é a primeira coisa que você confunde descaradamente, a saber, sua providência, que se estende a todas as suas criaturas, com sua eleição, pertencendo apenas a seus filhos. A segunda é que ninguém jamais traçou uma diferença mais clara entre a vontade perversa de satanás, a vontade corrupta e maliciosa do homem e a justa vontade de Deus do que nós fazemos em todas as nossas doutrinas e escritos.

Ainda assim, vocês nos acusam de que atribuímos a Deus o que é próprio do diabo, isto é, levar o pensamento dos homens a fazer o mal. Quão distante essa impiedade está de todas as nossas cogitações. Deus um dia revelará manifestamente para sua eterna confusão (a não ser que prontamente se arrependa), assim também todos os homens piedosos, que ouviram nossas vozes ou leram nossos escritos, podem testemunhar a injustiça com que nos acusa. Afirmamos firmemente que Deus não moveu por seu Espírito Santo os corações dos patriarcas para invejar e odiar, nem moveu faraó à crueldade, nem mesmo à iniquidade. Pois isso é a condição natural de todos os homens e o poderoso Espírito de Deus precisa extingui-la e apagá-la, mas não precisa acendê-la e inflamá-la. No entanto, dizemos que Deus, o qual das trevas produziu ou causou a luz, tinha, naquela ação mais detestável dos patriarcas, tanto sua vontade e seu conselho completamente contrários às suas intenções e propósitos, como ele tinha na cruel e injusta morte (quanto aos instrumentos que a executaram) de seu querido Filho Cristo Jesus. Tampouco significa que pensamentos malignos, aos quais somos ordenados a resistir, sejam movidos por ele, ou que venham dele. Pois a sua fonte todo homem ímpio encontra em si mesmo, para que sua própria consciência o condene de que em nenhum outro lugar está a causa de sua iniquidade (e do severo castigo que ele sofrerá) a não ser dentro de si mesmo e como procedente de si mesmo pela instigação do diabo, cujo poder ele é entregue (como Saul e outros) pelos juízos inescrutáveis e incompreensíveis (mas ainda justíssimos) de Deus.

Se você tivesse modéstia ou discrição para julgar essas coisas que são boas e piedosas, ou ainda docilidade para ser ensinado naquelas coisas das quais você se declara totalmente ignorante, não poderia com tamanha ira vomitar seu veneno contra a suprema majestade de Deus. As suas terríveis blasfêmias não se voltam tanto contra nós quanto contra Deus. Quanto a nós, elas são incapazes de obscurecer a luz manifesta de nossa doutrina, tanto quanto cuspir contra o sol impede seu brilho. Pois em nenhum dos nossos escritos você pode mostrar qualquer uma dessas sentenças que, maliciosamente e sem vergonha, você nos imputa.

"*Pensamentos maus vêm de Deus. Deus castiga o homem pelas ofensas de que é autor, para as quais ele o provoca. Deus moveu e forçou faraó a punir o povo.*"

Essas e outras de suas horríveis blasfêmias (tanto detestamos e afirmamos que seus primeiros autores são merecedores das punições mais severas) você nunca será capaz de mostrar em nenhum de nossos escritos. Isso serve como resposta suficiente a todos os seus insultos desprezíveis. Mas, para que você não se glorie em sua iniquidade e ignorância, irei demonstrá-la, seguindo sua resposta nas palavras de Tiago, dizendo: "Deus a ninguém tenta." Se você afirmar que Deus não tenta a obediência de seus servos, nem envia falsos profetas para tentar seu povo, a clareza de suas Escrituras repreenderão sua vaidade. Porque Deus tentou Abraão, ele tentou o seu povo quarenta anos no deserto. Ele também tenta enviando falsos profetas, como Moisés testemunha.

Portanto, você deve ser obrigado a admitir que as palavras "tentador" ou "tentar" são entendidas nas Escrituras de modos diversos: às vezes para tentar e examinar, às vezes para trazer à luz e ao conhecimento coisas que estão secretas no coração do homem, às vezes para buscar pela experiência certezas das coisas faladas, pronunciadas ou afirmadas e, às vezes, para mover ou provocar à iniquidade. É nesse último sentido que não admitimos que Deus tente alguém. Pois, como a matéria de toda iniquidade jaz no coração do homem, ele também é provocado, movido e agitado por suas próprias concupiscências e pela instigação exclusiva do diabo.

Assim, embora admitamos que impulsionar maus pensamentos seja "tentar", negamos o inverso, que tentar é mover maus pensamentos. Mas vamos ouvir ainda mais de sua profunda vaidade. Você diz que tudo que vem do Pai das luzes é bom (que Deus garanta que vocês estejam assim persuadidos em seus corações). Se pensamentos maus vêm dele, eles devem ser bons. E assim você conclui que aquelas palavras de José eram falsas e Deus pode ser chamado de Pai das trevas (que execrável blasfêmia!), porque dele vêm maus pensamentos, que são trevas. Resposta: se algum de nós assim tiver escrito ou falado, que sejamos apedrejados até a morte como blasfemadores execráveis. Se você, em sua fúria cega, nos acusa injustamente, embora possa escapar das mãos do homem, ainda assim não escapará da severa e súbita vingança de Deus. É a malícia que não permite a você entender como esses males que os homens cometem deliberadamente, conforme vêm de Deus, são justos, proveitosos e bons.

Afirmamos firmemente que a condenação do diabo, o endurecimento de faraó, a enganação de Acabe e outras coisas semelhantes, conforme procediam de Deus, eram suas justas e boas obras, porque são a punição do pecado, a execução de seus justos julgamentos e uma declaração de sua justiça. Justiça essa que está armada contra a rebelião obstinada de anjos e homens. Mas concluir que seus maus pensamentos, suas intenções maliciosas, seu ódio e crueldade vieram imediatamente de Deus é mais do que uma blasfêmia. Tudo isso se encontra entre os transgressores, que Deus usa, não por meio de uma permissão ociosa (pois é uma coisa muito contrária à sua justiça), mas efetivamente como sua sabedoria sabe que melhor servirão à sua glória, sendo para proveito de seus filhos escolhidos. Afirmo que é uma coisa muito contrária à justiça e ao poder de Deus tolerar ociosamente a iniquidade a ser feita, se ele não considerasse nada além da ação cometida. Pois, assim como não pode ser desculpado o homem que, podendo impedir o assassinato, não o faz, a justiça de Deus não pode ser desculpada por sua permissão ociosa, se ele não considerasse nada além das coisas como são feitas pelo homem.

Assim a justiça de Deus, na verdade, é atacada, e não defendida pela tolice de seus cérebros curiosos, ao dizerem: "Deus permitiu muitas coisas que ele não queria." Que vaidade é essa? Não é algo admitido por todos que o poder de Deus é onipotente? Quem, então, pode obrigá-lo a permitir aquilo que não gostaria? E por que ele tolera deliberadamente coisas que ele proibiu em sua lei? Eu respondo: para manifestação de sua própria glória, que é mais preciosa que o céu e a terra e todas as criaturas nela contidas.

Logo, a vaidade faz com que você tema que a justiça de Deus se desintegre, a menos que seja sustentada e confirmada com sua tola distinção entre sua vontade e sua permissão. Mas não tememos afirmar: ele não permite nada que, de alguma maneira, ele não queira, pois, como ele é onipotente e um pai muito amoroso, não sofrer deveria permitir que nenhuma calamidade sobreviesse, nem crueldade fosse usada contra seus filhos, a não ser que ele previsse e predeterminasse que o conforto deles e sua glória surgissem por meio disso. Você dirá que a glória de Deus, o consolo e a preservação de sua igreja são uma obra maligna, então por que os homens maus são instrumentalizados por meio dos quais o conselho eterno de Deus é realizado? A exaltação de José à honra, à preservação do Egito e de outras nações da fome, e o sustento de Jacó e sua família são uma obra má? Porque os irmãos de José, por malícia e inveja, venderam-no aos ismaelitas e eles, por lucro, venderam-no novamente a Potifar, cuja esposa maliciosamente o acusou injustamente. Por fim, estando na prisão, ele foi levado ao conhecimento de faraó e por isso foi promovido por sua revelação, sabedoria, honra e dignidade.

Contudo você diz que não é isso que lhe acusamos, mas você afirma "que Deus foi o autor da malícia e dos pensamentos perversos dos irmãos de José." Você nos distorce malvadamente, pois firmemente negamos que Deus tenha derramado qualquer malícia ou que, pelo seu Espírito Santo, tenha movido qualquer pensamento perverso neles. Nós afirmamos que isso eles tinham por natureza, porquanto eram corrompidos. Mas dizemos que Deus usou seus pensamentos perversos e malícia para sua glória e para o conforto daquele cuja destruição eles buscavam. Ele não os permitiu ociosamente, mas operou efetivamente por meio desses instrumentos e meios que sua sabedoria já havia indicado. Reclame o quanto quiser.

Embora para você sejam vãs as palavras "que Deus faz todas as coisas para sua própria glória", ainda assim Deus não terá sua glória medida pela vaidade de seus cérebros. Você diz "nós glorificamos a Deus quando o consideramos digno de ser glorificado." Resposta: se vocês pensam que os homens glorificam a Deus somente quando o reconhecem digno de glória e em nenhum outro momento, então vocês são ignorantes, tolos e mentirosos descarados, pois seu argumento não é melhor do que se eu dissesse: "O homem dorme no período noturno; portanto, nenhum homem pode dormir em qualquer outro momento."

Se seu mestre Castalio tivesse considerado que um argumento *a specie ad genus* negativo é inócuo e tolo, ele não teria reunido tantos raciocínios sofistas, pelos quais você e outras pessoas são abusados. Para esclarecer melhor essa questão: se a glória de Deus consiste na manifestação de sua misericórdia, de sua verdade, de seu poder, de sua sabedoria e de seus juízos mais justos, então todas as criaturas glorificam a Deus, quer elas o considerem digno ou indigno. Pois Davi afirma: "Os céus declaram a glória de Deus", e ainda assim eles não têm juízo nem entendimento. O céu e a terra (diz Isaías) estão repletos de sua glória.[2] Em outra passagem: "Os animais do campo me glorificarão, os chacais e os filhotes de avestruzes." Acã também recebeu ordem de dar glória a Deus. A terra será compelida (diz Habacuque) a conhecer a glória de Deus. O profeta Zacarias também diz: "Para obter a glória, ele me enviou às nações que saquearam os bens de vocês."

Finalmente, satanás e os infames em sua justa condenação não darão glória a Deus? E você pensa que todas essas criaturas consideram que Deus é digno de glória, de tal maneira que reconhecem seu poder, sua sabedoria, sua justiça e de todo coração se submetem à sua santa vontade? Eu acredito que você diria que não, pois sabemos que satanás é um espírito malicioso e rebelde contra Deus, ainda assim ele é compelido, mesmo em meio a tormentos, a dar glória a Deus, à medida que ele declara o poder de Deus e seus justos juízos na sua justa condenação. Portanto, eu digo que você restringe a glória de Deus dentro de limites demasiado estreitos e restritos, quando você deseja que ela não se estenda além daqueles que, deliberadamente, consideram Deus digno de glória, o que pertence apenas aos filhos escolhidos e jamais pode ser dado pelos infames. Pois essa glória deve advir da fé, que não é comum a todos, mas é o dom especial dado aos eleitos de Deus e, por outros meios, Deus declara sua glória, mesmo nos vasos de sua ira, como é declarado anteriormente.

Do exemplo de Nabucodonosor, você não pode tirar nada além de uma conclusão específica, desta forma: Nabucodonosor, depois de

---

[2] Isaías 6.

sentir o justo castigo de seu orgulho e arrogância, glorificou a Deus, logo, algum homem após o castigo glorifica a Deus. Se você estender sua conclusão para além disso, incorrerás numa falsidade, pois se você diz que todos os homens após o castigo glorificam a Deus com a mesma confissão que ele, muitos exemplos podem ser mostrados de forma contrária. Se você disser que ninguém além dos que são punidos glorificam a Deus, isso será provado falso da mesma forma. E se você diz que a glória de Deus não brilha em ninguém, a não ser naqueles que reconhecem e confessam que Deus é misericordioso, isso é ainda mais vaidoso. E assim digo que sua conclusão deve ser específica.

As razões da conclusão que você tira dessas palavras de Davi: "Louvado seja Deus por todas as nações" são tão tolas, por um lado, e tão imundas e execráveis, por outro, que entre todas as nações você não deve apenas ser zombado, mas também para ser horrorizado e detestado. Primeiro, você diz: "Se Deus deve ser louvado entre todas as nações, então as obras de Deus devem ser tais que todas as nações possam conhecê-las e louvá-las." Eu respondo: assim elas são e entre todas as nações aqueles que têm os olhos de suas mentes iluminados pelo Espírito Santo de Deus percebem a justa razão pela qual eles devem louvar a sabedoria de Deus, mesmo em todas as suas obras. Mas você prossegue, dizendo: "Não há nação que reconhecerá que Deus é justo, porque ele puniu um homem pelo crime que ele próprio o provocou."

Assim, segundo o exemplo dos sacerdotes dos filisteus, você faz a seguinte pergunta: "Se Deus punir um homem por ter barba, será que alguma glória deve ser dada a Deus, visto que ele mesmo nos deu as barbas?" E assim você zomba e escarnece de nós, dizendo que somos muito piedosos, porque dizemos que ninguém deve falar de maneira tão irreverente das obras de Deus. Deus é testemunha de que não escrevo sem tristeza de coração, nem afirmo isso por ódio contra qualquer pessoa. Mas na presença de Deus eu digo que preferiria que meu corpo sofresse a mais cruel e vil morte do que essas blasfêmias horríveis serem promovidas em meu coração, inventadas na minha cabeça, escritas por minha caneta e pronunciadas por minha boca e língua. De fato, vou além e digo que seria melhor para você nunca ter nascido, do que de forma blasfema expor a grande majestade de Deus ao opróbrio e escárnio. Pois recorro ao julgamento do céu e da terra e de todas as criaturas nela contidas, se alguma vez Juliano, o apóstata, falou mais desdenhosamente de Deus do que aqui que você escreve.

Mas, para a instrução do leitor simples, respondendo-lhe de forma mais razoável do que seu desprezo irreverente merece, primeiro, eu digo que a intenção de Davi não era nos ensinar o que toda nação e todos os homens entre os gentios farão, mas qual era o dever de toda nação, todo povo e todo homem, quando as misericórdias de Deus lhes fossem oferecidas. Portanto, se você concluir que todas as nações louvam a Deus, porque o Espírito Santo, pela boca de Davi, ordenou que todas as nações o louvassem, o seu argumento não é melhor do que se você afirmasse que todo homem ama a Deus de todo coração, alma e entendimento, porque Deus assim o ordena. Essa é só uma parte da sua ignorância.

A segunda é a seguinte. Você diz que as obras de Deus devem ser tais que todas as nações possam conhecê-las e louvá-las. Eu respondo: se você entende que todos os que louvam a Deus com sinceridade de coração precisam ter algum conhecimento de suas misericórdias, bondade, justos juízos e obras maravilhosas, não discordamos de você. Mas se você disser (como fica evidente por suas ações) que, a não ser que todas as nações percebam e compreendam os próprios fundamentos da justiça de Deus, Deus não terá glória entre elas. Assim, como lamentamos sua tolice, detestamos seu erro. Pois, embora o homem natural não possa jamais alcançar o conhecimento daquilo que Deus propõe, ainda assim Deus não pode ser defraudado de sua glória, nem mesmo no homem mais carnal e miserável. Cristo Jesus foi enviado ao mundo[3] e veio àquele povo que era chamado de seu próprio. Sua glória brilhou aos olhos de alguns a ponto de reconhecerem a glória do único Filho de Deus. Mas os chefes dos sacerdotes e toda a nação dos judeus viram a mesma glória e o confessaram assim como os eleitos? Paulo testemunha o contrário, dizendo: "Se eles soubessem, não teriam crucificado o Rei da Glória."

Paulo foi designado pregador para os gentios, entre os quais ele fiel e ousadamente abriu os tesouros das grandes misericórdias de Deus e da glória de seu Filho Cristo Jesus. Mas toda cidade, reino, nação ou homem, a quem esses tesouros foram abertos, assim os

---

[3] João 1.

recebeu, os compreendeu e os adotou, pelo que glorificaram a Deus? É evidente que não. Deus foi, assim, defraudado de sua glória, mesmo no meio de uma geração perversa? De maneira nenhuma. Pois como os olhos de alguns foram iluminados e glorificaram a palavra do Senhor, assim também os que permaneceram obstinados, glorificaram e glorificarão a Deus, conforme seus justos julgamentos foram e serão executados contra eles.

Se você não teme o castigo, se enfureça o quanto quiser. Às suas blasfêmias, eu já respondi, pois nenhum de nós imputa a Deus o castigo de qualquer homem por algo que ele o tenha provocado a fazer. Pois a iniquidade não vem da provocação, do movimento, nem do Espírito Santo de Deus, como já declaramos. Portanto, como Deus revelou a nós um conhecimento mais seguro em suas Sagradas Escrituras do que os sacerdotes dos filisteus tinham, temos a coragem de afirmar o que deles estava oculto e você também não consegue tolerar, ou seja, que todas as criaturas são compelidas a servir à glória de Deus, conforme sua sabedoria as designou. Ainda assim, as vontades dos homens não são nem violentamente movidas nem forçadas por Deus a cometer iniquidade, a qual todos os homens estão propensos em razão de sua corrupção natural.

Entre as muitas comparações tolas e discordantes que seu mestre Castalio usa para provar seus propósitos (pois nisso repousa o principal fundamento de sua teologia), nada pode ser mais tolo nem mais repugnante ao que você e ele provariam do que isso: "Se Deus punir um homem por ter barba, será que alguma glória deve ser dada a Deus, visto que ele mesmo nos deu as barbas?" A partir disso, você deduzirá que, se Deus punir o pecado que ele desejou ou designou que ocorresse, então ele não pode ser justo. Mas vamos examinar se sua comparação concorda mesmo nos pontos principais, nos quais, se isso prova alguma coisa, ela deve concordar.

Primeiro, sabemos que a barba do homem foi criada por Deus. Mas quem entre nós alguma vez afirmou que o pecado e a iniquidade foram feitos ou criados por Deus? O pecado nós admitimos ter sido previsto, sim, e ordenado no incompreensível conselho de Deus, isso para os fins e propósitos mais justos e íntegros. Mas que tenha sido feito ou criado por Deus, isso você nunca será capaz de provar por nossa doutrina. Assim, a sua comparação para no membro principal, pois é preciso ser como as criaturas e a criação de

Deus, se Deus estiver obrigado a castigar o homem por ter um e o outro. Além disso, a barba do homem surge, cresce e permanece por mero movimento natural, de modo que embora os homens durmam, comam, bebam ou façam o que quer que lhes agrada (em cuidado ou preocupação com sua barba) ela chega, no entanto, àquele estado e perfeição que a natureza permitirá. Mas e o homem peca assim? Quero dizer, o homem peca não tendo vontade, intenção nem apetite para pecar? Ou o pecado não procede de um movimento tão voluntário e corrupto, que a vontade, o juízo, o entendimento e os apetites, ou seja, a integridade do homem e todas as suas cogitações estão sujeitos ao pecado e inclinados à iniquidade o tempo todo? Que vocês mesmo julguem se as partes das suas comparações concordam entre si. Assim, respondi com maior modéstia à sua tolice, do que merece a sua indecência debochada.

Você afirma que, embora existam alguns segredos de Deus desconhecidos para nós, o julgamento de Deus nos é conhecido e revelado na palavra. Pergunto se você consegue apontar, pela clareza das Escrituras, a causa de todos os julgamentos de Deus desde o princípio e daqueles juízos que serão executados naquele dia, quando os segredos de todo coração serão revelados. E se você for capaz de assim fazer, você deveria estar proveitosamente ocupado (assim eu penso) se, com sua escrita clara e simples, quisesse se esforçar para pôr fim a essa controvérsia. O principal ponto disso é que afirmamos que não é possível atribuir a Deus a partir da clareza das Escrituras causas capazes de satisfazer a curiosidade do homem acerca do porquê Deus permitir que um grande número de seus anjos caísse, dos quais ele não redimiu nenhum, mas os reservou para o julgamento.[4] Deus permitiu que o homem caísse e ainda ele elegeu alguns vasos de misericórdia à honra e designou outros para o pecado e condenação. Por fim, como eu já disse: por que Deus adiou por tanto tempo o envio de seu Filho, e por que, também, sua vinda se demora?

Se você responder que essas duas últimas questões são resolvidas pelas Escrituras, sendo uma tal como o apóstolo escreve, para que os pais não fossem aperfeiçoados sem nós e sendo a outra para que o número dos filhos eleitos de Deus se completasse

---
[4]Hebreus 11.

totalmente, admitimos ser uma razão forte e suficiente para todos os filhos de Deus de modo que não pedimos por nenhuma outra. Mas ainda assim a mente curiosa não se aquietará, e ainda assim perguntará: por que Deus não completou de uma vez só o número de seus filhos eleitos assim como do nada criou os céus e a terra e, no espaço de seis dias naturais, dispôs todas as coisas em perfeita ordem? Considerem o que vocês assumem, se afirmarem que todo o julgamento de Deus é tão conhecido que uma razão suficiente de cada um pode ser atribuída pela Palavra. Se você disser que há algumas coisas secretas, considere, eu peço, que o Espírito Santo nunca fez menção a nenhum segredo maior do que o que se esconde nos juízos mais justos de Deus, os quais Paulo acreditou serem incompreensíveis e Davi diz: eles são tão profundos que nem a compreensão do homem, nem do anjo, pode alcançar as suas profundezas.

Não vejo qualquer causa ou razão para a sua acusação de que afirmamos que Deus julgará o mundo, não de acordo com o Evangelho de Cristo claramente revelado, mas de acordo com outra vontade secreta. Pois nenhum homem permanece mais firmemente naquilo que está escrito e revelado, nenhum homem se importa menos em procurar novas revelações ou autoridades duvidosas do que nós. A nossa doutrina constante é que Deus absolverá da condenação aqueles que, pela verdadeira fé, abraçam seu querido Filho Cristo Jesus e condenará ao fogo inextinguível todos os infiéis e aqueles que se deleitam em impiedade e maldade. Com esse juízo, acreditamos que Deus pronunciará por seu Filho Jesus Cristo, a quem todo juízo é dado. Não procuramos por nenhuma outra vontade secreta nesse assunto. Mas, se eu quiser, posso imputar a algumas de suas acusações aquilo que nenhum de vocês pode negar, a saber, que alguns de vocês escreveram (além de suas informações privadas) que existe uma doutrina mais perfeita do que Paulo escreveu.

Digo mais, alguns colocaram em dúvida toda a Escritura de Deus e alguns afirmam que ninguém pode, pela Palavra escrita, decidir as controvérsias atuais na religião. Portanto, precisamos ter novos profetas e novas revelações do céu antes que qualquer reforma pública e geral seja feita. Se qualquer de vocês pensam que isso é coisa da minha cabeça, manifeste-se claramente impugnando, e eu mostrarei testemunhas que, neste momento, por variadas razões, eu omito. Sua zombaria, seu arrogante juízo e condenação pronunciados contra nós, submetemos à apreciação daquele que em breve declarará qual dos dois será afogado na infidelidade e, deixando as claras Escrituras de Deus, seguirá as vaidades de suas próprias imaginações. Agora, vamos logo ao que significam nessas palavras.

42ª Parte

O ADVERSÁRIO

Você apresenta outra prova a partir daquilo que está escrito em 2Samuel 24: "Deus incitou Davi a levantar o censo de Israel e Judá." Ao que respondo com o que está escrito em 1Crônicas 21: "Satanás levantou-se contra Israel e incitou Davi a levantar o censo do povo." Estou certo de que, se não fosse por essa clara passagem, você atribuiria a Deus a provocação perversa do diabo. Mas aqui temos uma chave fundamental para entender muitos outros textos das Escrituras, os quais parecem afirmar que Deus é o autor de qualquer maldade, pois, por essas duas passagens, podemos ver que Deus é considerado o autor daquilo que permitiu. Pois, como permitiu a resistência obstinada de faraó, diz-se que ele é seu autor.

Então, porque ele abandonou Simei à indecência de sua própria mente e permitiu que ele amaldiçoasse a Davi, Deus é considerado o autor de sua maldição assim os patriarcas que, abandonados por Deus, venderam seu irmão. Agora, nesse ponto em que Davi, sendo deixado por Deus para levantar o censo do povo pela provocação do diabo, não foi movido por Deus, assim como não foi quando matou Urias. A isso, você diz, que apenas bajulamos a Deus quando fazemos qualquer diferença entre sua vontade e sua permissão ou sua tolerância, pois Deus não permite nada (você diz) além daquilo que ele deseja. Se você quer dizer que Deus não permite nada senão o que ele quer, eu diria que você tem razão. Todavia, conforme você declara que quer dizer que tudo o que Deus permite, ele o deseja absolutamente, isso é um erro. Pois Deus permite e tolera todas as iniquidades que são feitas sobre a terra. Você dirá que Deus desejou absolutamente toda essa iniquidade? Que Deus não permita que seu povo seja levado a crer em tamanha abominação.

Eu digo que vocês são os profetas do diabo, que ensinam essa doutrina imunda, vocês dizem que são profetas de Deus. Assim, necessariamente, um de nós está mentindo, pois se vocês são profetas de Deus, eu minto, e se vocês são profetas do diabo, vocês mentem. Se Deus quer que digamos a verdade, ele não vai querer que mintamos, pois assim ele iria querer dois contrários, o que é impossível. Todavia, um de nós mente, o que deve ser pela permissão e tolerância de Deus, não por sua vontade. Isso significa que há diferença entre a permissão e a vontade de Deus.

O Senhor ficou irado com os pagãos indolentes, porque quando Deus estava um tanto irado com os israelitas, eles fizeram o possível para destruí-los. Então Deus permitiu que os pagãos punissem seu povo mais severamente do que ele desejava, pelo que deve haver diferença entre a vontade de Deus e sua permissão. Obede, o profeta, reprovou os israelitas, porque eles afligiram Judá com maior severidade do que Deus desejava. Então os israelitas devem ter feito isso pela permissão de Deus, não por sua vontade. O filho pródigo desperdiçou todos os seus bens indiscriminadamente. Se você disser que essa era a vontade de seu pai, isso seria um grande absurdo.[1] Portanto, segue-se necessariamente que o pai permite o que não quer. O pai quis que seus dois filhos trabalhassem em sua vinha, mas apenas um deles fez a vontade de seu pai. Assim, o pai tolerou o que foi contra sua vontade.

Assim, percebemos uma grande diferença entre a vontade e a permissão de Deus. Temos declaração notável na profecia de Jeremias contra esse erro, a qual ensina que o pecado é cometido não apenas pela permissão de Deus, mas também contra sua vontade: "Eles construíram lugares altos para Baal para dedicarem seus filhos e filhas a Moloque, o que nunca lhes ordenei, nem jamais esteve em meus pensamentos fazer Judá pecar com tamanha abominação."[2] Aqui vemos que Judá cometeu o que era contrário à vontade revelada de Deus: "porque eu nunca lhes ordenei". Também contra a sua vontade secreta: "porque jamais esteve em meus pensamentos". Então

---
[1]Lucas 15.
[2]Jeremias 32.

eles pecaram pela permissão de Deus contra sua vontade. "Os teus caminhos e os teus pensamentos lhes causaram isso", diz o Senhor. Se era a vontade do Senhor que todos os israelitas pecassem, também era da vontade dos israelitas pecar, então eles concordavam. Assim como o Senhor externamente, pela palavra, não queria que eles praticassem o mal, assim prometeram externamente guardar a lei de Deus, e o adoraram com seus lábios.

Dessa forma, parecia que, interna e externamente, eles estavam em conformidade com Deus, segundo a sua opinião. Por isso ele não deve ter se ofendido com eles. Tenho vergonha de escrever esses absurdos abomináveis que podem ser inferidos de sua venenosa doutrina. O Senhor levantará o espírito do rei dos medos, que já tem um desejo de destruir a Babilônia.[3] Por quais meios o Senhor o levantaria para fazer qualquer coisa para a qual ele já estivesse inclinado a fazê-lo, a não ser o permitindo? Ainda assim, o Senhor é considerado como se o tivesse feito. E por isso está escrito:[4] "Que um transgressor enganoso se lance contra outro, e um destruidor se lance contra outro. Pois para mover o ímpio à iniquidade Deus não precisa mais do que abandonar aqueles que não imagina nada além de maldade. Seu mestre, o diabo, nunca dorme, mas está sempre com ele, tentando-o com maus pensamentos e provocando-o a pôr em prática sua imaginação perversa."

RESPOSTA

Quanto mais você se aproxima do fim, mais longe você fica de provar seu propósito e mais despeja sua malícia e veneno. Não vemos nenhuma razão justa pela qual a passagem[5] dos livros dos Reis deva ser explicada pelo que está escrito nas Crônicas nos termos que você coloca, ou seja, que Deus não tenha qualquer participação naquela grave transgressão de Davi além de exclusivamente uma ociosa permissão. Pois o Espírito Santo não teme dizer:[6] "A ira do Senhor Deus ainda se moveu contra Israel, e incitou Davi contra eles e disse: 'Vai e levanta um censo de Israel e Judá'". Aqui está claro que o Deus Eterno,

---

[3]Jeremias 51.
[4]Isaías 21.
[5]2Reis 24.
[6]1Crônicas 21.

que estava irado contra Israel, incitou ou moveu Davi para levantar o censo, não por permissão ociosa, como você alegou, mas com um movimento que nada repugna à sua justiça. Você diz que a outra passagem explicou isso, pois afirmou que o diabo se levantou contra Israel e incitou Davi a levantar o censo de Israel, eu respondo que uma passagem em nada repugna à outra. Sendo assim, uma não explica a outra da forma que você conclui. Pois não repugna dizer que Deus, o homem e o diabo operam em uma ação, como nas histórias de Jó, Acabe, Simei e faraó, fica evidente.

Deus, por justas razões, dá seu mandamento e poder a satanás (como a seu instrumento), a fim de que ele nunca seja tão perverso, para fazer o que em seu eterno conselho foi antes decretado. Satanás, de intenção perversa e rebelde, escolhe tais instrumentos e os usa conforme Deus designou. Os homens, em todas as ações perversas, por seu movimento livre e voluntário, seguem suas afeições corruptas e perversas, demonstrando seu orgulho, vaidade, malícia ou crueldade, as quais, à medida que são perversas, admitimos que Deus não as deseja, porque ele não pode desejar a iniquidade. Ainda assim, que seu poder eterno e onipotente seja considerado de tal maneira que nada faz em tais ações, além de permitir, não podemos admitir pelas razões que já dissemos anteriormente, onde examinamos a diferença entre a vontade de Deus e sua permissão.

Você mantém sua antiga natureza (e, com toda a razão, posso dizer, a natureza do diabo), afirmando maliciosamente que nós dizemos "que tudo o que Deus permitiu, ele o fez absolutamente e assim desejou absolutamente toda a maldade". Essa afirmação, assim como você jamais será capaz de provar que a tenhamos dito, nós reconhecemos que ela não só está errada, mas também é blasfema, de modo que qualquer um que ousar pronunciá-la merece a morte. Pois afirmamos constantemente em palavras e escritos que Deus não deseja iniquidade absolutamente, pois todas as suas obras, conforme procedem de sua sabedoria e infinita bondade, são santas e justas e, portanto, não tornamos Deus autor de nenhum pecado, o qual somente procede das fontes corruptas, ou seja, do diabo e do homem, como já declaramos claramente em diversas passagens.

Eu percebo que você muito se agrada das suas férteis perspicácias (para não dizer tola vaidade), então recitarei as suas palavras integralmente, pelas quais você sugere provar contrariedade em Deus, a não ser que admitamos a distinção entre a vontade de Deus e sua permissão. O autor de seu livro para nós diz: "Eu digo que vocês são os profetas do diabo, que ensinam essa doutrina imunda, vocês dizem que são profetas de Deus. Assim, necessariamente, um de nós está mentindo, pois se vocês são profetas de Deus, eu minto, e, se vocês são profetas do diabo, vocês mentem. Se Deus quer que digamos a verdade, ele não vai querer que mintamos, pois assim ele iria querer dois contrários, o que é impossível. Todavia, um de nós mente, o que deve ser pela permissão e tolerância de Deus, não por sua vontade. Isso significa que há diferença entre a permissão e a vontade de Deus."

Parece que, nessa descrição, na qual você se opõe a nós, você quer mais dizer qual é o seu juízo e opinião sobre nós e como você desejaria que fôssemos considerados pelos outros do que tentar provar haver qualquer contrariedade em Deus por meio dessa descrição. Sua sabedoria eterna considera os meios pelos quais o seu mandamento e sua vontade não são contrários um ao outro, ainda que ele recomende uma coisa, mas por justas causas deseje que os ímpios façam o contrário. Esse tipo de contrariedade e repugnância cega tanto seus olhos que você não pode ver como Deus pode ordenar que todos os homens falem a verdade, mas por justas causas previstas e determinadas em seus conselhos, deseje que o diabo e os seus escravos se deleitem em mentiras. Embora eu diga que a aparência dessa contrariedade cegue você, a verdade de Deus não deixará de ser verdade, nem a liberdade de sua eterna divindade será sujeita à escravidão de seu julgamento corrupto. Seu mandamento e sua vontade não discutem nem lutam entre si, mas concordam em todas as coisas, assim como sua misericórdia, sua justiça, sua sabedoria e seu poder, ainda que com frequência sua justiça castigue aqueles sobre os quais ele decidiu ter misericórdia.

Ainda que ele ordene que obedeçam a seus mandamentos os homens a quem ele não apenas previu que seriam desobedientes, mas que por causas justas quis que sua glória aparecesse mesmo em suas injustiças e mentiras. Isso ele faz sem qualquer contrariedade, por sua vontade piedosa, com o pleno conhecimento de que, embora você não consiga alcançar, é mais proveitoso que você seja ignorante dessas coisas. Deus as reserva para serem reveladas no tempo designado em seu eterno conselho do que sem a devida reverência e temor perturbar seu tolo cérebro ao inventar esses absurdos que possam parecer opugnar a verdade eterna de Deus, que, no final, triunfará em sua destruição, vergonha e confusão, se obstinadamente você prosseguir como começou.

Embora ele ame a verdade, odeie a mentira, ordene ao homem que fale a verdade e lhe proíba prestar falso testemunho, não teme ordenar ao espírito maligno agir como um espírito mentiroso na boca de todos os falsos profetas de Acabe. Sim, além disso, ele lhe deu poder para realizar nos falsos profetas o que ele proíbe que todos os homens façam. Pois ele ordena que ninguém engane um ao outro, ainda assim dá poder ao diabo para ser um espírito mentiroso na boca dos falsos profetas e lhes dá poder para enganar Acabe. Se você quer acusar Deus de contrariedade, prepare suas asas e, com Nabucodonosor da Babilônia, diga: "Subiremos aos céus e estabeleceremos nossos assentos acima das estrelas de Deus. Ultrapassaremos as alturas das nuvens e seremos como o Altíssimo". Sim, se assim vocês pretendem examinar seus conselhos secretos, vocês deverão ser juízes e superiores a ele. Assim, com toda justiça, posso desprezar suas razões como vaidades absolutamente indignas de serem respondidas. Mas, ainda assim, por respeito aos símplices, vou organizar seu argumento da melhor forma possível e o responderei o que você pensa que não pode ser respondido. Seu argumento é o seguinte: "Deus não pode querer dois contrários. Mas falar a verdade e mentir são contrários. Portanto, ele não pode desejar a ambos. Mas ele permite aos homens mentir e deseja que eles falem a verdade. Há, portanto, uma diferença entre a vontade e a permissão."

É verdade que Deus não pode querer dois contrários. Em um mesmo aspecto e propósito, aquele que é autor da conciliação não pode querer contrariedade. Mas, considerando suas criaturas, pelos mais diversos e variados propósitos, não são contrárias as coisas que, para nosso juízo, têm aparência de contrariedade. Se vocês são mesmo tão esclarecidos, como alguns de vocês imaginam, não podem deixar de entender que essas respostas são suficientes para dissolver tudo aquilo que vocês reuniram de maneira irreverente.

No entanto, para tornar mais evidente aos símplices, eu afirmo que nesta proposição "Deus não pode querer dois contrários" e na conclusão que você tira dela, você deveria ter feito uma distinção entre as coisas que Deus simplesmente (ou, como você falou antes, absolutamente) quer e as coisas que ele fará para um certo fim e propósito, os quais não aparecem nas ações externas. Pois há certas coisas (como em outro trecho eu já tratei) as quais Deus quer por si mesmas como misericórdia, justiça, temperança, castidade e todas as outras virtudes, que ele quer fazer brilhar em seus eleitos e agradá-lo em Cristo Jesus, seu Filho. No entanto, ele também quer que a crueldade, a injustiça, a intemperança, a vida imunda, a cegueira e a obstinação estejam em outros, como justas punições dos pecados e causas de sua condenação. Esses últimos Deus quer que estejam nos condenados, não pelos atos perversos em si, que sempre desagradam a sua majestade, mas para os fins que a sua sabedoria designou. Expliquemos, por exemplos, alguns naturais e alguns extraídos das Escrituras de Deus.

Não há homem (a não ser que possua uma natureza especialmente cruel) que, considerando as inconveniências das guerras e das batalhas, as deseje por si sós. Contudo, um príncipe piedoso perseguido por inimigos externos não somente quer que seus soldados lutem e mantenham a guerra, mas também incitem, encorajem e exortem seus súditos a ela. Por que é isso? Por que essa guerra ou batalha lhe agrada enquanto tal? Não, mas porque, sem esse esforço, esse perigo e esse risco, seus súditos não podem viver em tranquilidade e o estado de sua comunidade não pode ser preservado. Posso dizer o mesmo dos magistrados piedosos que punem assassinos, adúlteros e blasfemadores com a morte e ainda assim não desejam a morte de ninguém, tampouco se deleitam com o derramamento de sangue. Nessas comparações, admito que há algo diferente: o poder de Deus não está sujeito a tais inconveniências contra a sua vontade, como os poderes dos homens. No entanto, essas semelhanças são suficientes para explicar o objetivo principal: o homem pode querer dois contrários, por diversos aspectos, sem nenhuma contrariedade em si mesmo. Pois paz e guerra são contrários, matar e salvar a vida também são contrários. Todavia, um único homem, ainda que ao mesmo tempo, pode querer um e outro por diversos aspectos e finalidades. Ele pode querer paz pela tranquilidade confortável e felicidade que dela surge e, no mesmo instante, sem qualquer contrariedade em si mesmo, ele querer a guerra para resistir à fúria do inimigo que oprime seus súditos.

Essas coisas que estão nas criaturas não podem estar em Deus com maior perfeição, embora não percebamos as causas? Vamos tentar responder a partir dos exemplos dos servos de Deus e, por último, pelo exemplo do próprio Deus.

Ló, certamente concordava com a vontade de Deus, pois amava a castidade, sobriedade e temperança e odiava a vida imunda, o prazer desordenado e a intemperança. Pois o Espírito Santo testemunha que seus olhos e ouvidos eram puros. Mas que vontade ele tinha quando ofereceu suas duas filhas para serem defloradas e abusadas por aqueles sujeitos vis? Isso era contrário à sua vontade anterior? Ele agora começou a se deleitar naquela imundície execrável? Estou certo de que não. Mas, sendo oprimido pela necessidade do momento, mantendo o amor, vontade e disposição à castidade e à conversa honesta, buscou a solução mais próxima que, para ele, parecia capaz de conter a ira daquela multidão furiosa (admito que não recai tal necessidade sobre Deus).

Mas observe o escopo principal e entenderemos (por diversos aspectos) desejar duas coisas, das quais uma é contrária à outra, não significando contrariedade. Vamos tratar do próprio Deus. Deus deseja misericórdia, justiça e todas as outras virtudes, como já dissemos, e isso ele sempre vai querer. Então não seria possível que ele desejasse crueldade, opressão, derramamento de sangue, assassinato e morte? Quem, então, enviou Nabucodonosor para destruir não apenas os judeus, mas também os moabitas e outras nações? Quem pronunciou esta sentença: "Maldito aquele que fizer a obra do Senhor relaxadamente! Maldito aquele que retém a sua espada do sangue!"? E esta: "Quem criou os ferreiros com seus martelos para derrubar os chifres que dispersaram Israel"?[7]

Finalmente, quem entregou seu próprio filho à morte cruel? Quem submeteu a querida esposa de Cristo Jesus a aflições e calamidades temporais? Você se atreve a negar que foi e é o Deus Eterno por cuja boa vontade todas essas coisas foram designadas e decretadas ou alguma delas foi feita contra sua vontade onipotente? Eu acho que você não vai afirmar isso, pois as Escrituras testemunham que Deus entregou seu Filho ao mundo, mesmo com determinado propósito de que ele morresse, ou quem poderia ter obrigado sua majestade a isso, se sua vontade tivesse sido repugnante?

---

[7]Zacarias 1.

Pedro afirma[8] que bem-aventurados somos nós que sofremos pelo nome de Cristo, acrescentando esta sentença consoladora: "Por eles (ou seja, pelos perseguidores) o nome de Deus é blasfemado, mas por você é glorificado." Portanto, diz ele: "Por isso, também os que sofrem segundo a vontade de Deus entreguem a sua alma ao fiel Criador, na prática do bem." Paulo testemunha[9] que aqueles a quem Deus elegeu em Cristo Jesus, ele também predestinou e de antemão designou para serem semelhantes à imagem de seu próprio Filho. Desses testemunhos fica claro que a destruição severa, a abundância do derramamento de sangue entre diversas nações, a morte de Cristo Jesus e as mais temíveis aflições de sua amada Igreja procederam da vontade de Deus, porquanto ele não apenas as permitiu, mas também, pelas mais justas causas, considerações e fins, o que já mencionei antes, ele o fez e os designou.

No entanto, em Deus não havia contrariedade. Na destruição de Jerusalém e de outros, ele não considerava simplesmente a ruína e a vastidão desses lugares, mas seus justos juízos, que foram provocados a se vingar da multidão de seus pecados, os quais ele havia tolerado por tanto tempo. Quando nosso Mestre Jesus Cristo sofreu, ele não se deleitou na crueldade daqueles cães enfurecidos que o crucificaram. Antes, como ele os odiava, acabou por puni-los severamente, mas seu prazer e deleite estavam na redenção do homem, o qual por nenhum outro sacrifício poderia ter sido realizada. Hoje e sempre, ele não teve prazer no sangue derramado, nem na tirania usada contra seu simples e pequeno rebanho, mas por querer os membros como o Cabeça, ele faz uma obra estranha para que ele possa fazer seu próprio trabalho, que é provar e purificar pelo fogo nossa fé de toda a escória e corrupção das afeições terrenas. Mas em nada disso há contrariedade, nem em Deus, nem em sua vontade, nem em seus conselhos. Pois todas as coisas estão dispostas em tal ordem, consentimento e conveniência, que sua glória e o conforto perpétuo de seu eleito sigam ao final com toda segurança.

Assim, mesmo na aparente contrariedade entre vocês e nós, Deus, sem dúvida, quer que um de nós afirme mentiras, ofenda e blasfeme

---

[8] 1Pedro 4.
[9] Romanos 8.

e, injustamente, acuse o outro; ele deseja que o outro sustente pacientemente a causa da verdade, suporte palavras ofensivas e boatos difamatórios, submetendo ao juízo daquele que com justiça e equidade julgará. Existe, portanto, alguma contrariedade na vontade de Deus? De modo algum. Considerando os diversos aspectos e fins, o mesmo consentimento será agora encontrado nessa aparente contrariedade, a qual permaneceu do crescimento da igreja de Deus. Pois em todas as épocas Deus quis que seus verdadeiros profetas, com toda coragem e constância, sustentassem a causa de sua simples verdade, não importando quão odiosa ela fosse para o mundo. Por outro lado, ele levantou falsos profetas, a quem deu a eficácia de erros (para propósitos contrários, admito), a saber, para que seu povo possa ser provado, seus servos fiéis exercitados e humilhados e, finalmente, para que aqueles que não se deleitam na verdade, pudessem ser entregues para acreditar em mentiras. Agora tente provar as contrariedades.

Você mostra sua ignorância nas palavras de Zacarias ao interpretar o pensamento de Odede, você deixa clara a sua falsidade usual, expandindo a opinião do profeta para além do que suas palavras permitem. O que vou demonstrar citando claramente as palavras do profeta Zacarias:[10] "Havia em Samaria um profeta do Senhor, cujo nome era Odede. Ele saiu ao encontro do exército que voltava para Samaria e lhe disse: Eis que o Senhor, o Deus dos seus pais, ficou irado com Judá e os entregou nas mãos de vocês, e vocês os mataram com tamanha raiva, que chegou até os céus. Agora vocês estão querendo fazer dos filhos de Judá e de Jerusalém os seus escravos e as suas escravas. Será que vocês não são culpados diante do Senhor, seu Deus?" Essas são as palavras dele sobre essa questão, pelas quais, se você puder provar que os israelitas fizeram mais do que Deus em seu eterno conselho havia designado que eles fariam contra Judá e Jerusalém, ouviremos pacientemente suas provas e razões. Se você disser que o profeta os reprovou por sua crueldade e, por essa razão, eles fizeram mais do que Deus queria, isso não se segue, pois a justa vontade de Deus não pode ser medida pela crueldade de suas ações, mas por sua própria palavra, na qual afirma que Deus entregou Judá nas mãos do rei da Síria e nas mãos do rei de Israel, que lhes infligiu

---

[10] 2Crônicas 28.

grande matança pelos pecados e idolatria abominável que eles e Acaz, seu rei, haviam cometido. Ouvimos e vemos a afirmação do Espírito Santo de que Deus os entregou nas mãos de seus inimigos, o que ele fez deliberadamente, não por permissão, como você escreve.

Agora, quanto à passagem de Zacarias, eu afirmo que você demonstra uma grosseira e perversa ignorância. Pois, se sua interpretação fosse aceita, se seguiria necessariamente que Deus carecia de poder para impedir e conter a fúria daqueles homens cruéis, que em sua vitória se enfureciam insolentemente. Pois se Deus quisesse que os judeus fossem apenas corrigidos brandamente e não fossem tão severa e rigorosamente destruídos, ainda assim eles foram tratados de forma tão cruel, não se pode negar que a crueldade e a ira dos babilônios eram maiores do que Deus poderia impedir ou suspender. Os piedosos perceberão a gravidade e a falsidade dessa blasfêmia. Mas vocês dizem que é isso que o texto coloca ao dizer: "Estou muito irado com os pagãos indolentes. Pois eu estava um pouco indignado, mas eles agravaram o mal." Eu respondo que, se você não fosse mais malicioso do que ignorante, poderia facilmente perceber que essas palavras foram ditas não para provar que algo foi feito contra Israel e Judá, onde Deus não havia designado e ordenado, mas para instruir o profeta de que a vontade e o conselho de Deus, ao punir o seu povo, era muito diferente do que a vontade e o conselho daqueles que os destruíram e sua longa escravidão teria outro fim diferente do que eles próprios ou seus inimigos entendiam.

Que nada foi feito contra aquele povo sem que o Senhor não houvesse designado e até ordenado. O mesmo profeta o afirma dizendo: "Minhas palavras e meus estatutos [ele se refere às ameaças e punições] que ordenei aos meus servos, os profetas, não alcançaram vossos pais, na medida em que se converteram e disseram: 'Assim como o Senhor dos Exércitos designou fazer a nós, de acordo com nossos caminhos e de acordo com nossa imaginação, assim ele o fez." A não ser que você desminta o Espírito Santo, deve admitir que Deus havia ordenado, designado e determinado punir seu povo. Também Amós, o profeta, não teme dizer: "Haverá mal em uma cidade [isto é, qualquer castigo ou praga] que o Senhor não tenha feito?" Você diz: por que, então, ele se ofende contra os orgulhosos e insolentes? Eu respondo: porque eles não consideravam a vontade, o conselho ou o mandamento de Deus, mas apenas as suas próprias conveniências particulares e a satisfação de seus apetites cruéis. Porque eles não destruíram Jerusalém com a intenção de punir as transgressões que o povo havia cometido contra Deus. Tampouco os levaram à Babilônia, com o propósito de que Deus fosse glorificado em sua libertação. Não, eles haviam determinado o exato contrário, ou seja, que Jerusalém permaneceria desolada para sempre, que Judá seria herança de nações estrangeiras e, assim, a promessa de Deus seria falsa e inútil. De fato, nem os próprios judeus, no ápice de seus problemas, quando o templo começou a ser reedificado, estavam livres dessas tentações.

Portanto, Deus assegura seus profetas de que seu amor era grande para com Sião, que ele destruiria aquela nação que pretendia sua destruição e ele libertaria seu povo,[11] também que a guerra de Jerusalém estava no fim, sua iniquidade foi redimida e ela recebeu dupla punição por todos os seus pecados da mão do Senhor e que, portanto, ele tiraria da mão dela o doloroso cálice de angústia e tristeza, entregando-o nas mãos daqueles que a incomodavam. Pelo qual (e por muitas outras promessas e ameaças) Deus não quer dizer que algo foi feito em Jerusalém que ele não tenha designado. Mas por um ele confortou de certa forma os corações atribulados de seu povo aflito e, por outro, mostrou a causa pela qual puniria esses cruéis assassinos, cujo serviço ele usou anteriormente para punir seu povo. Deus testemunha claramente com estas palavras:[12] "Eu estava irado contra o meu povo, profanei a minha herança e a entreguei nas suas mãos, mas você não usou de misericórdia com ela e até sobre os velhos você fez muito pesado o seu jugo. Você disse: 'Eu serei senhora para sempre!' Até agora você não levou estas coisas a sério, nem se lembrou do seu fim. Agora, pois, escute isto, você que ama os prazeres, que habita segura e que diz a si mesma: 'Eu sou a única, e não há outra além de mim. Não ficarei viúva, nem conhecerei a perda de filhos.'" Aqui fica claro que a punição do povo de Deus (como eu já provei) é sua própria ordem e vontade. Mas, como os algozes buscam outro fim, eles são criminosos diante da justiça de Deus.

Ao apresentar esses dois exemplos, isto é, de Israel punindo Judá, e dos babilônios destruindo Jerusalém, você incorre em outro erro

---
[11]Isaías 40.
[12]Isaías 47.

muito grave além desse que refutei. Pois você parece afirmar que, se os israelitas e os babilônios tivessem mantido uma medida e não tivessem excedido os limites que Deus havia designado e ordenado, eles não teriam pecado. Pois (você diz) ele quis uma coisa, mas permitiu a outra. Então, posto que eles fizeram a sua vontade, eles não pecaram, mas quando ultrapassaram a sua vontade e fizeram mais o que ele não queria, apenas o permitiu, eles pecaram. Essa é a sua profunda teologia e meditações santas de Deus, de sua justiça, juízos e obras incompreensíveis à razão do homem. Você é capaz de provar que Nabucodonosor veio a Jerusalém, ou que lá ele, ou seus generais e soldados cruéis, derramou uma gota de sangue que Deus (em seu eterno conselho) não havia designado e desejado? Os testemunhos de todos os profetas repreendem sua vaidade.

Ezequiel diz:[13] "Assim diz o Senhor. 'Eis que estou contra você. Vou tirar a minha espada da bainha, e eliminarei do seu meio tanto o justo como o ímpio. Visto que eliminarei do seu meio o justo e o ímpio, a minha espada sairá da bainha contra todos, desde o Sul até o Norte. Todos saberão que eu, o Senhor, tirei a minha espada da bainha e que não a porei de volta.'" Observe e considere como Deus atribui tudo a si mesmo, como depois o profeta fala mais claramente, dizendo: "A espada foi entregue para ser polida, para ser manejada; está afiada e polida, para ser posta na mão do matador." Também: "Derramarei sobre você a minha indignação, assoprarei contra você o fogo do meu furor e o entregarei nas mãos de homens brutais, mestres de destruição. Você servirá de pasto ao fogo, o seu sangue será derramado no meio da terra, e você não será mais lembrado; porque eu, o Senhor, falei." Se essas são palavras de quem apenas permite, mas não deseja que assim seja feito, que julgue o leitor imparcial.

Eles pecaram, apesar de Deus, em seu conselho, ter desejado e designado esse severo castigo contra seu povo, isso eu já disse antes, a saber, porque eles não conheciam a vontade, o conselho nem o mandamento de Deus, tampouco tinham qualquer interesse em obedecer a Deus ou em cumprir sua vontade. Que Nabucodonosor ignorava a vontade e o conselho de Deus é evidente por aquilo que está escrito no livro do mesmo profeta, na passagem anteriormente expressa. Depois que ele saiu de seu país e estava com seu exército

---

[13] Ezequiel 21.

em sua jornada, ele não sabia se avançaria contra Rabate, a cidade fortificada dos filhos de Amom ou contra Jerusalém. Dessa forma, submetendo o assunto aos seus feiticeiros e adivinhadores, tendo lançado sortes, ele avança contra Judá e Jerusalém. Pelo que fica claro que ele não conheceu nem entendeu, pelo mover do Espírito Santo de Deus, sua santa vontade nem seu mandamento. Ao destruir a cidade e punir o povo, quem dirá que ele ou seus servos odiavam o pecado, o orgulho, a crueldade, a idolatria e as abominações, das quais ele e todo o seu reino estavam repletos? E o mesmo eu digo dos israelitas, os quais não apenas pecaram porque excederam a medida ao punir Judá, mas porque, contra a lei de Deus e o seu claro mandamento, fizeram guerra injusta contra seus irmãos.

Eles não observaram o conselho secreto de Deus, nem deveriam tê-lo feito, mas observaram a sua lei evidente, que lhes ordenou amar seus irmãos, não matar, não roubar, não cobiçar etc., contra os quais, por terem transgredido, mesmo no primeiro movimento e propósito de sua guerra, na presença de Deus, eles eram assassinos, ladrões, opressores e cobiçosos, antes de pisarem o pé em suas casas.

Assim, mesmo aquilo que ele, em seu eterno conselho, desejou que eles fizessem, não lhe desagradou menos no tocante às suas mentes perversas do que aquilo do qual você afirma que ele permitiu. Pois toda transgressão de sua lei é odiosa e pecaminosa perante sua justiça. Se isso não for capaz de corrigir sua opinião, estou certo de que demonstrará sua vaidade, se atrevendo a concluir que, se os israelitas e os babilônios tivessem moderado a punição a Judá, eles não teriam pecado. Mas eu afirmo o contrário e digo que o principal propósito que os levou à guerra foi o pecado perante Deus. No tocante à permissão do pai ao seu filho pródigo[14] e ao filho que prometeu trabalhar na vinha de seu pai, mas não foi, eu já respondi antes que as comparações não devem extrapolar aquilo que o Espírito Santo pretende ensinar.

Nessas passagens, é evidente que Cristo não ensina como Deus é compelido a permitir muitas coisas que ele não quer, tampouco pretendia nos ensinar, com essas comparações, a diferença entre a vontade de Deus e sua permissão. Mas, em uma, ele ensina que em Deus há misericórdia para com o pecador, mesmo para com aquele

---
[14] Lucas 15.

pecador que, de maneira ingrata e desobediente, se afastou de Deus, como também, em outra, há alguns filhos orgulhosos, que, em razão de sua permanência na casa de seus pais, se tornam desdenhosos de que outros sejam preferidos ou comparados a eles. Dessa forma, eles se ressentem, murmuram e invejam a liberalidade de seu pai e sua misericórdia demonstrada para o filho que antes parecia perdido. Você sabe que isso não pode ser aplicado a ninguém além dos judeus e dos gentios. A outra comparação nos ensina que há muitos que da boca para fora dizem: "Senhor, Senhor, eu vou, eu vou", cujo coração nunca sentiu o que é a reverência e verdadeira obediência devida à majestade de Deus.

Admitimos nada menos do que Jeremias escreve, pois dizemos que Deus não ordenou a abominação que o seu povo cometeu, nem jamais entrou em seu coração, isto é, nunca lhe agradou, tampouco ele deseja as ações em si mesmas. Mas quando você for capaz de provar, que não cabia a seus justos juízos punir os idólatras com tamanha cegueira, de maneira que eles se tornaram mais cruéis do que animais irracionais, então você será ainda mais capaz de provar que Deus de modo algum desejou essa crueldade. Deus não desejou essas abominações pelo assassinato cometido e sangue derramado, porque a isso ele odiava e punia, mas ele desejou que um testemunho fosse deixado ao mundo, da cegueira em que o homem cai quando ele se afasta de Deus e de sua verdadeira honra, cujo exemplo terrível você e sua seita devem atentar.

Os israelitas, ao matar seus filhos, sem dúvida, chegaram mesmo a concordar com a vontade de Deus e tinham a mesma opinião de seus justos juízos, como vocês declaram ter ao vomitar essas horríveis blasfêmias contra sua suprema majestade. Eles deixaram a clara vontade de Deus, declarada em sua lei, a respeito de suas oblações e sacrifícios, em um zelo cego para honrar a Deus, como pretendiam, com sacrifícios mais preciosos e aceitáveis (porque seus filhos para eles eram mais queridos do que bois ou novilhos). Assim como eles, ao assim fazê-lo, nos deixam um exemplo temeroso dos juízos de Deus, o mesmo acontece com essas suas horríveis blasfêmias, que, em fúria, zombaria e escárnio, você vomita contra Deus, sua verdade eterna e contra os que verdadeiramente as professam.

Até o momento, admito, a justa vontade de Deus foi cumprida neles, assim como também é (e daqui em diante será) cumprida em você. Isso porque eles, na vaidade de suas imaginações, recusaram a vontade revelada de Deus; o Deus de sua justiça faria deles exemplo para todas as eras posteriores, de quais foram seus juízos (como eu disse) contra idólatras. Mesmo assim, não se contentando que Deus use suas criaturas como melhor serve à sua glória, nem ainda que haja justiça em sua eterna divindade, à qual sua razão não possa alcançar, vocês são entregues pela vontade de Deus a mentes infames, horrivelmente blasfemando sua majestade para admoestar a geração presente e futura, para que falem e pensem nos mistérios incompreensíveis ao homem com maior sobriedade, maior temor e reverência.

Eu já disse que nenhum homem, ao deixar a vontade de Deus revelada em sua Palavra, obedece ou agrada você. Assim, quem comete as coisas proibidas em sua palavra jamais pode estar de acordo com Deus. Mas Deus proíbe a iniquidade a todos (o que ele também odeia em todos os homens) e, ainda assim, entre os seus vasos de misericórdia e os de ira, ele faz essa distinção de modo que a um ele dá a cura e purificação contra o veneno natural de forma tão eficaz que opera a salvação deles até o final, enquanto para o outro, ele nega essa graça: ele não dará a você nem a ninguém da sua facção conselho distinto do que ele expressou com estas palavras: "ele tem misericórdia de quem quer e também endurece a quem lhe apraz."[15]

Satanás possui você de tal maneira que, com base na doutrina que o Espírito Santo ensina muito claramente, você ousa concluir esse absurdo abominável, o qual Deus e os idólatras perversos compartilham da mesma mente e eles o obedecem interna e externamente. Você tem motivo não só para se envergonhar, mas também para estremecer por essa horrível cegueira em que você caiu e pela justa vingança da justiça de Deus que seu orgulho merece. Tu és justo, ó Senhor, em todas as tuas obras.

À sua questão que pergunta:[16] por quais meios o Senhor moveria a mente do rei dos medos para destruir a Babilônia, que já estava propenso a fazê-lo, a não ser tolerando e permitindo-o? A essa pergunta, responde o profeta Isaías, dizendo:[17] "Assim diz o Senhor ao seu ungido, a Ciro, a quem tomo pela mão direita, para submeter as

---

[15]Romanos 9.
[16]Isaías 45.
[17]Isaías 47.

nações diante dele, para desarmar os reis, e para abrir diante dele os portões, que não se fecharão: Eu irei adiante de você, endireitarei os caminhos tortuosos, quebrarei os portões de bronze e despedaçarei as trancas de ferro. Darei a você os tesouros escondidos e as riquezas encobertas." Se houver em você modéstia ou aptidão para aprender, isso é suficiente para instruí-lo sobre como Deus levantou seu Espírito, que antes estava pronto para destruir Babilônia, ou seja, ao dar-lhe um sucesso tão próspero, o qual nenhum impedimento foi capaz de resistir ou opor-se a ele. O que Deus fez não com uma permissão ou tolerância ociosa como você imagina, mas por seu poder, que efetivamente operou em toda a sua jornada, como o profeta aqui e em muitas outras passagens testemunha.

Isso o próprio Ciro também confessa, com estas palavras:[18] "O Senhor Deus do céu me deu todos os reinos da terra e ele me ordenou que lhe edificasse uma casa em Jerusalém, que está em Judá". E o Espírito Santo afirma que o Senhor moveu o espírito de Ciro, rei da Pérsia, para fazer essa proclamação. Você se atreve a dizer que dar todos os reinos da terra a um homem não é nada mais do que permitir que ele se levante e os possua de acordo com seus desejos? Daniel afirma o contrário, dizendo:[19] "Louvado seja o nome de Deus para todo o sempre; porque a sabedoria e a força são dele. Ele que muda os tempos e as épocas, derruba reis, estabelece reis, dá sabedoria aos sábios e entendimento aos que entendem." E Davi também diz: "aquele que levanta o necessitado do pó e levanta os pobres da imundice, para que o estabeleça com os príncipes, mesmo com os príncipes de seu povo."

Portanto, porque o Espírito Santo concede à prudência e à operação de Deus o que você atribui de maneira perversa à sua permissão ou tolerância ociosa, não temo dizer que, quando Deus despertou o espírito de Ciro, movendo-o efetivamente para dar liberdade e ordem ao seu povo para retornar a Jerusalém e restaurar o templo, assim também despertou seu espírito ao empreender sua primeira jornada contra Babilônia, tirando-lhe todo o medo, incutindo nele um espírito heroico e corajoso[20] (como o próprio Deus diz: "concedo-lhe um título de honra, embora você não me reconheça"), e dando-lhe um

---
[18]Esdras 1.
[19]Daniel 2.
[20]Isaías 45.

sucesso tão próspero, que tudo estava sujeito ao seu império. Portanto, embora você pergunte dez mil vezes: "O que Deus precisa fazer para que os ímpios ajam perversamente, dado que sendo entregues por Deus, não imaginam nada além de maldade, e seu mestre, o diabo, nunca dorme?" No entanto, responderei que, para destruir Babilônia, posto que foi obra de Deus, não foi uma ação perversa, mas seu justo juízo.

Então, embora Ciro nunca tenha se irritado tanto com a Caldeia, seja pelo seu próprio orgulho, seja por satanás, nenhum dos dois poderia causado nada, a não ser que o Senhor houvesse decretado realizar seu trabalho na Babilônia, como ele próprio ameaçou, dizendo: "Eis que sou contra você, ó montanha destruidora, que destrói toda a terra", diz o Senhor. "Estenderei a mão contra você, farei com que role do alto das rochas e se transforme em monte queimado. De você não será tirada nenhuma pedra para ser pedra angular ou para fazer um alicerce, porque você será uma desolação perpétua", diz o Senhor." Se você não vê nada além de uma permissão nessas e outras ameaças de Deus, não posso deixar de dizer que você é mais do que cego. Mas agora tratemos do que segue nestas palavras.

43ª Parte

O ADVERSÁRIO

Sobre o que você cita do profeta Isaías: "endurece o coração deste povo." Para melhor compreensão dessa passagem, devemos observar o que está escrito no capítulo anterior: "Como o Senhor havia escolhido esse povo, o plantou como uma vinha e chamou todo o Israel a ser juiz entre ele e a sua vinha, o que mais poderia ter sido feito por ele do que ele fez e quando ele procurou frutos de equidade e retidão, eis que havia injustiça e miséria, da qual se seguiram seu endurecimento. Pois eles foram endurecidos pelo Senhor, isto é, como já dito, Deus os entregou aos seus próprios corações.

Além disso, onde ele diz ao profeta "endurece seus corações", devemos sempre considerar que seus corações já estavam endurecidos, o que sua iniquidade declara claramente. Todavia, ele ordenou ao profeta que cumprisse seu ofício, não para que endurecesse seus corações, pois isso pertence somente a Deus, o qual entregando-os aos seus próprios corações, já os endureceu. Mas o ofício de um profeta era mostrar-lhes a dureza de seus corações, assim, quando ele diz "endurece seus corações" é como mostrar e declarar a dureza de seus corações.

Em Levítico 13, temos sentença semelhante:[1] "Se o sacerdote perceber que a crosta é cultivada na pele, o sacerdote o declarará impuro". Como o sacerdote tornaria impuro aquele que já é impuro, cuja carne ele não toca, a não ser declarando que ele é impuro? Então como o profeta endureceria os corações daqueles cujos corações já estavam endurecidos, cujos corações não podia tocar, a não ser

---
[1] Levítico 13.

declarando que eles tinham um coração duro? Assim diz o Senhor a Jeremias:[2] "Afasta este povo para longe da minha visão, alguns para a morte, alguns para a espada, alguns à fome, alguns ao cativeiro." Esse era o ofício do profeta do qual os caldeus executaram, mas aqui foi ordenado ao profeta que mostrasse que, por suas maldades, seriam expulsos, alguns até a morte, outros à espada, outros à fome e outros ao cativeiro. Assim, Jeremias tirou o cálice da mão do Senhor e fez beber dele todo o povo a quem o Senhor o havia enviado, onde havia mais nações contadas do que nunca. Jeremias via com os olhos de seu próprio corpo.

Portanto, esse texto deve ser entendido, assim como os outros, conforme o ofício do profeta, mostrando-lhes que, por suas iniquidades, eles beberiam do cálice da ira do Senhor, ficando mais claro pelo que se segue, onde ele diz: "Se eles não tomarem a taça da tua mão e beberem", isto é, se não ouvirem sua admoestação. Essa interpretação está em conformidade com a sentença da Escritura, nem é contrária a qualquer parte da palavra. Mas, se alguém tiver um entendimento melhor, use-o para a glória de Deus. Dessas coisas já mencionadas, está suficientemente provado que Deus não reprovou nem abandonou homem algum antes da fundação do mundo.

No entanto, como ele criou o homem à sua própria imagem, assim ele não deseja a morte de ninguém, mas que todos sejam salvos. Também ele não é o autor ou causa motora de qualquer mal que, com longa paciência, ele tolera a iniquidade para trazer os homens ao arrependimento. Também não quer nada contrário ao que é expresso em sua Palavra. Porque, como Deus é constante e imutável, dessa sua santa vontade ele manifestou ao conhecimento do homem, já o restante ele guardou para si, visto que nenhum homem é capaz de compreender sua profundidade.

Ninguém deve tentar provar ou melhorar alguma coisa com aquilo que não lhe é conhecido, pelo que os quais afirmam e dizem que Deus ordenou que homens fossem condenados antes da fundação do mundo, de modo que de maneira alguma possam ser salvos, pois essa é sua vontade secreta, apesar de declarar o contrário em sua Palavra. Eles devem ter uma péssima opinião acerca de Deus e, portanto, todos os homens responsáveis devem abominar sua

---

[2] Jeremias 15.

doutrina diabólica. Eu disse que eles têm uma opinião maligna de Deus, adicionei aqui uma descrição do deus desses libertinos indolentes, de acordo com a doutrina deles em cada um de seus pontos e uma descrição do Deus verdadeiro, por meio da qual fica claro até para os mais simples quão abominável é essa doutrina e opinião deles nesse assunto.

RESPOSTA

O que quer que seja lido em toda a Escritura, você nunca poderá provar que estas palavras de Isaías: "Vá e endureça o coração deste povo" não significa nada além de que o profeta foi ordenado a lhes declarar sua cegueira e dureza de coração. Porque sempre que é mencionada a diferença entre os eleitos e os condenados, essa virtude é atribuída à Palavra, que ilumina os olhos e abranda o coração de um pelo poder do Espírito Santo e, por outro lado, cega e endurece o outro por causa de sua natureza corrupta, a qual eles são entregues com justiça.

O evangelista João, fazendo menção de que os judeus não criam em Cristo Jesus, apesar de terem visto suas maravilhosas obras, acrescenta esta causa:[3] "Portanto eles não podiam crer, porque Isaías havia dito: 'Cegou os olhos deles e endureceu-lhes o coração, para que não vejam com os olhos, nem entendam com o coração, e se convertam, e sejam por mim curados.'" Aqui o evangelista atribui ao profeta não apenas que ele tenha declarado a cegueira deles, mas que Deus, por ele, de fato lhes cegou os olhos com justiça e lhes endureceu o coração. Mas isso deve ficar mais claro ao examinar as razões e as Escrituras que você alegou como prova de sua interpretação.

Primeiro, você diz: "O coração deles já estava endurecido, o que a maldade deles deixava claro. Contudo, ele ordenou ao profeta que cumprisse seu ofício não para lhes endurecer os corações, pois isso pertence somente a Deus, que, entregando-os às concupiscências de seus corações, já os endureceram." Assim você conclui que o profeta apenas lhes declarou a dureza de seus corações. Não negamos que seus corações já estivessem endurecidos e que, com justiça por causa de suas iniquidades, foram entregues às concupiscências de

---
[3] João 13.

seus corações. Mas se eles estavam tão endurecidos antes da pregação do profeta de modo que não poderiam ser ainda mais endurecidos, duvido muito.

De fato, não hesito afirmar que, assim como a argila pelos raios do sol se torna mais e mais dura, ou como o galho arrancado do tronco natural se resseca cada vez mais, até não restar mais nada de seiva nem de umidade, da mesma forma, afirmo, os condenados, com o passar dos tempos, tornam-se mais obstinados, mais cegos, mais duros e mais cruéis pela Palavra, que claramente repreende sua iniquidade e declara com clareza de quem eles são filhos. Os exemplos nas Escrituras são claros: faraó manifestou certa clemência e gentileza em relação ao povo de Israel, antes que Moisés, por ordem de Deus, exigisse sua liberdade. Mas essa vontade e palavra de Deus,[4] ordenando que ele deixasse seu povo ir e servisse a Deus no deserto, funcionou tão rapidamente no coração dos infames que a maior dureza de seu coração foi repentinamente sentida pelos israelitas, para sua grande tristeza e desconforto rancoroso.

No povo de Israel, em seus anciãos, sacerdotes e conselho, surgiu a face da justiça quando Estevão foi acusado antes que ele pronunciasse estas palavras: "Povo rebelde, obstinado de coração e de ouvidos. Vocês são iguais aos seus antepassados: sempre resistem ao Espírito Santo." Qual dos profetas os seus antepassados não perseguiram? Eles mataram aqueles que prediziam a vinda do Justo, de quem agora vocês se tornaram traidores e assassinos. Antes dessa sentença, surgiu algum princípio de justiça, mas o que se seguiu, o Espírito Santo testemunha, dizendo: "Quando ouviram essas coisas, seus corações se enraiveceram e rangeram os dentes contra ele. E depois que ele confessou mais claramente a Cristo Jesus, sua exaltação, glória, poder e majestade, eles gritaram em alta voz, taparam seus ouvidos e, como lobos enfurecidos, avançaram sobre ele em unidade e, portanto, sem qualquer consideração pela justiça, o apedrejaram até a morte."

Se você não admitir que a Palavra de Deus, vinda da boca de Estevão, não os endureceu mais aqueles que, sem dúvida, já estavam endurecidos antes, você nega uma verdade que é mais do que evidente. Eu poderia mencionar diversas outras passagens para o

---

[4] Êxodo 5; 6.

mesmo propósito, mas (em nome da brevidade) me satisfaço com essas duas, nas quais duvido que não sejam suficientes para provar, que homens já endurecidos tornam-se ainda mais endurecidos ao se depararem com a exposição clara da Palavra repreendendo sua iniquidade. Como uma coruja cega, mesmo quando parece ver melhor no período noturno, durante o dia está ainda mais cega, porque a fragilidade de seus olhos não pode suportar o brilho dos raios do sol, assim é com os infames. Eles são sempre cegos e de coração endurecido, mas quando a luz de Deus brilha mais claramente diante deles, ou quando são chamados da iniquidade à virtude, a palavra do Evangelho tem para eles cheiro de morte, pela qual eles ficam mais cegos e mais endurecidos.

Portanto, discordamos de você na sua primeira razão, pela qual você parece afirmar que, porque o infame já está endurecido, ele não poderia ser ainda mais endurecido. Sua segunda razão é: "Isso porque pertence somente a Deus lhes endurecer o coração. Portanto, nada resta aos profetas, a não ser lhes mostrar a dureza de seus corações." Fico feliz ao menos uma vez se você confessar, admitindo que em nada repugna à boa natureza de Deus, por justas causas, endurecer o coração e tornar cego os olhos dos infames. Mas que nada reste aos profetas ou apóstolos além de declarar aos homens sua dureza, isso não posso concordar. Pois descobrimos que Deus assim comunica seu poder com seus verdadeiros mensageiros e embaixadores, que tudo o que eles desligam na terra, ele desliga no céu e tudo o que ligam na terra, ele liga no céu; os pecados de quem eles perdoarem, serão perdoados, os que forem retidos, serão retidos.

O próprio Senhor disse a Jeremias:[5] "Agora ponho em sua boca as minhas palavras. Veja! Eu hoje dou a você autoridade sobre nações e reinos, para arrancar, despedaçar, arruinar e destruir; para edificar e para plantar." E a Paulo foi dito: "E agora te livrarei das nações para as quais te envio, para abrir os olhos daqueles que são cegos, para que se convertam das trevas à luz e do poder de Satanás a Deus." Essas palavras testemunham que o poder eficaz de Deus opera com a palavra que ele põe na boca de seus verdadeiros mensageiros, de modo que edifica, ilumina ou consolida a salvação ou então destrói, escurece e endurece.

---

[5]Jeremias 1.

A Palavra de Deus é da natureza de Cristo Jesus e ele não apenas veio para iluminar e levantar, mas também para cegar e derrubar como ele mesmo testemunha, dizendo: "Eu vim a este mundo para julgamento, para que os que veem não vejam e os que veem sejam cegos."[6] E Simeão disse: "Eis que este é o que é posto na ressurreição e na ruína de muitos em Israel; de modo que aquele sobre quem cair a pedra da ofensa será reduzido a pó."[7]

Portanto, não podemos admitir que o ministério de sua bendita Palavra, pregado ou divulgado por seus fiéis mensageiros, não seja nada além de uma simples declaração do que os homens são. Não, sabemos que é o poder de Deus para a salvação de todos os que creem; que a mensagem da reconciliação que é colocada na boca deles; que a palavra que eles pregam tem tanta eficácia e força que divide separa juntas e tendões, os ossos da medula; que as armas de sua guerra não são carnais, mas são poder de Deus para derrotar todas as fortalezas,[8] pelas quais os verdadeiros mensageiros derrotam todos os conselhos e toda altivez que se levanta contra o conhecimento de Deus; pela qual também levamos cativo todo pensamento à obediência de Cristo.

Sabemos ainda que eles têm pronta vingança contra toda desobediência.[9] Aquele fogo sai de suas bocas e devora seus inimigos, que eles têm poder para fechar o céu para que a chuva não desça nos dias da sua profecia. Que o poder de Deus, tanto de um tipo como de outro, esteja contido em sua Palavra pregada, pronunciada e anunciada por seus mensageiros, todos os exemplos das Escrituras de Deus testemunham. Na oração e profecia de Elias,[10] o céu foi fechado e aberto; fogo desceu do céu e consumiu aqueles soldados ímpios com seus capitães.

Por maldição de Eliseu, as ursas devoraram quarenta e duas crianças que zombavam dele. As palavras de Isaías, Jeremias e Ezequiel, embora (pelo tempo que falaram) tenham sido desprezadas, ainda que tivessem tanto poder e efeito, nenhuma força foi capaz de resistir ao que pronunciaram. Às palavras de Pedro, Ananias e Safira,

---
[6]Lucas 2.
[7]Mateus 21.
[8]2Coríntios 10.
[9]Apocalipse 10.
[10]2Reis 17; 18; 1Reis 1; 2.

morreram subitamente. Paulo, por sua sentença, tornou Elimas, o mago, cego e assim por diante. São quase inumeráveis os exemplos que demonstram que o poder de Deus se junta com a sua Palavra não apenas em salvar (o que eu acho que você admitirá), mas também em punir e destruir.

Se você acha terrível que a santa Palavra de Deus tenha esse poder e efeito de matar, cegar e endurecer, lembre-se primeiro dos severos juízos de Deus contra o pecado e lembre-se sempre de que nem o problema, nem a causa principal, está na Palavra, mas no sujeito e na pessoa em que ela se encontra. A palavra se encontrando no coração dos eleitos os abranda e ilumina, como já foi dito antes, mas, caindo no coração dos infames, o endurece e cega, por causa da qualidade e da corrupção incurável da pessoa.

Assim, em seu segundo argumento, discordamos totalmente de você e não tememos afirmar que os verdadeiros profetas e mensageiros de Deus não apenas declaram o que são os homens, mas que, pela Palavra, que está confiada à sua responsabilidade, efetivamente eles operam luz ou trevas, vida ou morte, sim, salvação ou condenação. O texto de Levítico não serve de nada a você, e o texto de Jeremias é expressamente contra você. Pois ao sumo sacerdote não é ordenado ir a um homem no qual não apareceu lepra e pronunciar o que será dele, mas ao homem em quem há aparente sinal de lepra é ordenado que seja levado aos sacerdotes, aos quais é ordenado pronunciar de acordo com os sinais que veem. Peço para que considere a diferença entre o ofício de um e o ofício do outro, a sentença de um e a sentença do outro. Aquele (que é o sacerdote) não vai, nem é enviado, para procurar aqueles que têm aparência ou suspeita de lepra. Mas o profeta é enviado por Deus àqueles que então foram chamados povo de Deus, de quem ninguém suspeitaria de tal cegueira, dureza de coração e rebelião que o profeta é ordenado ameaçar. Os sacerdotes não pronunciaram nem poderiam pronunciar sentença contra um homem em quem não aparecessem sinais manifestos de lepra. Era preciso avaliar se era lepra ou não. Mas é ordenado ao profeta que vá àquelas pessoas que se mantiveram puras e, antes de qualquer julgamento, pronuncie aquela dura sentença: "Você ouvirá com seus ouvidos e não entenderá; verá claramente e ainda não perceberá. O coração deste povo está endurecido." Algum mandamento ou acusação foi dado aos sacerdotes? Algum deles poderia ter dito a qualquer homem que parecesse limpo e íntegro: "Serás leproso. Eu pronuncio a sentença da qual você não escapará?" Eu creio que não. Então, quanto à diversidade, tanto de seus cargos quanto das frases que pronunciaram, as frases devem ser diversas.

Você afirma que o profeta não poderia tocar seus corações, a não ser declarando que eles tinham um coração duro, dessa forma você parece não entender qual é o poder da virtude e da Palavra de Deus pronunciada até mesmo pela boca do homem, que (como já declaramos) atravessa o segredo mais profundo do coração. De fato opera aquilo que o profeta pronuncia e fala, não importando que não sejam aparentes à razão humana ou à obstinação com que os ímpios resistam.

As palavras que Elias disse a Acabe, após o assassinato de Nabote, não lhe tocaram o coração? Sim, mesmo o hipócrita tinha algum senso e percepção da justa ira de Deus. Tanto ele quanto sua posteridade, apesar de toda a sua pompa principesca, sentiram a veracidade deles, a saber, cães lamberam seu sangue, a carne de Jezabel foi comida por cães, seus filhos e toda a posteridade foram arrancados de Israel.

Desse modo, as palavras do profeta tocaram seu coração (no momento em que foram ditas) com um certo temor, estupidez e tremor. Essas palavras tiveram tanto poder, força e veracidade que nenhum filho do sexo masculino foi deixado vivo para Acabe em Israel. O mesmo se aplica às palavras e sentenças de Jeremias, proferidas contra diversas nações, embora nunca lhes tenha visto o rosto, suas palavras lhes tocaram com tanta força o coração que, por mais que desprezassem suas ameaças, nenhuma palavra foi falada em vão, mas na verdade tudo se completou como ele disse.

É de se admirar que você desconheça essa virtude da Palavra de Deus, dado que você admite que Jeremias tomou da mão do Senhor a taça da mão e ele foi ordenado a dar a todas as nações, para que elas bebessem a taça da ira do Senhor, dizendo-lhes:[11] "Bebe, embebede-se, vomita, cai e não se levante mais, por causa da espada que eu enviarei entre vós."

Agora, eu pergunto a você, isso foi uma simples declaração? Ou não foi, na verdade, uma sentença e um decreto tão eficazes que,

---
[11]Jeremias 25.

embora nem a Babilônia, nem qualquer outra nação orgulhosa e ímpia daquela época acreditasse nela, ainda assim ela efetivamente ocorreu? Eu digo que essas palavras de Jeremias claramente repugnam a sua interpretação e provam suficientemente que essas palavras ditas a Isaías não devem ser entendidas como se ele tivesse sido ordenado tão somente a declarar o que o povo era.

Pois, assim como as palavras de Jeremias tiveram esse efeito, conforme o que ele falou, assim veio a destruição sobre aquelas nações orgulhosas, do mesmo modo as palavras de Deus ditas a Isaías tiveram o mesmo efeito que ele pronunciou. A um ele disse: "Dê-lhes o cálice da minha ira, para que o bebam." O profeta, sem medo, obedeceu a seu mandamento, e Deus executou fielmente tudo o que seu mensageiro havia pronunciado. Da mesma forma, Deus ordenou que Isaías cegasse e endurecesse a geração obstinada e rebelde dos judeus, pela pregação de sua lei e pela repreensão de sua manifestada impiedade. Assim ele fez, Deus fazendo tudo para sua glória de acordo com seu propósito eterno.

Logo, não podemos concordar com você porque a sua interpretação não é suficientemente confirmada por nenhuma das citações das Escrituras que você apresenta, também porque repugna às Escrituras que eu já mencionei. Contra a sua conclusão ou epílogo, que nada mais é do que uma repetição supérflua daquilo que você não conseguiu provar (embora se gabasse do contrário), dizemos que, como Deus, por sua Palavra eterna e poder infinito, criou todas as coisas, assim por sua sabedoria incompreensível dispôs todas as coisas. Como nada foi criado por si mesmo, nada designou-se ao serviço a Deus como sua glória exigia. Mas ele, em seu eterno conselho, designou o fim de toda criatura, ao qual elas alcançarão pelos meios que ele com toda justiça designou.

Portanto, dado que sua glória precisa tanto de seus justos juízos quanto de sua misericórdia superabundante para que seja conhecida, ele em seu eterno conselho elegeu alguns e rejeitou outros, mesmo antes da fundação do mundo.

Embora ele tenha criado o homem à sua própria imagem, Deus nunca determinou que a humanidade permanecesse em Adão, mas seu justo conselho e propósito era que todos os homens caíssem em Adão, a fim de que os eleitos soubessem o preço de sua salvação, Cristo Jesus, em quem foram eleitos antes que em Adão eles realmente caíssem ou fossem criados. Assim, Deus, disposto a fazer brilhar a sua glória em todos, preparou alguns vasos de misericórdia e outros de ira; a uns livremente deu a vida eterna em Cristo Jesus, seu Filho, a outros ele rejeitou com justas causas para que, embora tolerasse por muito tempo sua manifesta rebelião, ainda assim, no julgamento final, ele os ordenará ao fogo que nunca se apaga. Essa vontade e conselho de Deus não são secretos nem ocultos de sua igreja, mas são revelados manifestamente em sua Palavra e, portanto, não tememos afirmar acerca deles que, mesmo na primeira promessa, desde então, Deus fez uma distinção clara entre os eleitos e os condenados, de modo que o propósito e conselho que antes estavam ocultos em Deus foram no devido tempo manifestados ao homem.

Essa vontade e conselho de Deus (por ser constante e imutável, como é o próprio Deus) deve necessariamente ter efeito. Portanto, afirmo corajosamente que ninguém a quem Deus, em seu propósito eterno, reprovou pode se tornar eleito e assim ser salvo. Tampouco pode nenhum dos eleitos de Cristo para a vida eterna serem reprovados e acabarem por perecer. Afirmamos ainda que, embora a vontade de Deus em si seja uma só, a saber, a manifestação de sua própria glória, todavia, no tocante às suas criaturas, ela tem diversos aspectos, pois Deus quer a salvação de alguns e ele também quer a justa condenação de outros.

Ademais, ele jamais declarou o contrário disso em sua Palavra, antes o revela claramente. Portanto, essa sua vontade divina não é chamada de secreta por não ser expressa em sua Palavra, mas porque em sua Palavra não há nenhuma causa designada (exceto a boa vontade de Deus) do motivo pelo qual ele escolheu alguns e rejeitou outros. Esse conhecimento é tão necessário para um cristão que, sem ele, o coração do homem não pode jamais ser suficientemente submetido a Deus, nem lhe pode prestar o devido louvor e honra, a não ser que reconheça que o próprio Deus fez distinção entre eles e outros. Aos seus termos odiosos e injúrias maliciosas, digo por ora o seguinte: o Senhor julgará. Que eu saiba, não sobrou nenhuma das passagens que você mencionou (ou melhor, abusou) para confirmar seu erro, que não tenha sido suficientemente respondida, à exceção de dois textos.

O primeiro é de Ezequiel, afirmando que Deus não deseja a morte do pecador; o outro são as palavras de Paulo dizendo que

Deus deseja que todos os homens sejam salvos. Esses textos, porque você os cita aqui na descrição daquele a quem você chama de Deus verdadeiro, achei conveniente aguardar até essa oportunidade, para que, tendo que lutar (como se fosse cara a cara) com o próprio diabo, eu possa ter algum conforto de meu Deus ao tratar de alguma passagem de suas Escrituras Sagradas. Assim, você segue com suas execráveis blasfêmias.

44ª Parte

O ADVERSÁRIO

As propriedades do Deus de Careless by Necessity

A ira de seu Deus excede todas as suas obras, pois ele reprovou a maior parte do mundo antes da fundação do mundo. Ele é tardio ao manifestar misericórdia, mas pronto para se irar, pois ele não salvará nenhum dos que de antemão reprovou, mas necessariamente não importa o que fizerem, serão condenados. Também não é onipotente podendo fazer ou deixar de fazer o que lhe agrada, pois ele é obrigado por sua própria ordenança absoluta e previsão infalível a fazer apenas todas as coisas conforme são feitas. E porque lhe agradava mostrar seu poder e força, incitou faraó e muitos outros a agirem perversamente. Ele dá mandamentos perversos e pensamentos maus a Simei e muitos outros e depois lhes atormenta por suas obras, apenas porque eram instrumentos perversos para operar sua vontade. Ele fez deles vasos imundos para cometerem todo tipo de abominação, nem podiam fazer outra escolha se não agirem perversamente sendo seus vasos de ira.

Ele tem duas vontades, uma contrária à outra, porque ele diz uma coisa e pensa outra. Ele é pior que o diabo, pois não apenas tenta fazer o mal, mas compele pela sua imutável preordenação e vontade secreta, sem as quais nada pode ser feito. Ele é o príncipe das trevas, pois dele vêm os maus pensamentos, que são trevas.

RESPOSTA

Porque agora eu tenho de lidar não só com um blasfemador, mas também (por assim dizer) uma encarnação do diabo, a minha primeira e principal defesa é dizer: que o Senhor o cale, ó satanás. Que o Senhor destrua seus conselhos infelizes, pelos quais você se esforça para perverter o justo caminho do Deus eterno.

Mas agora a ti, ó boca blasfema, eu pergunto: se você puder forjar para ti e a tua perniciosa facção outro Deus além daquele que com toda justiça afogou e destruiu pela água, todas as criaturas vivas na terra, exceto os que foram preservados na arca com Noé, que também destruiu pelo fogo do céu Sodoma e Gomorra, com as cidades adjacentes e todos os seus habitantes, à exceção de Ló e suas duas filhas, além disso, no espaço de 4 mil anos, permitiu com que todas as nações seguissem seus próprios caminhos, revelando apenas sua boa vontade e a luz de sua Palavra para a semente de Abraão (aos que descendem de Jacó, quero dizer), você não seria capaz de forjar outro Deus diferente dessa eterna majestade do nosso Deus, a quem reverenciamos, em quem confiamos e com firmeza cremos, cujo Filho Jesus Cristo pregamos ser o único Salvador de sua Igreja e cuja eterna verdade defendemos, não apenas contra judeus, turcos e papistas, mas também contra vocês, anabatistas enfurecidos, que não conseguem admitir em Deus nenhuma justiça que não esteja sujeita ao alcance da sua razão?

Você e a sua conspiração se levantarão e acusarão Deus de crueldade, dado que, nessas obras dele, é inegável que maior foi o número dos punidos do que o dos preservados; maior o número dos que foram deixados na escuridão do que o dos chamados à verdadeira luz? A sua misericórdia não excederá todas as suas obras, a não ser que salve o diabo e aquelas que são justamente reprovadas como ele? Humilhe satanás sob o império de nosso Deus soberano, cuja vontade é tão livre que nada é capaz de restringi-la ou vinculá-la. Pois isso é apenas liberdade que não está sujeita à mutabilidade, à inconstância ou apetite dos outros como de forma blasfema você imagina que Deus esteja em sua eleição e justa reprovação. Pelo qual, apesar de satanás, de quem você é escravo e filho, e de toda a sua seita, ele declarará sua glória, tanto ao punir com tormentos para sempre blasfemadores como você quanto ao mostrar as riquezas de sua glória para os partícipes de seu querido filho, que dependem apenas de Cristo Jesus e de sua justiça.

Para livrar meu Deus daquela injustiça ou desses absurdos que você queria imputar à sua eterna majestade, eu não me esforçarei, para que eu não pareça duvidar de nossa própria causa ou ainda estar incomodado a defender nosso Deus eterno. Portanto, dado que vocês se declaram homens esclarecidos, dispostos a aprender, ainda que sejam diabos enraivecidos contra Deus, contra sua eterna e infinita justiça, assim como eu comecei, eu termino. O Senhor te destrua, Satanás. O Senhor destrua vocês, cães enfurecidos, que tão ousadamente ousam ladrar contra os mais justos juízos de Deus.

Assim, deixo-o nas mãos daquele que logo vingará sua justiça de tuas blasfêmias. Por causa dos símplices, eu digo: em primeiro lugar, maliciosamente você nos acusa, como se afirmássemos que Deus é lento em manifestar misericórdia e pronto para se irar. Protestamos diante de Deus, diante de seus santos anjos no céu e diante de sua Igreja aqui na terra que tal blasfêmia nunca entrou em nosso coração. Pelo contrário, diariamente testemunhamos, não apenas em nós mesmos, a quem misericordiosamente ele perdoa multidão de nossos pecados, mas também nos inimigos mais cruéis de sua Igreja.

Não definimos o número dos eleitos por Deus para a vida, tampouco o número dos condenados. Apenas nos damos por satisfeitos com o que o Espírito Santo revelou abertamente, ou seja, que há eleitos e condenados.

Que os eleitos não podem finalmente perecer, nem que os infames possam ser salvos, afirmamos constantemente. Mas acrescentamos as causas, a saber, que, porque um tipo é dado a Cristo, pelo dom gratuito de Deus, seu Pai, antes de todos os tempos, portanto, no devido tempo, eles se achegam a ele pelo poder de seu Espírito são regenerados, suas trevas são expelidas e procedem de virtude em virtude, até que finalmente alcançam a glória prometida. Assim como o outro é deixado em sua própria corrupção, não podendo fazer nada além de obedecer a seu pai, o diabo, cuja escravidão eles são justamente deixados. Sendo assim, você nos acusa de dizermos que não importa o que os infames façam, ainda assim serão condenados, dessa forma você vergonhosamente nos distorce. Pois dizemos e ensinamos que todo aquele que se afastar do mal e fizer o bem constantemente até o fim, certamente será salvo. Mas nossa doutrina é que, porque os infames não têm o Espírito da regeneração, eles não podem fazer obras aceitáveis diante de Deus.

Como Deus é Todo-poderoso e onipotente, nós já confessamos que, como ele em sua eterna sabedoria previu e designou todas as coisas, assim seu poder executa todas as coisas como e quando melhor lhe convém. Sua sabedoria, vontade e conselhos também não podem sofrer mutabilidade, instabilidade ou mudança, pois, se assim fosse, a sua santa vontade e conselho não dependeriam de si mesmo, mas de suas criaturas, o que é mais do que absurdo.

Deus não concedeu ou concede mandamentos perversos ou pensamentos malignos nem a faraó, nem a Simei, nem ainda a qualquer outro infame. Mas aqueles pensamentos perversos e impulsos malignos que estão neles por causa de sua natureza maligna e são levantados pela instigação do diabo, como ele não os purifica, assim sua sabedoria os usa bem para a sua própria glória, para o exercício de seus filhos e para o consolo de sua Igreja. De modo que a própria tirania de faraó, a maldição de Simei e o incesto de Absalão, porquanto eram obras de Deus, eram justas e santas, porque eram apenas punições de seus pecados, um exercício para seus filhos e também parte de sua correção paterna por suas transgressões.

Ao resto de sua vaidade, não responderei. Não porque eu tema suas sutilezas sofísticas, mas porque eu não irei (a não ser que eu seja ainda mais provocado), nem oralmente nem por escrito, mencionar ou expressar suas horríveis blasfêmias que manifestamente testemunham e declaram que vocês (como cães enfurecidos), sem qualquer reverência, ladram contra Deus, porque suas obras superam sua capacidade. Que o Senhor prontamente o chame para o arrependimento ou então refreie suas línguas venenosas, a fim de que não sejam mais capazes de infectar. Agora, vamos ao restante.

45ª Parte

O ADVERSÁRIO

Quanto às propriedades do verdadeiro Deus: sua misericórdia excede todas as suas obras. Ele fez o homem à sua própria imagem em Cristo Jesus, em quem não há condenação. Ele é tardio para se irar e pronto para perdoar; ele será tratado por todos, de modo que ele oferece o perdão a todos os homens em todos os lugares e oferece fé a todos os homens. Ele é onipotente, podendo fazer e deixar de fazer o que lhe aprouver, nem é seu prazer e vontade que faraó, Semei ou qualquer outro, pequem e sejam destruídos, pois ele não deseja a morte de nenhuma criatura, mas deseja que todos os homens sejam salvos e cheguem ao conhecimento da verdade. Ele tem apenas uma única vontade, que é sempre boa, revelada em sua Palavra àqueles que o temem e guardam seus mandamentos. Tampouco ele tem qualquer vontade contrária a isso, mas executará tudo o que sair de sua boca. Ele não tenta ninguém ao pecado, ele é o pai da luz e vem destruir as obras do deus dos libertinos relapsos, pois ele abomina toda a maldade e todos os que praticam a iniquidade.

RESPOSTA

Nessa descrição do seu Deus (a quem você chama de Deus verdadeiro), eu me questiono três coisas: primeiro, nessa sua descrição você discorda do seu grande líder, Castalio. Em segundo lugar, como é que vocês se esqueceram de si mesmos? Por último: por que você omite essas propriedades que as Escrituras atribuem a Deus tanto quanto as que você citou? Seu mestre e principal referência, Castalio (agora deixado para seu consolo), na descrição de seu Deus, assim escreve: "Mas esse Deus, que tanto a natureza quanto a razão e as Escrituras ensinam, está pronto para a misericórdia e tardio a se irar, que criou o homem, de quem todos os homens nascem à sua própria imagem, como a si mesmo, para que ele o colocasse no Paraíso e lhe desse uma vida bendita. Esse Deus deseja que todos os homens sejam salvos e que ninguém pereça. Portanto, ele enviou seu Filho à terra, para que a justiça pudesse superabundar em todo lugar em que abundasse o pecado, de cuja luz ilumina todo homem que vem a este mundo."

Assim, é de se admirar que vocês, que tão constantemente acompanharam seu mestre nessa sua obra, discordaram dele ou pelo menos omitiram suas palavras nesses dois pontos, os quais nesse caso são fundamentais. Pois, primeiro, por sua descrição, ele deseja que a natureza e a razão ensinem a você e a sua facção sobre Deus tanto quanto as Escrituras. De modo que aquele cuja obra você não é capaz de compreender pela natureza e pela razão, não será para você o verdadeiro Deus. E, em segundo lugar: a menos que ele deseje que todos sejam salvos e que a luz da justiça de seu Filho ilumine todos os homens que vêm a este mundo, onde quer que haja pecado abundante, deve haver justiça superabundante, do contrário ele não é Deus. Esses são os dois pontos principais dessa controvérsia.

Pois afirmamos firmemente que o resplendor de nosso Deus cega de tal maneira a natureza e a razão (dado que agora estão corrompidas) que o homem natural jamais pode alcançar coisas que pertencem a Deus, ao conhecimento de sua vontade, tampouco à sua verdadeira honra. Pois sabemos que o mundo não conheceu a Deus pela sabedoria, mas, julgando-se sábios, tornarem-se tolos, tendo em vista que adoraram mais a criatura do que o Criador. Assim acreditamos que a natureza e a razão são não apenas incapazes de nos levar ao verdadeiro conhecimento de Deus, pelo qual podemos alcançar a vida eterna, mas também afirmamos que elas foram causadoras de todo tipo de erro e idolatria.

Portanto, dizemos que a natureza e a razão conduzem os homens a partir do Deus verdadeiro, mas não são capazes de nos ensinar nem de nos expressar sobre o Deus eterno e verdadeiro, o Pai de nosso Senhor Jesus Cristo. Além disso, não hesitamos em abraçar, acreditar, reverenciar e honrar a majestade de nosso Deus, que fez distinção entre um tipo de homem e outro, como já provamos claramente.

Sendo esses dois pontos principais dessa controvérsia, é de se admirar que não façam nenhuma menção expressa (como Castalio faz) nessa sua descrição. Seria isso porque você tem vergonha que tamanho obscurantismo e grosseira ignorância estejam presentes em seu grande anjo de luz? Vocês têm justas razões para se envergonhar de sua imaginação tola. Mas ainda temo o seguinte: de repente, você não confiará os grandes e secretos mistérios de sua confissão ao seu rude professor. Pois isso poderia calhar de ofendê-los, se afirmasse (como podemos demonstrar em seus escritos) que Paulo ensinou em segredo um caminho mais perfeito a seus alunos do que o que ele se comprometeu a escrever; que Cristo não é o Filho eterno do Deus eterno; que a divindade do Espírito Santo é apenas imaginação humana; que o reino de Cristo florescerá tanto que o homem mau será totalmente suprimido ainda nesta vida; que a justiça de Cristo não vale nada, a não ser que o homem tenha dentro de si uma justiça pessoal e perfeita; que o homem possa cumprir e obedecer à santa lei de Deus; e que Cristo não tinha nenhuma prerrogativa acima de seus irmãos, além de ser chamado de primogênito.

Omito coisas muito mais absurdas, porque não vou ofender os ouvidos dos piedosos. Essas coisas você não revela prontamente para seus alunos, mas, no começo, com promessas de boa vida, de mortificação, do poder do Espírito (que, corretamente entendida, é uma doutrina mais do que necessária), você inflama seus corações com uma confiança vã em seu próprio poder, força e justiça. Depois disso, você os dissuade de todos os exercícios que possam lembrá-los dos pecados e imperfeições que permanecem no homem. Pois você não quer nem que eles frequentem a pregação pública da Palavra, nem ainda a administração dos sacramentos de Cristo. Já que essas coisas, aos seus homens perfeitos, não são necessárias. Mas, para ser breve, no final, leva-os às livres graças de Deus oferecidas e dadas aos seus eleitos em Cristo Jesus.

Afinal, essas são suas vozes blasfemas afirmadas abertamente em suas assembleias privadas: qual é a nossa alegria, a não ser não sentirmos o pecado em nós? Qual é o nosso conforto, além de sermos capazes de cumprir a lei? E qual é o nosso regozijo, além de termos uma justiça perfeita em nós mesmos? Assim, buscando estabelecer sua própria justiça, nem você nem seus alunos podem estar sujeitos à justiça de Deus.

Mas (omitindo isso) volto ao seu artifício enganoso. Você não ousa afirmar claramente a descrição inútil do Deus de seu mestre, mas ainda assim secretamente você a afirma (como ficará claro depois), no que vocês se demonstram ingratos ao não apoiar seu reverendo Mestre nessa batalha com seu apoio aberto e defesa clara, assim você se mostra muito indigno de crédito entre os filhos de Deus. Quem pode confiar que aqueles professores que, no começo, como fundamento e princípio, unem escuridão e luz, mentira e verdade, os quais começam com uma mentira evidente (como faz o seu mestre Castalio), afirmando que a natureza e a razão nos ensinam o verdadeiro Deus, o que é uma evidente mentira, como já provamos.

Se você disser que ele acrescenta também que as Escrituras nos ensinam sobre Deus, eu respondo que, quanto maior é sua insolência, mais perigoso é o seu veneno. Pois que descaramento é preferir a natureza corrupta e a razão cega às Escrituras de Deus, cuja manifestação de Deus a nossa salvação depende? Moisés, Isaías ou Cristo Jesus determinaram que os ignorantes procurassem a natureza ou consultassem a razão quem seria o Messias prometido? Ou eles não direcionavam aqueles que não tinham luz à Palavra que foi revelada, à lei, aos Profetas e às Escrituras, que testemunhavam de Cristo Jesus, o qual é o único caminho pelo qual os homens chegam ao verdadeiro conhecimento do Pai? É verdade que os gentios, pela contemplação das criaturas, alcançaram esse conhecimento de que havia um Deus, mas o apóstolo testemunha como esse conhecimento de pouco lhes serviu para sua salvação. Por isso seu mestre é mais que insolente, por ousar preferir a natureza e razão às Escrituras de Deus.

Além disso, seu veneno (ao dizer isso) é mais perigoso do que se ele tivesse afirmado claramente que a natureza e a razão por si só eram suficientes para instruir o homem em todas as coisas pertinentes à salvação. Por se declarar assim, os símplices deveriam ter evitado esse erro, como um veneno pernicioso. Mas agora, ao unir essas coisas que Deus claramente divide, como ao separar a luz das trevas, ele não faz mais além de, como um assassino traiçoeiro, misturar veneno ao licor doce. Ao unir a natureza e a razão às Escrituras de Deus, na manifestação de Deus para a salvação do homem, ele testemunha claramente que o homem natural pode ousadamente declarar que não são de Deus essas obras, das quais a razão não consegue ver uma causa justa para que assim sejam feitas.

Você diz que a Queda de Adão, a obstinação de faraó, o engano de Acabe e outras semelhantes não foram obras de Deus, mas ocorreram com a permissão dele. Por quê? Porque o homem natural não consegue perceber como essas obras podem concordar com a bondade e a justiça de Deus. Assim você nega que ele seja o Deus verdadeiro, a não ser que submeta as suas obras ao juízo de sua razão cega para absolvição ou condenação.

Ó, bocas blasfemas, vocês ousam negar que seja o Deus verdadeiro aquele de quem Moisés, Jó, Davi e Paulo afirmam que seus segredos pertencem a ele mesmo? Que ele não prestará contas ao homem de todas as suas obras? Que seus conselhos são incompreensíveis, seus juízos, profundos e seus caminhos, insondáveis? Isso basta para o que você omite das palavras de seu Mestre em sua descrição, que agora eu admoesto para que você não perturbe os símplices com essas suas inutilidades, as quais você constantemente promove e dissemina.

Agora, quanto ao segundo, que vou mencionar apenas para lembrá-los de que na doutrina você não é constante, pois antes vocês afirmaram que todos nós estávamos em Adão antes de cairmos. Pois ninguém, vocês dizem, cai a não ser aquele que está em pé. Se todos nós estávamos em pé, então estávamos todos predestinados à vida. E depois: como todos fomos criados em um único homem, isto é, em Adão, fomos criados em um único estado, ou seja, à imagem de Deus. Disso fica claro que vocês entendem: em Adão fomos criados à imagem de Deus, eleitos e colocados no paraíso, o que você chama de vida bendita. Mas aqui você muda de atitude e diz: "Ele fez o homem segundo a sua própria imagem em Cristo Jesus, em quem não há condenação." Não vejo nenhuma outra causa dessa sua retratação e mudança de sua sentença a não ser a seguinte: porque a experiência lhes convence que somos todos feridos até a morte por Adão, vocês pensam que todos deveriam receber a vida por Cristo Jesus. Isso o seu mestre afirma com muita ousadia e clareza, dizendo: "Esse Deus deseja que todos os homens sejam salvos e que ninguém pereça. Portanto, ele enviou seu Filho à terra, cuja justiça superabundaria onde abundou o pecado." Isso o seu mestre afirma ousadamente (porque ele escreveu aos seus defensores) aquilo que você argumenta de forma obscura.

Mas a inutilidade desses seus argumentos logo ficará clara ao examinarmos as Escrituras que vocês dois mencionaram. Ele fundamenta seu erro nas palavras de Paulo, claramente falsificadas, e de João, o evangelista, que não foram aplicadas corretamente. Se você pensa que estou sendo petulante de acusar seu mestre e grande líder de falsificar as Escrituras de Deus, ouça minhas provas e depois julgue. Ele diz: "Onde quer que o pecado tenha abundado, a graça superabundou." Não é isso que o apóstolo fala, mas: "Onde abundou o pecado, a graça superabundou." Essa proposição é verdadeira e consoladora. Pois em Adão, Davi, Pedro e em todos os outros filhos eleitos de Deus o pecado abundou e abunda, como o apóstolo demonstra que todos pecaram e precisam da glória de Deus. Mas neles a graça abundou ainda mais, pelo que eles foram libertos da multidão de pecados.

No entanto, como a sua proposição não é expressa pelo apóstolo, ela é falsa, o que é muito fácil de provar. Pois em Caim, Faraó, Judas, Pilatos, Anás, Caifás, Herodes e muitos outros o pecado abundou, mas neles a graça nunca superabundou de modo a serem absolvidos da condenação que é pronunciada contra todos os infiéis, com estas palavras: "Quem não crer será condenado." Portanto, eu afirmo que a proposição universal do seu mestre é claramente falsa e ele não apenas é um falsificador das Escrituras, mas também um defensor de toda impiedade, de toda idolatria e religião perversa. Pois se for admitido que onde quer que o pecado abundou, a graça superabundará, não haverá diferença entre a condição daqueles que creem em Cristo e os que desprezam o seu Evangelho. Que o leitor imparcial julgue, se você ou nós vivemos uma vida indolente e libertina. Mas deixemos isso para depois.

As palavras do evangelista são claramente deturpadas. Ele não afirma que todo homem é iluminado para a salvação, tampouco que Cristo é oferecido (como você distorce) a todo homem, mas, falando da excelência de Cristo Jesus, em quem estava a vida e por quem todas as coisas foram criadas, ele disse: "Essa era a verdadeira luz, que ilumina todos os homens que vêm a este mundo." Nessas palavras, ele nada fala da redenção do homem, nem de qualquer luz que o homem receba necessária para a salvação, mas apenas da luz que foi dada ao homem em sua criação, uma parte da qual (por menor que seja) ainda permanece no homem e isso não se dá por seu próprio poder, mas pelo dom gratuito de Deus, em quem vivemos, nos movemos e existimos.

O evangelista nada fala da luz de nossa redenção, isso fica evidente por suas próprias palavras. Antes e depois, ele afirma que a luz brilhou nas trevas, mas as trevas não a apreenderam, ou seja, não a receberam ou a reconheceram. Afirma que ele veio para os seus, mas os seus não o receberam e aqueles que o receberam não eram nascidos de sangue, nem da vontade da carne, nem ainda da vontade do homem, mas de Deus. Pelo que fica claro: o evangelista evidentemente declara que a luz da salvação não é comum a todos, mas pertence apenas aos que são nascidos de Deus. Ele ensina ainda que toda a razão e entendimento naturais, dos quais o homem tinha em seu primeiro nascimento, se encontram tão sufocados, cegos e apagados que o homem precisa nascer de novo antes de poder ver o Reino de Deus, também Cristo Jesus precisa iluminar aqueles que nascem cegos ou então (sem remédio) perecerão em sua cegueira.

Assim, concluo que seu mestre falsifica um texto e ao outro distorce tremendamente. Mas vamos agora às suas palavras: "Ele é tardio para se irar e pronto para perdoar; ele será tratado por todos, de modo que ele oferece o perdão a todos os homens em todos os lugares e oferece fé a todos os homens." Não vou discutir com você neste momento, visto que, nessa descrição do seu verdadeiro Deus, você não menciona o Filho, que é a Palavra eterna e a sabedoria do Pai eterno, nem o Espírito Santo, que, procedendo do Pai, é igual ao Filho eterno. Mas essa é a única que me questionei ao ler essa sua descrição em que você omite essas propriedades que Deus atribui a si mesmo. Você constantemente repete que Deus é tardio para se irar, pronto para perdoar, que ele deseja que todos os homens sejam salvos, que ele será tratado por todos os homens, que ele não quer a morte de nenhuma criatura. Propriedades essas que admitimos pertencer a Deus se elas forem entendidas corretamente.

Mas você também não ensina aos seus alunos que Deus é zeloso, um fogo consumidor, que ele castiga a iniquidade dos pais sobre os filhos até a terceira e quarta geração e sua justiça não pode permitir que o pecado permaneça impune, nem mesmo em seus filhos mais queridos. Vocês nos acusaram de enganar as pessoas, ensinando-lhes uma vida indolente e libertina. Assim, mais uma vez, peço que o leitor imparcial considere qual de nossas doutrinas dá mais liberdade: você afirmando que seu Deus verdadeiro será tratado de todos, ou nós defendendo constantemente que Deus não ouve pecadores ou aqueles que se deleitam na iniquidade são tão odiosos em sua presença que, ainda que clamem em suas calamidades, ele não os ouvirá. Mas agora vamos examinar suas passagens separadamente.

Você diz que Deus é tardio para se irar. Isso é verdade, mas ele recompensa a demora da punição com a severidade de seus juízos, os quais foram e serão executados contra aqueles que acumulam para si a ira de Deus, abusando de sua longa tolerância. Ele está pronto para perdoar: reconhecemos que essa é a voz do nosso Deus, mas não temermos afirmar que a remissão de pecados é um dom gratuito de Deus, dado à sua igreja por Cristo Jesus, assim como a fé e a vida eterna, que não são comuns a todos os homens em geral, mas pertencem particularmente aos filhos de Deus. Você diz que ele será tratado por todos, de modo que ele oferece o arrependimento a todos os homens em todos os lugares e oferece também fé a todos os homens.

Sua primeira proposição é totalmente falsa e não existe nenhuma sentença como essa em toda a Escritura.[1] É verdade que Deus é misericordioso, bondoso, generoso, protetor e refúgio para todos.[2] Mas para quais todos? Para os que odeiam a iniquidade, amam a virtude, lamentam seus pecados passados,[3] invocam o nome dele em verdade e buscam sinceramente sua ajuda no dia da angústia.[4] Todos esses, sem dúvida, serão tratados e não importa quão ardilosos tenham sido. Mas, pelo contrário, ele destruirá todo aquele que fala mentiras. Ele odeia todo que pratica iniquidade,[5] nem se mostra misericordioso com os que transgridem maliciosamente.[6] Mas todos os pecadores da terra beberão as últimas gotas do cálice que o Eterno tem em suas mãos.[7] Ele destruirá todos aqueles que o rejeitam de forma traiçoeira. Eles clamarão, mas ele não ouvirá. Ele lhes responderá: deixe que seus amantes, a quem você preferiu a mim, libertem vocês. Os que afastam seus cuidados do clamor dos pobres clamarão, mas não serão ouvidos. Sim, ainda que os sedentos de sangue multipliquem suas orações e estenda suas mãos, Deus não as ouvirá. Pois sua face está inclinada contra todo aquele que comete iniquidade.

---

[1] Salmos 30.
[2] Salmos 96.
[3] Salmos 69.
[4] Salmos 85.
[5] Salmos 5.
[6] Salmos 75.
[7] Salmos 18.

Dessa maneira, eu digo: você nunca será capaz de provar que Deus será tratado por todos, a não ser que você consiga refutar o Espírito Santo e fazê-lo se retratar dessas e inúmeras outras passagens. Assim como a misericórdia é prometida aos seus filhos (pois somente eles realmente odeiam o pecado e seguem a virtude), assim também o severo juízo é pronunciado contra os iníquos do mundo. Nenhuma frase, como: "Deus oferece arrependimento a todos os homens em todos os lugares e oferece fé a todos os homens" é encontradas nesse sentido e no significado que você a entende, em toda a Escritura. É verdade que Isaías, o profeta, e o próprio Jesus, com seus apóstolos, chamam todos ao arrependimento. No entanto, essa generalidade é restringida por suas próprias palavras àqueles que têm sede, fome, que choram e estão sobrecarregados de pecado, como já ensinamos. Quanto a essa passagem de Atos, ou você não a entende ou deliberadamente a distorce.

Paulo não diz que Deus oferece fé a todos, mas diz que ele cumpriu a promessa que fez ao homem, que era enviar um Salvador para redenção do homem, pelo qual também julgará o mundo. Considere o texto e você entenderá que é isso que o apóstolo quis dizer. Você continua e diz: "Ele é onipotente podendo fazer e deixar de fazer o que lhe aprouver."

A onipotência de Deus e a liberdade de sua vontade defendemos firmemente, mas não podemos admitir que nosso Deus seja mutável, inconstante e sujeito à ignorância, nem que sua santa vontade dependa da vontade e disposição do homem. Pois, se assim fosse, a vontade de Deus não seria livre, mas escrava de suas criaturas. Além disso, estas palavras: "Deus podendo fazer e deixar de fazer o que lhe aprouver" parecem um pouco com um de seus artigos apresentados a nós nesta Igreja, na qual alguns de sua seita afirmam que Deus pode estar plenamente determinado a fazer uma coisa hoje, e amanhã se arrepender e decidir fazer o contrário.

Esses pensamentos sobre Deus são absolutamente blasfemos e perversos. Pois se seus conselhos são mutáveis e inconstantes, ele deixa de ser o Deus que não muda nem pode ser mudado. Se você tivesse dito que, porque Deus é onipotente, ele pode fazer e deixar de fazer o que lhe aprouver, vocês estariam corretos, entendendo que o propósito de Deus é infinito. Portanto, por sua boa vontade, ele abranda o coração de alguns homens de tal maneira que dos mais cruéis e enfurecidos inimigos de sua verdade e de seus pobres servos, ele os torna subitamente pregadores de seu Evangelho e protetores de sua Igreja. Mas quando você diz que ele pode fazer o que lhe aprouver, você dá oportunidade ao capcioso de suspeitar que você afirmaria que a boa vontade e o prazer de Deus possam mudar, e isso é negar sua divindade. Mas eu não vou lhes acusar de nada que não tenham dito claramente. Só lembro a vocês que o Espírito Santo não usa essa essas palavras. Você prossegue, dizendo: "nem é seu prazer e vontade que faraó, Simei ou qualquer outro pequem e sejam destruídos."

Antes já confessamos que a iniquidade e o pecado são tão odiosos diante de Deus que neles sua boa vontade jamais se deleita, tampouco ele pode ter prazer na destruição de qualquer criatura. Mas, dado que a glória de Deus deve brilhar em todas as suas criaturas, mesmo na condenação perpétua de satanás e no tormento dos infames, por que ele não pode desejar e se comprazer que isso aconteça? Embora as suas cabeças desvairadas não consigam compreender o brilho disso, ainda assim ele um dia declarará que todas as suas obras são feitas com justiça, sabedoria e equidade. Eu acho que você não negará que faraó, Simei, Judas e outros foram destruídos, como ao final acontecerá com todos os condenados.

Então eu pergunto: se Deus, em momento algum, sem nenhum propósito, consideração ou finalidade, assim o fez, como a destruição deles ocorreu? Você diz que foi pelo pecado, o que não negamos, mas ainda assim isso não responde à pergunta. Pois a pergunta permanece: em Deus não havia poder, seja para ter impedido os pecados deles ou para, depois de terem pecado, chamá-los ao arrependimento, se assim aprouvesse à sua eterna sabedoria e bondade? Considere sua loucura e glorifique a Deus que faz o que lhe aprouver no céu e na terra. Agora vamos ao próximo ponto.

"Pois ele não deseja a morte de nenhuma criatura, mas deseja que todos os homens sejam salvos e cheguem ao conhecimento da verdade." A profundida da sua distorção das palavras do profeta e do apóstolo logo ficará evidente, depois de ter discutido com você, como essas suas proposições concordam com as anteriores. Vocês afirmam que Deus está pronto para exercer a misericórdia e é tardio para se irar, pelo que vocês admitem, em Deus há prontidão para mostrar misericórdia e há uma justiça que deve executar a ira contra os desobedientes. Dessa forma, na natureza da divindade, vocês admitem haver misericórdia e justiça. Mas aqui você diz que Deus não deseja a morte de nenhuma criatura, mas deseja que todos os homens sejam salvos, o que se bem entendido destrói a natureza anterior de Deus e tira sua justiça. Se ele não deseja em absoluto a morte de nenhuma criatura, então ele não deseja que nenhuma punição se siga ao pecado. E se ele não deseja punição, então ele deseja cessar sua justiça e, consequentemente, uma das propriedades de sua natureza divina deve cessar.

Busque uma resposta para fazer com que suas palavras anteriores concordem com as últimas, do contrário vocês serão obrigados a confessar que Deus, por algum motivo, deseja que a morte e a condenação caiam sobre algumas criaturas. Além disso, se Deus deseja que todos os homens sejam salvos e cheguem ao conhecimento da verdade, mas ainda assim muitos perecem na ignorância e serão condenados como Cristo Jesus afirma, então ou significa que a vontade de Deus é mutável e, assim, ele é inconstante, sendo diferente de si mesmo, ou então ele não é onipotente. Se Deus, na primeira criação do homem, queria que todos os homens fossem salvos (como você alega), então eu gostaria de saber quando isso mudou. Depois que o homem transgrediu, vocês dizem. Então eu concluo que na vontade de Deus havia mutabilidade. Pois, depois do pecado, ele quis e falou claramente que Adão e sua posteridade sofressem a morte corporal. Sim, e que a semente da serpente tivesse a cabeça quebrada, o que se refere à morte espiritual, enquanto você afirma que Deus não desejava nenhuma das duas. Se você responder que a vontade de Deus em relação à salvação de toda a humanidade permaneceu a mesma de antes, então uma promessa geral de libertação foi feita pela semente prometida da mulher.

Eu já provei claramente que foi feita uma diferença evidente entre as duas sementes nessa promessa. Mas admitindo que a promessa foi geral e que a vontade de Deus hoje permanece a mesma que você alegou ser, isto é, que ele não deseja a morte de nenhum pecador, mas deseja que todos os homens sejam salvos, você consegue negar que será feita uma separação e divisão entre ovelhas e bodes, entre os eleitos e os condenados na gloriosa vinda do Senhor Jesus? Não serão ditas estas felizes palavras aos que estiverem à sua direita: "Venham, benditos de meu Pai! Venham herdar o Reino que está preparado para vocês desde a fundação do mundo"? E contra os outros não será pronunciada esta terrível sentença: "Afastem-se de mim, malditos, para o fogo eterno, preparado para o diabo e seus anjos"? O Filho de Deus, ao pronunciar essa sentença naquele dia, fará algo que repugna à vontade de seu Pai celestial? Eu acho que vocês não vão afirmar isso.

Se a vontade de Deus no dia do juízo for sentenciar muitos ao tormento perpétuo, e se a sua vontade na criação do homem foi, e continua sendo, que todos os homens sejam salvos, então necessariamente segue-se que a vontade de Deus mudará. Se vocês disserem que a morte e a condenação não vêm pela vontade de Deus, mas pelo pecado e incredulidade do homem, você não respondeu nada. Pois se a morte é uma coisa e a vida é outra, a condenação uma coisa e a salvação, outra, então, se Deus hoje deseja que todos os homens sejam salvos e dessa forma tenham vida e, ainda assim, naquele dia ele desejará que muitos sejam condenados ao tormento perpétuo (pelas causas que você citou), concluo uma de duas coisas, a saber, que a vontade de Deus é e pode ser mutável ou então que existe um poder superior à sua majestade e santa vontade. Se voluntariamente ele condenará aqueles que havia desejado e decidido salvar, então sua vontade e determinação mudaram. E se ele condenar contra a sua vontade aqueles que de bom grado ele teria salvado, então ele não é onipotente. Considere agora quem se lança nos maiores absurdos.

Agora, resta-nos demonstrar a profundidade da sua distorção da palavra do profeta e do apóstolo. O profeta, falando na pessoa de Deus, diz: "Eu não desejo a morte de um pecador, mas antes que ele se converta e viva." O apóstolo afirma que Deus deseja que todos os homens sejam salvos e cheguem ao conhecimento da verdade. Disso vocês concluem que Deus não deseja a nenhuma criatura. Essa é a sua primeira distorção do texto. Pois o profeta não diz: "Eu não desejo a morte de nenhuma criatura", mas diz: "Eu não desejo a morte de um pecador." Suponho que vocês não desconheçam a diferença existente entre uma negativa universal e uma indefinida ou particular. Quando vocês dizem que Deus não deseja a morte de nenhuma criatura, vocês falam de maneira geral e universal, sem nenhuma exceção. Mas não é isso que diz o profeta, pois ele não diz: "Eu não desejo a morte de nenhum pecador", mas simplesmente diz: "Eu não desejo a morte de um pecador." Eu me surpreendo que você não considere que assim como existe diferença entre criaturas e criaturas, também há diferença entre pecadores e pecador. Algumas criaturas são designadas para a morte, para uso e sustentação do homem. E você ousa dizer que isso é feito contra a vontade de Deus? Somos ensinados o contrário por sua própria boca. Se vocês, corrigindo sua generalização, disserem querer dizer apenas que Deus não deseja a morte de nenhum homem, receio ainda não poder me juntar a vocês e contra vocês dizer que Deus desejou, deseja e desejará a morte de alguns homens. O Espírito Santo, falando dos filhos de Eli, o sumo sacerdote, disse:[8] "Mas eles não ouviram a voz de seu pai, porque o Senhor os mataria." E Moisés disse:[9] "Mas Seom, rei de Hesbom, não quis deixar-nos passar; pois o Senhor, o Deus de vocês, tornou-lhe obstinado o espírito e endureceu-lhe o coração, para entregá-lo nas mãos de vocês, como hoje se vê." Quantas vezes Moisés e Josué declaram ao povo que Deus mataria, arrancaria e destruiria aquelas nações iníquas diante da face de seu povo? E se todos aqueles reis que Josué matou foram mortos contra a vontade de Deus? O Espírito Santo afirma o contrário. Pois está escrito: "O Senhor fez com que eles entrassem em pânico diante de Israel, e os derrotou completamente em Gibeão, e foi perseguindo-os pelo caminho que sobe a Bete-Horom, e os derrotou até Azeca e Maquedá. E aconteceu que, enquanto eles fugiam de Israel, na descida de Bete-Horom, o Senhor fez cair do céu sobre eles grandes pedras, até Azeca, e morreram. Mais foram os que morreram pela chuva de pedras do que os que foram mortos à espada pelos filhos de Israel." Se a destruição, o massacre e a morte desses homens maus e do grande exército de Senaqueribe não eram a vontade de Deus, não sei dizer como o homem pode se assegurar de sua vontade. Pois a Palavra claramente os prometeu que o Senhor os destruiria e o fato testemunha a constância e a realização de sua vontade.

Dessa maneira, o mesmo Deus faz hoje e fará até o fim do mundo, quando ele julgará os infames (como já foi dito) à morte perpétua e isso não contra sua vontade, mas deliberadamente para a manifestação de seus justos juízos e declaração de sua própria glória. Portanto,

---
[8]1Samuel 2.
[9]Deuteronômio 2.

digo que sua proposição (ao dizer que Deus não deseja a morte de nenhuma criatura) é manifestamente falsa, pois repugna à justiça de Deus e às suas Escrituras. A intenção do profeta[10] era exortar os que haviam se desviado de Deus para que retornassem a ele com verdadeiro arrependimento. E porque suas iniquidades eram tantas, e as transgressões tão grandes, que, com justiça, eles poderiam ter perdido as esperanças na remissão, misericórdia e graça. Assim, o profeta, para a segurança daqueles que se arrependeriam, afirma que Deus não se deleita nem deseja a morte dos ímpios. Mas de qual ímpio? Da morte daquele que verdadeiramente se arrependeria, certamente Deus não se deleita. Mas ele se deleita em ser conhecido como um Deus que mostra misericórdia, graça e favor aos que pedem sinceramente, não importando a gravidade de suas transgressões anteriores.

Contudo, aqueles que permanecem obstinados na sua impiedade não têm parte nessas promessas. Isso porque Deus os matará, os destruirá e os lançará, pelo poder da sua Palavra, no fogo que nunca se apaga. O apóstolo, com estas palavras: "Deus deseja que todos os homens sejam salvos e cheguem ao conhecimento da verdade" não fala de todo homem e de toda pessoa específica, mas de todos os homens em geral, ou seja, de homens de todos os estados, todas as condições, todos os domínios e todas as idades. Pois, como em Cristo Jesus, não há judeu nem gentio, nem homem, nem mulher, nem livre, nem escravo, mas todos são um nele. Não pode haver estado, condição humana, domínio ou idade tão maus e tão corruptos que Deus não possa trazer à participação de sua luz, à salvação e vida de Cristo Jesus. Esse é o significado natural do Espírito Santo e o próprio texto testemunha. O apóstolo, na passagem imediatamente anterior, pede que sejam feitas orações e súplicas a todos os homens, reis e todos os que foram colocados em autoridade.

A Igreja foi deveras oprimida por tais pessoas, com isso pode ter surgido a dúvida se seríamos obrigados a orar por aqueles que são inimigos expressos e conjurados de Deus. O apóstolo responde que sim, porque isso é bom e aceitável diante de Deus, nosso Salvador, o qual deseja que todos os homens sejam salvos, ou seja, Deus deseja que você ore por seus perseguidores para que seus olhos se abram e

---

[10]Ezequiel 18.

eles se convertam ao Deus vivo, que, sem dúvida, salvará homens de todos os estados, de todas as condições e profissões. Pois as nações são dadas a Cristo Jesus, por herança: os reis serão os provedores da Igreja, rainhas serão suas cuidadoras e no seu santo templo todos cantarão louvores.

Se essa interpretação (que não temos dúvida ter sido o sentido do Espírito Santo) não lhes satisfaz, então eu lhes perguntarei: Deus deseja que os homens sejam salvos por outro meio que não Cristo Jesus? Ou, como o apóstolo fala, chegando ao conhecimento da verdade? Pelas palavras do apóstolo, não há como concluir de outro modo. Como ele diz: "Deus deseja que todos os homens sejam salvos" e acrescenta: "e deseja que todos os homens cheguem ao conhecimento da verdade." A palavra "deseja", embora não seja expressamente repetida no segundo membro, assim, necessariamente, deve ser entendida como fica bastante claro principalmente no grego ou no latim. Então, se eu provar suficientemente que Deus não quer que todos os homens cheguem ao conhecimento da verdade, da maneira que o apóstolo quer dizer, não significa infalivelmente que Deus não deseja que todos os homens sejam salvos, nesse sentido que você entende. Que Deus não quer que todos os homens cheguem ao conhecimento dessa verdade, pela qual o homem é verdadeiramente liberto da escravidão de satanás, é evidente, não apenas por aqueles que vemos caminhar nas trevas e na ignorância, mas também pela clareza das Escrituras de Deus, na qual chamou Abraão, fazendo a ele e à sua descendência a promessa de salvação, dizendo: "Eu serei o teu Deus, e o Deus da tua descendência", promessa que ele manteve em segredo do resto do mundo por muitas eras.

Quando ele comunicou sua lei a Israel, e quando Moisés a repetiu:[11] "Eis que hoje eu coloquei diante de ti a vida e a morte, a bênção e a maldição. Escolha, portanto, a vida, para que tu e tua semente vivam". Se Deus quisesse que todos os homens e todas as nações indiferentemente chegassem ao mesmo conhecimento, por que as leis, os estatutos e os e juízos de Deus não foram manifestos a outros assim como a Israel? E se você responder que eles foram, o Espírito Santo condenará sua mentira, pois ele afirma que Deus não agiu assim com todas as nações e que seus juízos não lhes foram revelados

---

[11]Deuteronômio 30.

nem conhecidos. Mas se essa clara divisão feita pelo próprio Deus entre judeus e gentios, durante o tempo da lei, não lhes satisfaz plenamente. Ouça a sentença de nosso mestre Cristo Jesus, que disse a seus discípulos: "A vocês é dado conhecer os mistérios do Reino, mas a outros falo em parábolas, para que tendo olhos eles não vejam." Ainda mais claramente, em sua solene ação de graças, ele disse: "Eu te louvo, ó Pai, porque tu escondeste essas coisas dos prudentes e dos sábios, mas as revelaste aos pequeninos." Se Deus quisesse que o verdadeiro conhecimento de si mesmo e de seu Filho Cristo Jesus fosse comum a todos, por que ele próprio afirmou que para alguns foi dado e para outros não foi? Que para uns foi revelado e para outros foi escondido?

Portanto, visto que é claro que Deus não dará o seu verdadeiro conhecimento para todos (sim, para alguns ele nunca o oferece), vocês nunca conseguirão provar que Deus deseja salvar todos os homens. Pois o único meio de alcançar a salvação e a vida é conhecer e se entregar a Deus, como nosso misericordioso Pai em Cristo Jesus, sem o conhecimento do qual (refiro-me aos que chegam à idade do discernimento) não há garantia da salvação. Isso foi suficiente para condená-lo, mesmo em sua própria consciência. Embora a malícia não permita que vocês deem lugar à pura verdade, ainda assim o peso dela lhes oprime o orgulho. Quando você abre a boca contra ele, será testemunha contra si mesmo.

No entanto, por causa de meus irmãos mais simples, acrescentarei duas coisas: primeiro, como todas essas passagens, que ou fazem uma promessa geral de salvação a todos ou ainda pronunciam a ira de Deus contra todos, devem ser compreendidas. Em segundo lugar, quais são os pecadores cuja morte Deus não deseja. Para a primeira, digo que todo aquele que negar que desde o princípio houve, há e até o fim haverá dois exércitos, grupos ou companhias de homens, Deus em seu eterno conselho dividiu de modo que entre eles continuasse uma batalha que nunca será reconciliada até o Senhor Jesus pôr um fim nas misérias de sua Igreja. Quem não entende a verdade disso (eu afirmo) não conhece a Deus, nem seu Filho Jesus Cristo, tampouco acredita em sua Palavra, na qual tanto um quanto o outro são apresentados claramente.

Um desses exércitos é chamado Igreja de Deus, a esposa eleita de Cristo Jesus, a ovelha destinada ao matadouro, o sacerdócio real, os filhos de Deus e o povo redimido. Pelos escritores antigos, é denominada Cidade de Deus. O outro é chamado de sinagoga de satanás, a igreja maligna, lobos cruéis, enganosos e sedentos de sangue, raça de víboras, filhos do diabo, operadores da iniquidade, e esses adoram a besta e sua imagem. De acordo com as diversas naturezas, condições e finalidades dessas duas companhias, as Escrituras pronunciam sentenças gerais e proposições universais que, não obstante, devem ser restritas àqueles a quem o Espírito Santo se refere. Pois aquelas palavras que se referem aos eleitos de Deus não podem ser referidas corretamente aos infames, nem aquelas que se referem aos condenados podem ser corretamente aplicadas aos eleitos, exceto para amedrontar sua consciência, isso apenas por um período. Como Cristo Jesus chamou Pedro de satanás e Natã chamou Davi de filho da morte. Vou apresentar exemplos de um tipo e de outro, a fim de que o assunto fique mais claro.

O profeta Isaías (cuja passagem nosso Mestre também citou), falando dos filhos eleitos de Deus, diz: "Todos eles serão ensinados por Deus; e me conhecerão do menor ao maior.[12] Derramarei meu espírito sobre toda a carne.[13] Toda carne verá a salvação de Deus.[14] O Senhor levanta todo aquele que cai.[15] Todos os habitantes da terra aprenderão a justiça. Todos os homens sairão de Sabá. Todo o teu povo será justo.[16] Eu confortarei todo aquele que está de luto. Vocês todos serão filhos de Deus. Todos vocês serão filhos da luz." Todas essas passagens que falam universalmente devem ser restritas apenas aos filhos de Deus que são eleitos em Cristo Jesus. Para aqueles que estão sem o corpo dele, não são nem ensinados por Deus, tampouco conhecem Deus conforme o profeta fala. O Espírito da santificação não é jamais derramado sobre eles. Eles não dão a Deus verdadeira honra e glória. Eles não conhecem a justiça, nem são justos.

Eles não são filhos de Deus por adoção, nem filhos da luz, cujas obras brilham diante dos homens para o louvor de nosso Pai celestial, mas permanecem ignorantes, idólatras profanos, pessoas imundas, repletas de trevas como filhos do diabo. Sendo

---
[12]Isaías 54; João 6.
[13]Joel 2.
[14]Lucas 3.
[15]Salmos 145; Isaías 26; 60.
[16]Gálatas 4; 1Tessalonicenses 5.

assim, essas frases anteriores, que pertencem apenas aos filhos de Deus, não podem ser corretamente ditas ou pronunciadas acerca dos condenados.

Por outro lado, diz-se: "Todos os que me veem zombam de mim; fazem caretas e balançam a cabeça."[17] Davi falou essas palavras na pessoa de Cristo. No entanto, que Deus não permita que pensemos que todos (sem exceção) zombavam e caçoaram de Cristo, nem mesmo em sua mais extrema penúria. Pois lemos que alguns permaneceram ao lado de sua cruz com corações entristecidos. Alguns voltaram confessando abertamente que ele era o Filho de Deus. E eles começaram a pregar, mesmo quando recebiam insultos desprezíveis. Portanto, onde se diz: "Todos os que me veem zombam de mim", essa generalização deve ser restrita àqueles cães raivosos dos sacerdotes, escribas, soldados perversos e ingratos, que por pura malícia negaram e crucificaram seu Senhor, o Messias, o qual foi prometido.

Isaías e Jeremias, falando da destruição de Jerusalém e de suas causas, dizem: "Eu os consumirei de uma só vez, e todos vocês ficarão envergonhados por causa de um povo que não lhes beneficiará."[18] Também: "Todos seguem seu próprio caminho, cada um procura vantagem própria."[19] Ainda dizem: "Por que vocês querem discutir comigo? Todos vocês transgrediram contra mim."[20] Eles continuam: "Porque desde o menor deles até o maior, cada um se dá à ganância, são todos traidores."[21] Ainda afirmam: "Todo irmão engana o outro"[22], e "Todo homem me despreza. Todos me amaldiçoam." Se esses e outros trechos semelhantes devem ser entendidos universalmente conforme aparentemente foram ditos, teremos de dizer que nenhum homem verdadeiramente temente a Deus permaneceu em Jerusalém quando os profetas pregaram, mas que todos eram sedentos de sangue, todos avarentos, idólatras e cães abobados. O contrário disso é declarado muito claramente.

Pois Isaías tinha os filhos que o Senhor lhe dera, apesar de serem considerados como monstros entre os homens, ainda assim

---
[17] Salmos 21.
[18] Isaías 31.
[19] Isaías 56.
[20] Jeremias 2:29.
[21] Jeremias 6:13.
[22] Jeremias 9:4.

pacientemente permaneceram no Senhor. Jeremias tinha Baruque, seu fiel escriba, apesar de suas fraquezas e enfermidades. Abimeleque temia ao Senhor, era favorável ao profeta e, portanto, salvou sua alma por uma oração e foi liberto daquele dia de vingança. Dessa maneira, essas sentenças universais também devem ser restritas e mantidas dentro de seus próprios limites, como estas: "Todos me deixaram; todos buscam as coisas que pertencem a si mesmas, e não aquelas que são de Deus.[23] Essas sentenças, a não ser que sejam restringidas, condenarão os muito amados filhos de Deus, que, nos dias de Paulo, lutaram bravamente contra o príncipe deste mundo.

Eu acrescentei exemplos de um tipo e de outro que eu já citei para que os símplices possam entender que tais generalizações devem necessariamente ser restritas de modo que possa se manter a distinção entre o eleito e o condenado. Do contrário, nada faremos ao explicar as Escrituras senão confundir a luz com as trevas. Se as palavras de nosso Mestre Jesus Cristo, ao dizer que todos serão ensinados por Deus, devem ser entendidas de maneira tão geral de modo que nenhuma exceção seja admitida, então é necessário que todos os homens e todas as pessoas cheguem ao verdadeiro conhecimento de Cristo Jesus, visto que, nessa passagem, ele fala desse conhecimento. Mas o contrário disso é muito evidente, mesmo pelas claras palavras de Cristo Jesus, que distinguem entre os que lhe são dados por seu Pai e os que não lhe são dados.

Mas agora vamos considerar brevemente quais são esses pecadores cuja morte Deus não só não quer, mas também deseja que eles se convertam e vivam. João, em sua epístola, diz:[24] "Se dissermos que não temos pecado, enganamo-nos a nós mesmos, e a verdade não está em nós. Se confessarmos os nossos pecados, ele é fiel e justo para perdoar os nossos pecados e nos purificar de toda injustiça." E depois:[25] "Todo aquele que pratica o pecado transgride a Lei, pois o pecado é a transgressão da Lei. Vocês sabem que ele se manifestou para tirar os nossos pecados, e nele não há pecado. Todo aquele que nele permanece (isto é, em Cristo Jesus) não está no pecado. Todo aquele que está no pecado não o viu nem o

---
[23]Filipenses 2:21.
[24]1João 1.
[25]1João 3.

conheceu." Continua: "Aquele que pratica o pecado é do diabo, porque o diabo vem pecando desde o princípio."[26] Ele afirma: "Todo aquele que é nascido de Deus não pratica o pecado, porque a semente de Deus permanece nele; ele não pode estar no pecado, porque é nascido de Deus." A partir dessas palavras, fica evidente que existem dois tipos de pecadores.

Há os que choram, lamentam e deploram sua própria infelicidade e miséria, com sinceridade diante de Deus, confessando não só que toda a sua natureza é pecaminosa e corrupta, mas também que diuturnamente ofendem tanto a majestade de seu Deus, os quais, com toda justiça, merecem os tormentos do inferno, se a justiça de Cristo e a mediação de Cristo (que pela fé eles abraçam) não os livrarem da ira vindoura. A esses não é imputado o pecado, pois o sangue de Cristo os purifica de todo pecado e sua defesa e intercessão lhes permitem a entrada ao trono da graça de seu Pai. A eles é dado o Espírito de santificação, que, constantemente, enquanto revela seus pecados, mortifica-os e purifica-os. Todavia, nunca nessa vida nenhum eleito de Deus foi, é ou será tão purificado do pecado de modo a que a carne não milite contra o espírito, como costumavam afirmar os pelagianos e os então chamados cátaros, isto é, "purificados", agora também os anabatistas repetem o mesmo erro pernicioso, pelo qual Cristo Jesus, sua justiça, seu ofício e mediação perpétua são completamente destruídos.

Os filhos de Deus não são purificados dessa forma nesta vida, de modo que nem sentem pecado, nem seus impulsos e atrações. Mas eles são tão purificados que o pecado não prevalece em seus corpos mortais. A semente de Deus, que é a virtude, poder, eficácia e operação de seu Espírito Santo, não permite com que eles se deleitem no pecado. Mas, como uma vez que são chamados das trevas para a luz, e da escravidão de satanás à liberdade dos filhos de Deus, assim, quando eles pecam (como não há quem não peque), são chamados novamente por meio de verdadeiro arrependimento à sua antiga sociedade e comunhão com Cristo Jesus.

Deus nunca desejou a morte desses pecadores, nem sequer pôde desejá-la. Pois por toda a eternidade eles eram seus filhos eleitos, os quais ele deu ao seu filho querido para ser sua herança. O Filho

---
[26] 1João 3:8.

os recebeu em sua proteção e cuidado, tendo se manifestado a eles e assim o fará até o fim, bem como manifestará a bondade amorosa de seu Pai celestial. Em seus corações ele escreve a lei de Deus e os faz andar em seus mandamentos, ansiando sempre por uma justiça mais e mais perfeita do que a que encontram em si mesmos por causa de sua corrupção. Deus não deseja a morte desses pecadores, mas deseja que eles se arrependam e vivam.

O apóstolo Pedro disse:[27] "O Senhor não demora em cumprir a sua promessa, como julgam alguns. Pelo contrário, ele é paciente com vocês, não querendo que ninguém pereça, mas que todos cheguem ao arrependimento." O apóstolo aqui não quer dizer que todos, sem exceção, serão recebidos à vida pelo verdadeiro arrependimento, mas que a causa pela qual Deus tanto adiou (por assim dizer) o seu terrível juízo é para que o número dos filhos eleitos de Deus se completasse. Como já dito, Deus não deseja a morte de nenhum desses seus filhos eleitos. Mas há um outro tipo de pecadores, diferente desses que não estão nem descontentes consigo mesmos, nem odeiam a iniquidade, mas, contra os mandamentos mais claros de Deus, avançam furiosamente com Caim para matar os inocentes, com faraó para oprimir o povo de Deus, com Judas para trair a verdade conhecida e professada. Por fim, eles tanto se deleitam em toda a imundície e impiedade, que não conseguem se arrepender. Seus olhos são cegos, seus corações, endurecidos, eles são entregues à mente reprovada. E Jesus Cristo não ora por eles.

Portanto, eles não fazem nada além de mergulhar fundo na iniquidade, como o diabo (cuja tirania eles estão comprometidos) os conduz até que acabam por se perder. Fim esse que lhes foi designado não contra a vontade de Deus, mas por sua vontade imutável em seu eterno conselho. Pois ele quer tanto que a severidade de seus juízos seja demonstrada nos vasos da ira, quanto que as riquezas de sua graça sejam louvadas nos vasos da misericórdia. Esbravejem, se enfureçam, vomitem seu veneno e suas blasfêmias, até que você provoque o derramamento da vingança de Deus sobre suas próprias cabeças a um só tempo. Ele jamais se retratará de haver dito que teria misericórdia de quem ele quisesse ter misericórdia e endureceria a quem ele quisesse. Deus em si mesmo tem apenas uma vontade, que

---
[27] 2Pedro 3.

é santa, justa e permanente, nele não há contrariedade, ele é fiel e cumpre o que promete.

Eu já demonstrei claramente o que entendemos por sua vontade secreta e como ele tenta o homem. Por isso, não vou incomodar repetindo mais uma vez. Agora, vamos ouvir o que você pensa sobre nós e como vocês se exaltam.

46ª Parte

O ADVERSÁRIO

Como esses deuses são de natureza contrária, eles também geram filhos de natureza contrária. O falso deus gera filhos impiedosos, orgulhosos, ambiciosos e invejosos, perseguidores sanguinários da consciência alheia, caluniadores, impacientes, contenciosos e filhos insolentes. Eles são como seu pai, pois falam uma coisa com a boca e pensam outra com o coração. Não há como não cultivarem maus pensamentos e intenções perversas, pois recebem o veneno de seu pai.

O Deus verdadeiro gera filhos misericordiosos, humildes, modestos e amorosos, que abominam o sangue, não perseguem a ninguém, são corteses, pacientes e detestam todas as contendas, importunações e brigas. Eles são como seu Pai: tudo que falam com a boca também pensam com o coração, são sempre movidos com bons pensamentos e santas revelações, pois essa graça eles recebem abundantemente de seu Pai.

RESPOSTA

Parece que, pela descrição desses seus dois deuses (pois nenhum dos dois, da forma que você os descreve, é o verdadeiro Deus vivo e eterno), vocês tentam repetir o erro condenável dos maniqueístas, os quais imaginavam dois precursores. Um precursor de toda bondade e de todas as boas criaturas; o outro, de toda iniquidade e das criaturas iníquas. Afirmam ainda que o Deus bom e misericordioso foi temporariamente vencido pelo Deus mau e perverso. E porque as Escrituras claramente refutam essas blasfêmias, eles negaram a autoridade de Moisés e a autenticidade de todas as passagens que testemunhassem algo contra seu erro.

Se você claramente assume a defesa desses seus pais, como fez com Pelágio, Donato e os papistas (pois de todos esses pais adúlteros, vocês são filhos adúlteros), então de Agostinho (a quem Deus despertou, sem dúvida, nos dias das trevas, para, com sabedoria e clareza, refutar pelas Escrituras infalíveis, essas heresias), eu tomo toda a artilharia já preparada, suficientemente capaz de derrubar suas construções e munições, não importa quão fortes sejam. Mas dado que (como já disse) meu propósito não é acusá-los além daquilo que admitem, eu apenas admoesto o leitor a tomar cuidado com esses venenos que colocam em xeque a verdade de Deus, revelada em sua santa Palavra, e persuadem os homens a acreditarem em sonhos e revelações, por mais que repugnem ao que é revelado na Palavra.

O rebanho de Cristo deve tomar cuidado com esses homens, como também com aqueles que atribuem a mesma autoridade a esses livros que o Espírito Santo nunca recomendou à Igreja de Cristo, como os escritos por Moisés, os profetas, os evangelistas e os apóstolos inspirados pelo Espírito Santo. Posso provar com diversos argumentos que alguns de vocês estão infectados com esse pernicioso veneno. Quando eu estava em Londres, no inverno anterior à morte do rei Eduardo, um membro do seu grupo solicitou uma conversa privada comigo, na qual depois de, com toda sinceridade, ter me solicitado confidencialidade, porque os assuntos que ele tinha para falar comigo eram tão sérios e de tanta importância que desde os dias dos apóstolos nada semelhante havia sido revelado ao homem. No final, depois de muito falar (o que, então, não ouvi nem agora escrevo de bom grado), ele me deu um livro, escrito (segundo ele) por Deus, assim como qualquer um dos evangelhos. Ele me pediu a leitura e opinião sobre essa obra. Minha resposta foi que, a seu pedido, eu o leria, para que ele discutisse comigo sobre os pontos principais nele contidos, mas eu não poderia pronunciar sentença usurpando a competência dos pregadores de Deus naquele reino, sendo eu homem muito inferior a eles. Ele insistiu que eu lesse seu livro.

Dessa maneira, fiquei me perguntando quais mistérios haveria nele, então chamei um irmão fiel, que (como aprouve a Deus) estava presente comigo, um mercador chamado Henry Ferrour, com quem tratei do assunto e, segundo seus conselhos e na sua presença, comecei a ler seu livro. A primeira proposição do livro era: "Deus não fez o mundo, nem ainda as criaturas iníquas nele contidas, mas o seu início se deve a outro, isto é, ao diabo, que é chamado o príncipe do mundo." Essa proposição, repugnando claramente a Palavra de Deus, eu impugnei e comecei a lhe dizer por que satanás tinha esse título de príncipe do mundo. Mas ele se negando totalmente a arrazoar ou discutir, nem mesmo a ser corrigido em qualquer ponto já escrito, mandando que eu prosseguisse e acreditasse, embora eu não entendesse. Ao que, quando eu disse gentilmente: algum homem razoável pode querer que eu acredite em coisas que atentam diretamente contra a verdade de Deus e a Palavra revelada? "Ora", ele disse, "na nossa palavra há tanta base e certeza para nossa doutrina quanto você tem para a sua doutrina na sua palavra." Então eu respondi de forma mais ríspida, dizendo: você merece a morte por blasfêmia e negação de Deus, se preferir alguma palavra àquela que o Espírito Santo proferiu em suas simples Escrituras. Ao ouvir essas palavras, ele se irritou profundamente e, arrancando o livro de minhas mãos, partiu depois de falar o seguinte: "Eu irei até o fim do mundo, mas terei meu livro confirmado e ratificado por melhores eruditos que você." Confesso ter sido negligente ao não reter seu livro, nem ainda tê-lo apresentado ao magistrado.

No entanto, tenho este argumento de que sua facção não está completamente limpa da heresia dos maniqueístas. Eu poderia nomear e apontar outros que trabalham na mesma doença, mas, enquanto o veneno deles permanecer oculto dentro de si, haverei de poupá-los. Mas agora que você nos acusa de sermos filhos impiedosos, orgulhosos, ambiciosos e invejosos, perseguidores sanguinários da consciência alheia, caluniadores, filhos impacientes, contenciosos e sediciosos, e que falamos uma coisa com a boca e pensamos outra em nossos corações. E que vocês se exaltam como filhos misericordiosos, humildes e amorosos, que abominam o sangue, não perseguem ninguém, corteses, pacientes e que detestam toda contenda, também que vocês são sempre movidos com bons pensamentos e revelações piedosas, pois essa graça vocês recebem abundantemente de seu Pai.

Assim respondo brevemente que, por termos um juiz justo, que revelará os segredos de todos os corações, preferiremos ser injustamente acusados por vocês a nos tornarmos orgulhosos que se gabam de nossa própria justiça, como vocês, pecado esse que é tão odioso na presença de Deus, o qual ele jamais permitiu passar impune mesmo diante dos homens. Há mais de quarenta anos, o Evangelho de Cristo Jesus foi pregado na Alemanha, na República Helvética e agora nos últimos anos em Genebra. Desde então, essa doutrina tem sido ensinada a alguns e crida por muitos. Mas de que crueldade, que homicídio ou que sedição pode-se acusar aqueles que mais constantemente a ensinaram e a defenderam? Que o mundo os condene. Até que ponto a vida deles abominou o orgulho, a ambição e a imundície, Deus testemunhou e até hoje testemunha, não importa quanto satanás cegue seus olhos.

Mas logo após Deus ter semeado sua boa semente, o diabo começou a semear a erva daninha e o joio, que é a seita venenosa dos anabatistas, cujos frutos apareceram para a grande calúnia do Evangelho de Cristo e para a tristeza de muitos corações piedosos. Gabe-se o quanto você quiser de sua justiça, de sua misericórdia, de suas revelações divinas e outras coisas semelhantes. Vocês são os irmãos, mantenedores e filhos daqueles em quem se encontra claramente o contrário. A sua doutrina e a deles são uma só. Portanto, de você não procuramos outros frutos (a menos que Deus restrinja sua fúria) além dos que seus pais já produziram antes de vocês.

Para que os leitores saibam que frutos são esses, acrescentei este histórico, escrito pelo testemunho mais fiel e notável dos assuntos relativos a questões religiosas, desde o início do império de Carlos V até o ano de 1556. Acrescento essa história (Deus seja minha testemunha) não por nenhuma malícia particular contra qualquer pessoa, mas apenas para que o mundo possa ver qual é a sua origem, quão descarada e injustamente vocês nos acusam de tais crimes e quão justamente todos os homens devem temer a confusão que vocês pretendem, se Deus não derrubar suas empreitadas a tempo. A história e a sua origem é esta.

Existe uma cidade chamada Alster, nas fronteiras da Turíngia, sob o domínio do duque do eleitor da Saxônia, a qual veio Thomas Müntzer,[1] que começou primeiro a ensinar não apenas contra o Papa, mas também contra Lutero, afirmando que suas doutrinas eram corrompidas e impuras e o Papa limitava a consciência do homem com leis e

---

[1] *Historia Sleidani*, livro 5.

amarras demasiadamente rígidas. Por sua vez, Lutero afrouxou essas amarras, mas acabou pecando no sentido contrário, dando muita liberdade e pregando coisas que não eram do Espírito. Ele ensinou, também, que era lícito desprezar os decretos do Papa, porque eles não tinham força para nos levar à salvação, a qual, para se alcançar (disse ele), deveríamos sobretudo evitar toda manifesta iniquidade, como assassinato, adultério e blasfêmia do nome de Deus, pois o corpo deve ser castigado e humilhado com jejum e roupas simples que os homens devem fazer com que seus semblantes pareçam tristes e pesarosos e eles não devem falar muito nem devem crescer suas barbas.

Ele chamou essas coisas e similares de cruz, a mortificação da carne e disciplina. Depois de estarem assim guarnecidos e preparados (disse ele), devem frequentar lugares solitários, longe da companhia dos homens e pensar em Deus, sobre como ele é, se ele tem algum cuidado conosco ou não, se Cristo sofreu para nós, se nossa religião não deveria ser preferida à religião dos turcos. E deveríamos pedir um sinal de Deus para garantir que ele cuide de nós e que permaneçamos na verdadeira religião. Se ele não mostrasse imediatamente algum sinal, deveríamos seguir em frente, orando intensamente, lutando com Deus, como se ele não tivesse agido corretamente conosco. Pois dado que é sua vontade, como a Escritura nos ensina, dar àqueles que pedem, ele comete injustiça ao não dar um sinal àquele que deseja o verdadeiro conhecimento dele.

Ele disse que esse tipo de repreensão e ira é muito aceitável a Deus, porque, com isso, ele poderia perceber a fervorosa inclinação de nossas mentes. E que ele, sem dúvida (se assim lhe pedirmos), se manifestaria por algum sinal claro, que ele saciaria o anseio de nossas mentes e lidaria conosco como fez em tempos passados com nossos pais. Ele também ensinou que Deus revelou sua vontade através dos sonhos e ele estabeleceu neles o fundamento de seu propósito. E se por acaso o sonho de qualquer homem pudesse ser interpretado, ele o exaltaria abertamente perante a assembleia. Quando, por esses meios, ele havia conseguido muitos para o seu lado, pouco a pouco, abordando aqueles com quem havia andado pouco antes, começou a registrar os nomes, na cidade citada, daqueles que (sendo de sua confederação) juraram ajudá-lo a matar os príncipes e magistrados perversos e a colocar outros em seus lugares. Pois ele disse que havia recebido esse mandamento de Deus de destitui-los e constituir outros.

Enquanto ele falava apenas de sonhos e coisas semelhantes, Frederico, Duque da Saxônia, o tolerou, especialmente porque Lutero, por cartas, havia lhe pedido que assim o fizesse. Mas quando ele começou a pregar sediciosamente, foi banido, e (depois de se esconder por alguns meses) veio a Nuremberg. Sendo também expulso dali, pouco depois de chegar a Milhusium, uma cidade da Turíngia. Quando ele estava em Alster, ele havia atraído para ele alguns dos cidadãos, por cuja ajuda ele conseguiu o cargo de professor e, porque os magistrados não gostavam dele, ele levantou um tumulto entre o povo, pelo qual novos magistrados foram criados. Isso foi o começo dos problemas. Depois dessas coisas, os habitantes da cidade expulsaram os monges e invadiram suas casas, das quais os principais e os mais ricos eram da responsabilidade de Müntzer, que agora era o pregador e o magistrado. Pois o julgamento (disse ele) deve ser dado pela revelação de Deus e pelas Escrituras. Tudo o mais ele sentenciou como quis, pois tudo o que ele disse parecia-lhes sagrado. Ele disse que era mais humano que seus bens fossem tidos em comum e todos devem ser iguais em dignidade. Todos os homens devem ser livres e todos os seus bens devem ser usados indistintamente como se pertencesse a todos.

Por causa disso as pessoas comuns começaram a largar o trabalho, a ficar ociosas e, depois que tudo lhes faltava, eles saqueavam violentamente dos que tinham em abundância. Esses costumes ele usou por um período. Quando as pessoas comuns e os fazendeiros estavam armados através da Suábia e Francônia, no número de quarenta mil, e destruíram a maior parte de sua nobreza, derrubaram e queimaram muitos castelos e torres, depois os colocaram em sua mão, pensando ser o momento mais conveniente para realizar seu propósito. Fazendo máquinas de guerra na Igreja de Grayfriers, a maior parte do povo que ele trouxe do interior, na esperança de uma oração e de mais riqueza. Ele tinha um companheiro de impressionante audácia, que era seu conselheiro, cujo nome era Phifer. Esse homem atribuiu muita coisa aos sonhos e visões da noite. Entre outras coisas, ele se vangloriou de ver, durante o sono em um certo estábulo, que ele expulsava uma multidão de ratos. Por esse sonho, ele entendeu que Deus lhe havia ordenado que tomasse sua armadura e seguisse em frente com um exército para destruir toda a nobreza. Mas Müntzer, embora ele pregasse com veemência ao povo, ele era mais frio, não querendo arriscar o estado próspero em que se encontrava, antes que todos os que estavam a seu redor estivessem armados. Para facilitar todo o processo, ele enviou cartas aos trabalhadores da mineração de metais no condado de Mansfeld, advertindo seriamente que se lançassem contra os príncipes, sem hesitação, pois logo os que estavam de prontidão na Francônia se aproximariam da Turíngia.

Nesse ínterim, Phifer, que não apreciava a morosidade em nenhum assunto, partiu com seus homens e destruiu a região de Isfeld adjacente a eles. Ele despojou os castelos e os templos, destruiu muitos dos nobres e levou alguns deles como prisioneiros amarrados em correntes. Depois ele voltou para casa com grande fervor. Seu grande sucesso animou tremendamente o coração das pessoas comuns, especialmente porque as regiões ao seu redor também invadiram o condado de Mansfeld. Então Müntzer (pensando agora que o coração de todos os homens lhes havia falhado por todos os lados) veio com trezentos homens a Mulhusium e juntou-se aos francusianos. Na mesma época, morreu Frederico, duque da Saxônia, sem filhos (pois viveu como solteiro), cujo sucessor foi João, seu irmão alemão.

Enquanto essas coisas estavam acontecendo, Albert, o conde de Mansfeld, reuniu (com toda a urgência) uma companhia de cavaleiros e violentamente os atacou, matando trezentos deles. Sendo, assim, temidos, não prosseguiram mais, porém fugiram para Francusium, onde esperaram por um exército maior. Dessa maneira, seu ataque foi adiado. Durante esse atraso, o príncipe que ali estava reuniu 1500 cavaleiros, mas poucos soldados de infantaria. Eram os príncipes da Saxônia, João, o eleitor, George, seu primo germânico, Filipe Landgrave, de Hesse, e Henrique, Duque de Brunswick. Os arqueiros (isto é, os fazendeiros) permaneceram em uma colina não muito longe de Francusium, havendo reunido seus carros e os agruparam de tal forma a impedir o acesso. Mas eles não estavam bem equipados com armaduras nem com as devidas provisões, e eram todos, na maior parte, inexperientes em ações de guerra, por isso os príncipes, movidos pela compaixão, enviaram mensageiros para exortá-los a entregarem os autores da rebelião, a deporem suas armas e a partirem de volta para casa ainda ilesos.

Mas Müntzer, considerando o próprio perigo, veio à assembleia e, com um semblante sério, disse:

> Vós, soldados amigos e irmãos, vedes os tiranos não muito longe de vós. Apesar de conspirarem contra nós para tirar nossas vidas, ainda assim eles são tão covardes, que não se atrevem a empreender nada contra nós. Eles oferecem condições tolas e insensatas com a intenção de despojá-los de suas armaduras. Agora fica claro a vocês que eu não comecei essa obra pela minha própria autoridade (nunca fiz tal coisa), mas pelo mandamento de Deus, o que, sendo assim, cabe a mim e a vocês obedecer, e nem por um minuto sair deste lugar em que o próprio Deus nos estabeleceu, que em tempos passados ordenou a Abraão que oferecesse seu filho, cujo preceito Abraão obedeceu sem resistência, embora ele não soubesse o que aconteceria. E, portanto, Deus preservou seu filho e também recompensou grandemente a sua fé. Da mesma maneira nós (que estamos no mesmo estado) devemos perseverar, confiando esse assunto a Deus, pois, sem dúvida, todas as coisas serão como gostaríamos. Vós mesmos vereis o auxílio de Deus e todos os nossos inimigos serão suprimidos por todos os lados. Não é uma única passagem das Escrituras em que Deus promete socorrer os aflitos e destruir os iníquos. Essa promessa certamente nos pertence, pois somos pobres e estamos na miséria e porque desejamos manter e disseminar o conhecimento de Deus, não há dúvida que superaremos e seremos vencedores. Por outro lado, vamos considerar a condição de nossos inimigos. Admito que eles são chamados de príncipes, mas, na verdade, são tiranos e não se importam com vocês, mas usurpam os bens do homem e gastam de forma iníqua. Nesse povo que Deus escolheu especificamente para si mesmo, ele ordenou que os reis não desperdiçassem tempo. Ele ordenou que observassem diligentemente o livro das leis que ele lhes dera. Mas o que fazem nossos tiranos? Ou com o que eles se ocupam? Eles pensam que a comunidade não é responsabilidade deles. Eles desconhecem a causa dos pobres, eles não se importam com a justiça, eles permitem que as ruas fiquem repletas de ladrões, eles não punem ladrões, nem qualquer outro vício, não ajudam a viúva, nem os órfãos. Eles não se preocupam com a boa educação dos jovens. Quanto à honra ao nome de Deus, eles não apenas a negligenciam, mas também a impedem. Assim, seu único interesse é arrancar para si todos os bens

dos homens. Dessa forma, inventam diuturnamente novas maneiras de obter dinheiro por extorsão. Nem se dedicam à defesa ou manutenção da paz, a não ser que (enriquecendo-se além da medida) possam se esbaldar em todo tipo de intemperança e orgulho. É muito claro como eles causam grandes tumultos e guerras por razões as mais superficiais e tolas, pelas quais tudo o que resta aos pobres é perdido e destruído. Eis que essas são as excelentes virtudes e práticas de seus nobres príncipes. Portanto, que ninguém pense que Deus continuará tolerando essas coisas, mas tenha certeza de que, assim como Deus destruiu os cananeus, assim também destruirá esses. Pois, embora todas essas coisas que eu mencionei fossem toleráveis, vocês acham que eles escaparão impunes ao defender e sustentar a execrável impiedade dos pregadores papistas? Quem é que não sabe quão grande iniquidade é a compra e venda de missas? Não direi nada a respeito do resto. Tão certo quanto Cristo expulsou os vendilhões do templo, agora ele arrancará os sacerdotes com seus patronos e companheiros. Sejam fortes, portanto, para agradar a Deus e eliminar toda essa multidão inútil. Não vejo nenhuma maneira honesta, segura ou certa o bastante para fazermos paz com eles, pois eles não abandonarão o seu propósito, nem nos restaurarão a liberdade, nem permitirão a verdadeira adoração a Deus. Melhor nos seria morrer do que permitir sua iniquidade e deixarmos ser espoliados da doutrina do Evangelho. Eu lhes prometo com toda certeza que Deus nos fará prosperar e que a vitória será nossa. Pois ele mesmo me prometeu face a face. Ele mesmo que não pode enganar nem mentir me ordenou a iniciar essa obra punindo os magistrados. Dessa forma, o poder de Deus se mostra mais excelente, quando uma grande multidão de inimigos é eliminada por um pequeno punhado. Deixando de mencionar tantas outras coisas, você sabe o que Gideão conseguiu fazer com alguns poucos; o que Jônatas fez acompanhado apenas de um pobre servo; o que Davi fez quando lutou sozinho contra aquele gigante Golias, de grande estatura, que aterroriza tão somente por sua envergadura. Não há dúvida que este dia, da mesma maneira, será notável, e toda posteridade dele se lembrará como se lembra dos outras grandes feitos. Pois, embora possa parecer não estarmos devidamente armados, nem devidamente capacitados, ainda assim teremos a vitória. E é mais fácil que as obras do céu e da terra sejam alteradas do que sermos abandonados por Deus. Pois foi assim que, no passado a natureza do mar mudou para que os israelitas pudessem escapar do perigo quando foram perseguidos por Faraó. Não se deixem levar pelo juízo de sua própria razão, nem que qualquer aparência ou sombra de perigo os perturbem, mas destemidamente domine o inimigo perverso e ímpio, jamais permitam que as máquinas de guerra os assustem, pois suportarei no meu colo todas as balas de canhão. Vocês não veem como Deus é misericordioso conosco? Olhem para cima, eu lhes peço, e observem bem o sinal e o testemunho de seu amor eterno por nós? Ergam os olhos e vejam o arco do céu, por cuja imagem Deus nos assegura que nos ajudará nessa batalha. pois temos o mesmo arco pintado em nossa bandeira e ele também o demonstra pela própria morte e destruição de nossos tiranos. Portanto, avancem sobre seus inimigos com vigorosa coragem, tendo a segura esperança de que Deus os ajudará. Pois Deus não quer que vocês façam as pazes com os adversários iníquos.

Quando ele terminou a exortação, seus soldados (a maior parte deles) tremiam diante da dimensão do perigo presente, mas todas as coisas foram feitas de forma atrapalhada, sem nenhuma regra ou ordem clara. Além disso, havia alguns com audácia precipitada, prontos para realizar todo tipo de atos iníquos. Esses, já tendo a inclinação natural à iniquidade, ficaram ainda mais inflamados por seu discurso. Mas principalmente foram movidos pelo arco-íris cravado na bandeira (como é dito antes), que eles entenderam como um sinal seguro de vitória. O que também lhes ajudou era o fato de serem um grande número, cerca de oito mil homens, e que o lugar estava adequado para defendê-los. Assim, esses homens encorajados, em alta voz, exortaram os homens a tomarem suas armas e a atacarem corajosamente o inimigo. Eles também tinham um cântico em que pediam a assistência do Espírito Santo de Deus.

Mas antes disso, um certo jovem, de nobre nascimento, foi enviado a eles, e acabou morto por Müntzer (contrário à lei do exército e aos costumes de qualquer nação). Isso provocou de tal modo que os príncipes tocaram suas trombetas para a batalha e ficaram de prontidão. Naquela época, havia Filipe, príncipe de Hesse, que, embora fosse o mais jovem de todos, cavalgava em meio deles exortando os soldados a serem fortes. Ao fim dessa exortação, eles avançaram contra seus inimigos, começando a atirar sob o comando deles. Então os pobres homens (estando extasiados ou fora de si) não se defenderam nem fugiram para defender suas vidas, mas continuaram a cantar ao Espírito Santo, clamando por sua assistência. A maior parte deles depositou tanta confiança nas promessas favoráveis de Müntzer que buscaram ajuda dos céus.

Quando eles dispararam e começaram a invadir seus redutos e muitos deles foram mortos de todos os lados, tiveram de fugir para Francusium, mas alguns deles foram para o outro lado da colina. Ali, mantiveram por algum tempo alguns cavaleiros e mataram um ou dois deles. Porém, quando a maior parte deles morreu, os cavaleiros (dispersos e desorganizados) vagavam de um lado para o outro, sem ordem, de modo que, para onde quer que fugissem, eram perseguidos. Mas alguns de seus homens (como eu já disse) foram mortos, os que restaram ficaram tomados de fúria e desejo de vingança, sendo mais violentos, e foram mortos ao número de cinco mil. Em seguida, Francusium foi tomada na batalha e trezentos homens foram decapitados.

Müntzer fugiu para a cidade e se escondeu em uma casa não muito longe do portão. Nela, certo homem entrou, e seu servo subiu para a parte de cima da casa, a fim de conferir a casa. Nisso, ele se deparou com certo homem deitado em uma cama. Perguntou-lhe quem era e se ele era um dos rebeldes que fugiram do tumulto. Isso ele negou, dizendo que ele estava acamado com febre. Ao lado da cama havia uma bolsa, a qual o outro pegou esperando encontrar algo nela. Depois de abri-la, encontrou uma carta em que Albert Mansfeld admoestava Müntzer a abandonar sua empreitada e não incitar o povo à sedição. Depois de ler essas cartas, ele perguntou se elas foram escritas para ele. Havendo negado, ele o forçou a confessar, de modo que ele admitiu ser Müntzer.

Então (sendo levado) ele foi trazido a George, o duque da Saxônia, e a Landgrave, que lhe questionaram por que ele havia enganado os pobres homens. Ele respondeu que não havia feito nada além de seu dever e que os magistrados que não aceitassem a doutrina do Evangelho deveriam ser tratados dessa maneira. Todavia, depois de ter sido calado pelos príncipes, ele gritou angustiado. Disse-lhe então George, o duque da Saxônia: "Agora estás irritado, Müntzer, mas reflita na morte daqueles homens miseráveis que (sendo perversamente enganados por sua artimanha) pereceram neste dia." Então ele (rindo efusivamente) respondeu: "Eles assim desejaram". Depois que ele foi levado para Helderung, uma cidade de Mansfeld, onde foi interrogado minuciosamente sobre o que pretendia fazer e quem fazia parte sua conspiração, ele contou tudo.

Então vieram os príncipes de Mulhusium para Helderung e decapitaram alguns dos rebeldes, entre os quais estava Phifer (de quem eu já falei antes). Pouco depois, Müntzer foi trazido para lá, estando ele profundamente irritado e perturbado. Ele tampouco foi capaz de explicar sua fé, como era costume na época, de modo que (para ajudá-lo) Henrique, duque de Brunswick, o disse antes dele. Quando Müntzer estava prestes a morrer, admitiu seus erros e os confessou abertamente. Sendo cercado por soldados, exortou os príncipes a terem misericórdia dos pobres homens, para que eles não temessem o mesmo perigo depois. Ele os exortou também a lerem diligentemente os livros dos Reis nas Escrituras. Tendo falado essas coisas, Müntzer foi golpeado com uma espada e, para servir de exemplo, sua cabeça foi presa a uma lança e colocada no campo.

Assim Müntzer se foi e sofreu por sua transgressão, que ele confessou abertamente.[2] Mas ainda assim, infelizmente, seu erro e sua perniciosa doutrina não terminaram, porque dele surgiram os que, por sua conduta e doutrina, são chamados de anabatistas, pois proíbem o batismo de crianças e são rebatizados. Dessa forma afirmam que todos os demais também deveriam se rebatizar, tirando toda a virtude do primeiro batismo. Eles apresentam um certo tipo de santidade. Eles ensinam que não é lícito aos homens cristãos recorrerem aos tribunais a não prestarem juramento, ainda que seja exigido pelo magistrado. Ensinam também a não se ter nada em privado, mas a ter tudo em comum a todos. Esses são seus primeiros princípios.

Além disso, eles acrescentam erros muito mais graves, como demonstrarei mais tarde. Quando se espalharam por toda a Alemanha, Lutero e muitos outros homens instruídos os resistiram duramente, e os magistrados também os puniram, dificultando seu crescimento. Por fim, eles se instalaram na principal cidade de Westfália, chamada Monastério, ou Münster (que é bem fortificada), o que aconteceu da seguinte maneira. Não muito longe da cidade de Münster há um templo de São Maurício, no qual Bernard Rotman pregou o Evangelho, no ano de nossa salvação em 1532, para uma

---

[2]*Historia Sleidani*, livro 10.

grande audiência de cidadãos. Quando eles estavam determinados a trazê-lo para a cidade, os prelados (com a intenção de deixar seu legado) deram a ele uma pequena quantia em dinheiro, a fim de que ele pudesse trabalhar em algum outro lugar e assim o fez. Mas depois de passar por diversos lugares, onde pensou em fazer algo de bom e favorecer seu espírito, ele voltou depois de alguns meses. Eles (a quem seu retorno foi penoso) decidiram deixá-lo pregar, mas foi em vão, o povo lhe fez esse favor.

Pouco tempo depois que isso aconteceu, alguns dos principais cidadãos o receberam na cidade, e quando as portas da igreja lhe foram fechadas, colocaram-lhe um púlpito no pórtico da igreja. Como o número de cidadãos e outros ouvintes aumentava diariamente, eles queriam que os papistas lhes abrissem um templo, o que, se não concedessem, eles arrombariam com violência. Não muito tempo depois (pelo conselho do líder do povo), ele enviou cartas ao condado de Hesse, que estava unido com e sob o governo de Landgrave, querendo que lhe fossem enviados alguns homens bons e instruídos, os quais com ele pudessem pregar o Evangelho. Havendo concordância entre eles, dois foram enviados de Marburgo.

Dessa maneira, eles discutiram entre si primeiro como poderiam vencer o clero, a fim de que o Evangelho pudesse dar mais frutos. Para que isso acontecesse, o caminho considerado mais conveniente foi o seguinte. Eles escreveram os erros dos papistas em trinta artigos e os entregaram ao Conselho, oferecendo-se a suportar qualquer tipo de punição, se não conseguissem provar, pelas Sagradas Escrituras, que todos eles eram contrários à Palavra de Deus. Os magistrados mandaram que os papistas viessem antes deles e eles lhes mostraram os principais pontos de seus erros. Quando insistiam em alegar que sua doutrina era pura e consoante à Palavra de Deus e, por outro lado, os pregadores a negavam e afirmavam que provariam sob pena de decapitação, foi perguntado a eles se eles refutariam, pela Palavra de Deus, os artigos que foram apresentados contra eles.

Quando, assim sendo questionados, vendo também que os governantes eram sinceros nesse assunto, em poucas palavras responderam que eles não tinham nada com que se defender: embora até então, eles tivessem dito que suas ordenanças e seus comportamentos eram bons e lícitos, eles confessaram ter dito por mera opinião e ignorância. Então o Senado, vendo-os serem condenados por falsas doutrinas e erros, nada tendo a dizer em defesa e confessando sua maldade, ordenou-lhes que, a partir de então, se abstivessem do ofício de ensino e deveriam ceder espaço em todos os seus templos àqueles novos professores que haviam revelado sua tolice e enganos. Posteriormente, com o consentimento do Senado e do povo, foi designado para cada pregador um templo para pregar. Os papistas se sentiram aflitos, mas especialmente os cânones da igreja da catedral, que, em sua maior parte, eram de nobre nascimento. Quando viram que não podiam mais remediar a situação, partiram irados e foram ao bispo daquela cidade. Depois que foram aconselhados por ele, decidiram obstruir todos os caminhos e passagens para que não nenhum mantimento chegasse à cidade. Logo depois de terem obstruído os caminhos, o bispo, com os cânones já mencionados, veio a Telger, a fim de aconselhar melhor sobre o assunto, pois aquela era uma cidade pequena a uma milha da cidade. Dali, eles enviaram um mensageiro com cartas ao Conselho com as seguintes palavras: que eles deveriam abandonar sua empreitada e restaurar todas as coisas ao seu estado anterior. Do contrário, eles seriam tomados como inimigos a partir de então. O bispo era um conde chamado Francis Valdock e seu antecessor se chamava Frederick, irmão do arcebispo de Colônia. Esse bispo (por questões de saúde ou por suspeita sobre o assunto) partiu dali um pouco antes, por vontade própria e satisfeito com uma vida privada, ele foi para o seu próprio condado.

O povo de Münster, que aconselhava sobre esse assunto, manteve o mensageiro. No Natal, durante a noite, eles saíram com 900 homens e, avançando contra eles às ocultas, tomaram a cidade e colocaram guardas nos portões (para que ninguém escapasse) e apreenderam todos. O bispo (na realidade) se foi dali no dia anterior. Eles trouxeram todos os presos para a cidade, entre os quais estavam os principais prelados e diversos nobres. Os magistrados lhes perguntaram qual era a sua intenção e se pretendiam continuar impedindo a pregação do Evangelho. Eles responderam livremente que fariam sua parte para que o Evangelho florescesse.

Por causa dessa resposta, houve um pacto entre eles: a cópia da qual o magistrado enviou a Landgrave, desafiando-o a ajudar na manutenção do Evangelho e de sua comunidade. Então lhes enviou alguns de seus servos, cuja vinda foi feita a paz. Sendo reconciliados e deixado as mágoas para trás, eles viveram juntos em paz. Que o

Evangelho fosse pregado em seis igrejas, que as impiedades e superstições presentes na religião pudessem ser removidas; que na igreja da catedral nada deveria ser mudado, que os cidadãos não devem pensar que isso lhes pertence. Esse tratado de paz, por escrito, foi assinado por Landgrave, pelo bispo e seus adeptos, pelos nobres e por todo o povo, no dia 14 de fevereiro, ano de nossa salvação, em 1533.

Depois que tudo isso foi resolvido, chegou a Münster um alfaiate, chamado João de Leiden, nascido na Holanda, que era um fervoroso anabatista. Esse homem, depois de conhecer os pregadores, perguntou-lhes em particular se eles achavam que era correto batizar crianças ou não. Quando eles responderam que sim, ele, como discordava, começou a rir e a desprezar a opinião deles. Quando Bernard Rotman, de quem já falamos, percebeu isso, exortou o povo em sua pregação a invocar a Deus para que lhes desse graça para permanecer na verdade e que lhes preservasse da corrupção das heresias, principalmente da opinião dos anabatistas, a qual agora se infiltravam entre eles e se reuniam em privado. Pois ele disse: se a opinião deles prevalecesse, o estado, não apenas da comunidade, mas também da religião, seria muito miserável e pobre. Ao mesmo tempo, chegou à cidade um deles, Herman Stapred, que se tornou partidário de Rotman, e publicamente atacou o batismo de crianças. Ele foi aluno de Henry de Rolle, que pouco antes havia sido morto em Trajectine por seu anabatismo. Esse foi, por assim dizer, outro passo adiante para esse novo tipo de doutrina.

Aconteceu que os anabatistas passaram a ensinar por toda a cidade, embora fosse em casas particulares, secretamente, e nenhum deles tenha sido recebido, exceto os que eram da sua seita. Além disso, não havia ninguém que se apresentasse como autor dessa opinião, tampouco ensinavam, a não ser de noite enquanto os outros dormiam, hora em que eles estudavam seus mistérios. Mas a coisa foi descoberta e diversos cidadãos ofendidos com isso diziam ser motivo de vergonha que essa nova doutrina fosse semeada em segredo e à noite.

Pela ordem dos governantes, os líderes deles foram ordenados a evitarem a cidade. Saindo por um portão, entraram novamente por outro dizendo que tinham ordem de Deus para que permanecessem ali e aplicassem suas doutrinas. Isso incomodou muito os governantes e causou grande espanto na cidade. Logo, para evitar maiores tumultos e perigos, os magistrados ordenaram tanto aos anabatistas quanto aos pregadores do Evangelho, a fim de que aparecessem diante deles na Casa do Conselho com alguns outros homens instruídos. Então Rotman revelou sua opinião, que até aquele momento ele havia ocultado, e condenou o batismo de crianças como algo perverso e abominável.

Todavia, um homem chamado Herman Bushe defendeu (ele principalmente) a parte contrária, que os anabatistas haviam sido ordenados a partir da cidade completamente. Quando eles se comprometeram por si mesmos a não passarem silenciosamente pelas terras do bispo, o Senado lhes concedeu um salvo-conduto e deu-lhes meios para suportar suas acusações. Mas eles já tendo decidido há muito tempo não se afastar dali para outro lugar (retornando secretamente aos companheiros) se mantiveram por perto por um tempo. Os magistrados, nesse meio-tempo, antes que eles dessem as caras novamente, fecharam as portas das igrejas, à exceção de uma. Pois havia o temor de que os anabatistas (que cresciam diariamente acompanhados de seus mestres) expulsassem os pregadores do Evangelho de seus templos.

Depois disso, no mês de novembro, Landgrave, a pedido dos governantes da cidade, enviaram a eles dois pregadores, Theoderik Fabritius e John Melsinger. Mas Melsinger, vendo o problema e temendo o perigo, voltou para casa novamente. O outro, com grande diligência, exortou os cidadãos a tomarem cuidado com a doutrina dos anabatistas. Nesse sentido, ele não deixou de fazer seu esforço, até que os anabatistas, tomando a dianteira, expulsaram o outro da cidade, como depois será declarado. E, para esclarecer tudo, ele escreveu em um breve resumo o efeito da verdadeira doutrina e da administração eclesiástica, o conselho e as pessoas que foram nomeadas. Em seguida, pelo conselho dos magistrados, Peter Wirtam começou a pregar novamente, mas ele não pregava há muito tempo. Ainda assim os anabatistas, instigados por Rotman, o expulsaram.

Estando ele ainda mais furioso, provocou Fabrício e outros ao debate, com a concordância do Senado, mas sob a condição de que a disputa deveria se basear na Palavra de Deus e outros escritos em consonância com ela, na presença de homens piedosos, que cumpririam a função de árbitros. Tendo eles ouvido e ponderado as afirmações e argumentos de ambos os lados, de forma imparcial, dariam seu veredito, e o veredito que eles dessem seria admitido por todos para que, assim, a discórdia fosse dissipada e a paz da Igreja fosse restaurada. Rotman e seus companheiros rejeitaram essa condição. Quando astuciosamente evitavam ser descobertos, eles começaram a ser abertamente desprezados pelas pessoas comuns. Mas para eliminar essa mancha, eles descobrem outro caminho muito mais conciso. Um deles (como se estivesse inspirado pelo Espírito Santo) correu pelas ruas da cidade, clamando: "Arrependam-se e se batizem novamente, ou então a ira de Deus os consumirá." Dessa forma, houve um tumulto popular e tantos quantos foram rebatizados clamavam da mesma maneira que o primeiro. Muitos temendo a ira de Deus, que eles tanto ameaçavam que cairia sobre eles (homens bons que foram enganados por sua falta de instrução) lhes obedeceram e outros fizeram o mesmo para salvar seus bens, pois depois que os anabatistas alcançaram vantagem sobre seus adversários, eles os despojaram de seus bens. Isso foi no final de dezembro, e agora eles saem de seus esconderijos secretos, dos quais falamos antes. Estando eles reunidos no mercado, clamaram em alta voz, ordenando que todos os que não fossem rebatizados fossem mortos, como pagãos e ímpios. Depois disso, eles tomaram a artilharia e a munição da cidade, como também o edifício do governo, não sem causar violência a muitos. Os outros, por sua vez, para se salvarem, foram para a outra parte da cidade muito bem fortificada e tomaram muitos dos anabatistas.

Esse conflito contra os anabatistas, que tomaram o mercado e o cercaram por todo o lado, continuou por muito tempo. Com garantias apresentadas de ambos os lados, eles chegaram a um acordo em que foi combinado que todos deveriam manter sua religião como lhes aprouvesse e voltar para sua casa em paz.

Nesse meio-tempo, Rotman e Bernard Knipperdoling, principal chefe dessa facção, não obstante terem aparentemente concordado com esse acordo, enviaram cartas às vilas ao redor, pedindo que todos os que faziam parte de sua seita que, deixando seus bens trás, se dirigissem imediatamente à cidade, prometendo que tudo o que perdessem lhes seria restaurado dez vezes mais. Muitos, atraídos por essas grandiosas promessas, vieram a Münster, homens e mulheres, com uma esperança convicta de obterem grande benefício, mas principalmente aqueles de parcos recursos, incapazes de sustentar suas casas. Os cidadãos, principalmente os que tinham alguma reputação, quando viram que a cidade começou a ficar cheia de estrangeiros, eles se afastaram o quanto podiam, deixando para trás os anabatistas e aquele povo. Isso foi em fevereiro, por volta do Tempo da Septuagésima, em 1534.

Assim, como um dos partidos se enfraqueceu com a partida deles, os anabatistas escolheram novos magistrados, alinhados à sua opinião. Também formaram conselheiros, entre os quais Knipperdoling. Pouco tempo depois, invadiram o templo de Saint Maurice nos subúrbios e o queimaram, com todas as casas ao redor. Eles também despojaram todos os templos e desfiguraram o interior da grande igreja. Feito isso, começaram a correr aos montes pela cidade, nas ruas, bradando primeiro "Arrependam-se" e imediatamente depois clamavam "Portanto, apressem-se, pecadores, a não ser que queiram pôr em risco suas vidas." Ao mesmo tempo, eles correram pela cidade em arreios e expulsaram da cidade todos os que não eram de sua seita, a despeito da idade ou condição.

Por causa disso, nessa turbulência e fuga apressada, muitas mulheres deram à luz antes do tempo e imediatamente eles tomaram os bens daqueles a quem haviam perseguido. Embora isso tenha acontecido um dia antes de o bispo sitiar a cidade, ainda assim, quando alguns dos partidários que fugiram caíram nas mãos do bispo, eles foram tomados como inimigos, dos quais alguns foram mortos e outros foram tomados um ou dois pregadores do Evangelho. Quando Peter Wirtam, de quem falamos antes, corria perigo de vida, ele foi salvo através da intervenção de Landgrave. Agora, o restante dos homens da cidade, que eram bons homens, percebendo o perigo que os ameaçava, embora quisessem abandonar a cidade, profundamente inflamados contra suas vontades (e como era restrito), eles permaneceram.

Naquela época, o profeta principal deles (pois eles usurparam esse nome), chamado John Matthew, ordenou que todo mundo que tivesse algum ouro, prata ou bens móveis deveria trazê-lo para compartilhar, para que ele fosse comum, sob pena de decapitação. Para isso, foi organizada uma casa pública. O povo ficou muito espantado com essa rigorosa ordem, mas a obedeceram. Não era prudente enganar ou omitir qualquer parte, pois eles tinham duas jovens profetisas, que declaravam se houvesse algum enganador. Não lhes bastava seus próprios bens, mas também usaram da mesma maneira os bens dos outros que haviam sido expulsos. Depois disso, o mesmo profeta deu ordem para que ninguém tivesse ou mantivesse nenhum livro, à exceção da Bíblia, e que todos os outros deveriam ser trazidos para serem rasgados e destruídos. Ele disse que esse mandamento lhe foi dado do alto. Por causa disso, um grande número de livros foi trazido e queimado.

Naqueles dias, um artesão chamado Hubart Turteline escarneceu daqueles que se chamavam profetas. Quando isso veio a público, reuniu-se uma multidão, ordenando-o que se apresentasse, acusaram-no e o condenaram à morte. Isso fez com que o povo se enlutasse e ficasse tomado por medo. O profeta principal (já mencionado) tomou o pobre homem, estirado ao chão, feriu-lhe com uma lança, sem feri-lo mortalmente, apesar da violência do ataque. Então ele ordenou que ele fosse levado para outro lugar e, pegando a arma de um jovem que estava ao seu lado, atirou nele, deitado no chão. Como ainda assim ele não morreu imediatamente, ele lhe disse que havia sido mostrado do céu que ainda não havia chegado a hora de sua morte, e Deus o perdoaria por sua transgressão. Mas o pobre homem morreu poucos dias depois. Quando o profeta soube de sua morte, ele pegou uma longa lança e correu com ela pela cidade, bradando que Deus, o Pai, havia lhe ordenado expulsar os inimigos da cidade. E quando ele chegou perto do campo, um certo soldado o matou.

Apesar de essa ter sido a segunda vez que a mentira deles foi revelada, o restante de seus colegas profetas enfeitiçou de tal maneira o povo que eles lhes falaram dessa questão de tal modo que as pessoas comuns encararam o assunto com muita seriedade e disseram: certamente alguma praga de grande proporção lhes sobreviria pela morte de um homem tão notável. Mas o profeta que o sucedeu, chamado João de Leiden, os estimulou a terem coragem. "Pois", disse ele, "há muito me foi revelado que ele morreria dessa maneira e que eu deveria tomar sua esposa em casamento." Dois dias antes da Páscoa, eles correram para os templos e tocaram todos os sinos de uma só vez. Poucos dias depois, Knipperdoling profetizou que aqueles que estavam no alto deveriam ser derrubados, e o outro deveria ser exaltado de um estado vil e inferior.

Depois disso, ele ordenou que todos os templos fossem derrubados, afirmando com muita seriedade que essa ordem havia vindo de

Deus. Imediatamente obedeceram-lhe e essa ordem celestial (como ele a chamou) foi executada com toda diligência. Por volta do mesmo tempo, o mencionado João de Leiden pegou a espada que servia para a decapitação dos transgressores e a deu a Knipperdoling, fazendo dele carrasco. Pois assim, disse ele, foi determinado por Deus, aquele que antes era um dos principais governantes e membro do conselho agora deveria ocupar o posto mais baixo como carrasco. Knipperdoling não ficou nada ofendido com isso, mas ficou grato pelo cargo.

Agora, tendo o bispo suportado o cerco sozinho, Hermano, o arcebispo de Colônia, e João, duque de Cleves, mandaram-lhe dinheiro e armas, com alguns cavaleiros e soldados. O próprio arcebispo de Colônia também veio ao acampamento para reunir-se com eles e, pouco tempo depois, a cidade foi sitiada em vários lugares. Quando não havia esperança de vencer pela força, eles fizeram sete rampas pela cidade para impedir a provisão, fornecendo-lhes soldados e cavaleiros, que permaneceriam ali o inverno inteiro.

O bispo de Münster (pela manutenção do cerco e da guerra contra a cidade) pediu ajuda aos príncipes ao redor do rio Reno, como vizinhos próximos e a quem o assunto também competia. Por isso, eles se reuniram em uma cidade chamada Coblença, em 13 de dezembro de 1534.

Depois desse cerco frustrado à cidade, João de Leiden adormeceu e sonhou durante três dias. Quando acordou, ele não disse uma palavra, mas apenas pediu que lhe trouxessem uma folha de papel, na qual escreveu os nomes de doze homens, entre os quais estavam alguns de nobre nascimento. Esses doze deveriam governar como chefes principais, como era entre os israelitas. Ele disse que essa era a vontade do Pai celestial. Quando, por esses doze, houve um caminho para que ele pudesse se tornar rei, ele apresentou certos artigos aos pregadores e determinou que, se pudessem, os refutassem pela Palavra de Deus. Do contrário, ele os publicaria para a multidão e assim eles seriam autorizados e estabelecidos.

O resumo deles era o seguinte: o homem não estava vinculado a apenas uma esposa e era lícito que qualquer homem tivesse tantas esposas quanto quisesse, mas quando os pregadores resistiram a essa sentença, ele os chamou para o conselho e com eles os doze chefes. Estando todos lá, ele tirou sua capa e a jogou no chão e com ela o Novo Testamento. Por esses sinais (por assim dizer), ele testificou e jurou que o artigo que ele havia apresentado lhe fora revelado do céu. Assim, ele os ameaçou com palavras terríveis, dizendo que Deus não teria misericórdia deles a menos que eles acatassem.

Por fim, eles concordaram e os pregadores, por três dias seguidos, pregaram apenas sobre matrimônio. Logo João de Leiden casou-se com três esposas, das quais uma já falamos antes, a esposa do grande profeta John Matthew. Seguindo esse exemplo, outros também se casaram mais de uma vez, já que era considerado louvável casar-se mais de uma vez. Mas diversos cidadãos que não gostavam desse comportamento emitiram um comunicado pela cidade, chamando todos os que amavam o Evangelho ao mercado. Então eles levaram o profeta e Knipperdoling com todos os pregadores. Quando o povo ouviu falar disso, eles se armaram e resgataram aqueles que foram levados, matando impiedosamente cinquenta pessoas. Eles os amarraram a árvores e postes e os alvejaram. Pois o grande profeta clamou que todos aqueles que quisessem prestar serviço aceitável a Deus atirassem o primeiro dardo. Outros tantos foram mortos de outra maneira.

No dia 24 de junho surgiu um novo profeta, que tinha o ofício de ourives. Esse profeta chamou o povo para o mercado e lhes disse: era ordem e vontade do Pai celestial que João de Leiden fosse o imperador de toda a terra e ele deveria partir com um poderoso exército, matando todos os príncipes e reis da terra, tendo misericórdia apenas do povo (isto é, todos aqueles que amam a justiça) e que ele possua o trono de seu pai Davi até que o Pai lhe pedisse o reino. Pois, disse ele, uma vez que os ímpios fossem derrotados, os santos aqui reinariam nesta vida. Logo após ele ter dito essas coisas abertamente, João de Leiden caiu de joelhos e ergueu as mãos para o céu dizendo: "Já faz muitos dias, meus irmãos, que eu sabia disso. Mas eu não queria revelar, e agora Deus o revelou por meio de um terceiro, para que vocês pudessem acreditar." Quando esse homem conseguiu o reino por sua artimanha, imediatamente afastou do cargo os doze primeiros. Segundo o costume dos reis, ele escolheu para si homens nobres e ordenou que lhe fossem feitas duas coroas de ouro fino, um cetro, uma bainha e uma corrente de ouro, com outros ornamentos semelhantes.

Além disso, ele designou certos dias para ouvir abertamente as demandas que os homens tivessem a lhe apresentar. Muitas vezes, quando ele saía na rua, era acompanhado por seus oficiais e nobres de sua corte. Ao lado dele, seguiam dois jovens cavaleiros e ele, à sua direita, portava uma coroa e a Bíblia; o outro, na mão esquerda, portava uma espada desembainhada. A pompa de sua esposa principal (pois ele tinha outras naquela época) era igual. No mercado, havia um trono alto feito para ele, coberto com um tecido de ouro. As ações e reclamações que lhe eram apresentadas, na maioria das vezes, tratavam-se de casamentos e divórcios, que eram mais frequentes e, por causa desse costume, não eram poucos os que antes moravam juntos e agora eram divorciados.

Aconteceu que, certo dia, quando as pessoas estavam no mercado aglomeradas para ouvir, eis que Knipperdoling subindo rastejando por sobre as cabeças do povo com as mãos e os pés (pois estavam muito aglomerados), ele respirou na boca de cada um deles, dizendo um após o outro: "O Pai te santificou. Receba o Espírito Santo." Outro dia, conduzindo a dança diante do rei, disse: "Assim eu costumava fazer com minha prostituta, mas agora o Pai ordenou que eu o fizesse diante do rei." Mas como ele insistia sem parar nisso, o rei se ofendeu e se afastou. Então, apressadamente, foi-se ao trono e se comportou como um rei. Mas o rei, voltando nesse meio-tempo, o expulsou e o prendeu por três dias.

Durante o cerco, eles escreveram um livro com o nome *The Restitution [A Restituição]*, no qual, entre outras coisas, diziam que o Reino de Cristo deve ser de tal modo antes do dia do julgamento que os eleitos e os santos reinem, mas que os ímpios sejam destruídos por toda parte. Também diziam ser lícito ao povo depor os poderes civis e que, embora os apóstolos não tenham ordenado que tomássemos jurisdição sobre eles, ainda assim os ministros da igreja devem agora tomar a espada e, com violência, estabelecer uma nova comunidade Além disso, ninguém que não seja um verdadeiro cristão deve ser tolerado na comunidade; ninguém pode ser salvo a menos que ele tenha todos os seus bens em comum, sem possuir nada por si mesmo; que Lutero e o Papa são falsos profetas e, dos dois, Lutero é o pior; e que o casamento daqueles que não são iluminados pela verdadeira fé é maculado e impuro e deve ser considerado como adultério e fornicação, não como casamento. Entre outros homens, Melancthon, Justus Jonas e Urbanus Rhegius resistiram à doutrina dele, como fica claro em seus variados e excelentes escritos.

Poucas semanas depois, o novo profeta, de quem falamos antes, tocou uma trombeta em todas as ruas e ordenou que todas as pessoas comparecessem ao pátio da Igreja do grande templo, todos armados para que os iníquos fossem expulsos da cidade. Quando chegaram lá, encontraram uma ceia preparada e foram ordenados a se sentarem à mesa. Eles eram 4.000 pessoas. Depois de terem ceado, os que mantiveram a guarda, cerca de mil, também cearam. O rei e a rainha, tendo servido sua casa, ao se aproximar o fim de ceia, serviram pão a todos, dizendo: "Tomai e comei, anunciai a morte do Senhor." E a rainha, dando-lhes o cálice, disse: "Bebei e mostrai a morte do Senhor." Feito isso, o novo profeta (de quem falamos antes) subiu ao púlpito e perguntou a todos se eles obedeceriam à Palavra de Deus ou não. Quando todos disseram que sim, ele disse: "A ordem do Pai é que sejam enviados 28 pregadores, aos quatro cantos do mundo, pregando a doutrina que é divulgada nesta cidade." Então, por ordem, ele designou os lugares para onde eles deveriam ir. Seis foram enviados para Osembirge e tantos quantos para Warendorf; oito para Sufat e tantos quantos para Cosfeld. O rei e a rainha jantaram depois com os servos que serviram à mesa e com os que foram ordenados a sair.

Quando a ceia estava sendo preparada, o rei levantou-se, dizendo que ele tinha um negócio a fazer, ordenado pelo Pai, por acaso, havia um soldado a quem o rei acusou ser um traidor, assim como Judas foi, e com a própria mão ele arrancou-lhe a cabeça. Feito isso, ele voltou ao jantar e contou a boa ação que havia feito. Depois da ceia, esses 28 pregadores foram enviados um pouco antes do anoitecer. Além disso, para a deliberação deles, foi dado a cada um deles uma peça de ouro, com a responsabilidade de que onde quer que sua doutrina não fosse recebida, eles deveriam deixar essas peças, como testemunha contra eles de sua destruição e condenação eterna, porque eles recusaram a paz e uma doutrina íntegra.

Quando chegaram aos lugares que lhes foram designados, clamavam nas cidades que os homens deveriam se arrepender ou logo pereceriam. Eles espalharam suas roupas no chão diante dos governantes e lançaram sobre elas as peças de ouro que receberam, afirmando que elas foram enviadas pelo Pai para lhes trazer paz. Assim, se eles as recebessem, então eles determinariam que eles tivessem todos os seus bens em comum. Se eles recusassem, então, por esse sinal e (por assim dizer) por essa uma marca, eles testemunhariam suas más ações e ingratidão. Pois eis que chegou o tempo, diziam eles, mencionado anteriormente pelos profetas, no qual Deus deseja que a justiça reine em toda a terra. E quando o rei tiver cumprido sua responsabilidade de fazer a justiça governar em todos os lugares, então Cristo entregará o reino ao Pai.

Ao falarem assim, foram levados inicialmente com gentileza e depois sob violência, sendo questionados sobre sua doutrina e vida, e sobre a força da sua cidade, responderam que só eles tinham a verdadeira doutrina, que defenderiam com suas próprias vidas. Pois (disseram eles) desde a época dos apóstolos, a verdade não foi verdadeiramente pregada, nem tem sido praticada qualquer justiça e também que havia quatro profetas, sendo dois justos, Davi e João de Leiden, e dois injustos, o bispo de Roma e Lutero, que era o pior dos dois. Quando foram perguntados por que, contrariando a sua promessa, expulsaram os inocentes da cidade, ocupando seus bens, tomando suas esposas e filhos e com que texto da Escritura eles provariam que sua ação foi justa e boa, eles responderam que havia chegado o tempo do qual Cristo falou, em que os mansos possuiriam a terra da mesma maneira que Deus deu os bens dos egípcios aos israelitas. Depois, eles falaram das munições e alimentos que estavam na cidade e da multidão, como também que muitos deles tinham cinco esposas cada um. Acrescentaram que procuravam exércitos de homens na Frísia e na Holanda, que quando eles chegassem, o rei liberaria todo o seu exército para subjugar o mundo inteiro sob seu poder, depois de matar todos os reis por não ministrarem a justiça.

No entanto, depois de tentarem persuadi-los, eles continuaram em seus propósitos e não queriam reconhecer nenhum outro magistrado que não seu rei. Por isso todos foram condenados à morte, à exceção de um que escapou. A cidade estava tão fortemente sitiada que ninguém podia entrar ou sair. Portanto, os cidadãos temendo a fome e percebendo o perigo em que se encontravam, pensaram em prender o rei e entregá-lo ao bispo, mas, tendo ele tomado conhecimento disso, escolheu, em meio à multidão, doze que ele julgava serem mais fiéis a ele e os nomeou capitães. A cada um deles designou certos bairros da cidade para defender e guarnições de homens para impedir que o povo se insurgisse.

Além disso, ele prometeu a toda a multidão que, até a Páscoa, o cerco seria removido e eles seriam libertos da privação em que estavam. Mas, àqueles que ele escolheu como capitães, prometeu muito mais amplamente que eles seriam senhores e governantes sobre muitas coisas, apontando as torres e terras que ele daria a cada um deles. Ademais, ele disse que apenas Landgrave deveria ser perdoado, porque ele esperava que ele participasse.

Falamos antes da convenção (ocorrida em Coblença) dos homens nobres, na província da Renânia, no mês de dezembro, da qual participou (por sua própria boa vontade) o duque de Saxônia, o eleitor John Frederick. Nessa sessão, concluiu-se que, para o auxílio do bispo, seriam nomeados trezentos cavaleiros e 3.000 soldados de infantaria, por seis meses. O conde de Oberstein, chamado Ulrik, foi nomeado capitão geral sobre esse exército e de toda a guerra. Também foi ali ordenado que todos os estados do Império deveriam auxiliar nessa empreitada. Como o imperador estava na Espanha, o rei Ferdinando deveria convocar uma convenção no mês de abril. Também enviaram cartas à cidade sitiada, cuja desonestidade e perversão eram sem igual, pedindo-lhes que desistissem de sua empreitada. O que, se eles não cedessem, nem se submetessem novamente a seus magistrados legais, podiam ter a certeza de que o bispo, o qual agora mantinha o cerco, contaria com o apoio do Império contra eles. Isso foi por volta do final de dezembro. Eles responderam em 13 de janeiro, de 1535, ano do Senhor, de forma prolixa, mas com o propósito de exaltar e defender sua empreitada.

Quanto à acusação que lhes foi imputada, sobre a nomeação de um rei, eles não deram nenhuma resposta. Mas em cartas particulares para Landgrave, eles tentaram se esquivar, discorrendo sobre o massacre e destruição dos iníquos e da libertação e domínio dos piedosos nesta vida. Com essas cartas, eles também enviaram a ele o livro, do qual falamos antes, chamado *The Restitution*, e exortaram--lhe para que se arrependesse e não fosse à guerra (como fizeram os outros príncipes iníquos) contra eles, os quais eram homens inocentes, e o povo de Deus.

Landgrave, quando leu suas cartas e livro, observou os pontos ilícitos e encarregou alguns de seus homens instruídos de responder. Como eles (em poucas e sombrias palavras) afirmaram que seu rei era mais escolhido por Deus do que por eles, ele lhes perguntou: por que eles não mostraram as passagens das Escrituras que legitimariam sua posição e por que não a confirmaram por meio de milagres e sinais sobrenaturais? Pois (disse ele) Deus há muito falou por todos os profetas da vinda de Cristo, de modo que não apenas era evidente de qual casa e linhagem ele viria, mas também quando e onde ele deveria nascer. Eles também estavam abertos ao questionamento de sua causa. Ao que Landgrave respondeu ser tarde demais, pois haviam tomado o poder das espadas nas mãos e haviam causado grandes calamidades. Pois (disse ele) todos os homens percebem claramente qual é a sua intenção, qual seja, as ruínas de todas as leis e da comunidade. Então, como seu princípio é perverso e maldito, a sua abertura ao questionamento nada mais é do que fingimento e dissimulação. Além disso, disse-lhes ter enviado ministros fiéis, pelos quais foram instruídos na bondade e na piedade. Mas visto que rejeitaram sua doutrina, recusando obediência aos magistrados, possuindo os bens de outros homens, tendo muitas esposas, escolhendo para si um novo rei, negando que Cristo tenha tomado a natureza humana da Virgem Maria, afirmando que o homem tinha livre-arbítrio, forçando os homens a colocar seus bens em comum, negando perdão aos que pecam, todas essas opiniões são totalmente repugnantes tanto à lei de Deus quanto do homem.

Depois de terem recebido essa resposta, responderam novamente por escrito e ainda enviaram um livro, escrito em holandês, sobre os mistérios das Escrituras. Em sua epístola, eles defenderam sua causa novamente e, no livro, defenderam a legitimidade de sua doutrina. Eles dividiram toda a história e as eras do mundo em três partes.

A primeira era seria de Adão a Noé e pereceu nas águas; a segunda, na qual nos encontramos, pereceria com fogo; a terceira, dizem eles, será tudo novo e nela a justiça reinará. Mas antes que a última era seja revelada, a era atual precisa ser purificada pelo fogo. Todavia isso (dizem eles) não acontecerá antes que o anticristo seja revelado e seus poderes sejam completamente derrotados. Então o trono de Davi, que havia sido arruinado, será erguido novamente, então Cristo reinará sobre a terra e todos os escritos dos profetas serão cumpridos. No tocante a esta era atual, é como o tempo no qual que Isaías fala: pois nela a justiça é silenciada e os piedosos são afligidos. Mas agora é chegado o tempo de liberdade e libertação de tantas e grandes calamidades, como aconteceu com os israelitas que estavam no cativeiro da Babilônia, e os ímpios receberão a plena recompensa de sua iniquidade, conforme é profetizado no Apocalipse. Mas essa restituição virá antes do mundo vindouro para que, sendo subjugados todos os ímpios, o trono da justiça possa ser preparado. Quando Landgrave leu o livro, ele incumbiu determinados ministros da igreja de responderem.

Em fevereiro, a escassez era tão grande na cidade que muitos morreram de fome. Uma das esposas dos reis, movida pela piedade ao povo, falou às outras mulheres e disse pensar que não era a vontade de Deus que o povo perecesse por falta de mantimento. O rei, que tinha mantimentos suficientes em casa não apenas para atender às suas necessidades, mas também para desperdiçar com excessos, ao saber disso, trouxe-a ao mercado, com todas as suas outras esposas. Ordenando que ela se ajoelhasse, cortou-lhe a cabeça. Não satisfeito, depois de sua morte, ainda a acusou de prostituição. Feito isso, suas outras esposas começaram a cantar e louvar ao Pai celestial. Então elas dançaram e o rei conduziu a dança exortando o povo (que não tinha mais nenhum alimento, exceto pão e sal) a dançar e a ter bom ânimo.

Agora, ao chegar o dia da Páscoa sem qualquer sinal de libertação, o rei, que lhes havia feito tantas boas e grandiosas promessas, procurando uma forma de se justificar, fingiu estar doente por seis dias. Ao término dos seus dias, ele saiu ao mercado e disse ao povo que havia montado um asno cego, e o Pai havia posto sobre ele os pecados de toda a multidão, de modo que eles foram todos purificados e purgados de seus pecados, sendo essa a libertação prometida por ele, com a qual eles deveriam se contentar.

Entre outras coisas que Lutero escreveu naquele tempo, falando daqueles que foram sitiados em Münster, ele disse o seguinte:

> Ó, o que devo dizer, ou como devo lamentar esse povo infeliz? A coisa em si declara que eles estão possuídos com muitos demônios. Mas devemos louvar a bondade misericordiosa de Deus, porque, embora a Alemanha tenha merecido pelo desprezo do Evangelho, ódio ao nome de Deus e derramamento de sangue inocente, ser severamente punida pela mão de Deus; todavia, ele até agora restringiu a força e a violência de Satanás, não lhe permitindo derramar sua ira como quisesses, mas misericordiosamente nos advertiu e, por meio dessa tragédia de Münster, nos chamou para uma mudança de vida. Pois, se Deus não

o tivesse impedido e afastado, não duvido que esse espírito sutil e ardiloso teria lidado com esse assunto de outra maneira. Mas agora, tendo Deus o restringido, ele não pode fazer o que faria e o que desejaria, mas na medida em que Deus lhe permitiu, ele se inquieta e se enfurece. Pois o diabo, que deseja destruir a fé cristã, não segue esse caminho de conceder liberdade aos homens de ter muitas esposas ao mesmo tempo, pois ele sabe bem que os homens abominam essa ideia, sendo algo abertamente detestável e imundo aos olhos de todos. O governo político e civil pode ser assim perturbado, mas para invadir o Reino de Cristo é preciso recorrer a outras armas e artifícios. Pois aquele que pretende lisonjear o povo com fraude e decência não deve querer reinar, nem se declarar um tirano (pois todo mundo o reprova e percebe as consequências disso), mas ele deve se valer de meios privados como por palavras santas, com vestes simples e não como as outras, semblante sisudo, o olhar pendendo para o chão, em abstinência, sem tocar em dinheiro, sem comer carne, rejeitando o casamento, recusar administrar, considerando o governo civil e o exercício de autoridade como uma coisa profana, recusando-se a governar e tendo consciência de humildade de espírito. Esse é o caminho ou meio mais fáceis para enganar até os mais sábios, e todos por dissimulação e sutileza a aspirarem ao mais alto reinado da Terra. Mas usurpar a autoridade de forma tão descarada e, movido por desejo imundo, tomar tantas esposas quanto deseja, isso não é obra de nenhum diabo experiente, mas de algum espírito rude e juvenil, ou pelo menos se ele tiver alguma experiência, Deus, no entanto, o amarrou de modo que ele não pode mais enganar sutilmente, o que o Senhor faz, a fim de que reverenciemos sua majestade e que primeiro sejamos levado ao arrependimento antes que ele solte as rédeas de um demônio mais experiente, que certamente avançará contra nós com muito mais força e maior fúria. Pois, se esse pequeno mestre diabo consegue causar tantos problemas, o que fará o grande doutor diabo de ambas as leis quando vier e praticar todo o seu poder contra nós? Portanto, esse simples diabo, tão inexperiente, não deve ser muito temido por nós. E eu também penso que todos os habitantes de Münster não permitem sua zombaria insana, mas há muitos deles que muito lamentam, os quais (não sem pranto e lágrimas) buscam libertação das mãos de Deus, como já foi visto antes na sedição dos arqueiros. E eu pediria a Deus que não tivesse nenhum demônio no mundo de maior ardil que esse demônio de Münster, desde que Deus não tire sua Palavra de nós.

Pois suponho que haja muito poucos que deem crédito a esse mestre tão grosseiro e insipiente. Mas, de fato, quando Deus está irado ou insatisfeito, não há erro tão tolo, improvável ou desordenado, de que Satanás não convencerá alguns a acreditar, como vemos ocorrer na doutrina de Maomé. Pois, embora seu ensino seja tolo, mesmo sendo extinguida a luz da Palavra de Deus, ela ganhou força e se espalhou poderosamente como a vemos hoje. E coisas semelhantes teriam acontecido na Alemanha, se Deus não tivesse abandonado a empreitada e o desígnio de Münster. Pois com uma pequena centelha, Satanás pode fazer uma grande chama (se Deus o permitir) e não há maneira de apagá-la que não a Palavra de Deus. Pois quando as armas do inimigo são todas espirituais, ele não pode ser vencido com multidão de cavalos ou qualquer máquina de guerra. Mas nossos príncipes e bispos trabalham de outra maneira, pois eles obstruem a doutrina do Evangelho, que é a única maneira pela qual as mentes e os corações dos homens podem ser curados. Enquanto isso, eles os atormentam violentamente, para arrancar o corpo do diabo, deixando para ele a parte principal do homem, que é seu coração e alma. Usando a matéria como os judeus fizeram, ao pensarem que eliminariam Cristo pelo castigo da cruz. Mas agora, quanto aos boatos e os escritos vindos de Münster, não tenho dúvida de que são verdadeiros e o que eles mesmos escreveram recentemente me faz acreditar plenamente, pois eles descrevem muito claramente sua própria fúria e loucura. Antes de tudo, eles ensinam coisas muito tolas e absurdas acerca da fé e sobre Cristo dizem que ele não tomou carne da Virgem Maria, ainda que admitam que ele veio da semente de Davi. Mas eles não expressam claramente suas intenções e, sem dúvida, Satanás criou um monstro, que pode ser facilmente percebido quando eles dizem que a semente ou a carne de Maria não pode nos libertar. Mas seu trabalho é vão, pois as Escrituras testemunham que Cristo nasceu da Virgem Maria. Essa declaração, em todas as línguas, refere--se ao fruto, que sendo concebido e formados da carne e do sangue da sua mãe, vem ao mundo. Também demonstram sua ignorância, na medida em que condenam o primeiro batismo como algo profano, considerando-o não como a instituição de Deus, mas do homem. Mas, se é para se condenar e descartar tudo aquilo que os ímpios têm ou concedem, então me pergunto por que não descartaram o ouro e a prata com os outros bens que eles tiraram dos ímpios e criam outros meios pelos quais viver. Pois, assim como essas coisas são criaturas e obra de Deus, o batismo também o é. Quando o ímpio jura, ele abusa do verdadeiro nome de Deus. E se o nome de Deus não é verdadeiro para ele, ele não transgride. Quem mata, rouba ou despoja, transgride o mandamento de Deus, mas se o mandamento de Deus não é verdadeiro para ele, ele não peca. Mesmo assim, se o primeiro batismo não vale de nada, os que o receberem não transgrediram. Por que, então, eles detestam tanto o primeiro batismo como algo perverso, enquanto, apesar disso, afirmam que não vale de nada? Além disso, se o casamento em tempos passados deve ser entendido como prostituição e adultério, como eles dizem, porque foram contraídos por aqueles que não tinham fé, pergunto: eles estão admitindo serem filhos de prostitutas? Agora, se eles são bastardos e ilegítimos, como é possível que desfrutem da cidade e da posse de seus antepassados? Portanto, seria coerente que, ao perceberem sua condição, não tivessem interesse nas heranças de seus antepassados, mas que, nesse novo tipo de casamento ao qual aderiam, obtivessem para si novos bens e riquezas de origem mais honesta. Pois é inadequado para esses homens santos e piedosos que eles vivam com os bens de prostitutas e malfeitores ou que os tomem para si por violência e roubo. E no que diz respeito ao seu reino, é motivo de riso, há tanta e tão evidente maldade nele que nem precisamos dizer. O mesmo vale para aquelas coisas de que já falamos mais do que suficiente considerando que isso já foi plenamente exposto por outros.

Ora, quando eles chegaram na cidade a esse caso, muitos deles morreram de fome e muitos também partiram dali e saíram tão fracos e debilitados que os inimigos tinham pena deles, dessa forma o capitão enviou uma mensagem aos habitantes da cidade dizendo que, se eles lhe entregassem o rei e alguns outros, seriam perdoados. Os cidadãos, embora tivessem boa vontade para fazê-lo, não o fizeram, a crueldade do rei era muito grande e a vigilância intensa, pois o rei era tão obstinado que, enquanto restasse algo para ele e alguns outros comer, ele estava totalmente determinado a não ceder, motivo pelo qual os capitães enviaram uma nova mensagem e os ordenaram que dali em diante eles não deveriam mais enviar de sua cidade ninguém, nem crianças nem mulheres. Isso foi no início de junho.

No dia seguinte, fizeram reclamações injustas de que sua causa não poderia ser legalmente ouvida e de que estavam sendo injustamente afligidos além da medida. Além disso, prometeram se sujeitar se alguém demonstrasse onde eles haveriam transgredido. Além disso, eles expuseram uma certa passagem de Daniel, sobre a quarta besta muito mais cruel que as outras. A conclusão de suas cartas foi a seguinte: com a ajuda de Deus, eles permaneceriam na verdade que haviam confessado, mas tudo isso foi escrito sob ordens do rei.

Mas quando a situação chegou ao extremo na cidade, houve dois que fugiram dali, dos quais um deles foi preso pelos soldados, o outro chegou ao bispo sob salvo-conduto. Ambos mostraram como a cidade poderia ser tomada. O bispo e o capitão-geral, ouvindo as palavras desses dois fugitivos que ponderaram a questão, em 22 de junho, conversaram com eles da cidade, advertindo-os a se renderem e a salvarem a multidão que perecia de fome. Na presença do rei, Rotman respondeu que não desistiriam de modo algum daquilo que haviam iniciado.

Dois dias depois, por volta das onze horas da noite, o exército chegou perto da cidade sem fazer barulho. A conselho dos dois fugitivos, certos soldados escolhidos passaram pela vala e chegaram à trincheira, matando os vigias, enquanto outros os seguiram, por um pequeno portão que havia sido aberto, através do qual entraram na cidade, no número de quinhentos, com alguns capitães e bandeiras. Então os da cidade vieram correndo para aquele lugar e com grande esforço conseguiram impedir a entrada dos demais e, fechando o portão, avançaram contra eles furiosamente e mataram muitos deles. Quando o conflito entre eles havia passado de duas horas, os soldados encurralados abriram o portão seguinte, que não era mantido com grande força e abriram passagem para os seus companheiros, que logo entraram em grande número. Os cidadãos lhes resistiram inicialmente, mas eles se reuniram no mercado e, desiludidos com a possibilidade de vitória (muitos deles foram mortos na primeira invasão), eles clamaram por misericórdia, o que lhes foi concedido. O rei e Knipperdoling foram levados ao mesmo tempo. Rotman, desesperançoso por sua vida, correu entre seus inimigos e assim foi atravessado em vez de cair vivo nas mãos deles.

Quando a cidade foi tomada, o bispo levou para si metade do despojo e da ordenança; depois, dispensou os exércitos, apenas mantendo para sua defesa duas guarnições. Houve, então, outra convenção do império em Worms, em 15 de julho, em que o rei Ferdinando, por seu embaixador, propôs e questionou o que seria feito a respeito da eliminação dos anabatistas, pois a cidade já estava tomada. Ele também anunciou que os príncipes deveriam pedir conselho aos bispos de Roma. Eles responderam que isso já havia sido respondido por alguns éditos: o que deveria ser feito com os anabatistas e que o imperador já havia pedido conselho ao bispo mais de uma vez, então não poderia fazer mais nada quanto a isso.

Na mesma convenção, o bispo de Münster queria que suas responsabilidades e perdas fossem recompensadas, reclamando que o dinheiro prometido não havia sido pago. Mas nada pode ser resolvido dada a presença de poucos nobres, então convocaram outra convenção para o mesmo lugar no dia primeiro de novembro, para tomarem conhecimento das questões relacionadas à guerra e às acusações, onde também se poderia decretar que forma de comunidade seria estabelecida em Münster. Quando chegou o dia, o embaixador do rei Ferdinando repetiu brevemente as causas da convenção, a saber, que entre outras coisas, também pudesse ser deliberado como a cidade recém-conquistada poderia continuar na antiga religião.

Depois dessas coisas, o Bispo Legate mostrou suas responsabilidades durante a guerra, a extensão de suas dívidas (a cidade agora tendo sido tomada) e como foi necessário, para evitar tumultos e outros perigos, construir dois castelos com fortalezas na cidade. Tudo que ele queria que fosse considerado. A isso foi respondido que o bispo havia tomado a maior parte do despojo, com todas as ordenanças e bens dos cidadãos, que pertenciam à comunidade do império. Portanto, era por isso que o valor deveria ser contado e comunicado com as despesas e tudo que fosse necessário além disso também deveria ser considerado.

Depois que foi determinado que o episcopado de Münster deveria estar sob o Império, segundo o costume antigo, e que toda a nobreza deveria ser restaurada, também os cidadãos, que haviam partido para outros lugares e não eram anabatistas, o bispo deveria estabelecer a religião de acordo com o decreto do império, o qual, no início da próxima primavera, os embaixadores do príncipe deveriam ir a Münster para conhecer a situação dos cidadãos e mantê--los em salvaguarda, derrubar todas as fortalezas que os anabatistas haviam erguido. O bispo também deveria derrubar os castelos que ele havia construído na cidade e ele deveria, sem demora, matar o rei, com Knipperdoling e Crechting, os prisioneiros, sem detê-los por mais tempo. Quanto ao que dissemos ser determinado pela religião, o duque da Saxônia, Landgrave, Wittenberg e Anhold testemunhou abertamente que não consentiriam a isso. Os cidadãos também concordaram que não aceitariam que as antigas fortalezas da cidade fossem destruídas, mas eles consentiram em derrubar as novas.

O rei e seus dois amigos de cativeiro foram levados de um lado para o outro aos príncipes para serem zombados. Nessa ocasião, os pregadores de Landgrave conversavam e discutiam com o rei, principalmente acerca dos seguintes pontos: do Reino de Cristo, dos magistrados, da justificação, do batismo, da ceia do Senhor, da encarnação de Cristo e do casamento. Eles prevaleceram de tal modo pelo testemunho das Escrituras que, embora não o tenham convertido por completo, ainda assim eles o dobraram e refutaram (apesar de sua repugnância e defesa de suas opiniões) e, no final, ele admitiu a maior parte.

No entanto, supõe-se que ele o tenha feito para salvar sua vida. Pois quando o procuraram pela segunda vez, ele prometeu, para que fosse perdoado, que todos os anabatistas, os quais eram em grande número por toda a Holanda, Braband, Inglaterra e Frísia, deveriam manter o silêncio e em todas as coisas obedecer aos magistrados. Esses mesmos homens também discutiram com os companheiros do rei, tanto oralmente quanto por escrito, sobre mortificação, batismos de crianças, comunhão de seus bens e do Reino de Cristo.

Quando chegaram a Telgate, o bispo perguntou ao rei com que autoridade ele arrogava tal liberdade sobre sua cidade e seu povo. E perguntou novamente quem lhe havia dado autoridade e poder na cidade. Também questionou quando o bispo respondeu que ele obteve essa jurisdição pelo consentimento da congregação e do povo. Ainda assim, disse ele que havia sido chamado para isso por Deus. Depois foram levados de volta a Münster, no dia 20 de janeiro, onde cada um deles foi colocado em uma prisão.

No mesmo dia chegou o bispo, com o arcebispo de Colônia e os embaixadores do duque de Cleves. Dois dias depois, eles foram exortados por advertências a se converterem de seus erros. De fato, o rei reconheceu seu pecado e recorreu a Cristo pela oração. Os outros dois não confessaram que haviam transgredido, mas defenderam obstinadamente suas falsas opiniões. No dia seguinte, o rei foi levado a um lugar alto e foi amarrado a um poste, onde estavam presentes dois carrascos com chicotes de fogo para atormentá-los. O rei, nas três primeiras chibatadas, manteve-se calmo, depois ficou clamando a Deus incessantemente por misericórdia. Após ter sido torturado dessa maneira por mais de uma hora, ele foi traspassado pelo peito com uma espada afiada e morreu. O mesmo castigo também teve seus companheiros. Todos depois de mortos foram presos em caixões de ferro e pendurados no topo da torre da cidade com o rei ao meio e acima dos demais.

Essa pequena e terrível tragédia, na qual os justos juízos de Deus são declarados, ensina-nos duas coisas: a primeira, o que o inocente e o piedoso pode buscar, se você levar adiante suas empreitadas; a segunda, o que o mundo e a maior parte dos governantes atuais merecem. No que diz respeito a vocês, não importa por quanto tempo ocultem sua crueldade, a simplicidade do seu comportamento, quanto fale de caridade e amor e como pareça zeloso pela verdade, no final, você não produzirá nenhum fruto diferente do que os seus pais produziram antes de você. Se eu quiser apresentar exemplos particulares, eu poderia demonstrar que, em sua seita e entre vocês, monstruosidades tão horríveis acontecem, como jamais houve desde o princípio. Mas, para que eu não pareça sentir prazer em acusar pessoas em específico, por ora não escreverei tudo o que sei. Apenas digo que a Igreja de Deus não deve esperar nada de você a não ser a confusão de todas as ordenanças de Deus, que terminam com perseguições mais cruéis do que nunca desde os tempos dos apóstolos. Pois o que seus pais começaram em Münster, você leva a cabo e termina, para esse fim, você escreve seus livros. Alguns questionando todas as Escrituras de Deus, outros afirmando que existe um conhecimento mais perfeito do que o que está contido ou expresso na Palavra, outros claramente negando a divindade de Cristo Jesus e do Espírito Santo, outros defendendo tal liberdade que nenhum homem deveria se preocupar com sua consciência, escondendo sob esse título todas as blasfêmias e doutrinas diabólicas.

Por fim, você nos acusa desses odiosos crimes, dos quais somos totalmente inocentes. Vocês e seus irmãos, ensinando essa sua doutrina venenosa e acusando a nós que enfrentamos seus erros diabólicos, demonstram claramente o que você faria caso Deus, pelo seu grande poder, não limitasse a sua fúria. Certamente o mundo e os governantes da terra (na maioria das vezes) merecem ser assim tratados. Quanto à Igreja de Deus, ela deve estar sujeita à cruz até a vinda do Senhor Jesus dos céus. Mas o mundo e os príncipes da terra (que é o segundo ponto que devemos observar nesta história anterior) merecem ser punidos com a confusão que você pretende. Pois um e outro (quero dizer, os príncipes e o povo) conspiraram até hoje contra Deus, contra seu filho Cristo Jesus e contra sua eterna verdade. Eles defendem impiedade, superstição e idolatria. Eles matam cruelmente os santos de Deus e assim se regozijam em todo tipo de tirania de modo que o justo juízo de Deus não demore muito para punir.

Portanto, deixando vocês anabatistas nas mãos dele, cujo poder você não pode escapar, sou compelido a adverti-los em poucas palavras, quanto ao povo e aos príncipes, para que retornem prontamente ao Deus vivo, cuja veracidade por tanto tempo opugnaram e cuja religião resistem, e aos seus verdadeiros mensageiros vocês perseguem, ou então saibam que a vingança está pronta. Ele não vai lhes tratar como ele fez com sua igreja aflita e seus filhos, isto é, ele não os chamará ao arrependimento com uma correção paterna, para que vocês retornem ao seu conforto. Não é assim, não é assim, mas, como ainda vocês se rebelam e o desonram, ele despejará desprezo sobre vocês, no qual perecerão temporalmente e para sempre. Por quem lhes parece que temporalmente serão punidos senão por nós a quem baniram, despojaram e roubaram, a quem perseguiram cruelmente e cujo sangue derramaram diariamente? Não há dúvida de que como a vitória que vence o mundo é a nossa fé, coube-nos possuir nossa alma em nossa paciência.

Não negamos nem em particular nem abertamente o poder do magistrado civil. Não reivindicamos todas as coisas em comum nesta vida. A pluralidade de esposas nós abominamos. Não queremos destruir as ordenanças e normas de Deus, por ele estabelecidas nas comunidades, mas odiamos e detestamos toda essa confusão. Somente desejamos que o povo e os governantes estejam sujeitos a Deus e à sua santa vontade claramente revelada em sua mais sagrada Palavra. Portanto, entre nós, digo, você é e pode estar sem qualquer medo.

Mas o que você pode esperar se os anabatistas atingirem seu objetivo? A confusão e a tirania usadas por aqueles de quem falamos é, e pode ser, uma taça em que você pode ver seu juízo e fim mais terrível, a menos que você se arrependa sinceramente. Não se gabem por poderem prevalecer na batalha o tempo todo pela força, porque são muitos em número ou porque esses príncipes da Alemanha prevaleceram contra aquele tipo mais miserável e perverso de anabatistas. Pondere profundamente em seus corações que, quando Deus resolve punir, nenhuma multidão consegue resistir.

Naquela época, Deus deu a vitória aos príncipes e suprimiu a fúria daqueles homens maus, não porque os príncipes eram justos e merecedores de tal benefício das mãos de Deus. Não, a maior parte era perversa, como suas ações deixaram claro. Mas Deus tinha consideração por sua própria glória e honra. Ele admoestou seus eleitos, por seus exemplos, a tomarem cuidado com esse veneno e, por essa confusão, chamou-os ao arrependimento. Nos últimos anos, antes que o Evangelho de Cristo Jesus fosse revivido na Alemanha, a colheita do Senhor não havia chegado à maturidade e, assim, por causa de seu próprio nome, ele não permitiria que esse veneno prevalecesse. Mas agora, dado que você perversamente continua a desprezar a Deus e a sua verdadeira religião, ele permitirá que você se enfureça sem castigo? Não. Sua justiça não deixa. Quais instrumentos Deus pode encontrar nesta vida mais útil a puni-los do que aqueles que odeiam e detestam todos os poderes legítimos e não anseiam por nada mais do que a confusão da qual vocês já ouviram? Deus não usará seus santos e filhos escolhidos para punir vocês. Pois com eles sempre há misericórdia, ainda que Deus tenha pronunciado maldição, como é evidente na história de Josué.

Contudo, como vocês pronunciaram um juízo errado e cruel sem piedade, ele o castigará por meio daqueles em quem não há piedade. Tremam, portanto, e convertam-se a Deus, se pretendem escapar da vingança, confusão e vergonha, tanto a temporal quanto a eterna. Agora vamos à conclusão do seu livro. Assim você termina.

47ª Parte

O ADVERSÁRIO

Agora, gentil leitor, julgue honestamente e aqui eu entrego você a Deus, suplicando que ele abra os olhos da sua mente, para que você possa conhecer a verdade nesse e em todos os outros assuntos necessários à tua salvação.

RESPOSTA

Assim como você deseja que todos os homens leiam e avaliem com imparcialidade, nós também desejamos, pedindo a Deus não apenas que os olhos dos homens sejam iluminados para que eles possam ver claramente as coisas pertinentes à salvação, mas também que, pela poderosa operação do Espírito Santo de Deus, eles possam ser confirmados e santificados em sua eterna verdade, a fim de que continuem na simplicidade de sua Santa Palavra.

Além disso, que todos possam perceber a que tipo de confusão a sua doutrina conduz. Doutrina essa cuja base é a sua própria imaginação inútil e a finalidade (como já dissemos) é não apenas a destruição de todas as ordenanças de Deus necessárias para a presente vida, mas também ofuscar a brilhante glória de Cristo Jesus. Pois quanto mais você exalta o livre-arbítrio e as virtudes do homem, mais obscurece a justiça da fé, que só é aceitável na presença de Deus, e menos você atribui a Cristo Jesus, sua morte e paixão. Sim, alguns de vocês não têm vergonha de treinar seus estudantes na sua venenosa doutrina para afirmarem que nós, que agora vivemos segundo a morte de Cristo, não temos outro benefício, seja por ele ou por sua morte, além de um exemplo de sofrimento.

Ó, descendente da serpente! Nem teu pai Pelágio foi tão descarado, nem o diabo jamais usou de quaisquer instrumentos tão ousados como essa terrível blasfêmia contra as Sagradas Escrituras de Deus. Você ousa negar que a morte de Cristo Jesus terá, até a consumação de todas as coisas, a mesma eficácia que teve desde o princípio? Cristo não sofreu por nossos pecados não apenas como exemplo, mas porque não fomos capazes de satisfazer a justiça de Deus a que todos transgredimos e que, portanto, o castigo de nossas ofensas lhe foi imposto? Será que agora temos mais poder do que os seus discípulos, a quem ele disse: "Sem mim vocês não podem fazer coisa alguma"? Ele não continua sendo sacerdote para sempre segundo a ordem de Melquisedeque? Não é ele quem, por um sacrifício, aperfeiçoou para sempre aqueles que já foram, são e haverão de ser santificados dessa semente poluída de Adão? Finalmente, não é somente ele quem dá liberdade, salvação e vida a seu corpo, que é a Igreja, não apenas em uma era, mas do começo ao fim? Até o próprio satanás é obrigado a admitir.

Portanto, tenha vergonha, ó boca blasfema! O tempo revelará os demais monstros que você nutre no seu venenoso coração. Se Deus quiser auxiliar na minha fraqueza, não pouparei esforços para conformar aos meus irmãos do veneno da sua perniciosa doutrina, para que todos os fiéis a evitem. Temendo esquecer algumas das indecências de seu mestre Castalio, você conclui.

48ª Parte

O ADVERSÁRIO

E quanto a vocês, homens indolentes, vocês devem valorizar o que eu disse. Primeiro, porque é verdade e segundo, porque você sustenta que todas as coisas são feitas por mera necessidade, então eu escrevi isso necessariamente.

RESPOSTA

Assim eu respondo que, se o diabo não fosse somente pai da mentira, mas também dos mentirosos enganadores, não seria possível que vocês que, em tantas coisas se revelam mentirosos execráveis, se vangloriassem de escreverem a verdade. Pois além daqueles crimes odiosos, de que falsa e descaradamente vocês nos acusam, não há nenhuma das Escrituras por vocês citadas que não tenham sido deturpadas. Em algumas delas, você abertamente desmente o Espírito Santo ao concluir em sentido contrário às suas palavras expressas.

Mas quando considero que seu mestre e pai, o próprio satanás, não se envergonha, na presença de Cristo Jesus, de se orgulhar e se gabar de que todo o poder e glória da Terra lhe foram dados, e que ele os concedeu a quem lhe agradou, quando na verdade ele não tinha sequer poder para dar a seus anjos partidários e companheiros de trevas a permissão para entrar nos porcos, até implorarem àquele a quem todo o poder é dado no céu e na terra, eu lamento ainda mais sua miserável cegueira do que posso tolerar contra a sua vaidade, a não ser a fim de dizer que aqueles obstinadamente negam a pura verdade de Deus e são mentirosos e filhos daquele mentiroso que primeiro enganou ao homem e derramou em seu coração o mesmo veneno e erro que hoje você ensina e defende.

Isso porque ele se atreveu a afirmar que a sabedoria e a vida poderiam ser encontradas por meios diferentes do que Deus determinara. De modo que, onde Deus havia pronunciado morte e condenação, ele prometeu salvação e vida, é assim com você também. Deus não designou a vida a seus eleitos a não ser em Cristo Jesus, pelos meios expressos na sua Santa Palavra, a saber, a fé verdadeira, contínuo arrependimento, negação de nós mesmos, de nossa própria justiça e sabedoria e, finalmente, recebendo (de livre graça) em Cristo Jesus tudo o que perdemos em Adão.

Mas você não tem vergonha de afirmar que a justiça de Cristo não é suficiente para nós, a não ser que tenhamos uma justiça pessoal. É evidente com que frieza você fala ou escreve sobre sua morte, sua ressurreição, sua mediação e intercessão perpétua. Sua vanglória e orgulho de sua própria justiça e de sua grande perfeição são sinais evidentes de como você não concorda com Cristo Jesus, a própria verdade, que nos ordena a dizer (não da boca para fora, mas com coração sincero): somos servos inúteis.

Todavia alguns de vocês, em jactância, não se envergonham de dizer que não estão longe da plenitude da perfeição. Essa sua vaidade (exceto suas blasfêmias) em nada nos ofende. Pois uma agulha é suficiente para demonstrar que um balão não contém em si nada além de vento. Nós admitimos facilmente que vocês escreveram suas blasfêmias e mentiras descaradas. Dado que vocês são a semente da serpente (me refiro aos que continuarão no seu erro até o fim), o que mais você pode fazer além de necessariamente cuspir veneno quando o peso da eterna verdade de Deus começa a pressionar sua cabeça (assim como faz a serpente sempre que ela é tocada)? Mas por que você não considera (já que são serpentes razoáveis) que, assim como orgulhosamente se levantam contra a glória do eterno filho de Deus, e como vocês não cessam de difamar maliciosamente tais instrumentos, os quais, em sua Igreja, são os mais proveitosos e dignos de louvor aos olhos de todos os piedosos que, igualmente por necessidade, vocês serão arruinados, o seu orgulho reprimido e suas línguas blasfemas serão confundidas para sempre? Visto que Deus, que odeia toda iniquidade, necessariamente resiste aos orgulhosos, destrói os lábios mentirosos e elimina de sua sociedade aqueles que se declaram inimigos de sua eterna verdade, cujo conhecimento, confessamos com Jó, procede apenas da inspiração do Espírito Santo, não procede de carne ou sangue, de estudo, prudência ou sabedoria mundana, mas é dom gratuito de Deus revelado aos pequeninos e comumente escondido dos mais sábios do mundo.

Essa sentença Deus gostaria que vocês profundamente ponderassem, pois então eu não duvido que você veria claramente que, vir a Cristo Jesus, não é de quem corre, nem ainda de quem quer, mas de Deus, que demonstra misericórdia a quem lhe agrada. Nenhuma criatura pode apreender e alcançar os conselhos eternos e profundos juízos dele.

Portanto, todos os verdadeiros servos de Deus, com reverência e tremor, devem dizer: "Quão insondáveis são os seus juízos, e inescrutáveis os seus caminhos. Pois dele, por ele e para ele são todas as coisas. A ele seja a glória para sempre. Que assim seja."

Isaías 54:17: "você refutará toda língua que o acusar".